Die Reue der Kinder Gottes

ki Chitose

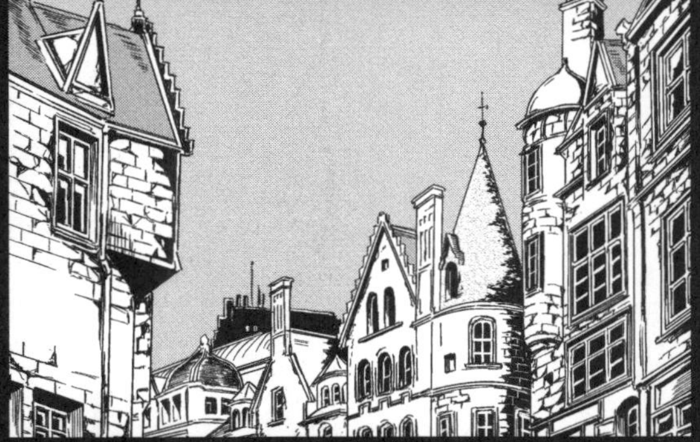

Die Reue der Kinder Gottes

2

Inhalt

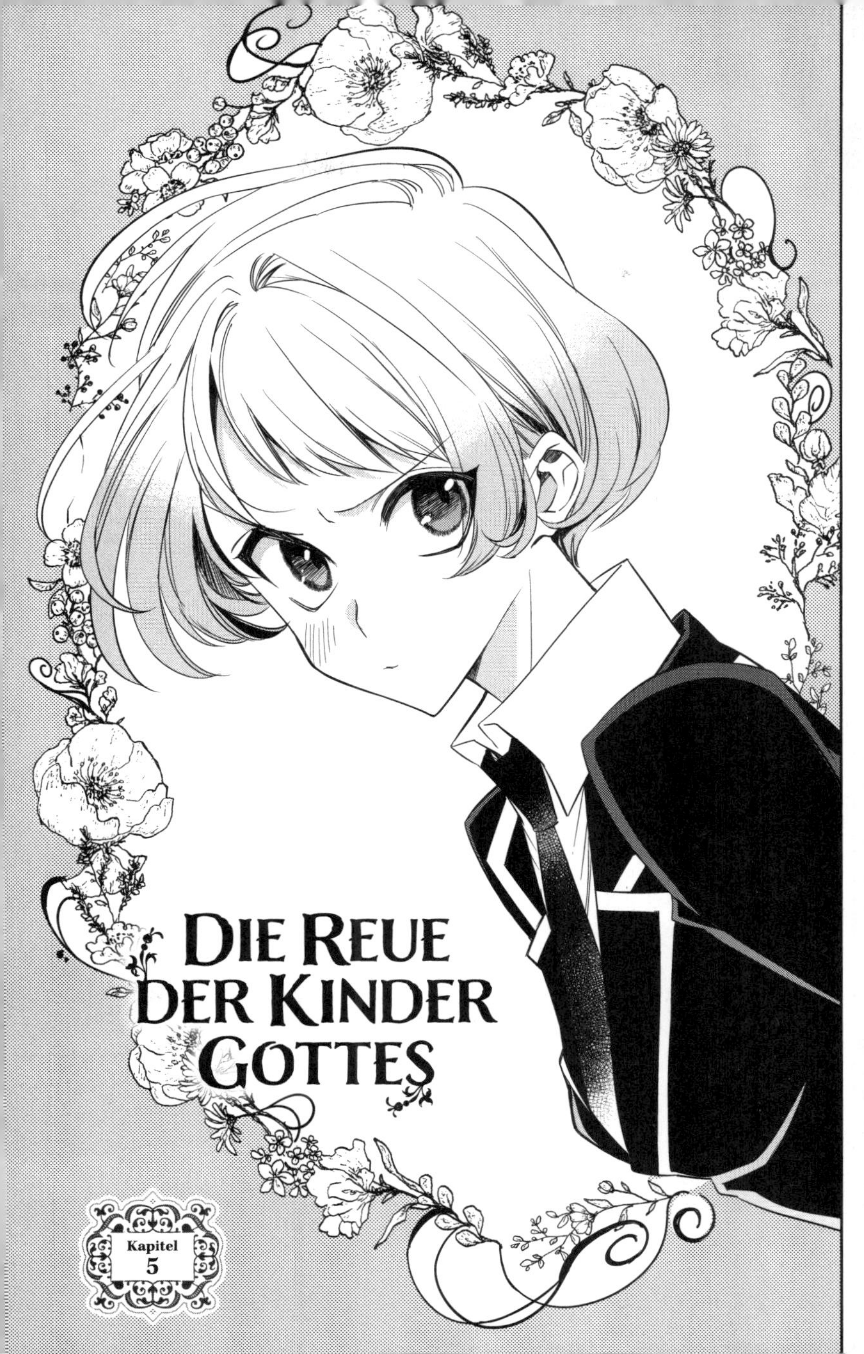
DIE REUE
DER KINDER
GOTTES
Kapitel
5

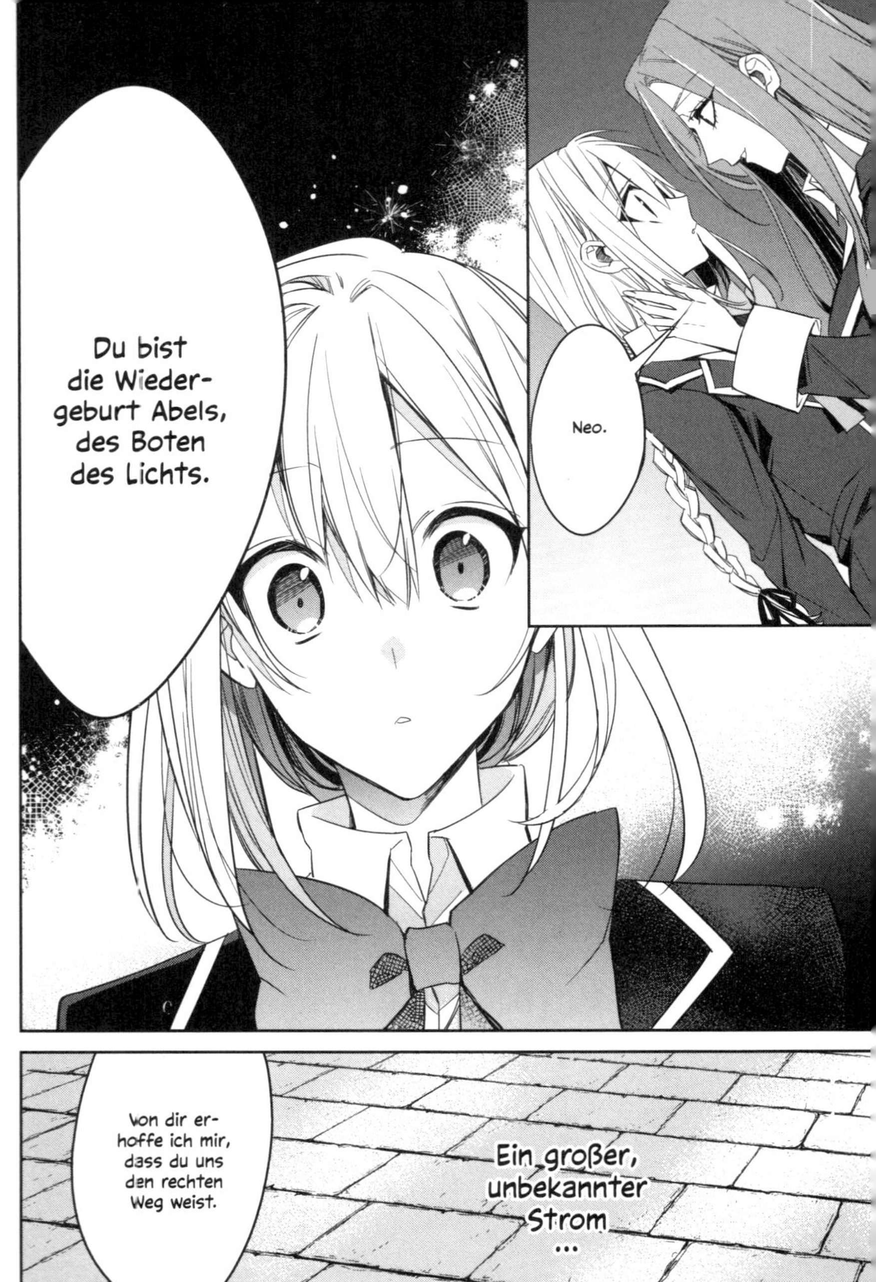
Neo.
Du bist die Wieder-geburt Abels, des Boten des Lichts.
Ein großer, unbekannter Strom ...
Von dir er-hoffe ich mir, dass du uns den rechten Weg weist.

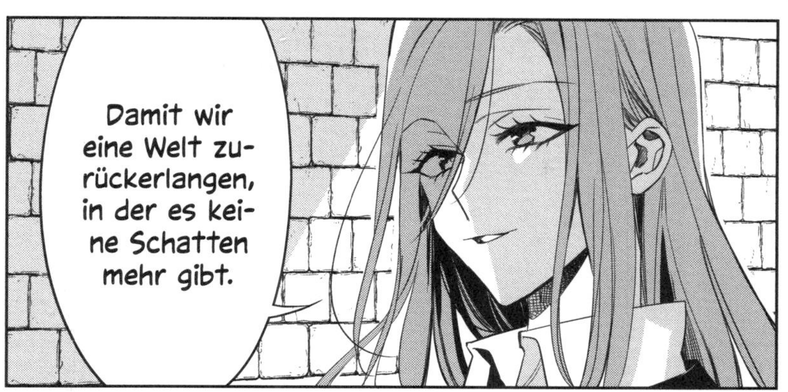

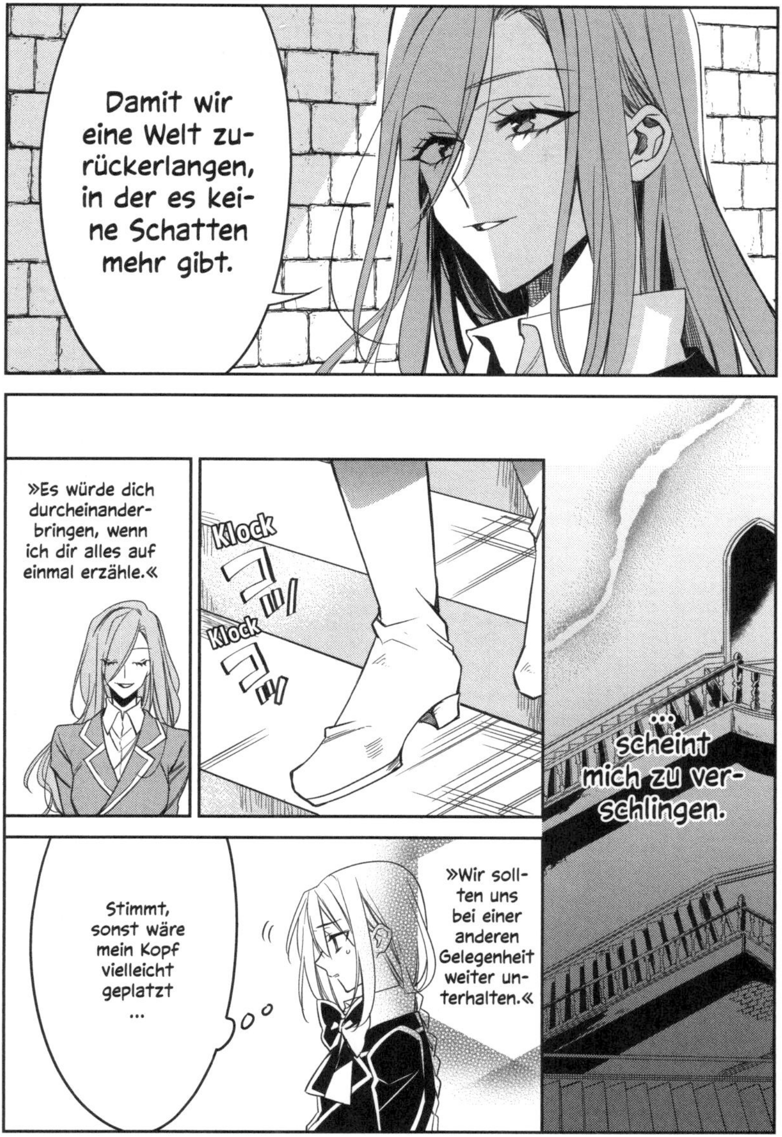

... scheint mich zu verschlingen.

Klock

Klock

»Es würde dich durcheinanderbringen, wenn ich dir alles auf einmal erzähle.«

»Wir sollten uns bei einer anderen Gelegenheit weiter unterhalten.«

Stimmt, sonst wäre mein Kopf vielleicht geplatzt ...

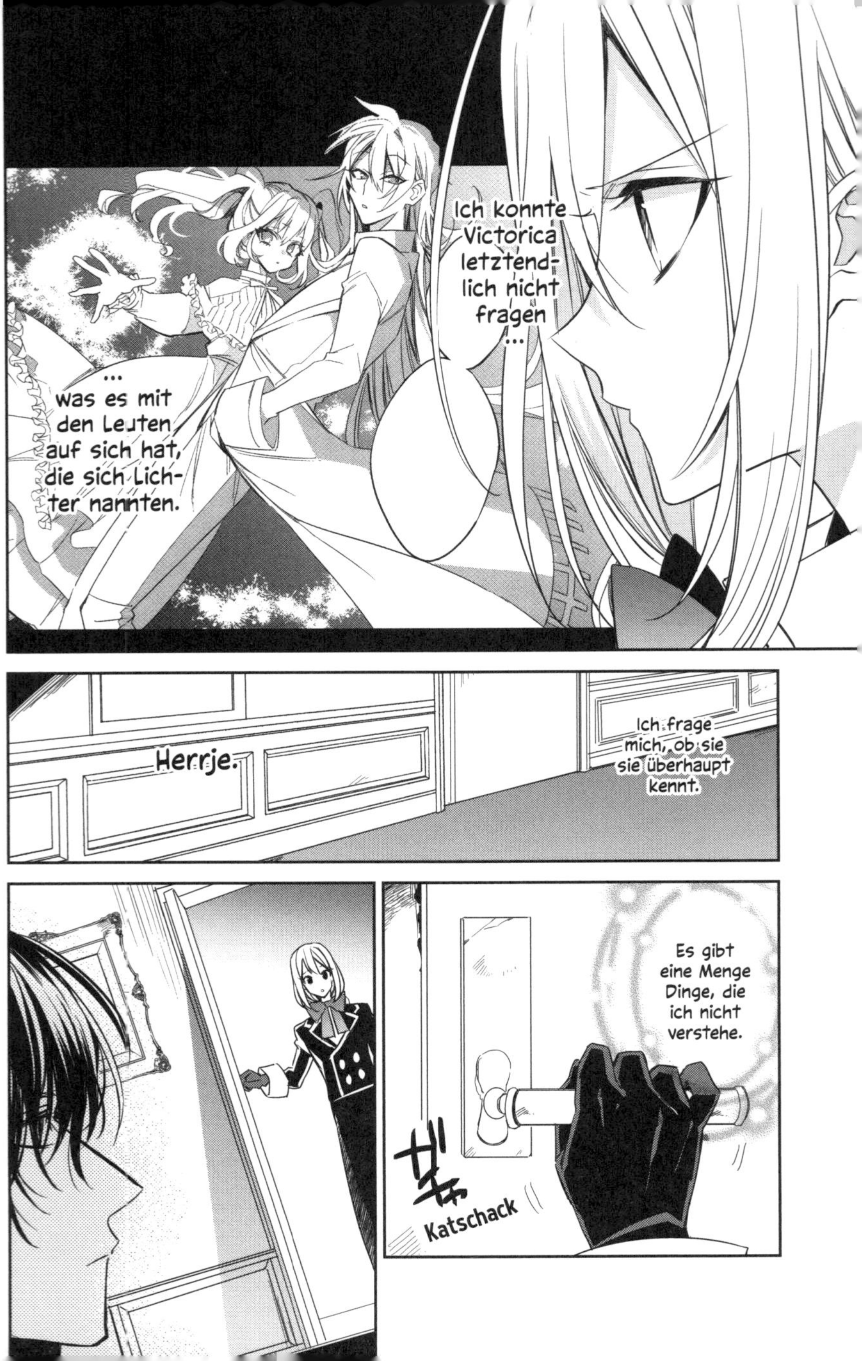

Ich konnte Victorica letztendlich nicht fragen ...

... was es mit den Leuten auf sich hat, die sich Lichter nannten.

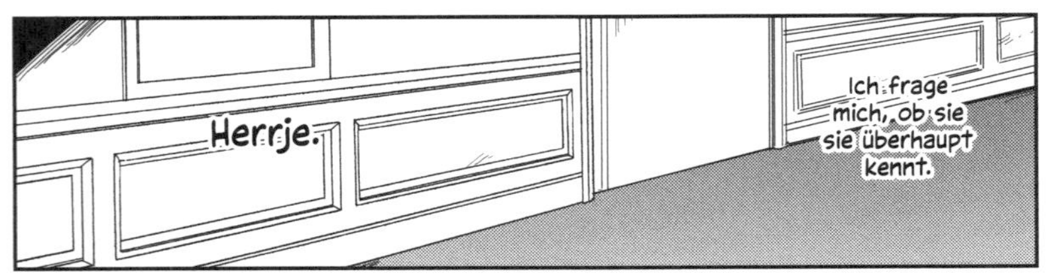

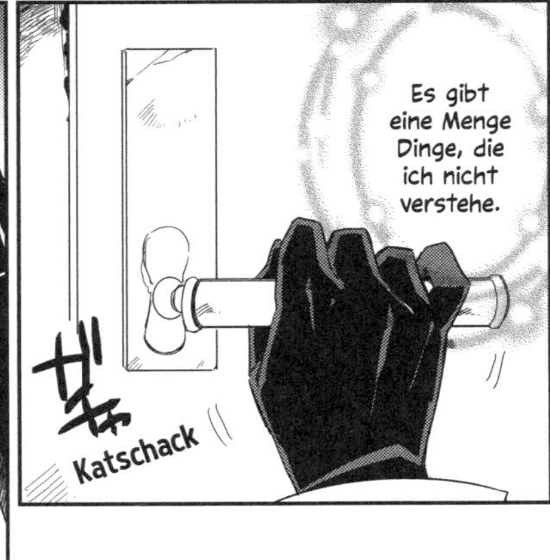

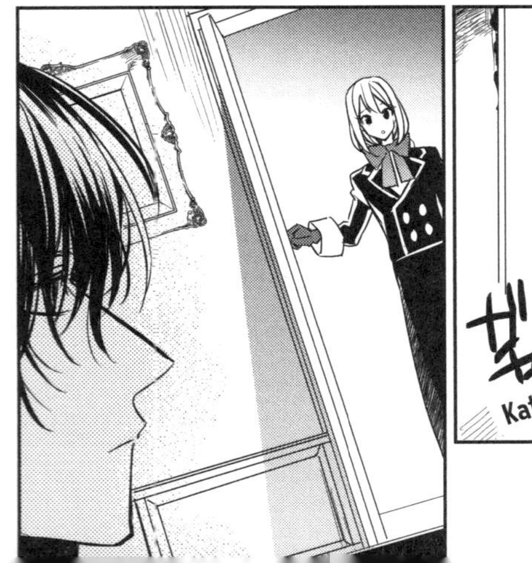

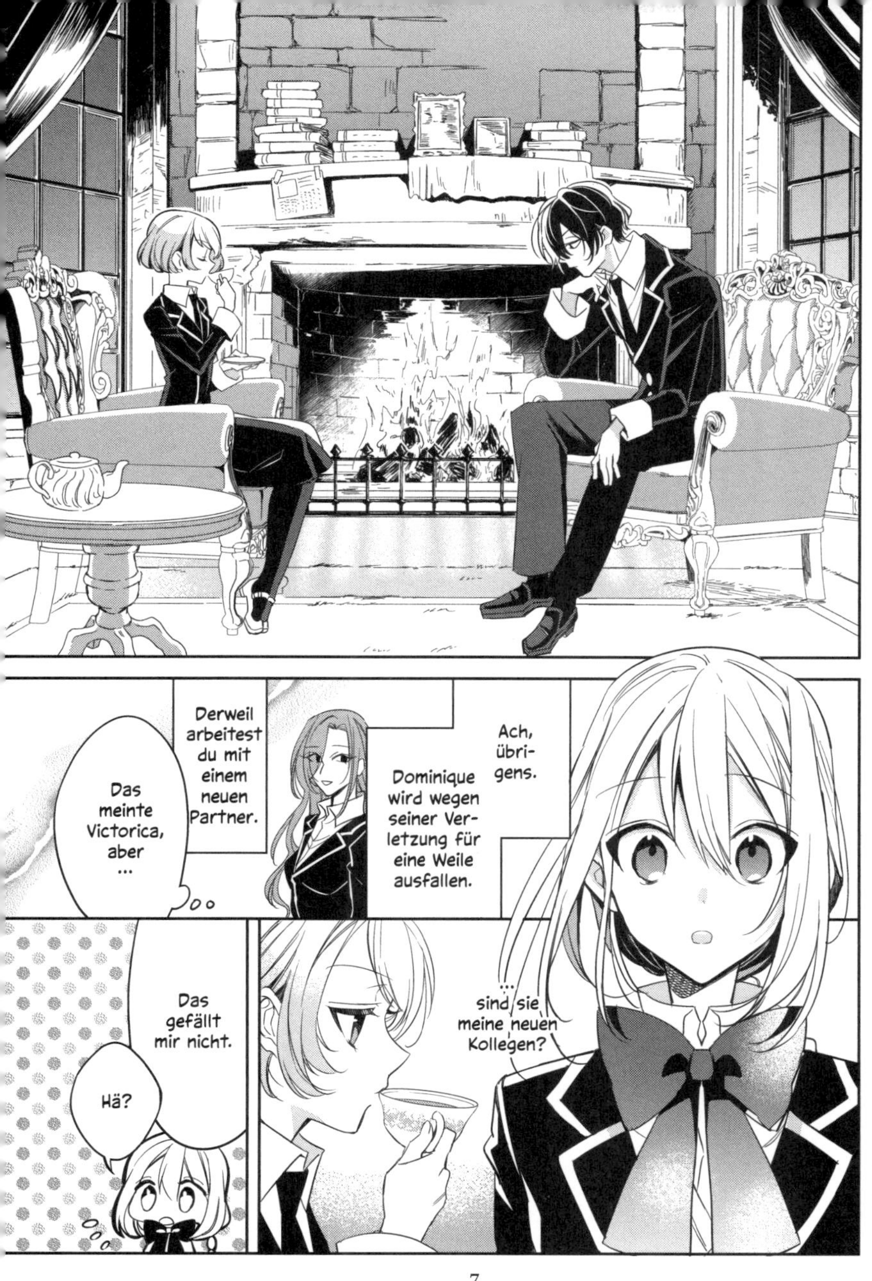

Ach, übrigens.
Dominique wird wegen seiner Verletzung für eine Weile ausfallen.
Derweil arbeitest du mit einem neuen Partner.
Das meinte Victorica, aber ...
... sind sie meine neuen Kollegen?
Das gefällt mir nicht.
Hä?

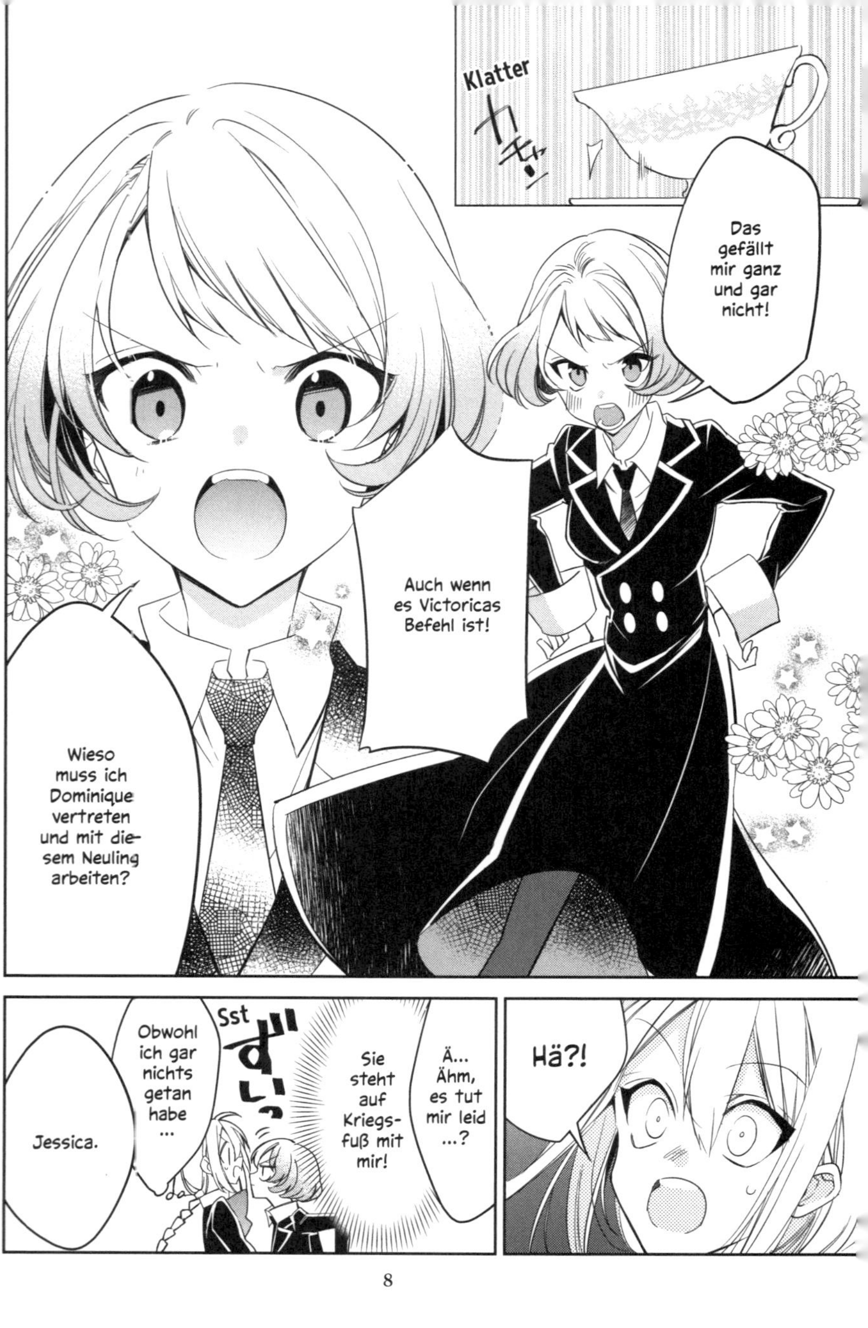

Klatter

Das gefällt mir ganz und gar nicht!

Auch wenn es Victoricas Befehl ist!

Wieso muss ich Dominique vertreten und mit diesem Neuling arbeiten?

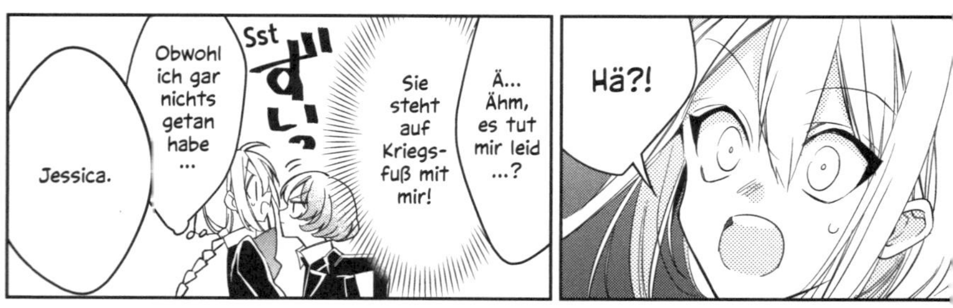

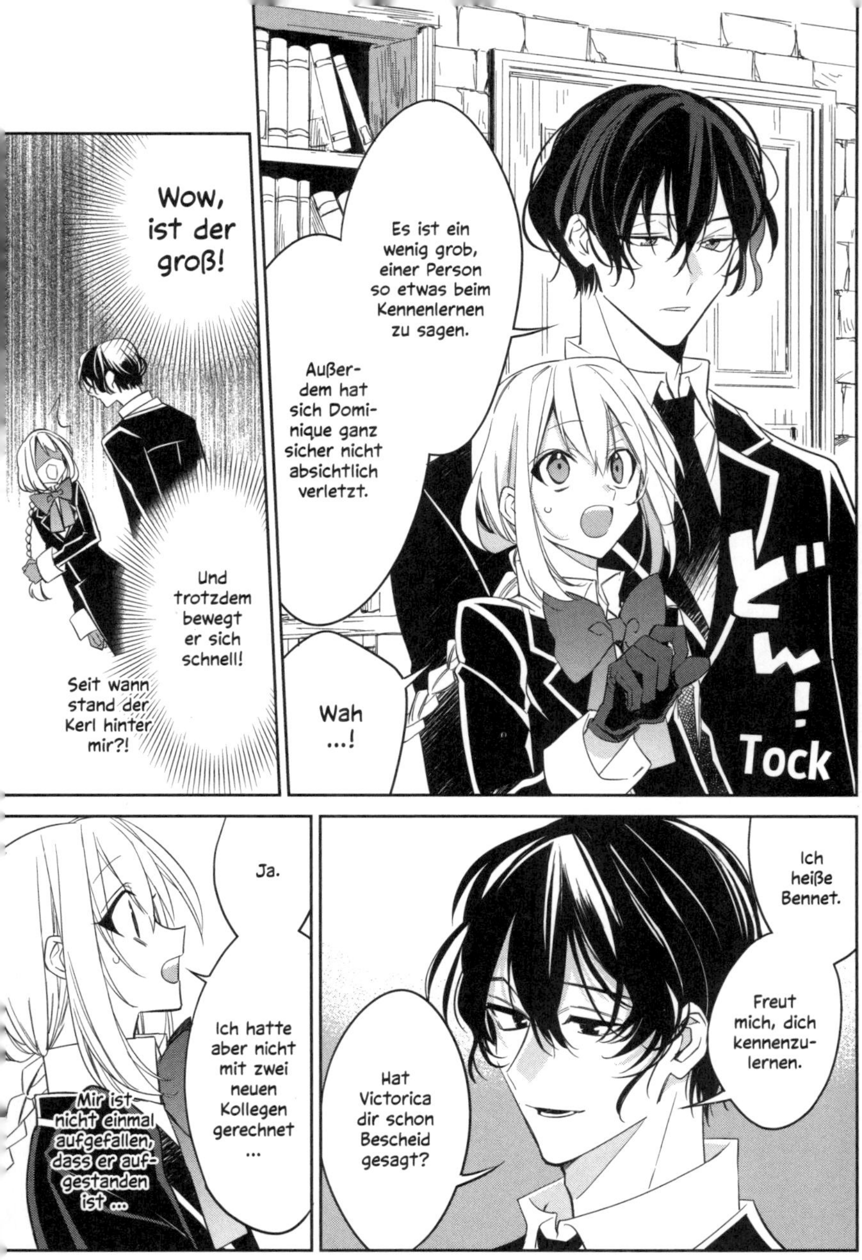

Es ist ein wenig grob, einer Person so etwas beim Kennenlernen zu sagen.

Außerdem hat sich Dominique ganz sicher nicht absichtlich verletzt.

Wah ...!

Tock

Wow, ist der groß!

Und trotzdem bewegt er sich schnell!

Seit wann stand der Kerl hinter mir?!

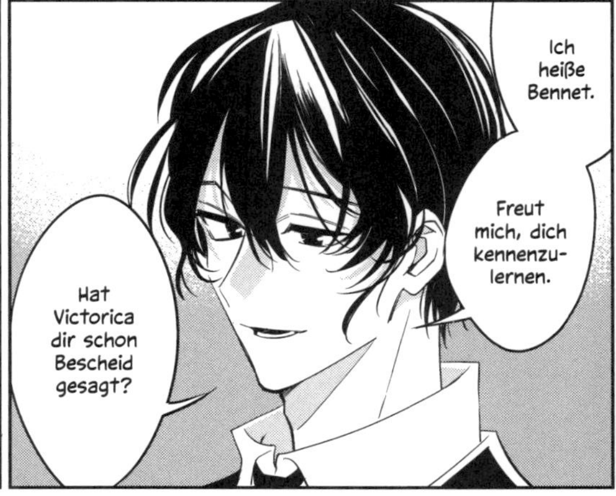

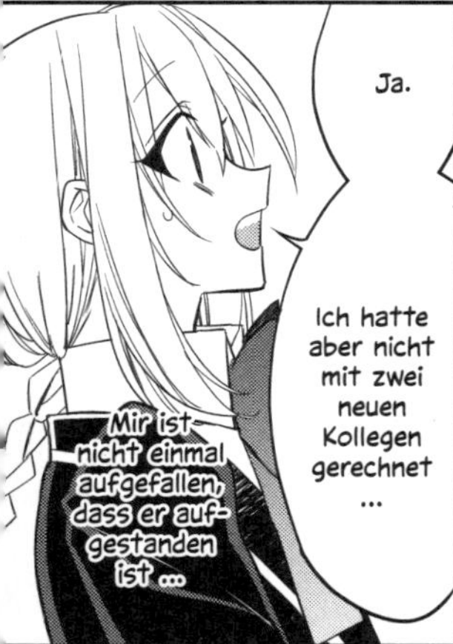

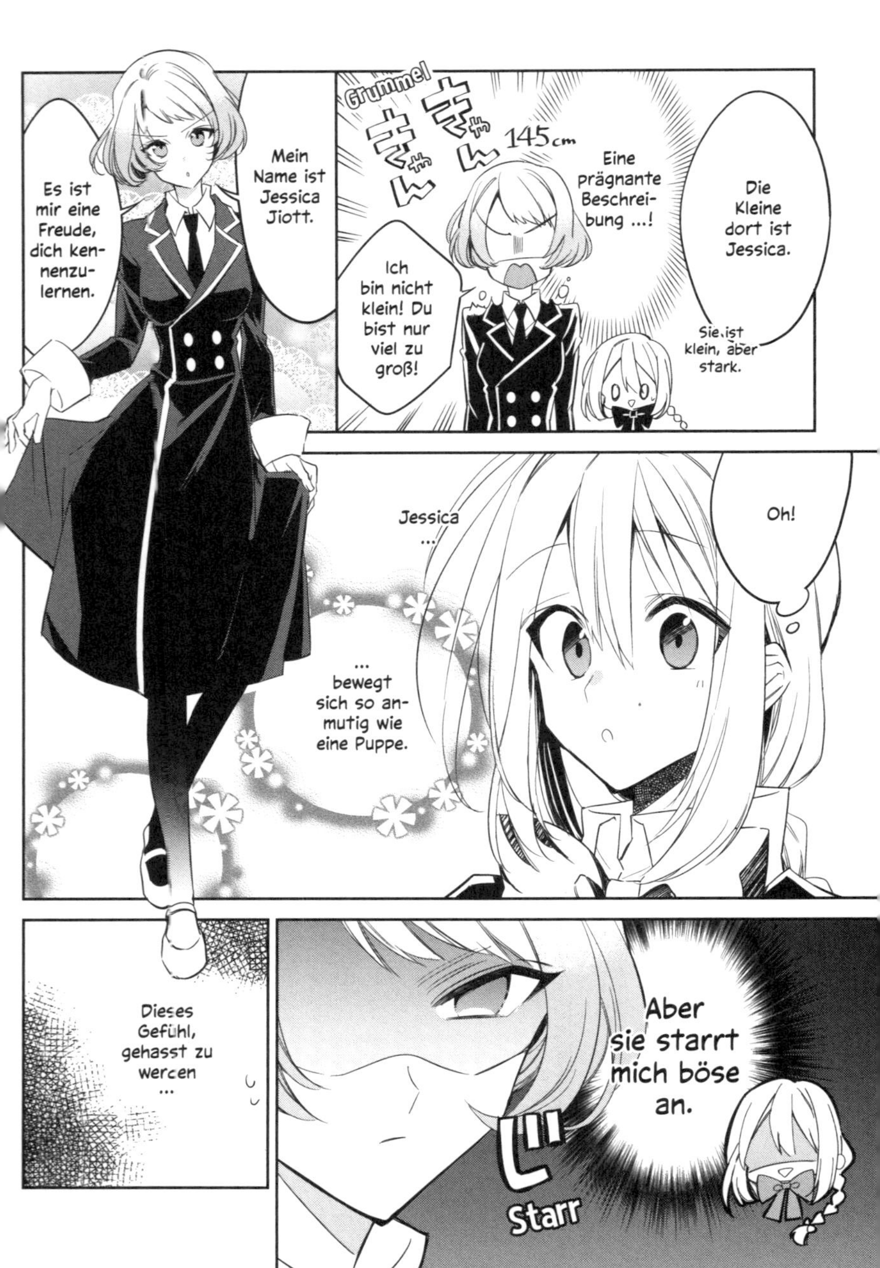
Die Kleine dort ist Jessica.
Sie ist klein, aber stark.
Grummel
145cm
Eine prägnante Beschreibung ...!
Ich bin nicht klein! Du bist nur viel zu groß!
Mein Name ist Jessica Jiott.
Es ist mir eine Freude, dich kennenzulernen.
Oh!
Jessica ...
... bewegt sich so anmutig wie eine Puppe.
Aber sie starrt mich böse an.
Starr
Dieses Gefühl, gehasst zu werden ...

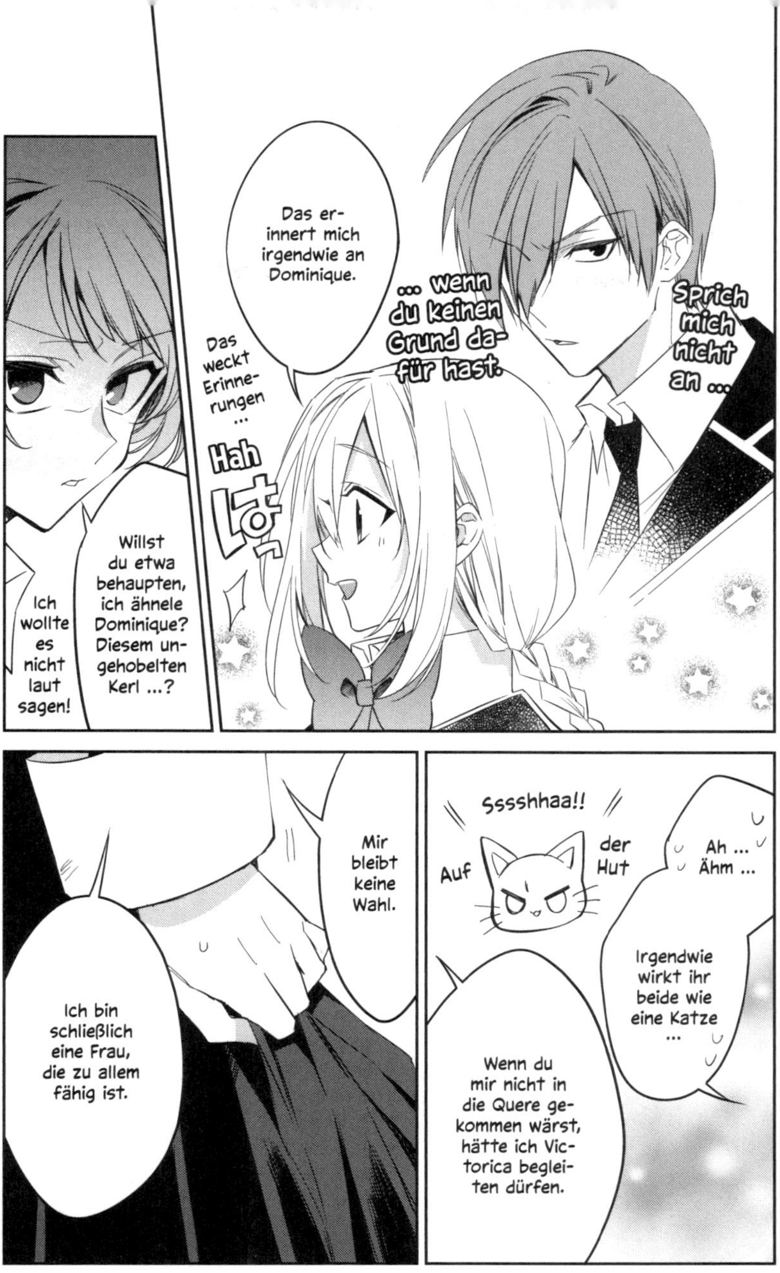

Sprich mich nicht an ...
... wenn du keinen Grund dafür hast.
Das erinnert mich irgendwie an Dominique.
Das weckt Erinnerungen ...
Hah
Willst du etwa behaupten, ich ähnele Dominique? Diesem ungehobelten Kerl ...?
Ich wollte es nicht laut sagen!

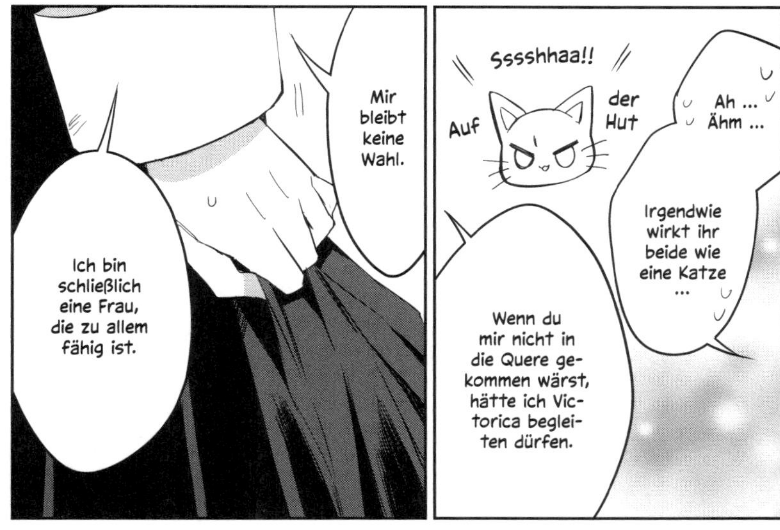

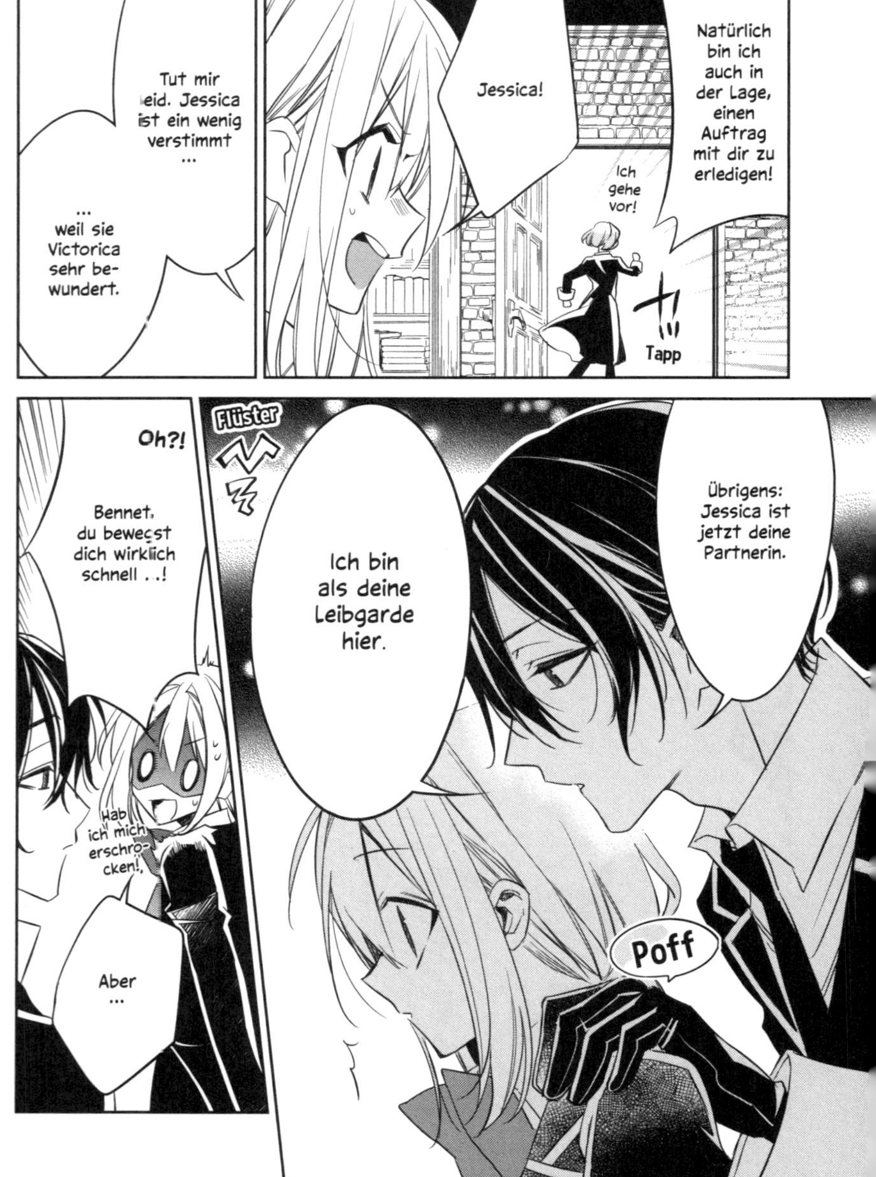
Natürlich bin ich auch in der Lage, einen Auftrag mit dir zu erledigen!
Ich gehe vor!
Tapp
Jessica!
Tut mir leid. Jessica ist ein wenig verstimmt ...
... weil sie Victorica sehr bewundert.
Übrigens: Jessica ist jetzt deine Partnerin.
Flüster
Ich bin als deine Leibgarde hier.
Poff
Oh?!
Bennet, du bewegst dich wirklich schnell ...!
Hab ich mich erschrocken!
Aber ...

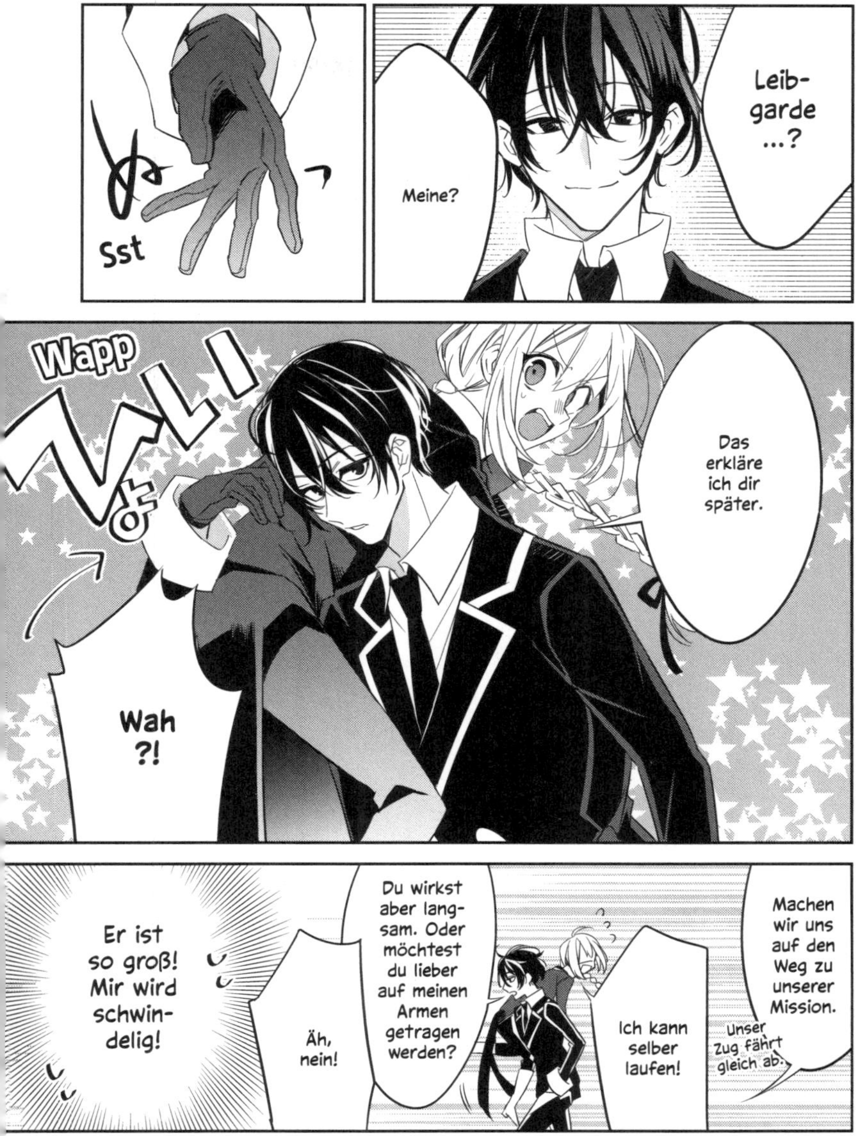

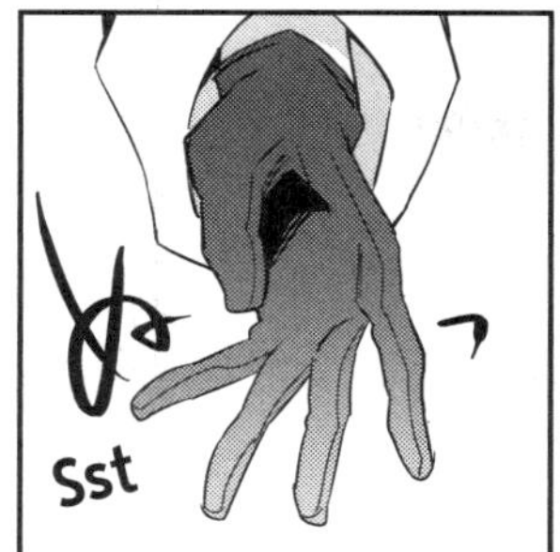

Das erkläre ich dir später.

Wapp

Wah ?!

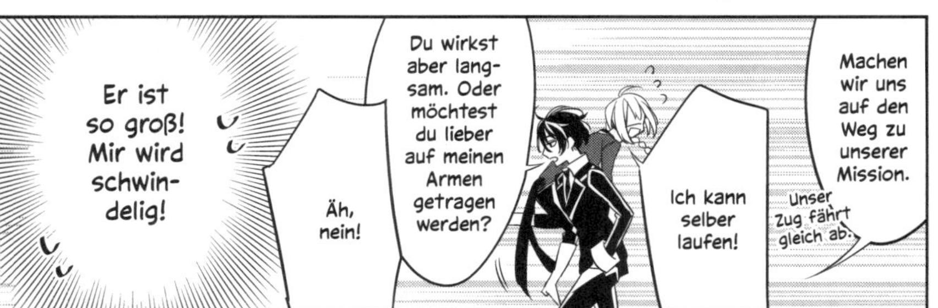

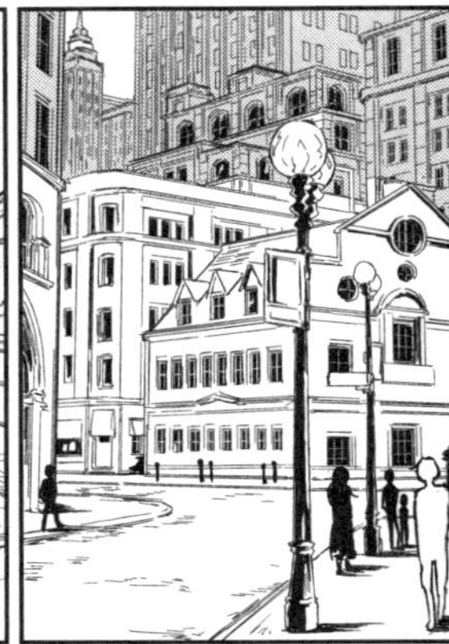

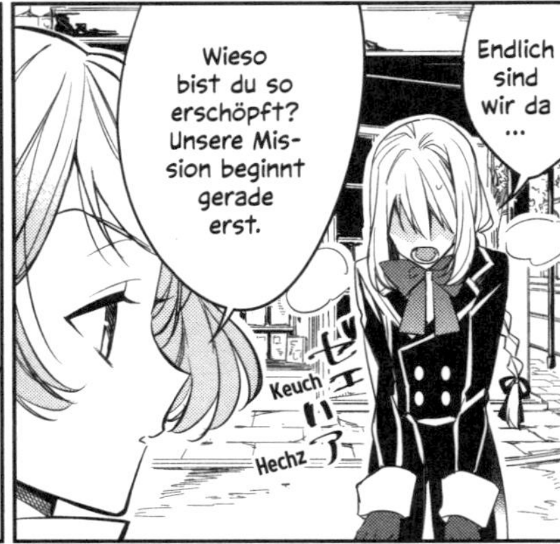
Endlich sind wir da …
Wieso bist du so erschöpft? Unsere Mission beginnt gerade erst.
Keuch
Hechz

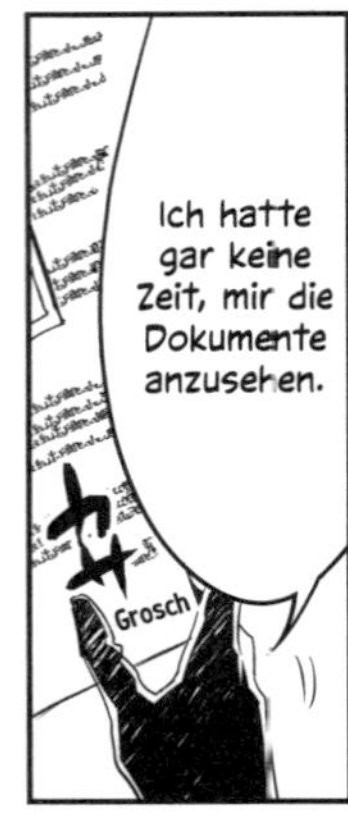
Ich hatte gar keine Zeit, mir die Dokumente anzusehen.
Grosch

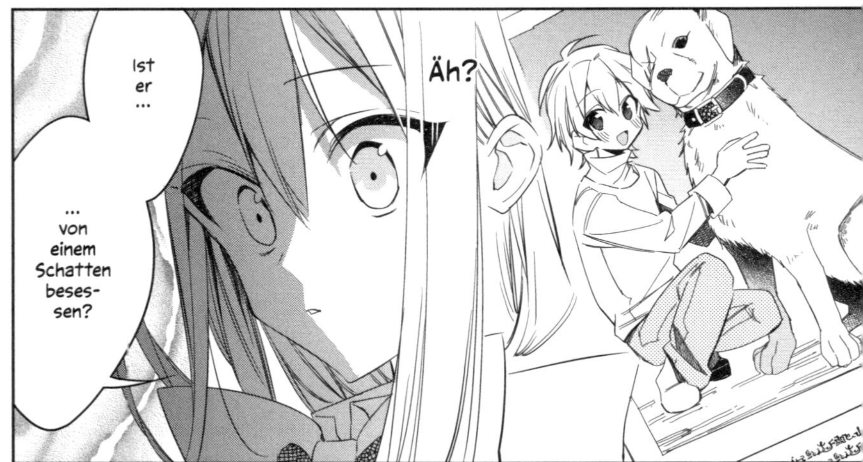
Äh?
Ist er …
… von einem Schatten beses-sen?

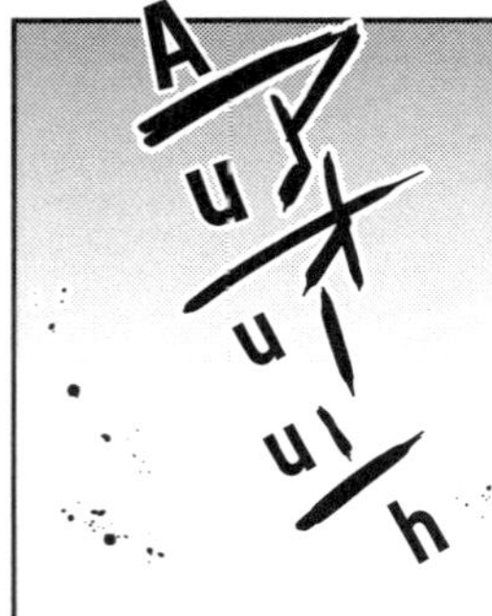
So ein kleines Kind?
Er scheint etwa so alt zu sein wie Nana.
Auuuuh

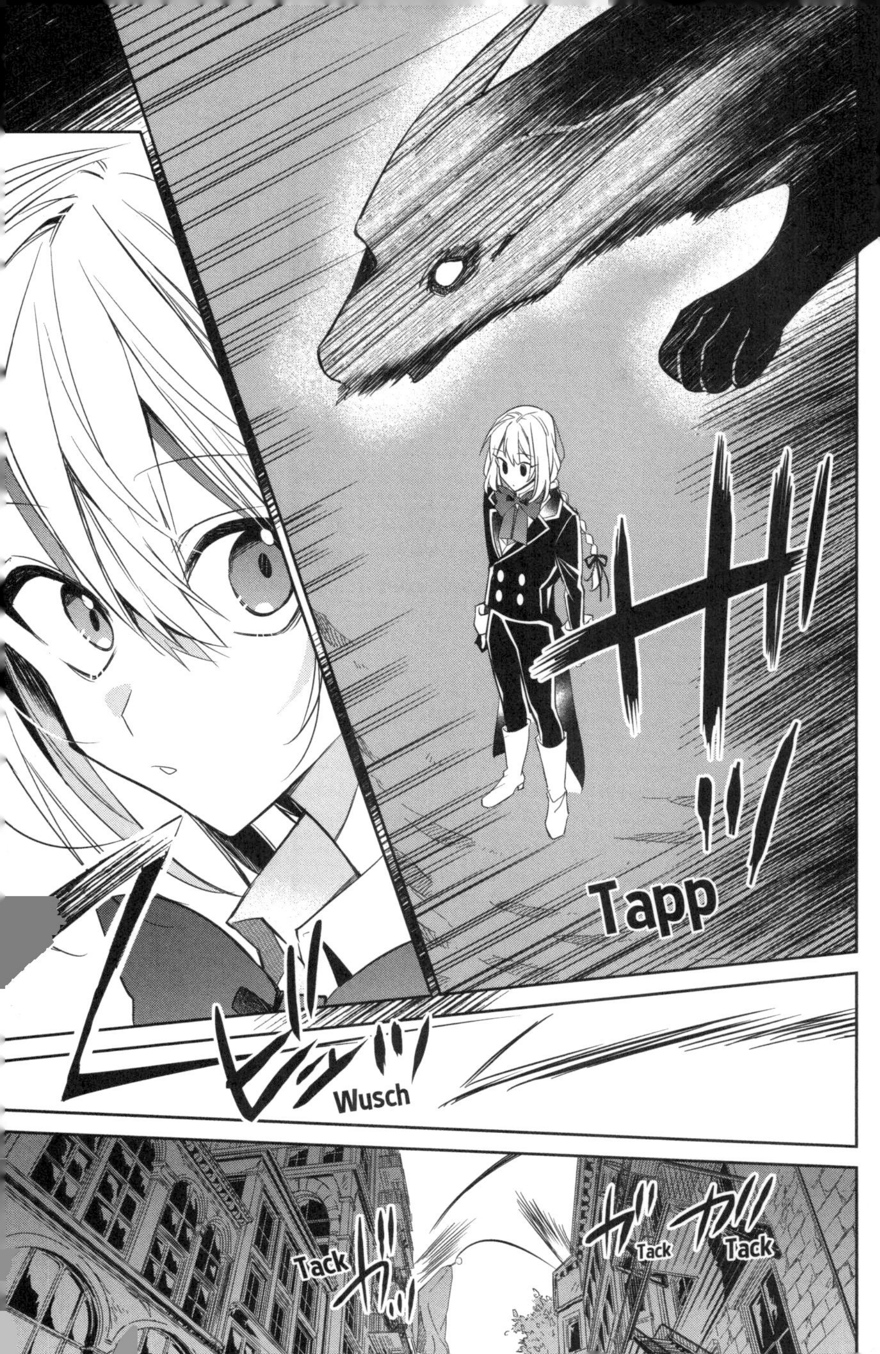
Tapp
Wusch
Tack
Tack
Tack

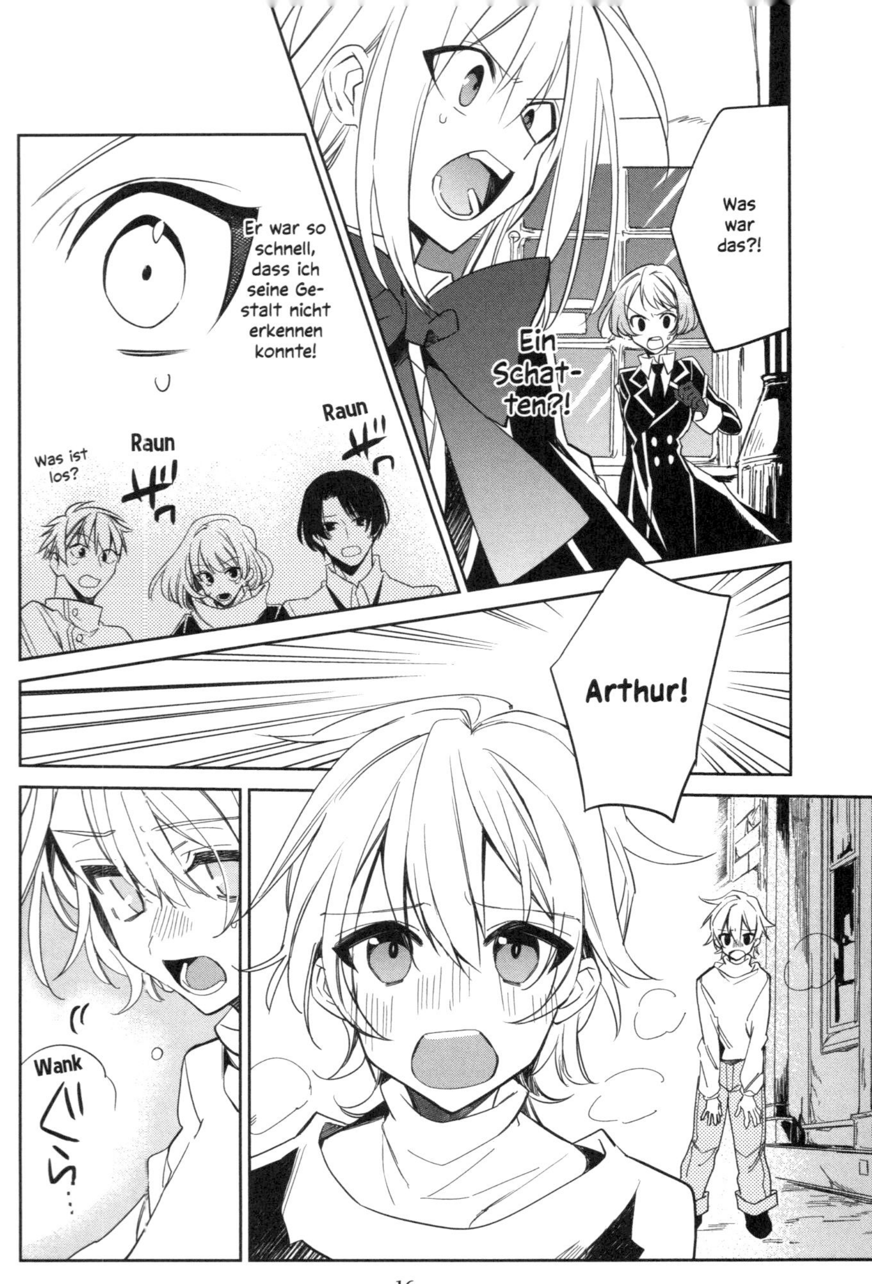
Was war das?!
Ein Schatten?!
Er war so schnell, dass ich seine Gestalt nicht erkennen konnte!
Raun
Raun
Was ist los?
Arthur!
Wank

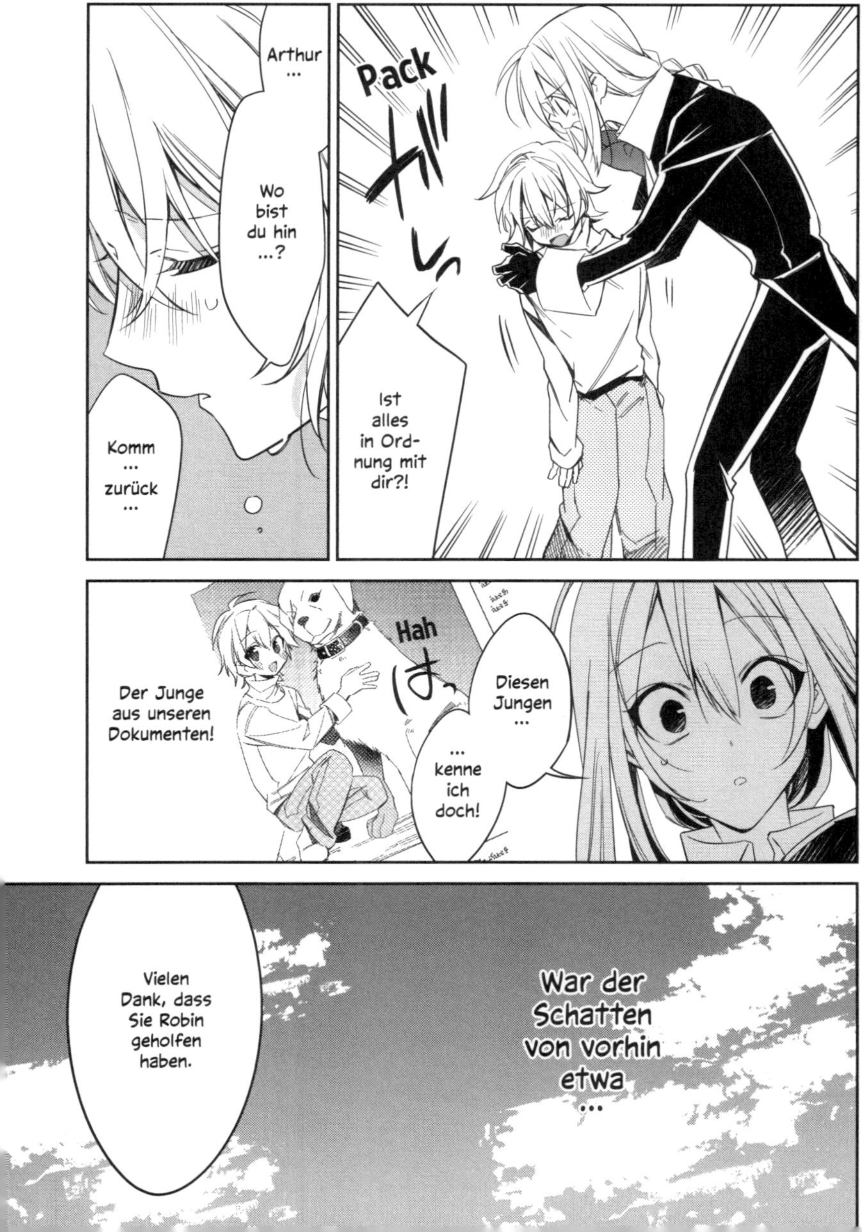

Pack
Ist alles in Ordnung mit dir?!
Arthur ...
Wo bist du hin ...?
Komm ... zurück ...

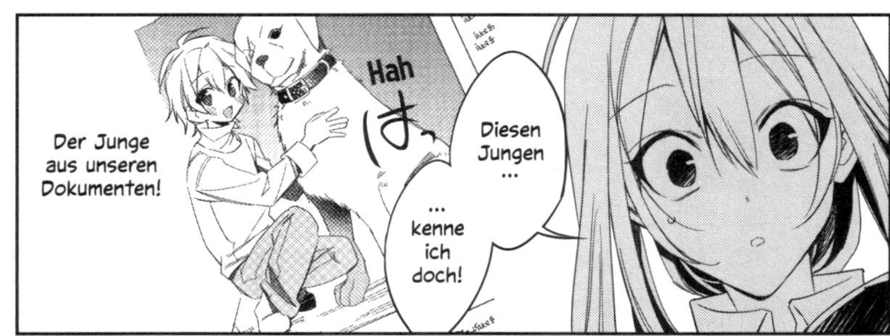

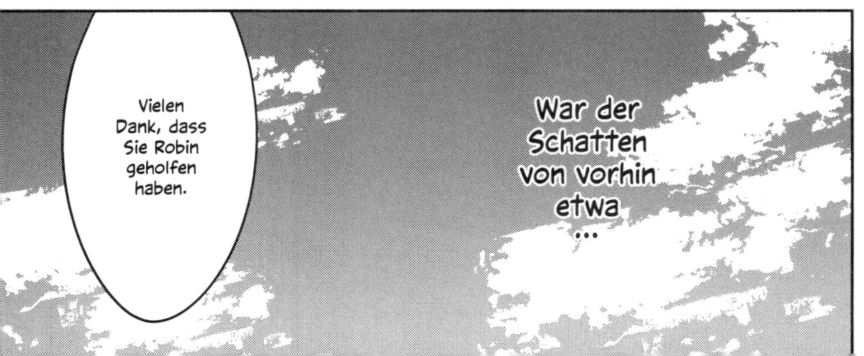

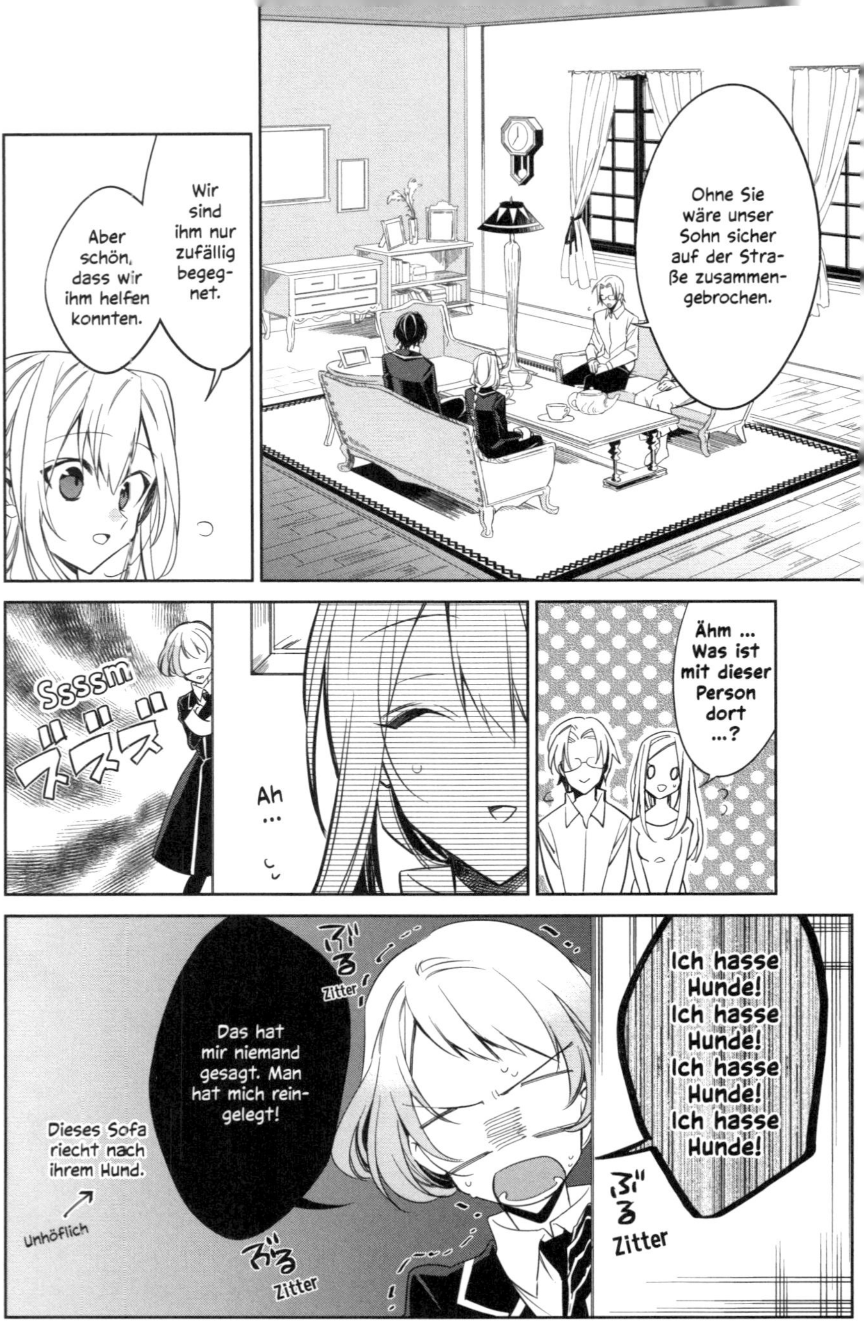

Ohne Sie wäre unser Sohn sicher auf der Straße zusammengebrochen.

Wir sind ihm nur zufällig begegnet.

Aber schön, dass wir ihm helfen konnten.

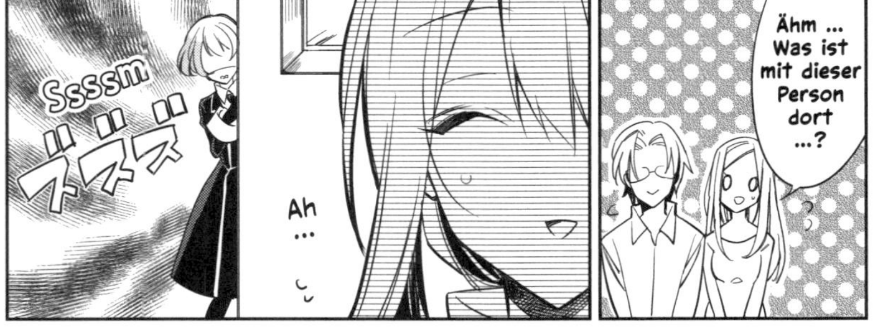

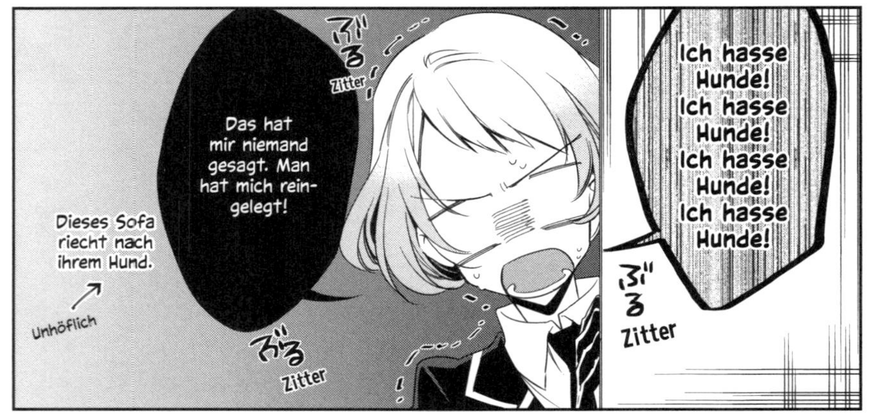

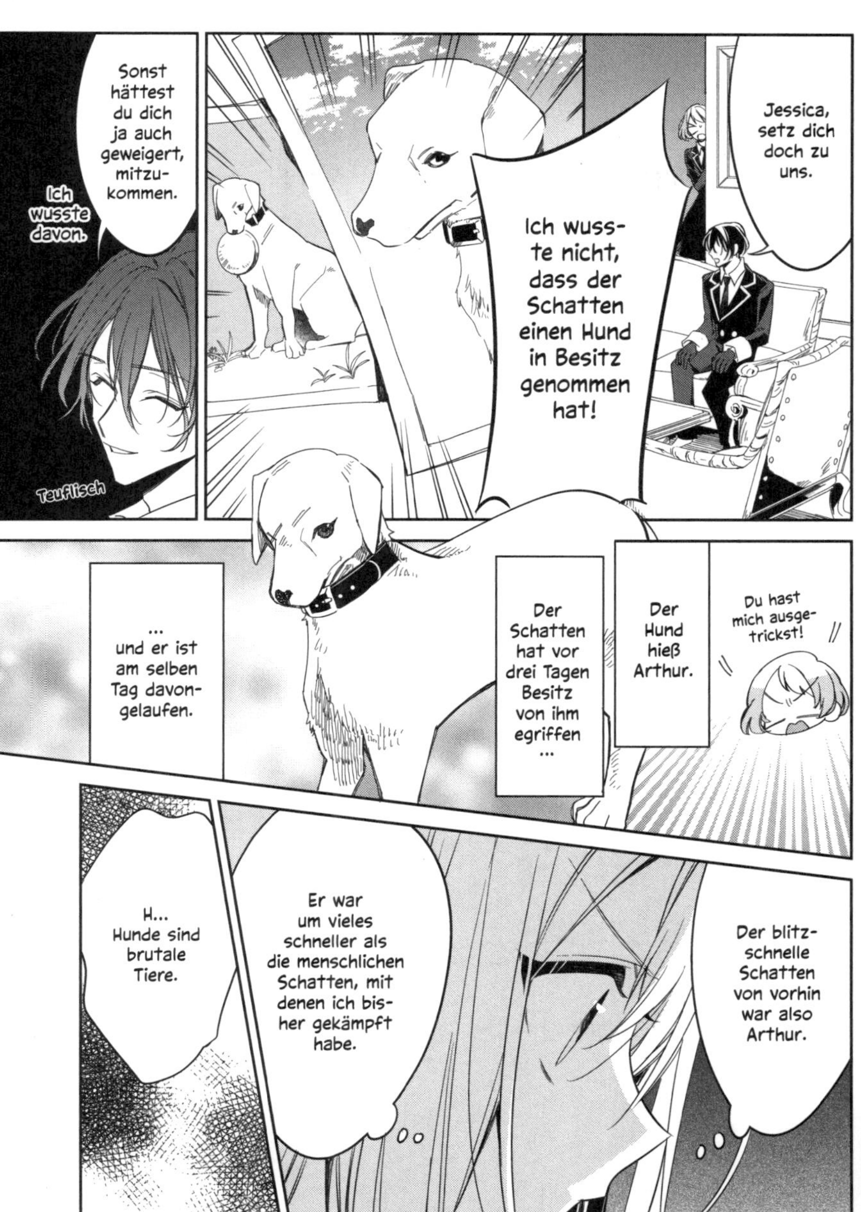

Jessica, setz dich doch zu uns.
Ich wusste nicht, dass der Schatten einen Hund in Besitz genommen hat!
Sonst hättest du dich ja auch geweigert, mitzukommen.
Ich wusste davon.
Teuflisch
Du hast mich ausgetrickst!
Der Hund hieß Arthur.
Der Schatten hat vor drei Tagen Besitz von ihm egriffen ...
... und er ist am selben Tag davongelaufen.
Der blitzschnelle Schatten von vorhin war also Arthur.
Er war um vieles schneller als die menschlichen Schatten, mit denen ich bisher gekämpft habe.
H... Hunde sind brutale Tiere.

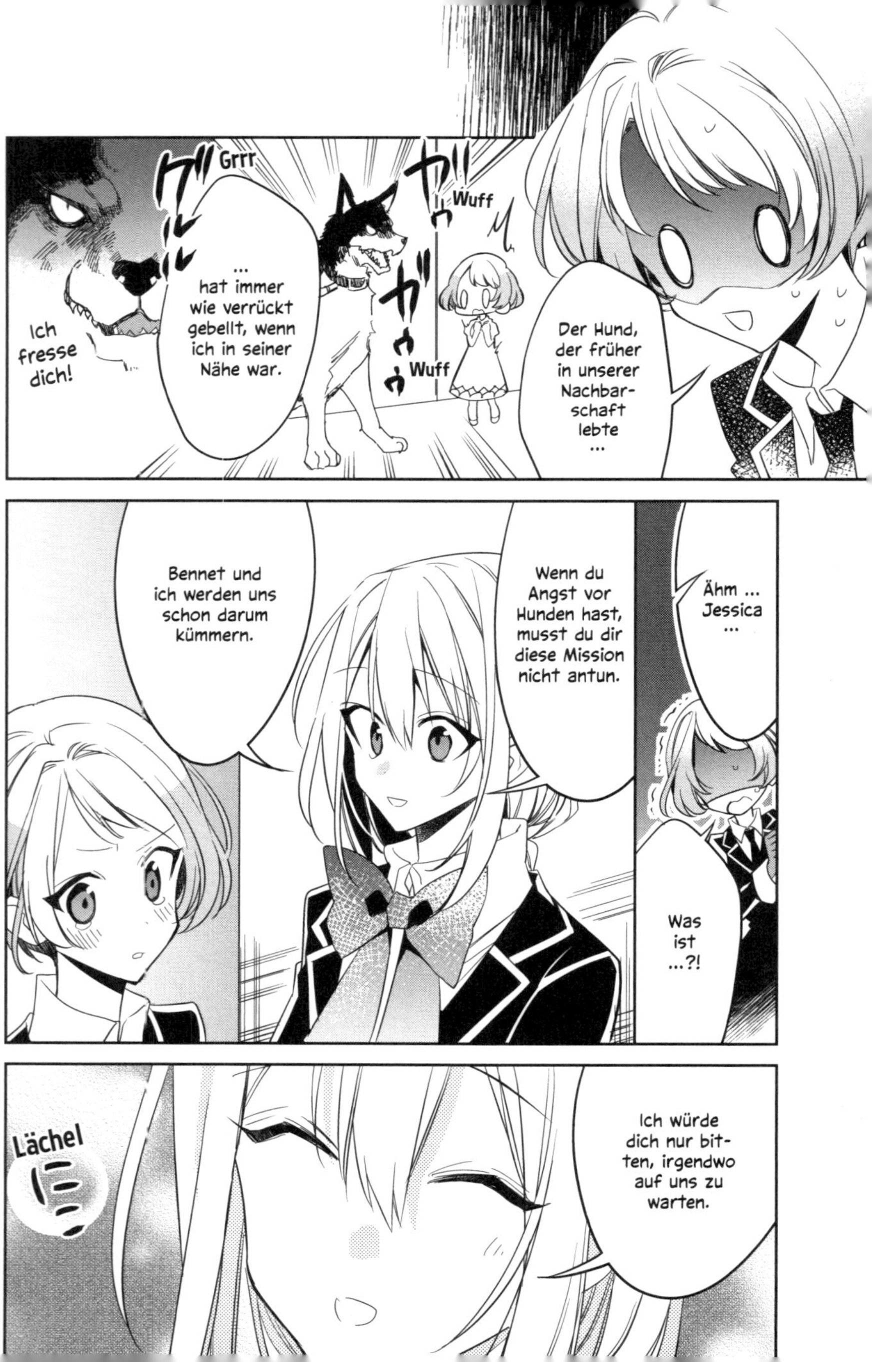

Der Hund, der früher in unserer Nachbarschaft lebte ...

Wuff

Wuff

... hat immer wie verrückt gebellt, wenn ich in seiner Nähe war.

Grrr

Ich fresse dich!

Ähm ... Jessica ...

Was ist ...?!

Wenn du Angst vor Hunden hast, musst du dir diese Mission nicht antun.

Bennet und ich werden uns schon darum kümmern.

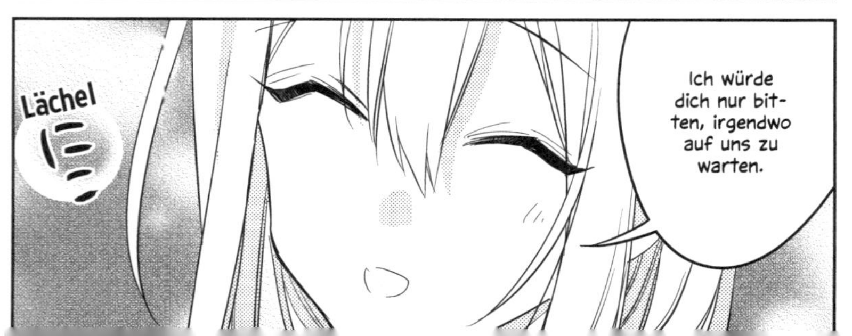

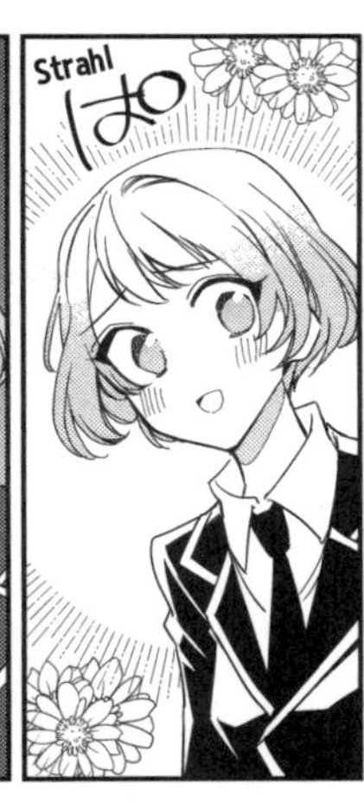
Strahl
はゅ

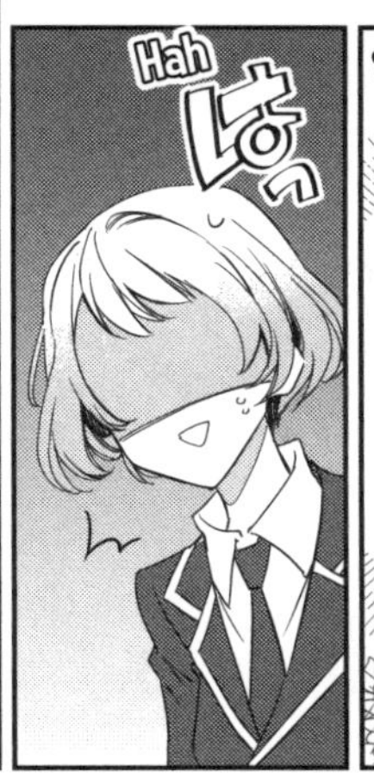
Hah
はっ

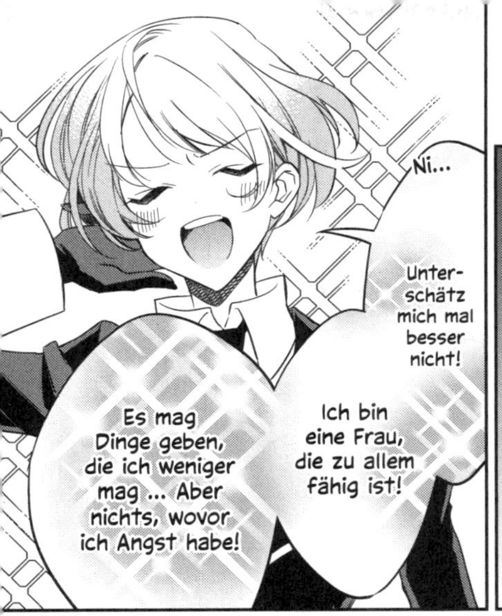
Ni...
Unter-schätz mich mal besser nicht!
Ich bin eine Frau, die zu allem fähig ist!
Es mag Dinge geben, die ich weniger mag ... Aber nichts, wovor ich Angst habe!

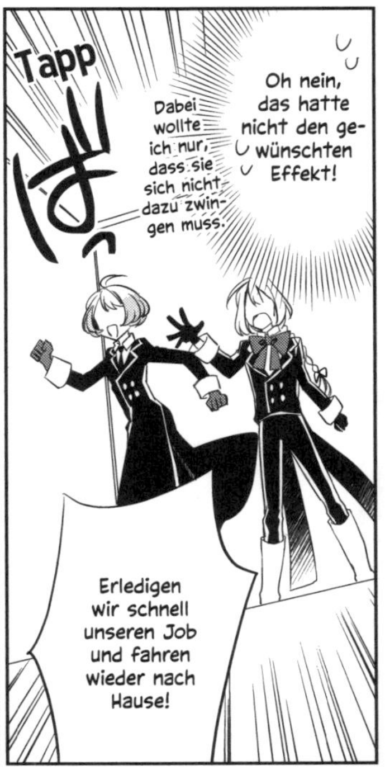
Oh nein, das hatte nicht den ge-wünschten Effekt!
Dabei wollte ich nur, dass sie sich nicht dazu zwin-gen muss.
Tapp
ぱっ
Erledigen wir schnell unseren Job und fahren wieder nach Hause!

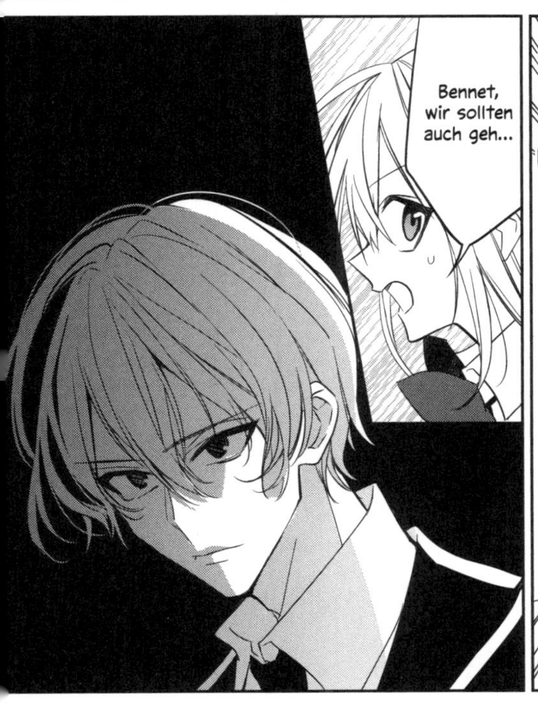
Bennet, wir sollten auch geh...

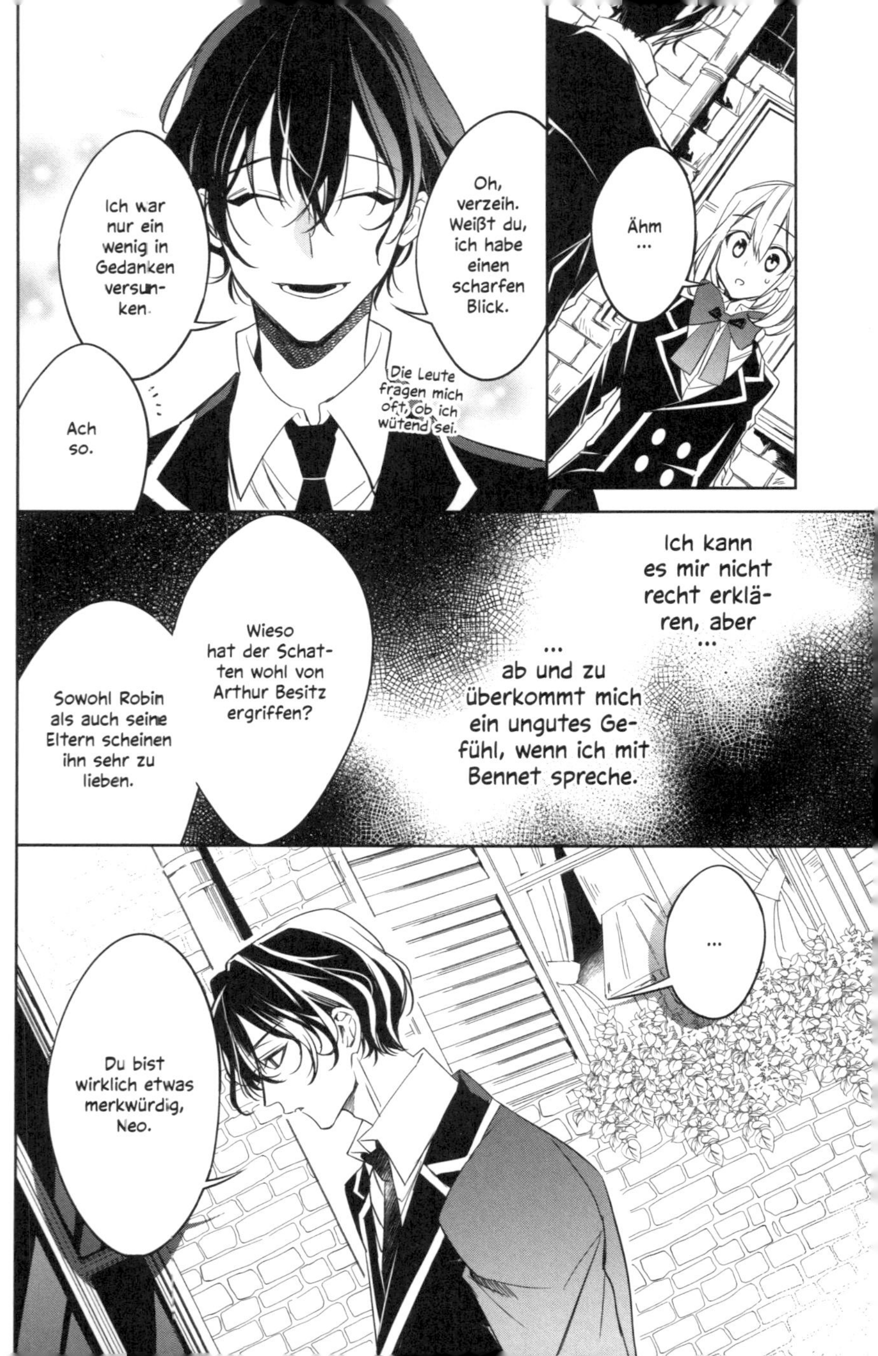
Ähm ...
Oh, verzeih. Weißt du, ich habe einen scharfen Blick.
Die Leute fragen mich oft, ob ich wütend sei.
Ich war nur ein wenig in Gedanken versunken.
Ach so.
Ich kann es mir nicht recht erklären, aber ...
... ab und zu überkommt mich ein ungutes Gefühl, wenn ich mit Bennet spreche.
Wieso hat der Schatten wohl von Arthur Besitz ergriffen?
Sowohl Robin als auch seine Eltern scheinen ihn sehr zu lieben.
...
Du bist wirklich etwas merkwürdig, Neo.

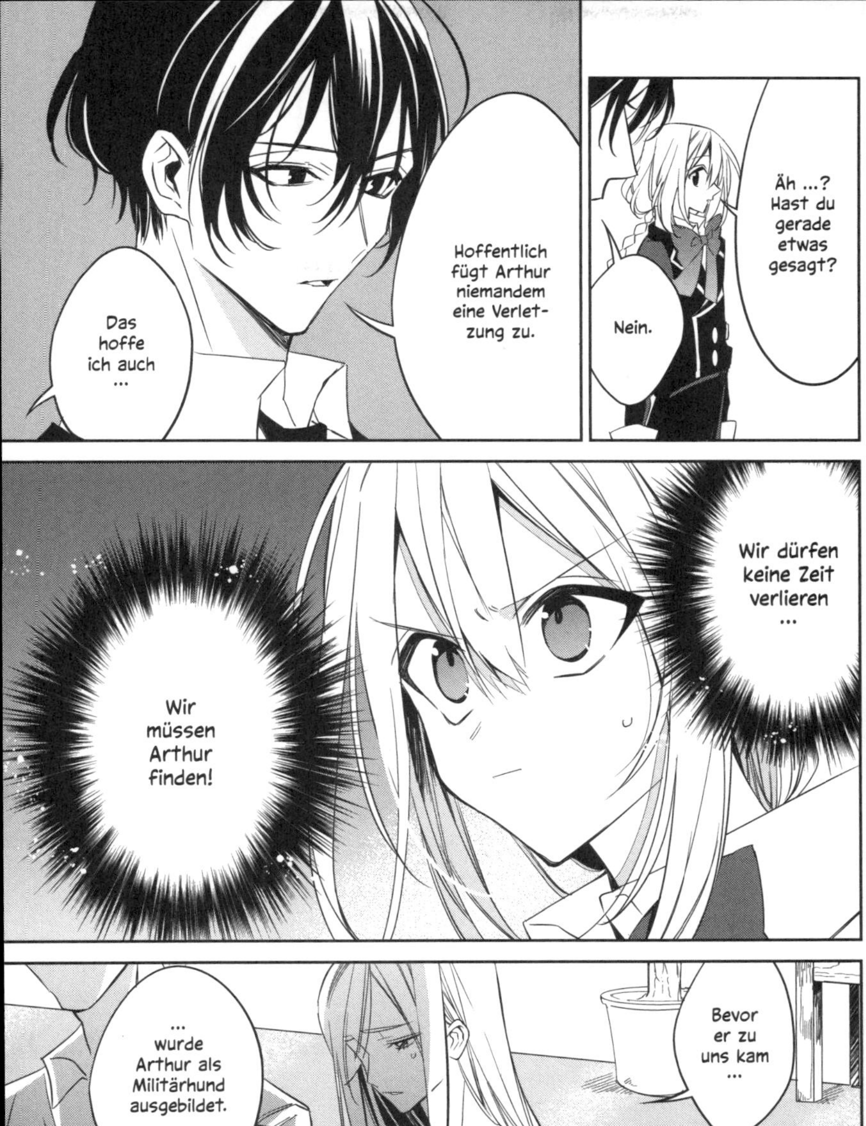

Äh ...? Hast du gerade etwas gesagt?

Nein.

Hoffentlich fügt Arthur niemandem eine Verletzung zu.

Das hoffe ich auch ...

Wir dürfen keine Zeit verlieren ...

Wir müssen Arthur finden!

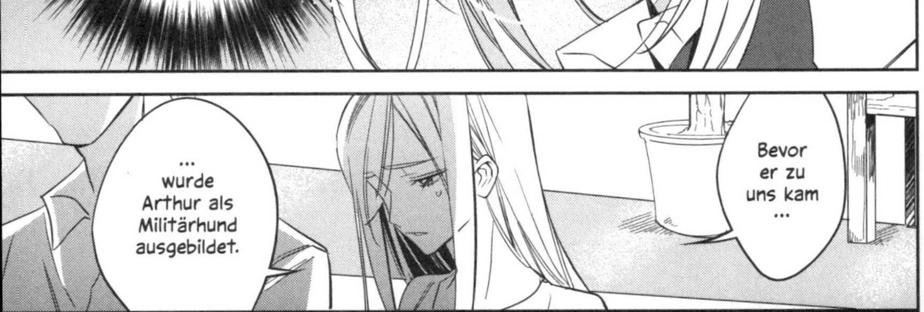

Dritter Fall: Der selbstsüchtige Hund

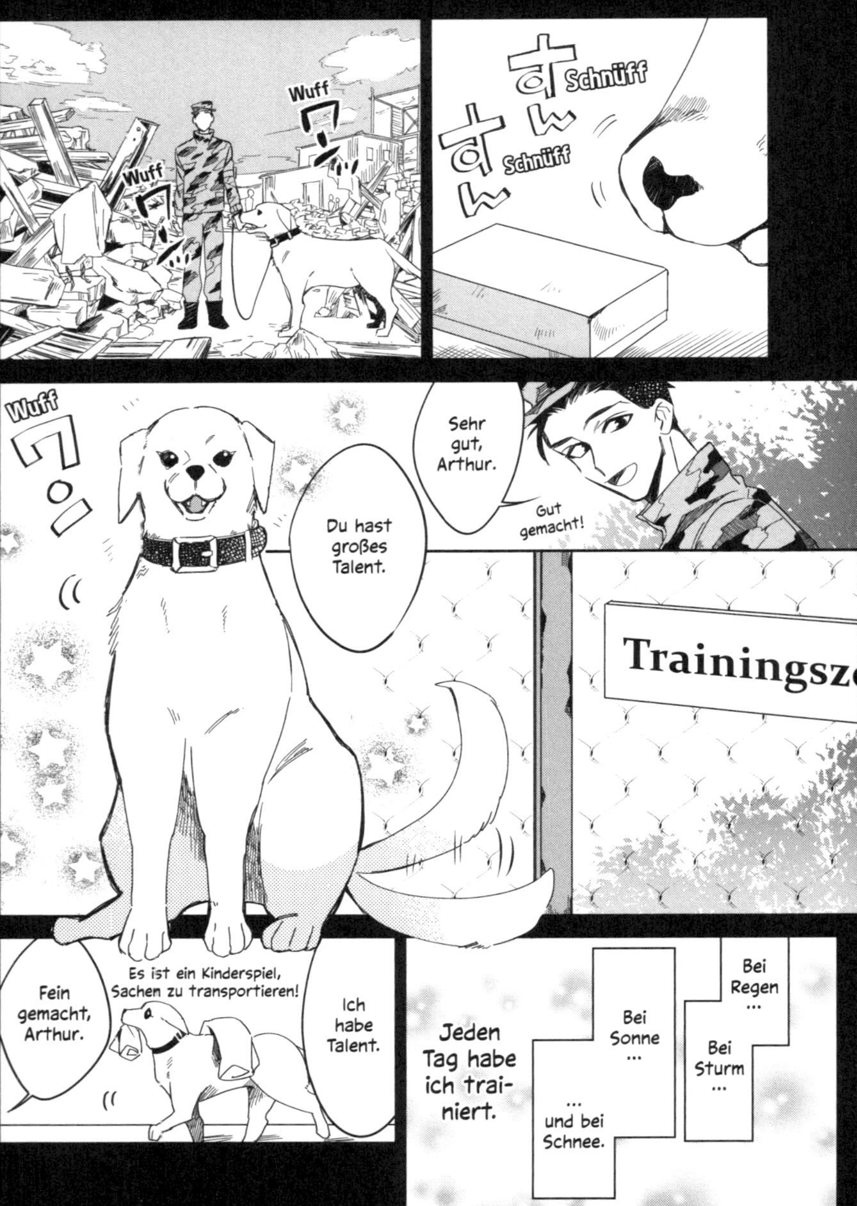
Schnüff
Schnüff
Wuff
Wuff
Wuff
Sehr gut, Arthur.
Gut gemacht!
Du hast großes Talent.
Trainingsz
Fein gemacht, Arthur.
Es ist ein Kinderspiel, Sachen zu transportieren!
Ich habe Talent.
Jeden Tag habe ich trainiert.
Bei Sonne …
Bei Regen …
Bei Sturm …
… und bei Schnee.

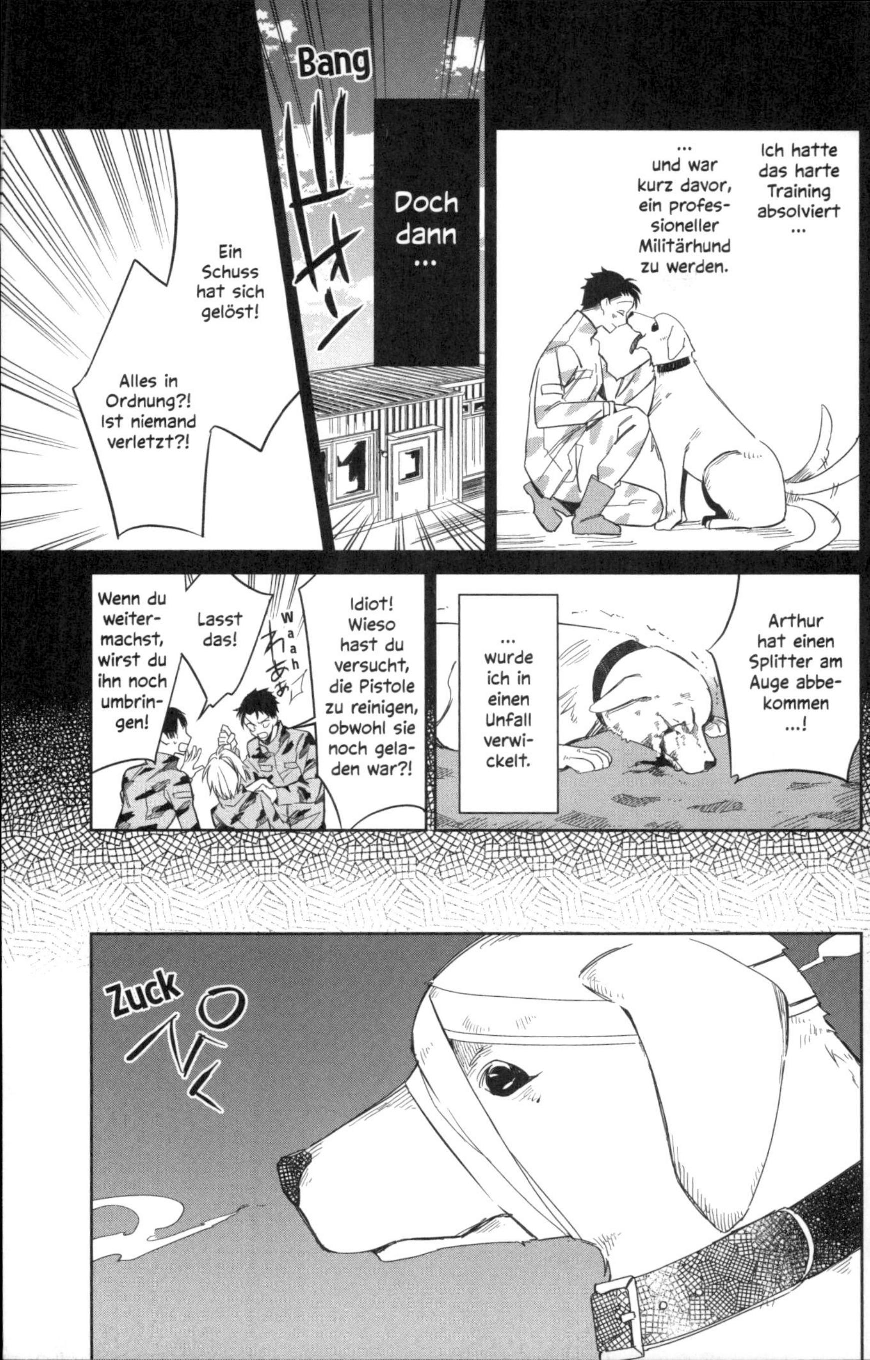

Ich hatte das harte Training absolviert ...

... und war kurz davor, ein professioneller Militärhund zu werden.

Bang

Doch dann ...

Ein Schuss hat sich gelöst!

Alles in Ordnung?! Ist niemand verletzt?!

Arthur hat einen Splitter am Auge abbekommen ...!

... wurde ich in einen Unfall verwickelt.

Idiot! Wieso hast du versucht, die Pistole zu reinigen, obwohl sie noch geladen war?!

Waah

Lasst das!

Wenn du weitermachst, wirst du ihn noch umbringen!

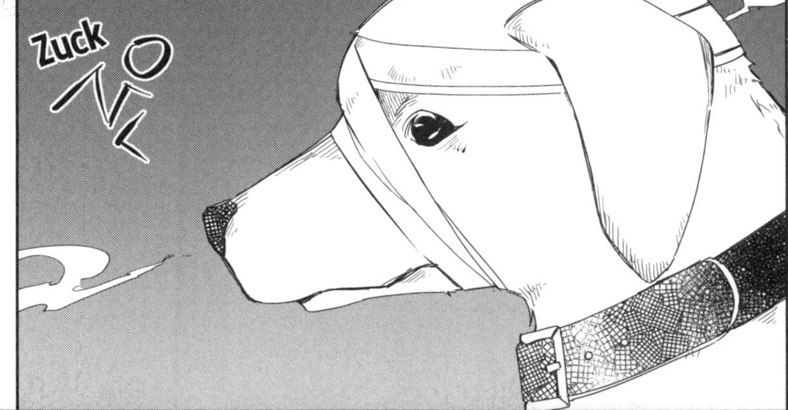

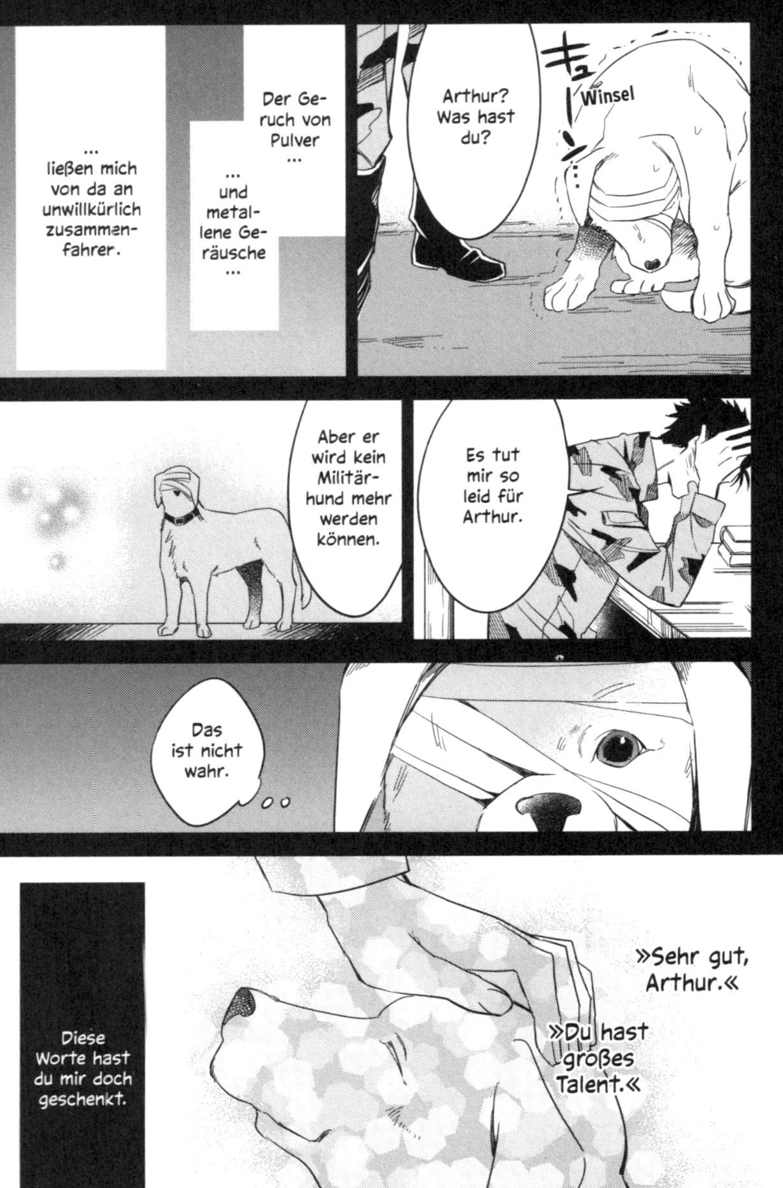
Der Geruch von Pulver ...
... und metallene Geräusche ...
... ließen mich von da an unwillkürlich zusammenfahrer.
Arthur? Was hast du?
Winsel
Es tut mir so leid für Arthur.
Aber er wird kein Militärhund mehr werden können.
Das ist nicht wahr.
»Sehr gut, Arthur.«
»Du hast großes Talent.«
Diese Worte hast du mir doch geschenkt.

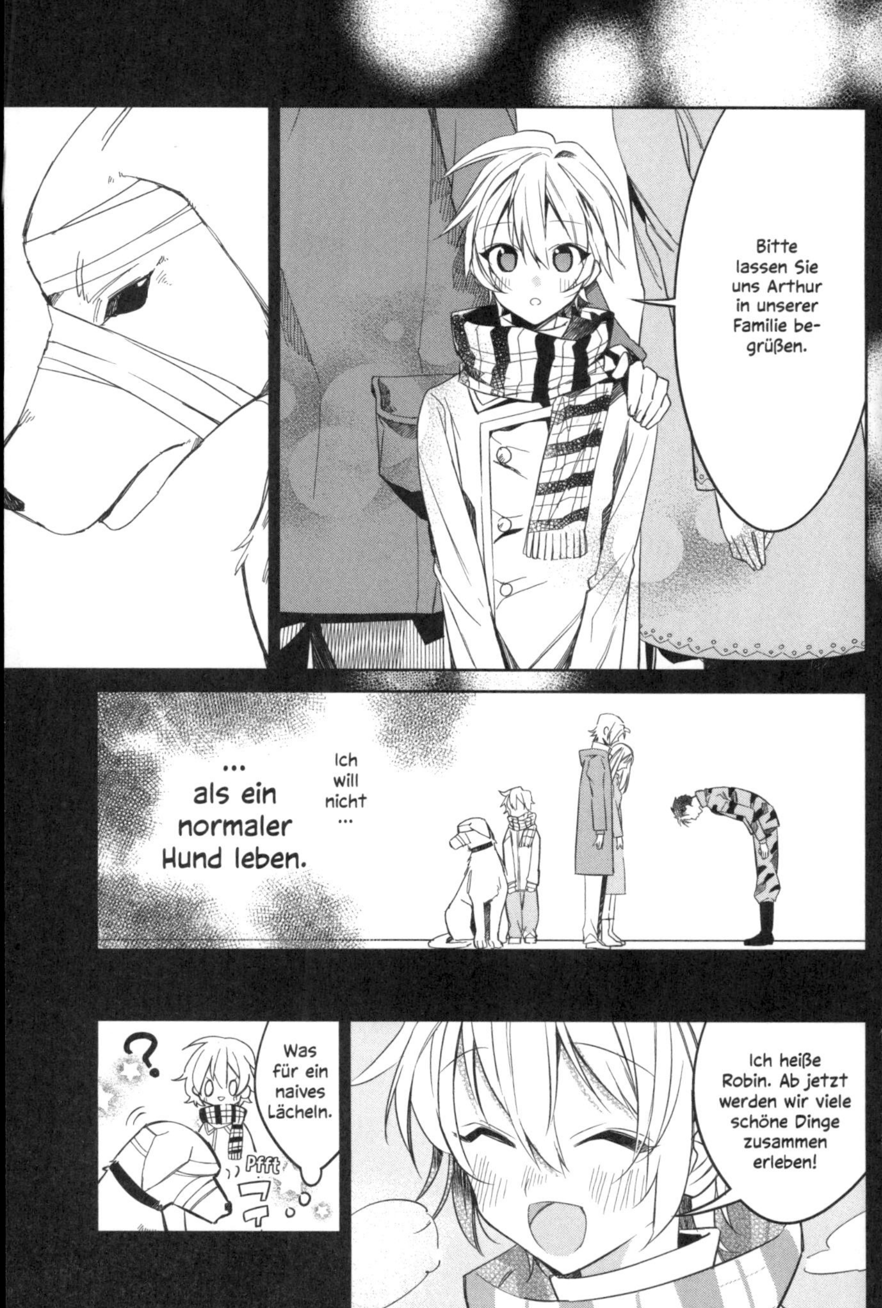
Bitte lassen Sie uns Arthur in unserer Familie begrüßen.
Ich will nicht ...
... als ein normaler Hund leben.
Ich heiße Robin. Ab jetzt werden wir viele schöne Dinge zusammen erleben!
Was für ein naives Lächeln.
?
Pfft

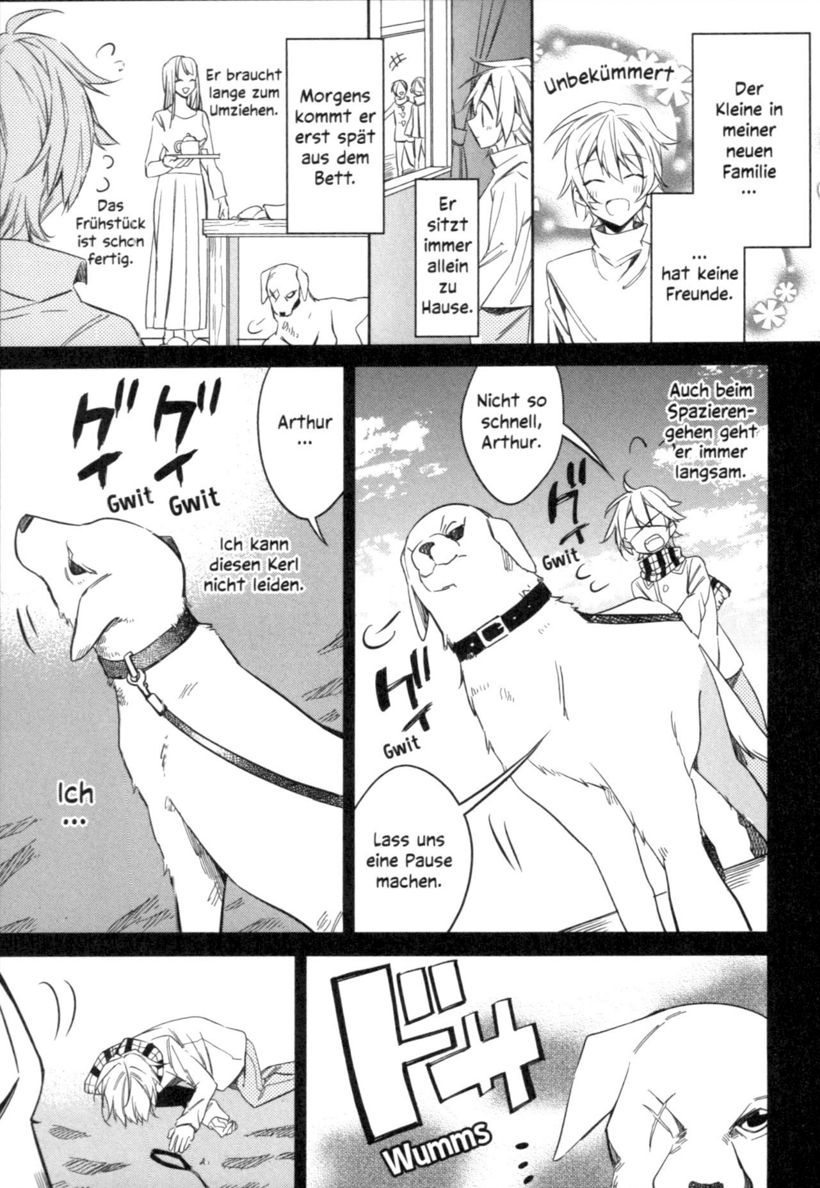

Unbekümmert
Der Kleine in meiner neuen Familie ...
... hat keine Freunde.
Er sitzt immer allein zu Hause.
Morgens kommt er erst spät aus dem Bett.
Er braucht lange zum Umziehen.
Das Frühstück ist schon fertig.
Auch beim Spazierengehen geht er immer langsam.
Nicht so schnell, Arthur.
Gwit
Gwit
Lass uns eine Pause machen.
Arthur ...
Gwit Gwit
Ich kann diesen Kerl nicht leiden.
Ich ...
Wumms

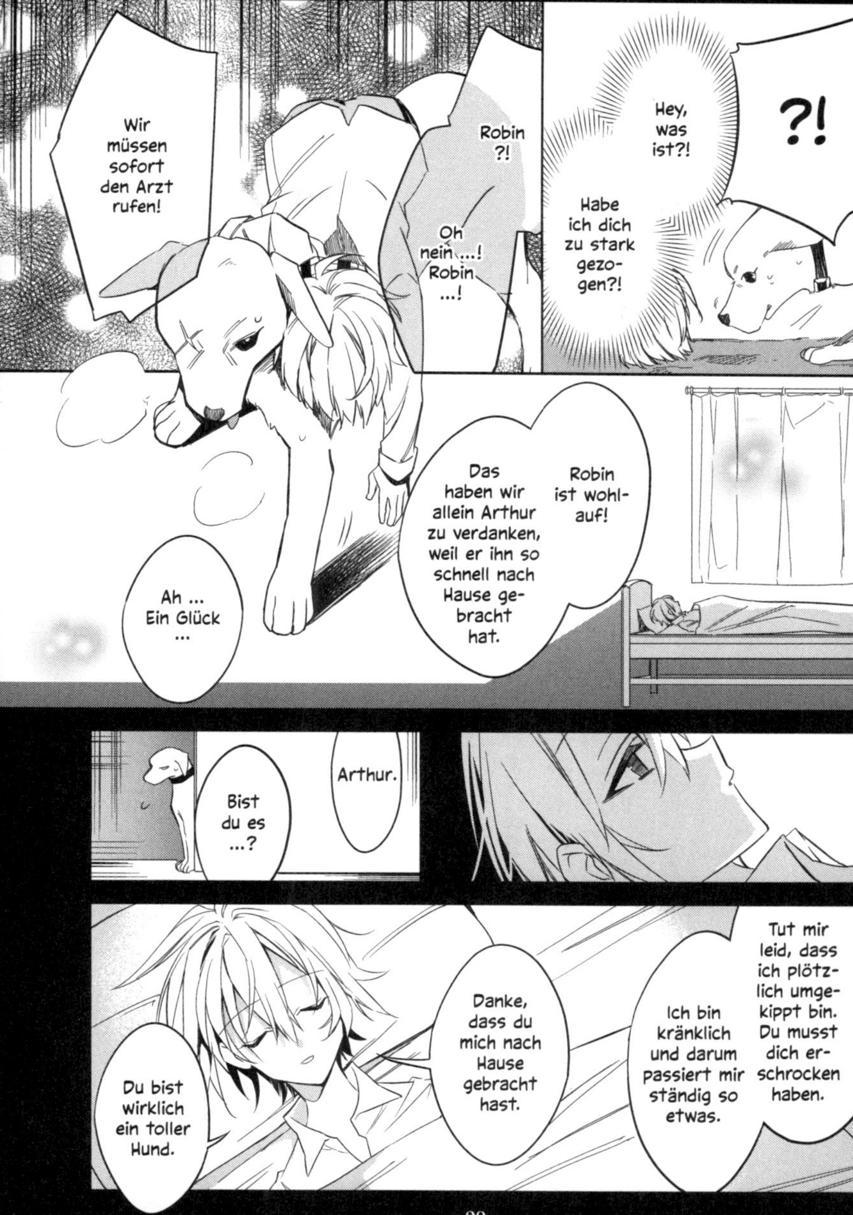
?!
Hey, was ist?!
Habe ich dich zu stark gezogen?!
Robin ?!
Oh nein ...! Robin ...!
Wir müssen sofort den Arzt rufen!
Robin ist wohlauf!
Das haben wir allein Arthur zu verdanken, weil er ihn so schnell nach Hause gebracht hat.
Ah ... Ein Glück ...
Arthur.
Bist du es ...?
Tut mir leid, dass ich plötzlich umgekippt bin. Du musst dich erschrocken haben.
Ich bin kränklich und darum passiert mir ständig so etwas.
Danke, dass du mich nach Hause gebracht hast.
Du bist wirklich ein toller Hund.

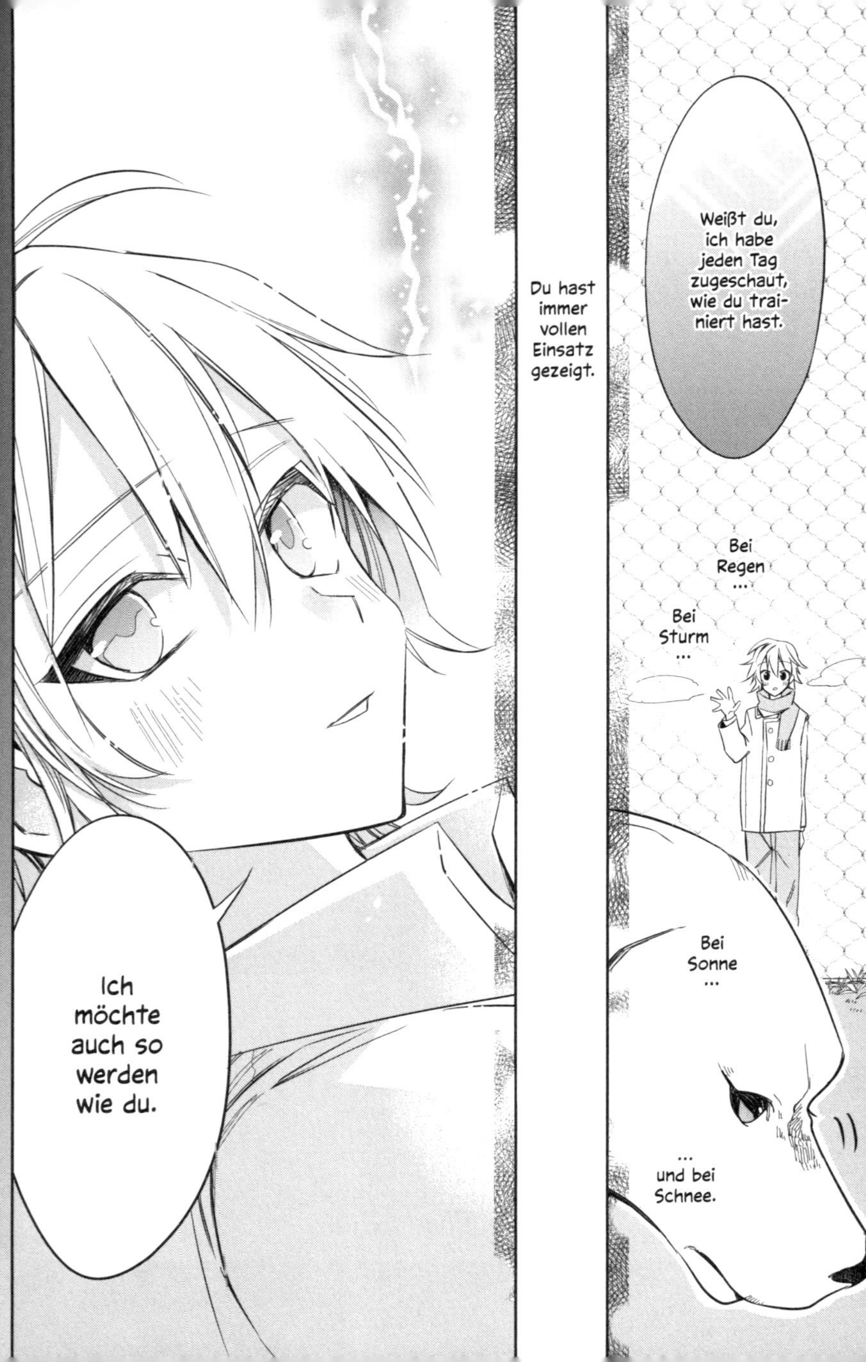
Weißt du, ich habe jeden Tag zugeschaut, wie du trainiert hast.
Bei Regen ...
Bei Sturm ...
Bei Sonne ...
... und bei Schnee.
Du hast immer vollen Einsatz gezeigt.
Ich möchte auch so werden wie du.

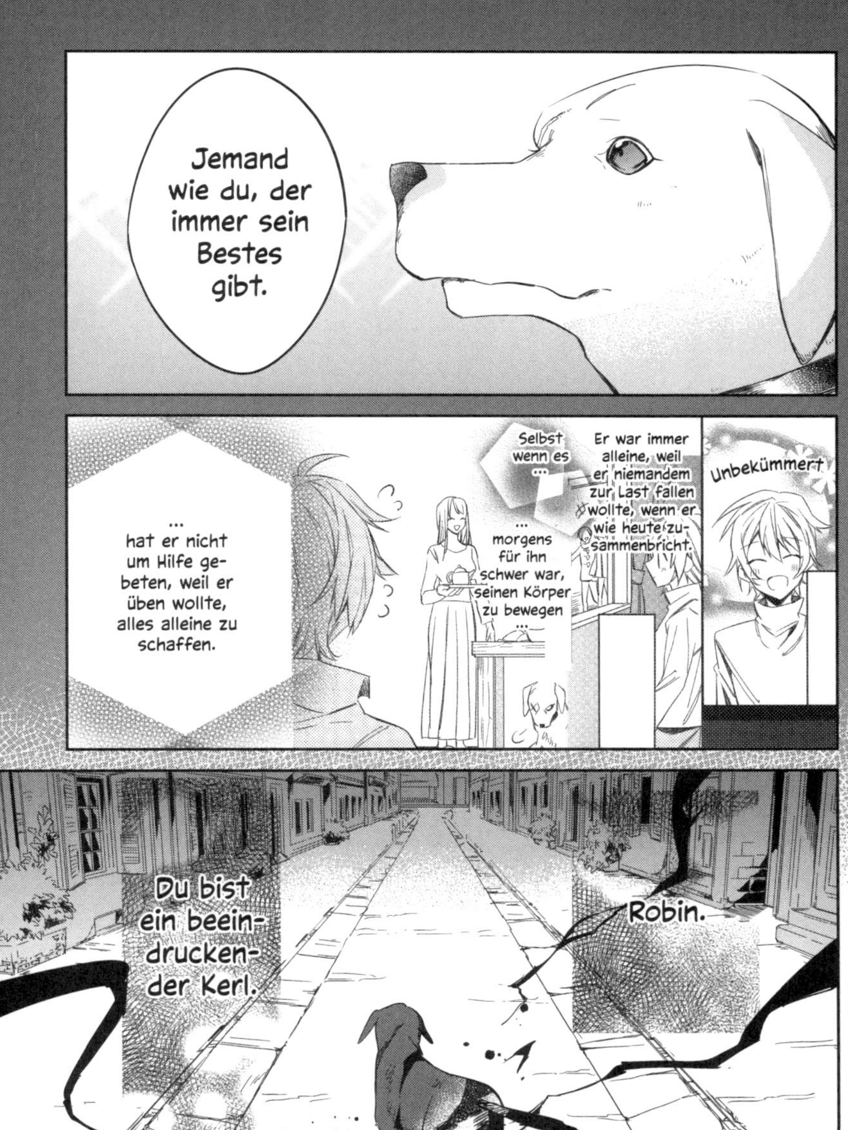
Jemand wie du, der immer sein Bestes gibt.
Unbekümmert
Er war immer alleine, weil er niemandem zur Last fallen wollte, wenn er wie heute zusammenbricht.
Selbst wenn es ...
... morgens für ihn schwer war, seinen Körper zu bewegen ...
... hat er nicht um Hilfe gebeten, weil er üben wollte, alles alleine zu schaffen.
Robin.
Du bist ein beeindruckender Kerl.

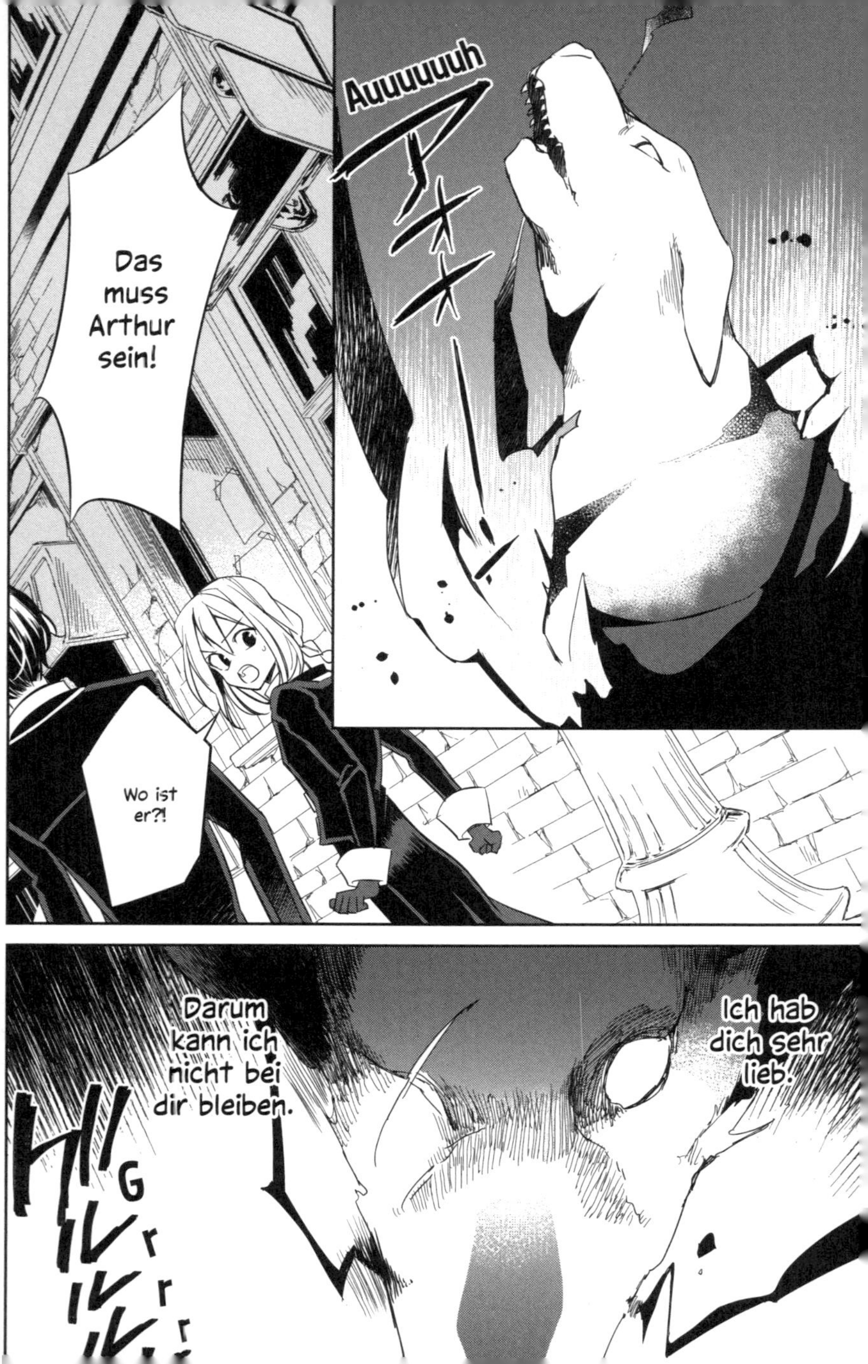

Auuuuuh

Das muss Arthur sein!

Wo ist er?!

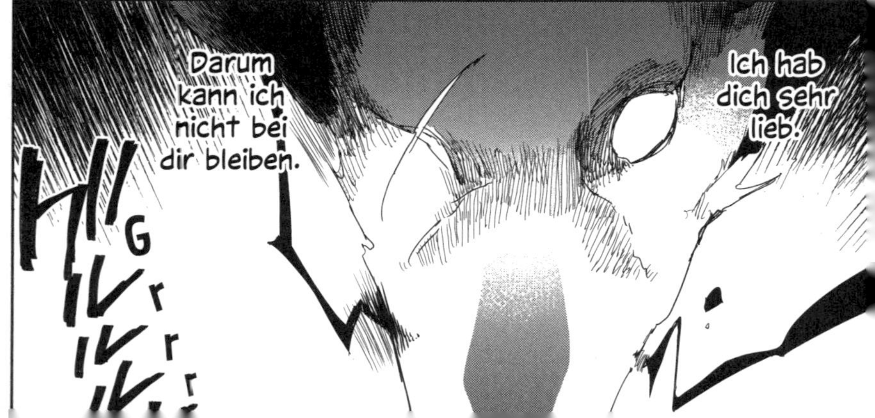

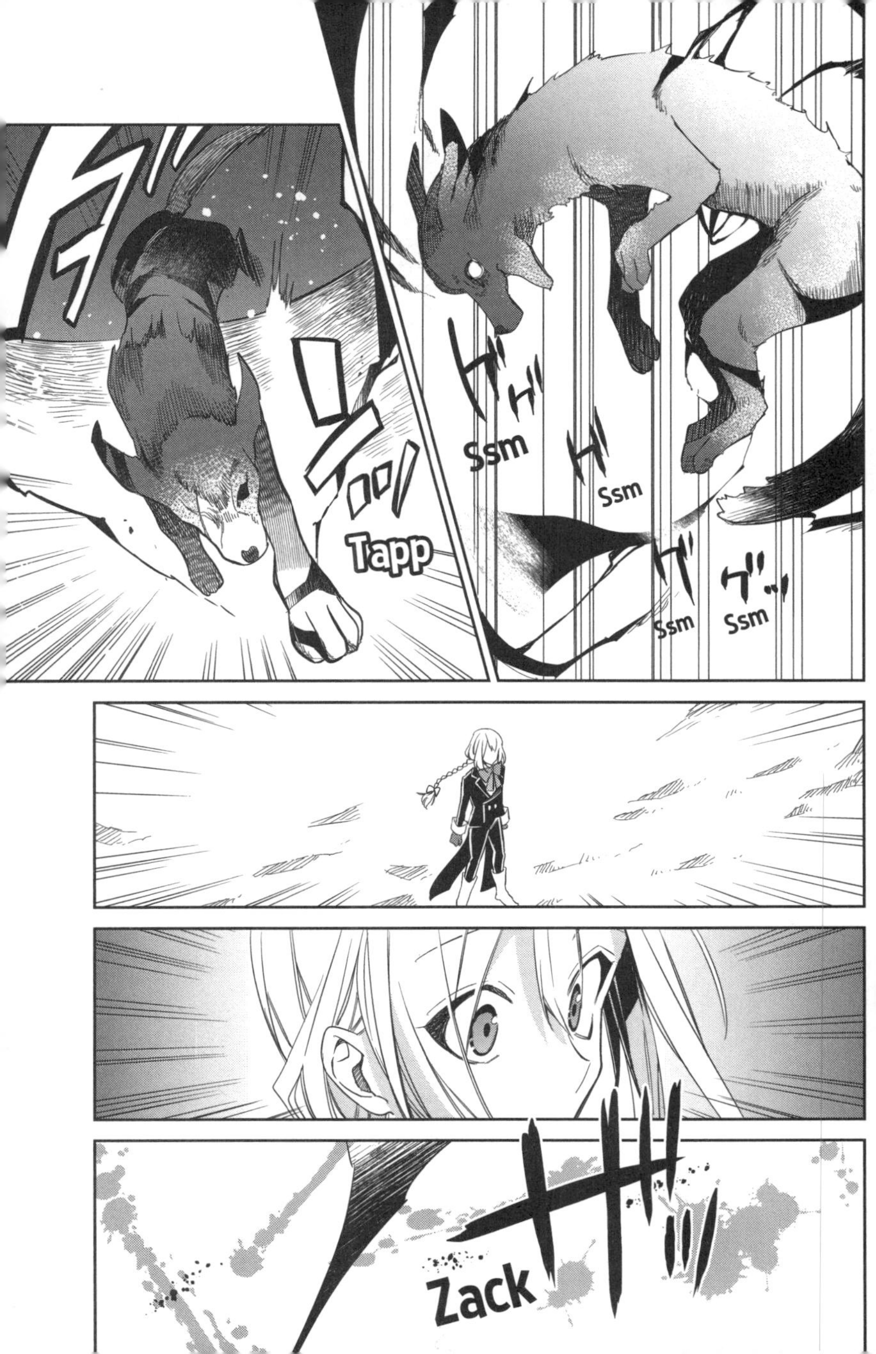

Ssm
Ssm
Ssm
Ssm
Tapp
Zack

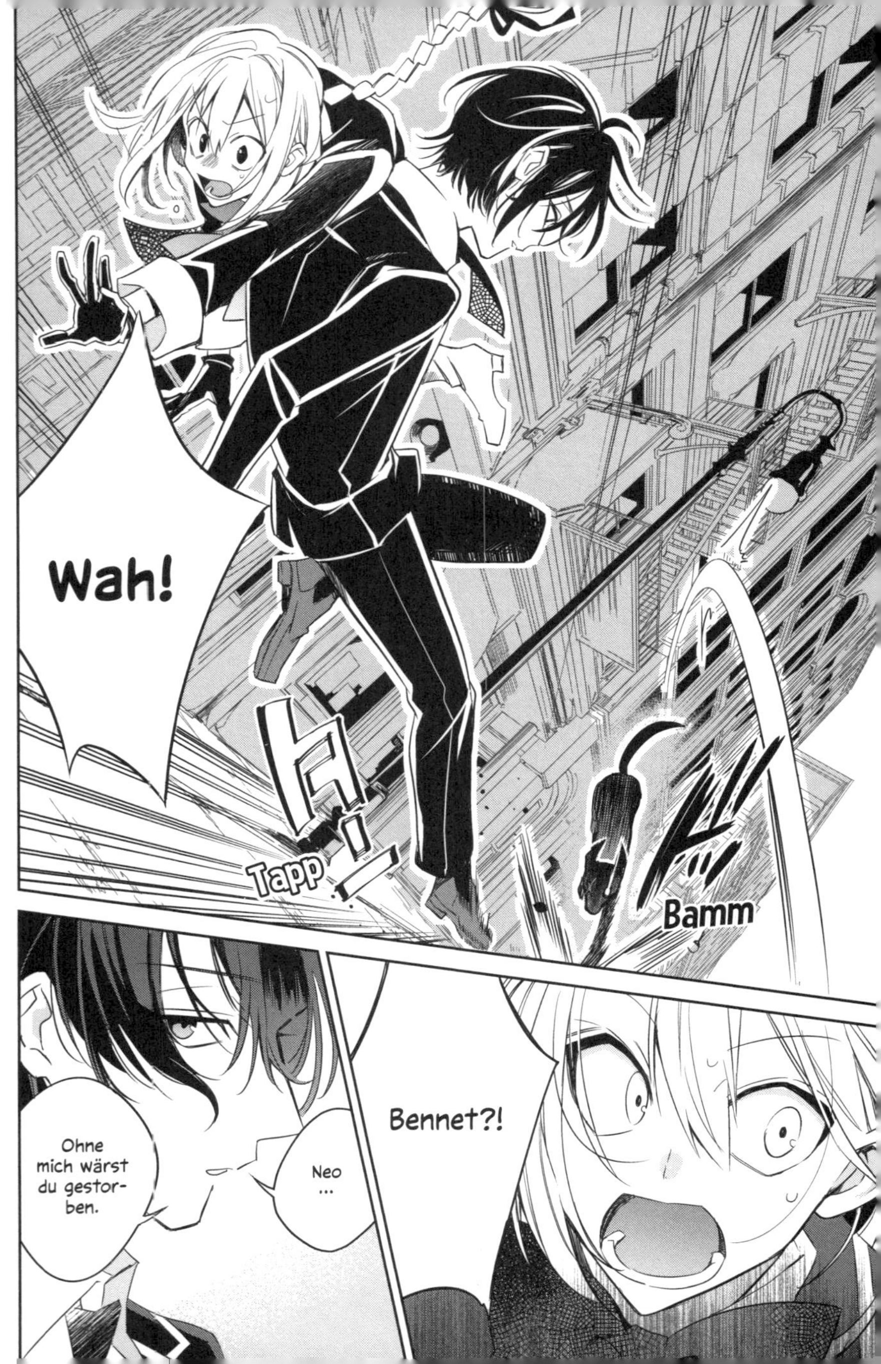
Wah!
Tapp
Bamm
Bennet?!
Neo ...
Ohne mich wärst du gestor-ben.

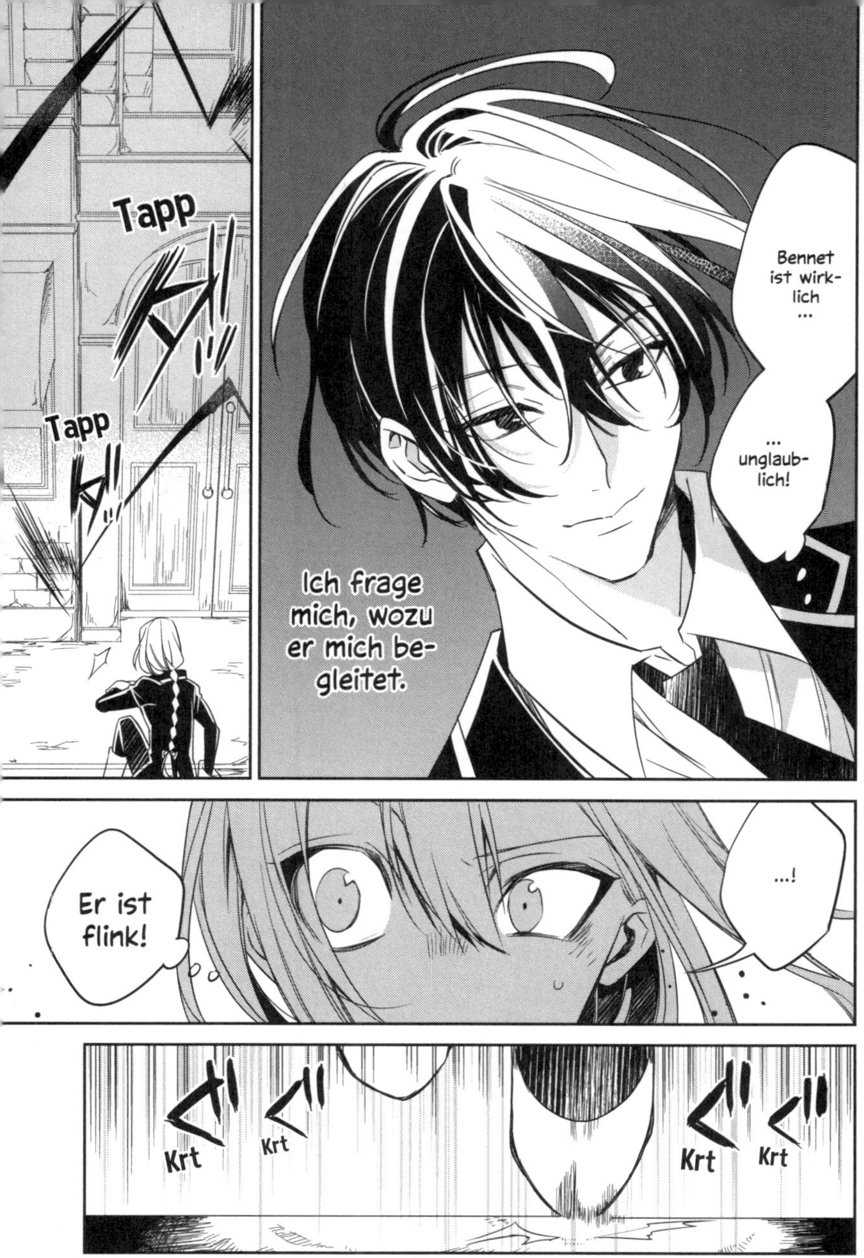

Bennet ist wirklich ...

... unglaublich!

Ich frage mich, wozu er mich begleitet.

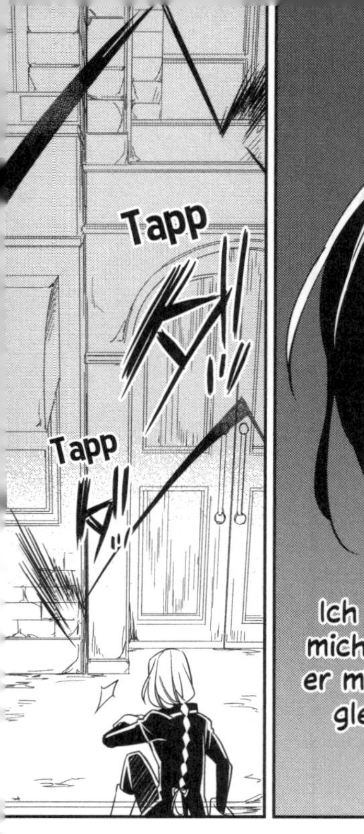

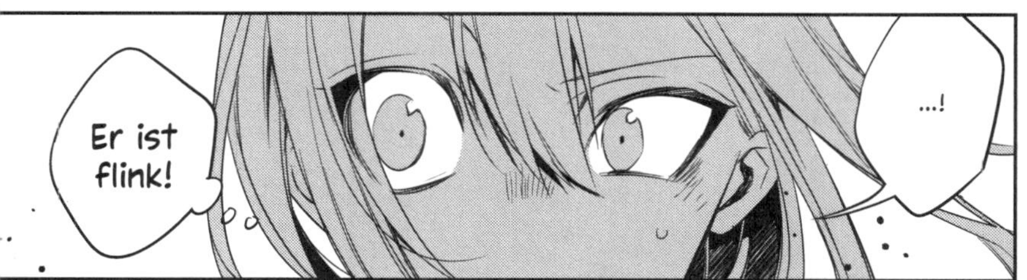

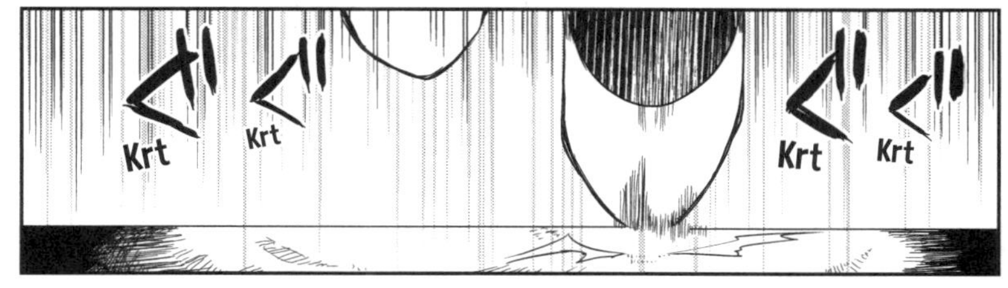

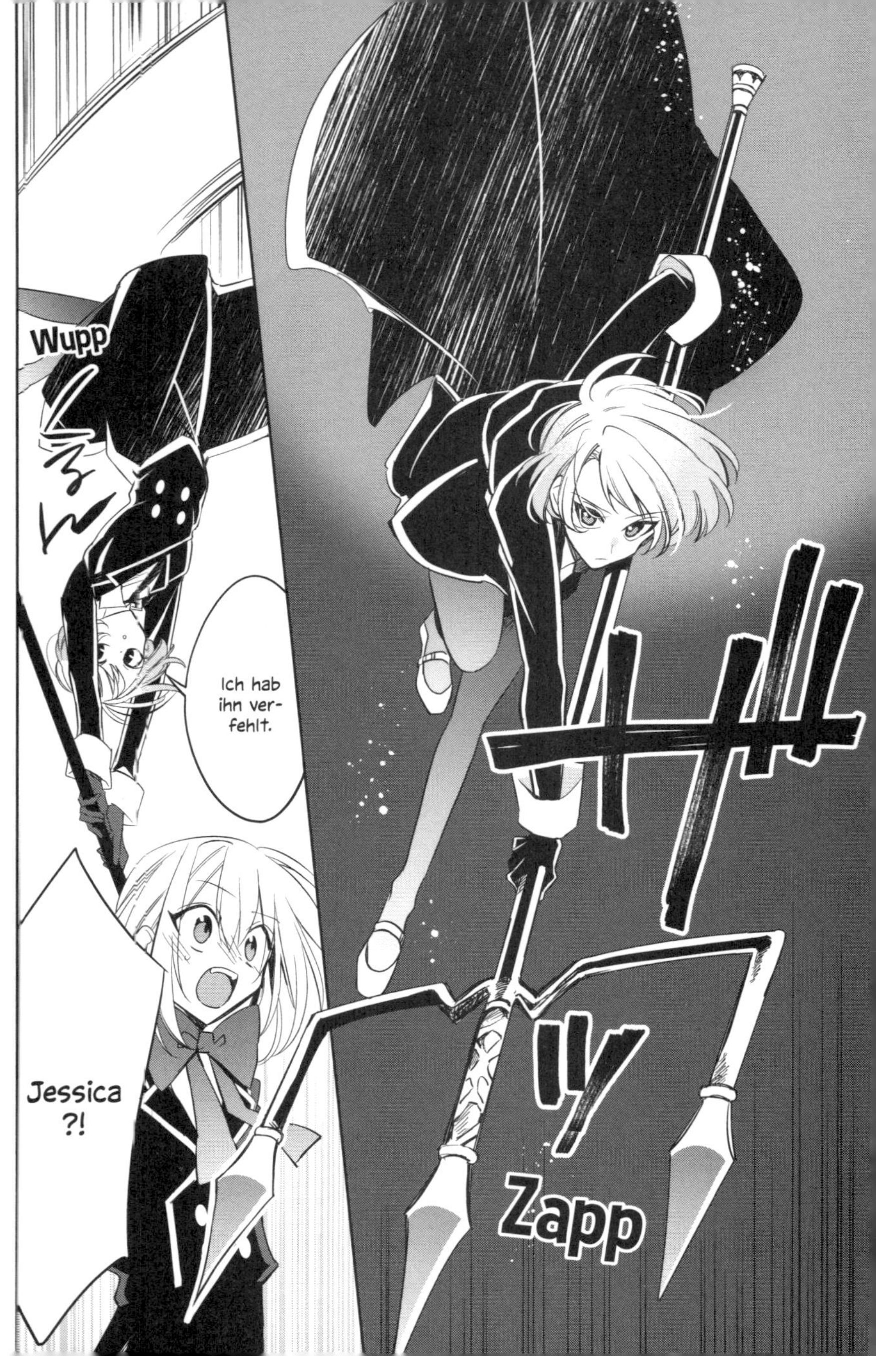
Zapp
Wupp
Ich hab ihn ver-fehlt.
Jessica ?!

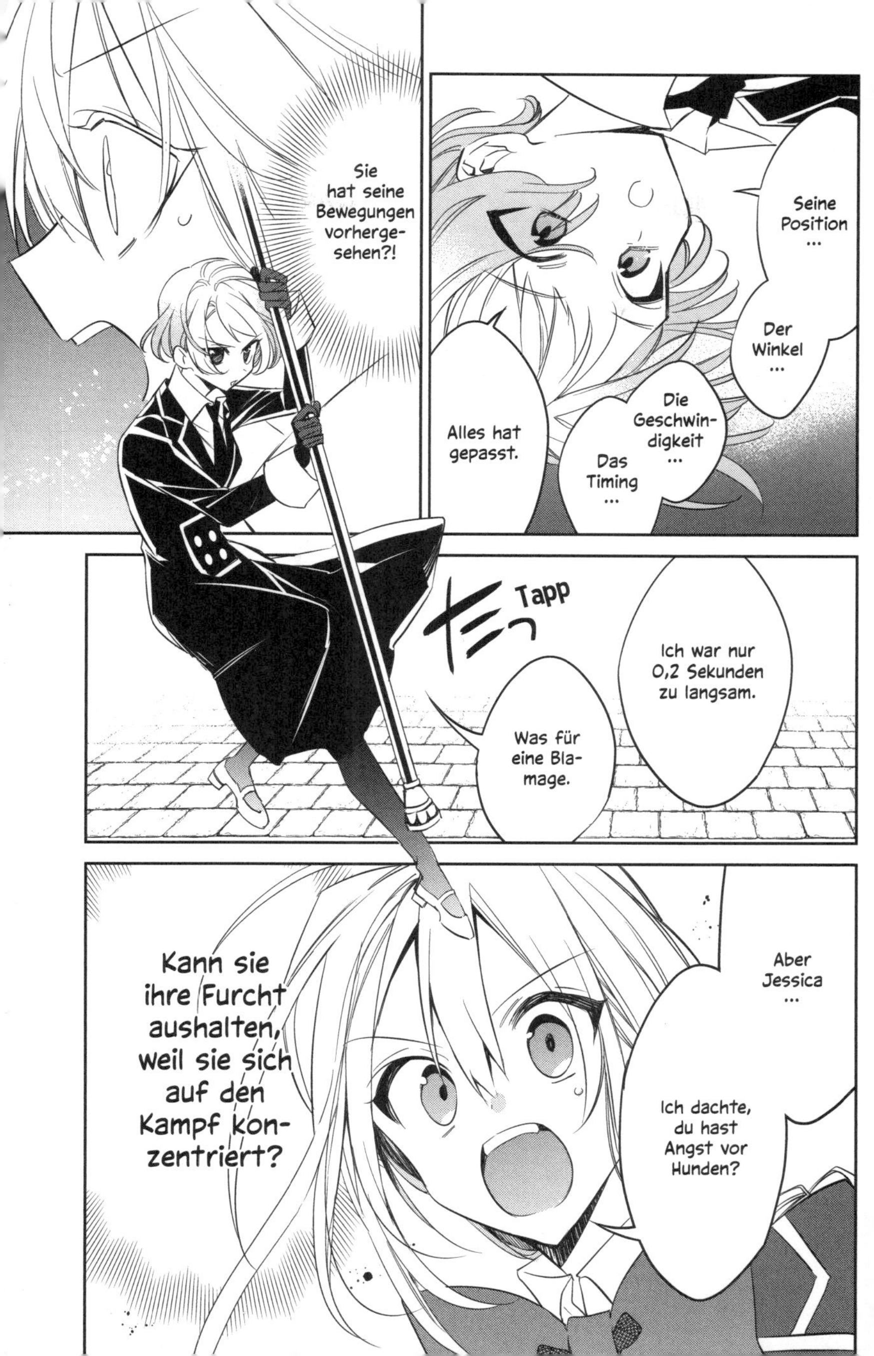
Seine Position ...
Der Winkel ...
Die Geschwindigkeit ...
Das Timing ...
Alles hat gepasst.
Sie hat seine Bewegungen vorherge-sehen?!
Tapp
Ich war nur 0,2 Sekunden zu langsam.
Was für eine Blamage.
Aber Jessica ...
Ich dachte, du hast Angst vor Hunden?
Kann sie ihre Furcht aushalten, weil sie sich auf den Kampf kon-zentriert?

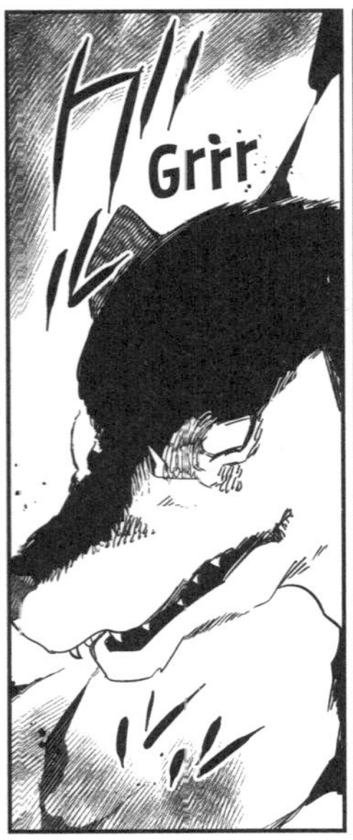
Grrr

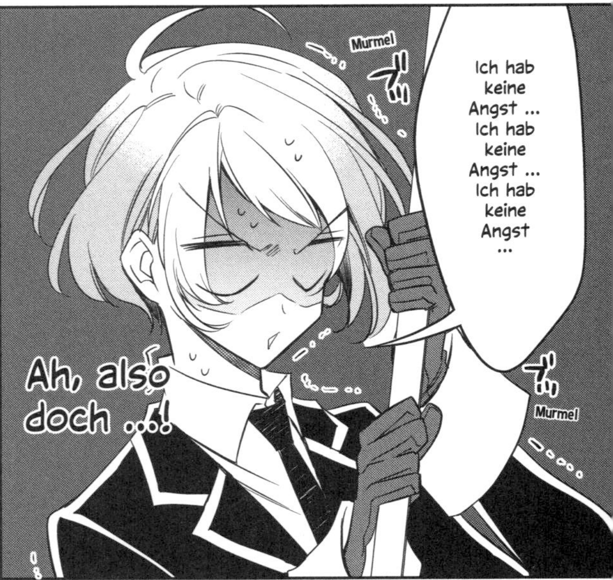
Murmel
Ich hab keine Angst ... Ich hab keine Angst ... Ich hab keine Angst ...
Murmel
Ah, also doch ...!

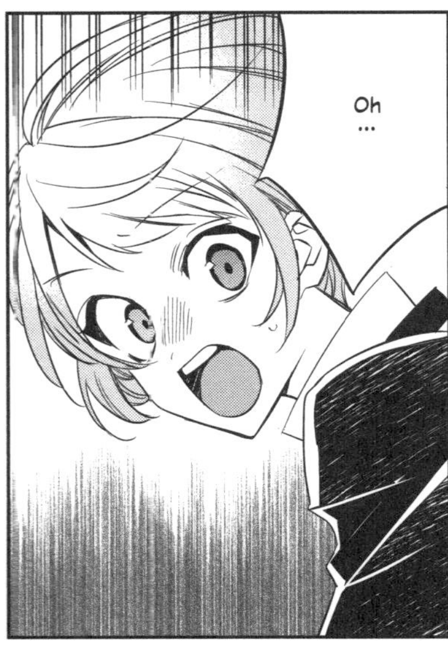
Oh ...

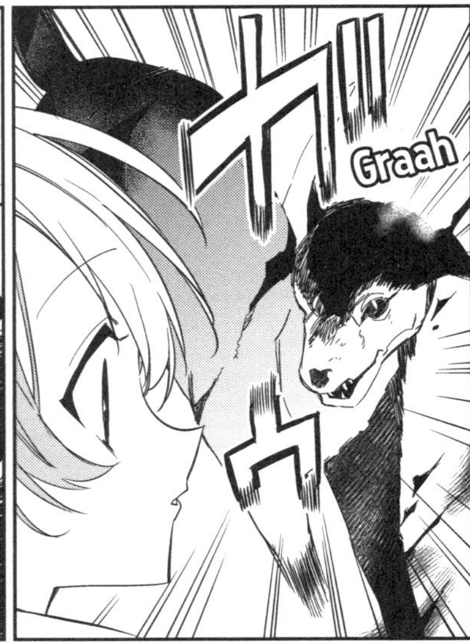
Graah

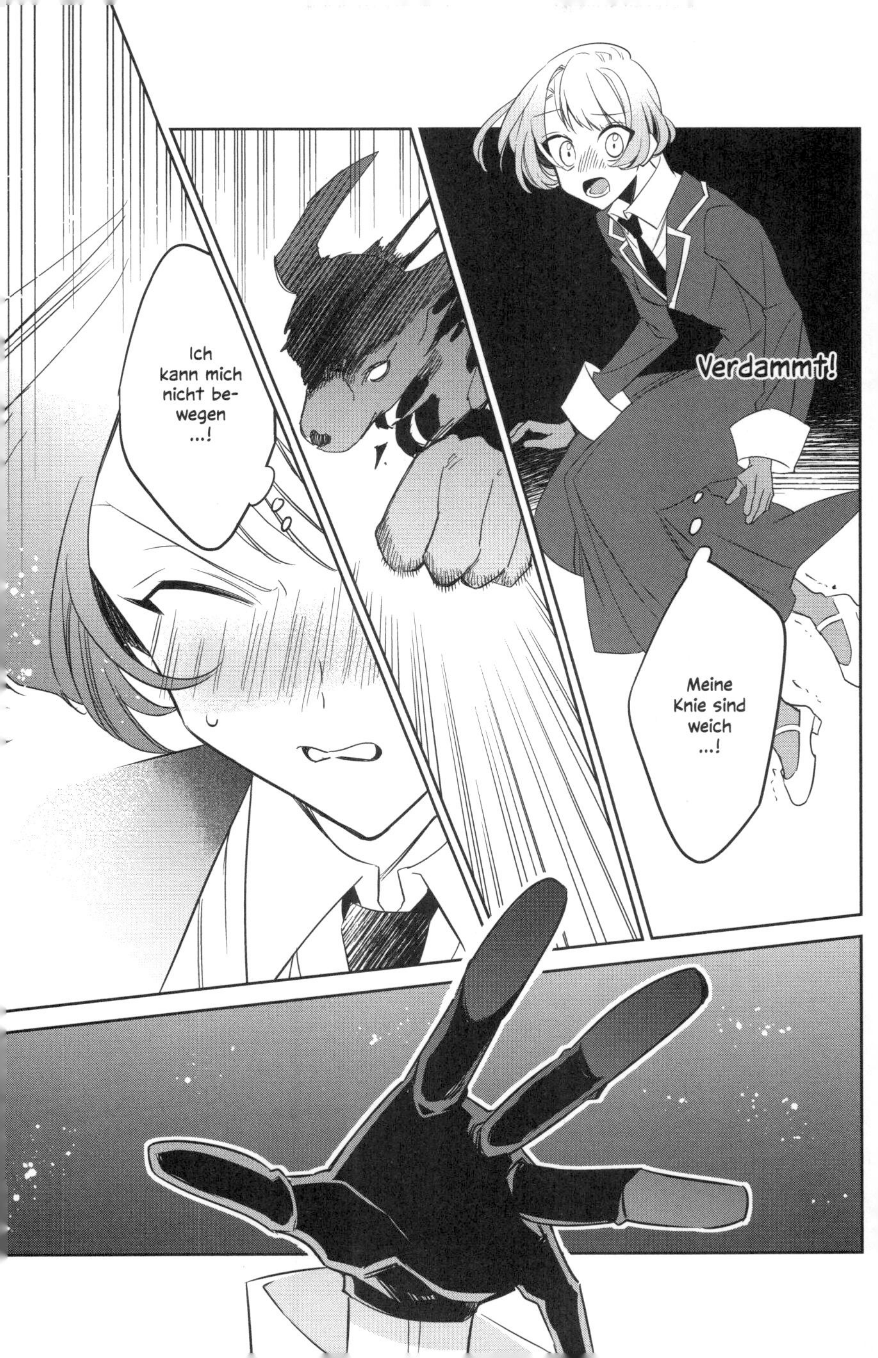
Verdammt!
Meine Knie sind weich ...!
Ich kann mich nicht be- wegen ...!

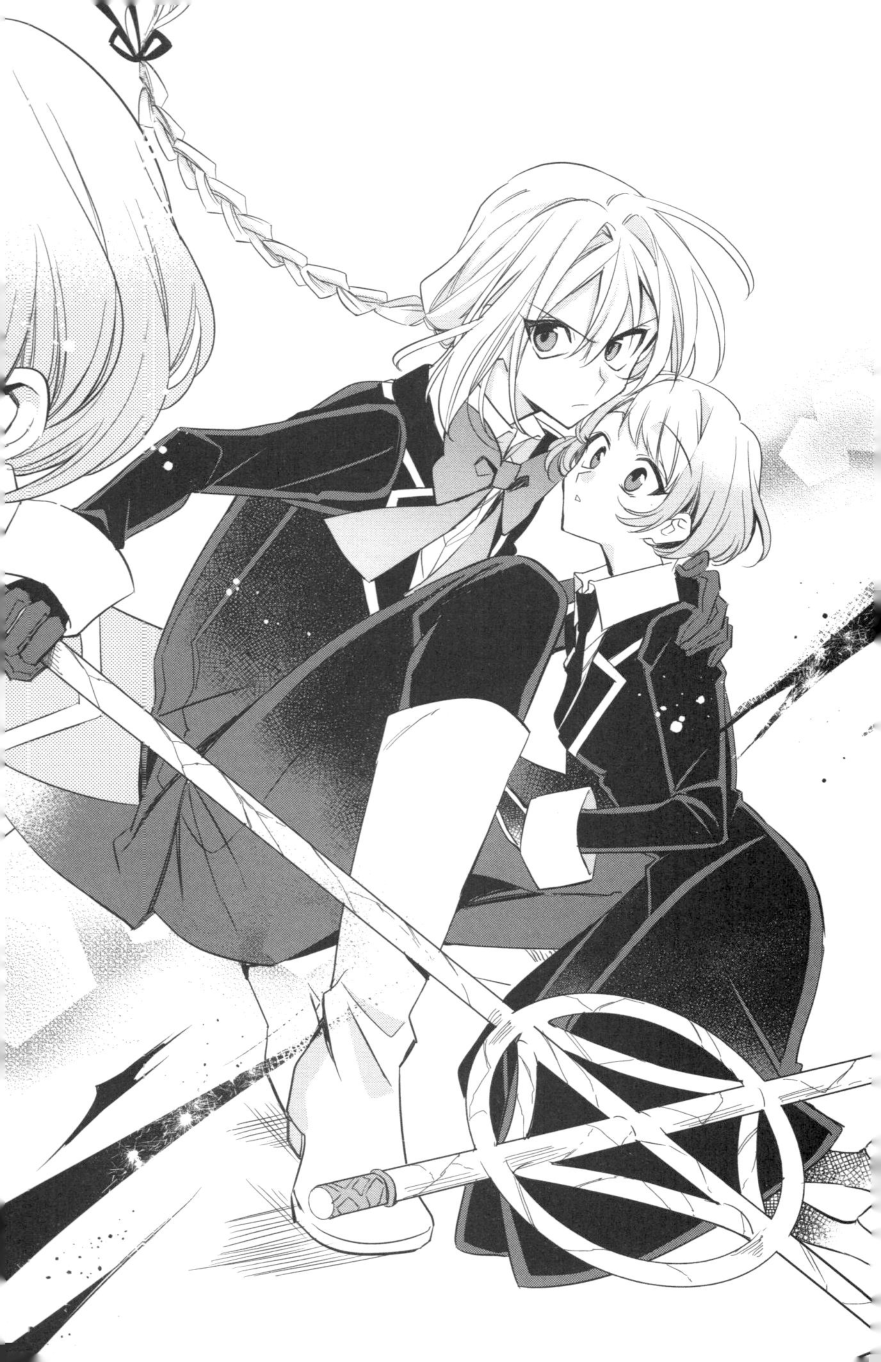

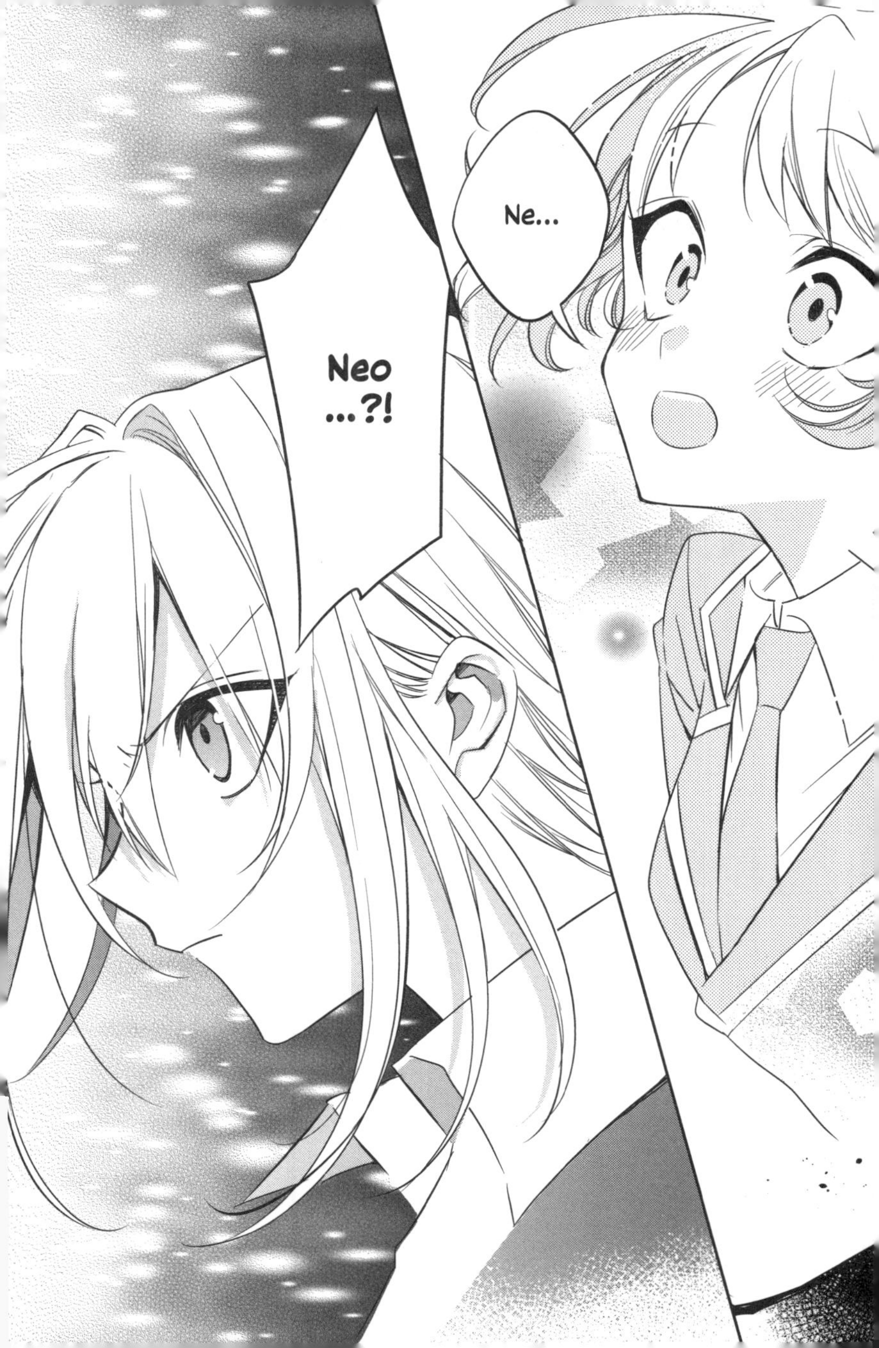
Ne...
Neo ...?!

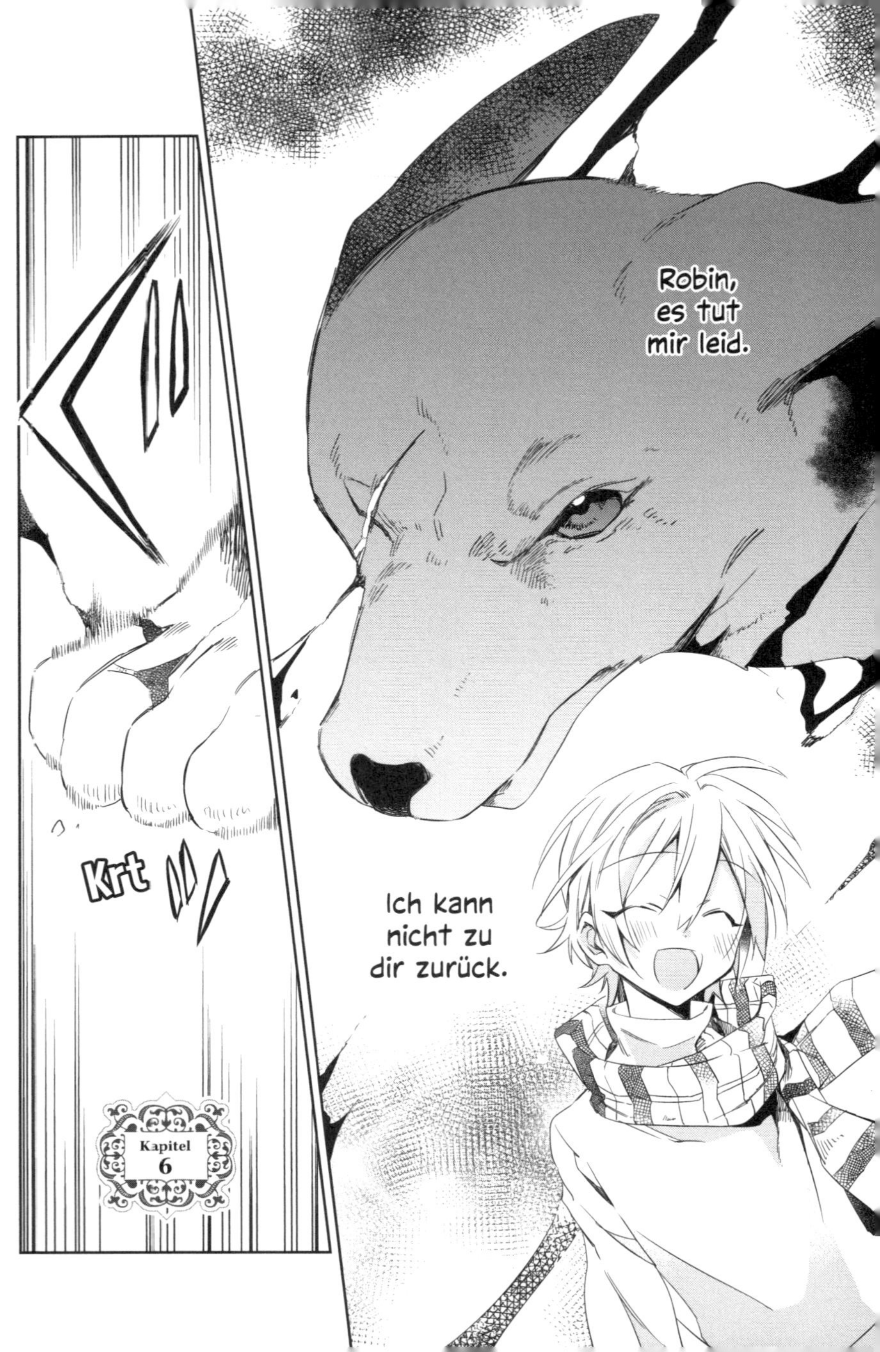
Robin, es tut mir leid.
Ich kann nicht zu dir zurück.
Krt
Kapitel 6

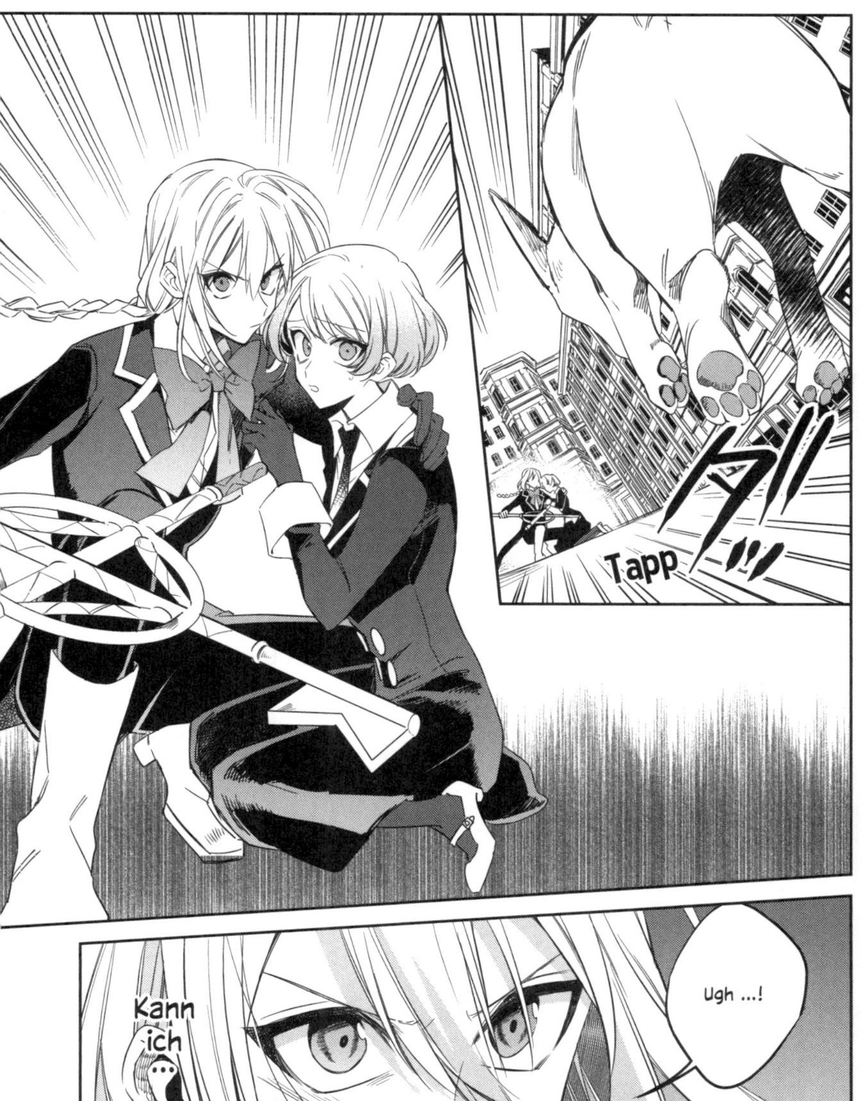
Tapp
Ugh ...!
Kann ich ...

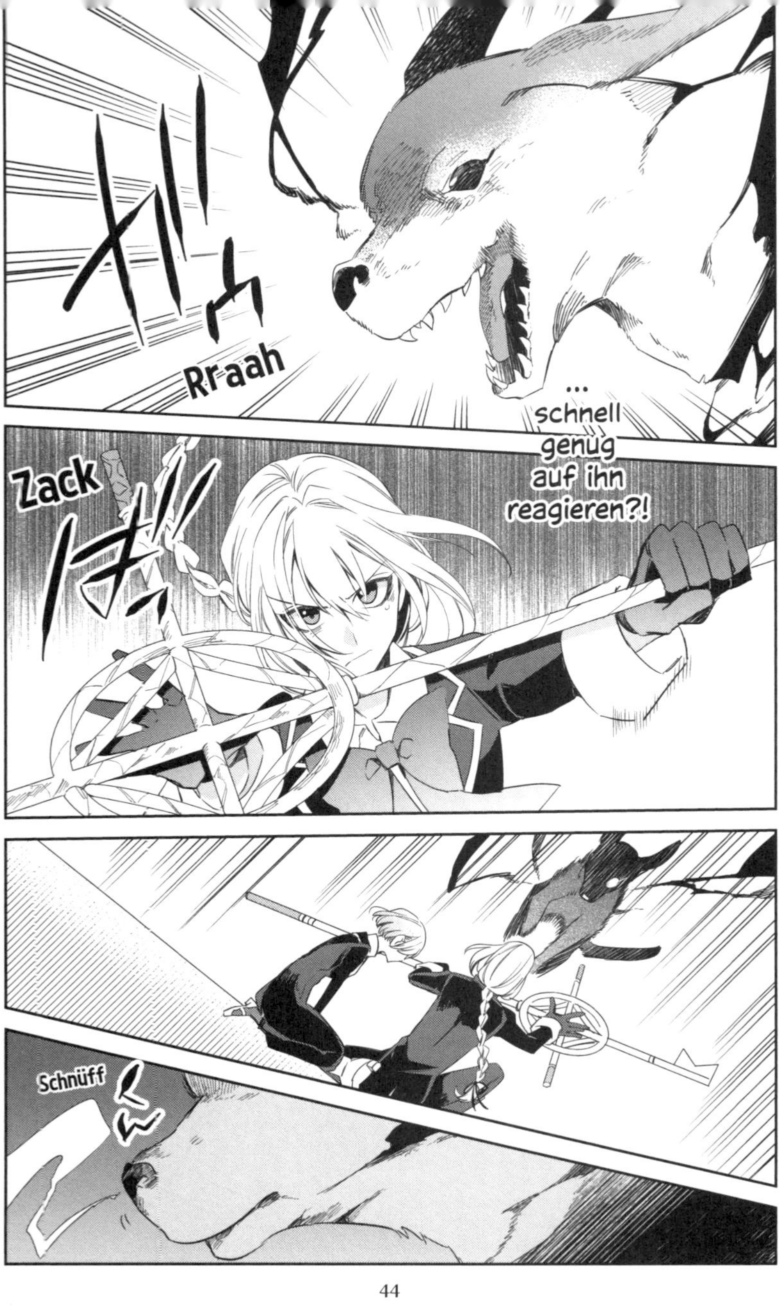

Rraah

... schnell genug auf ihn reagieren?!

Zack

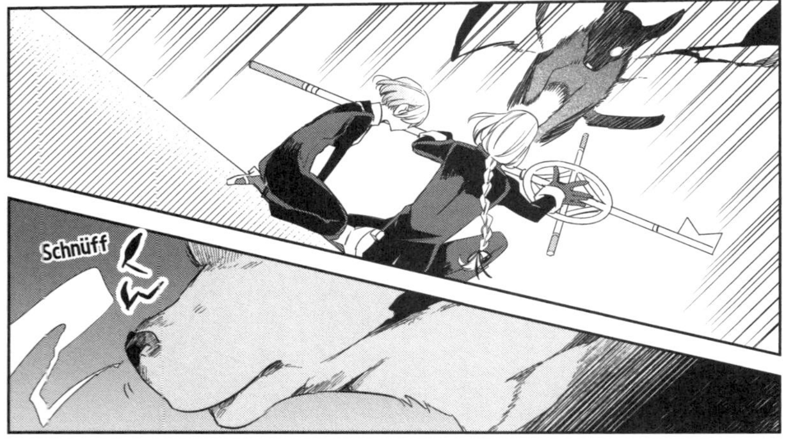

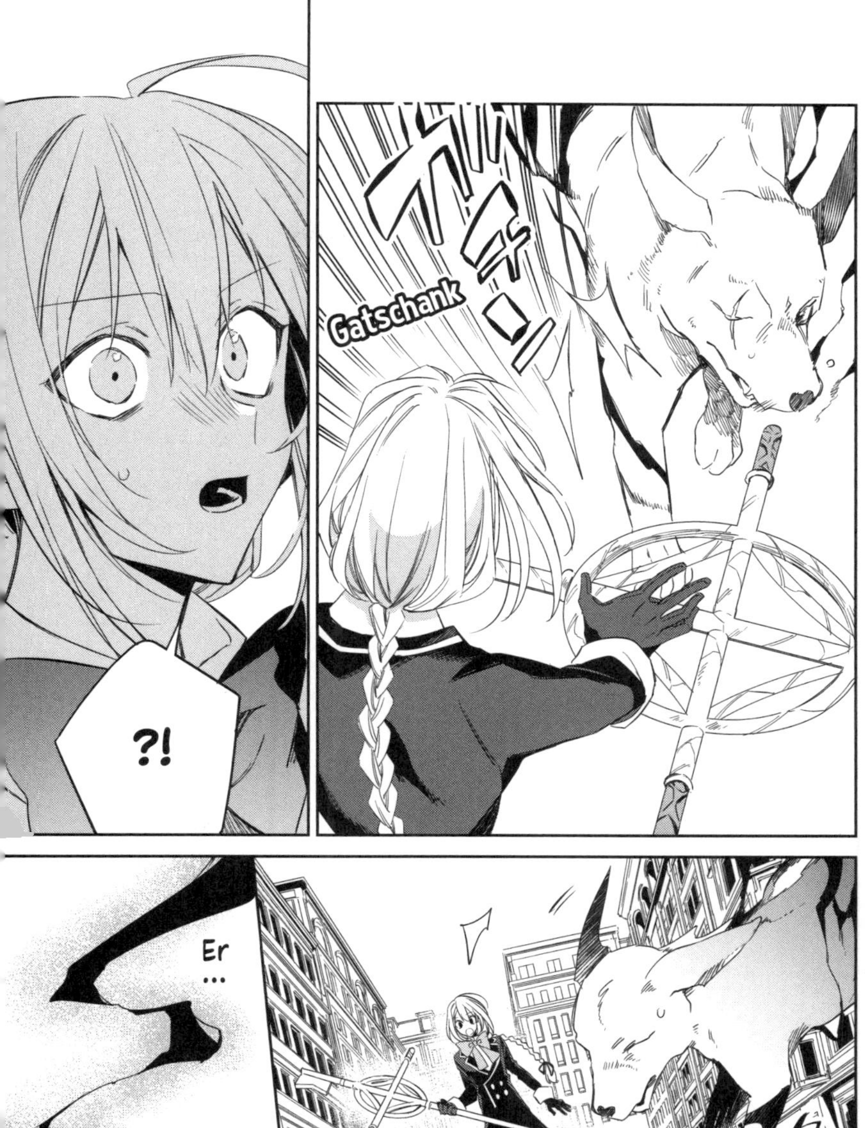
Gatschank
?!
Tapp
Er
...

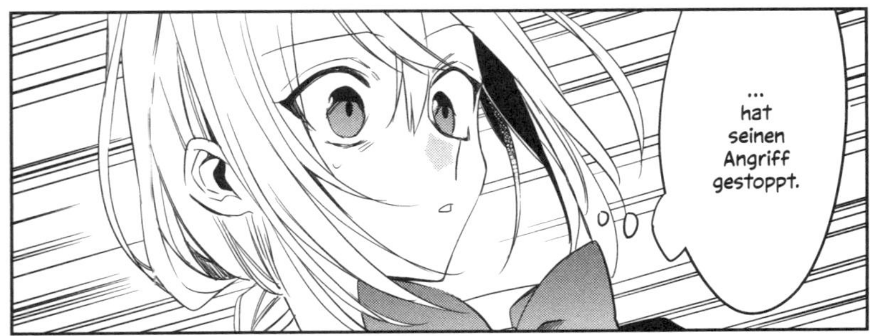

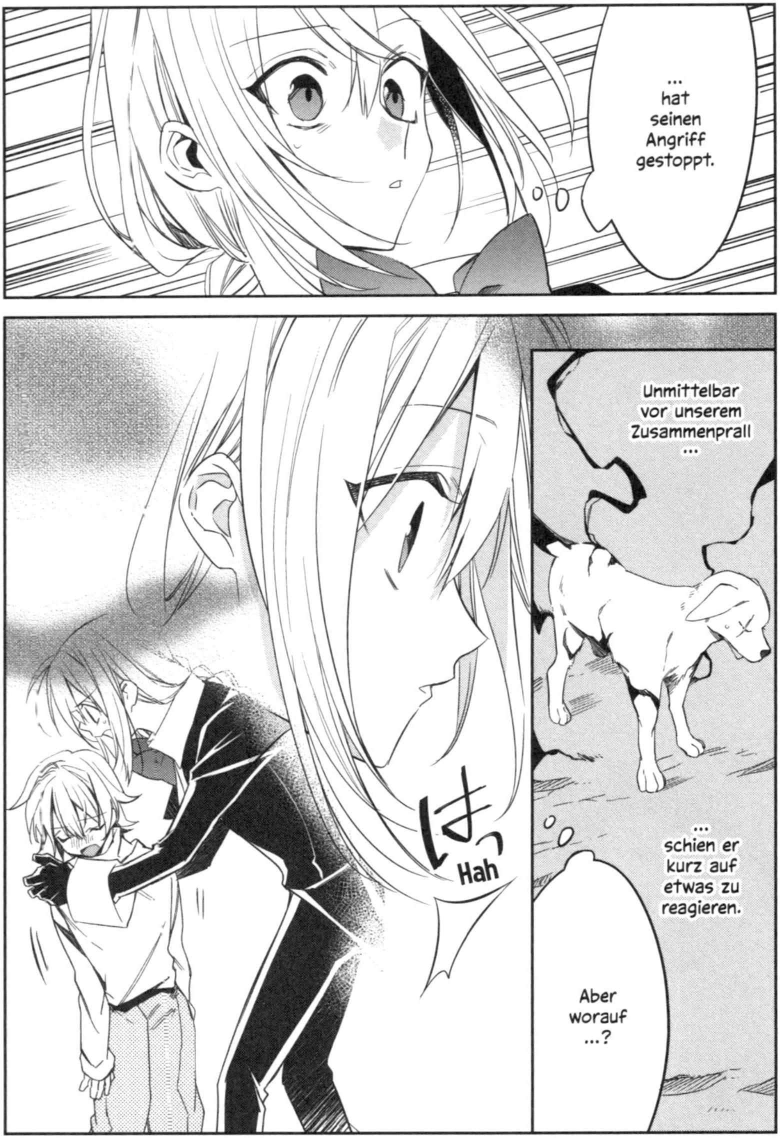

Unmittelbar vor unserem Zusammenprall ...

... schien er kurz auf etwas zu reagieren.

Aber worauf ...?

はっ Hah

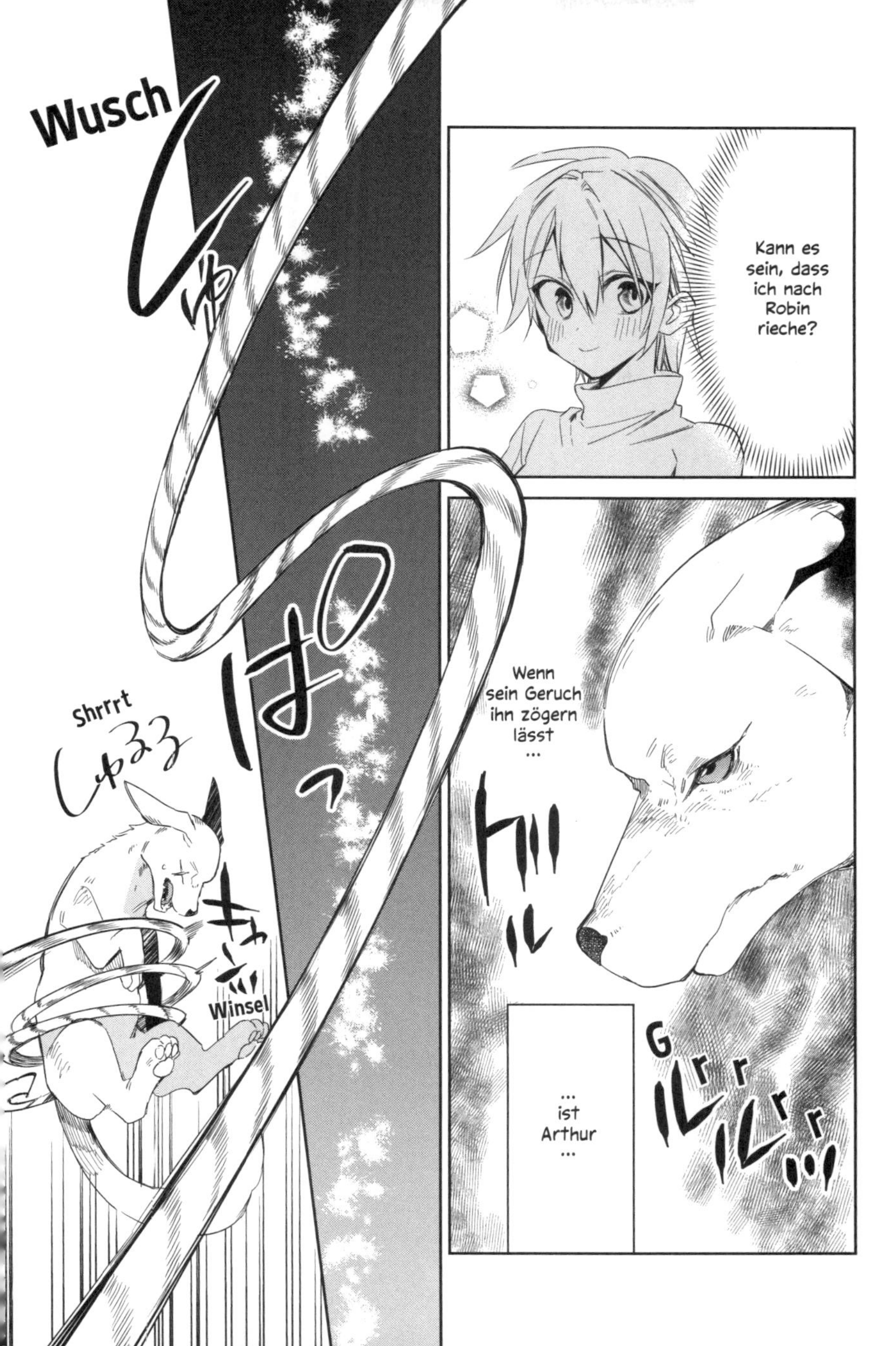

Kann es sein, dass ich nach Robin rieche?
Wenn sein Geruch ihn zögern lässt ...
... ist Arthur ...
Grrrr
Wusch
Shrrrt
しゅるる
Winsel

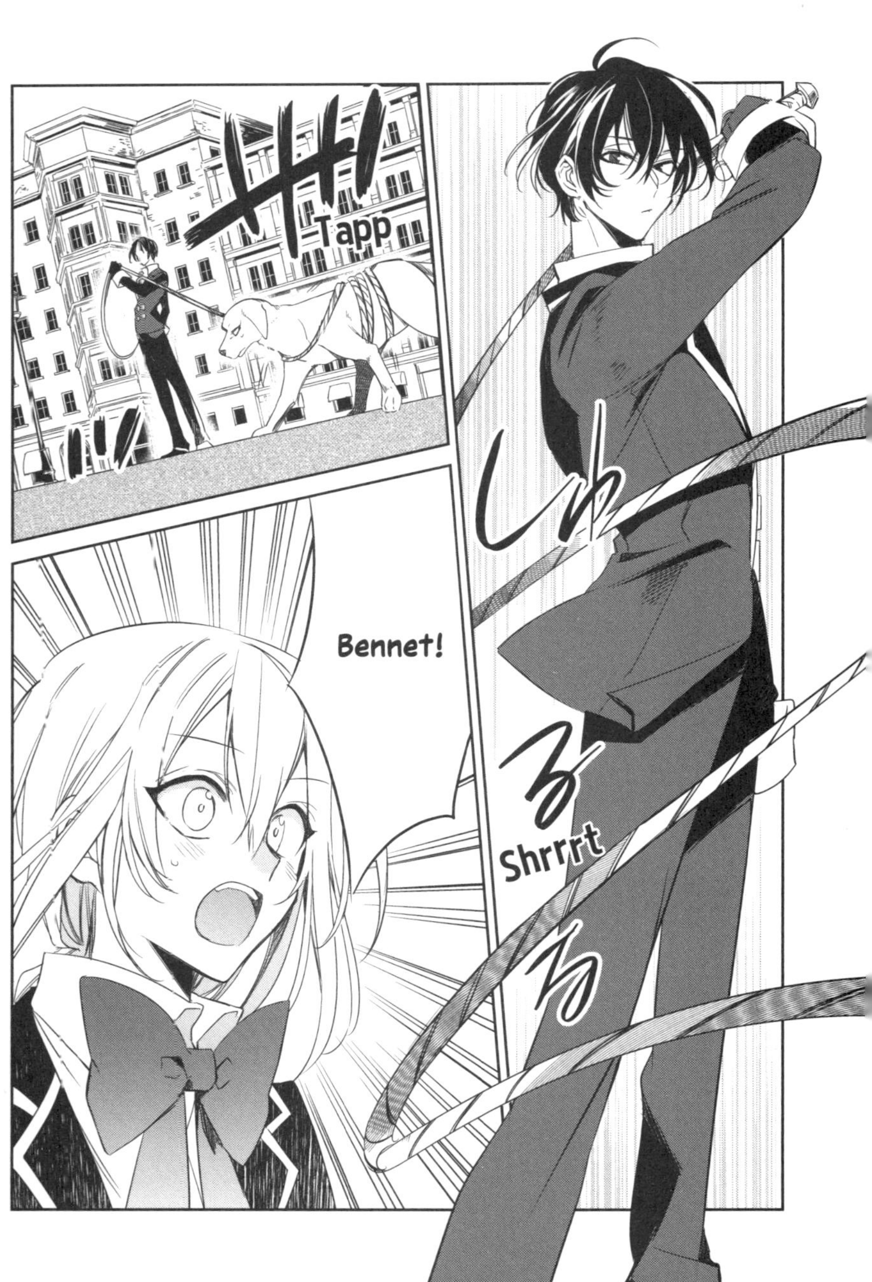
Tapp
Bennet!
Shrrrt

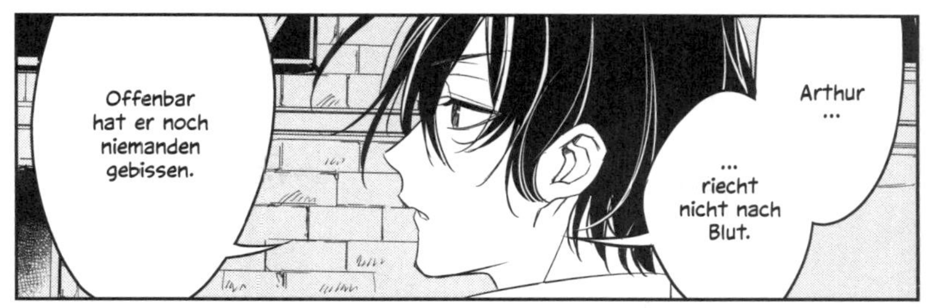

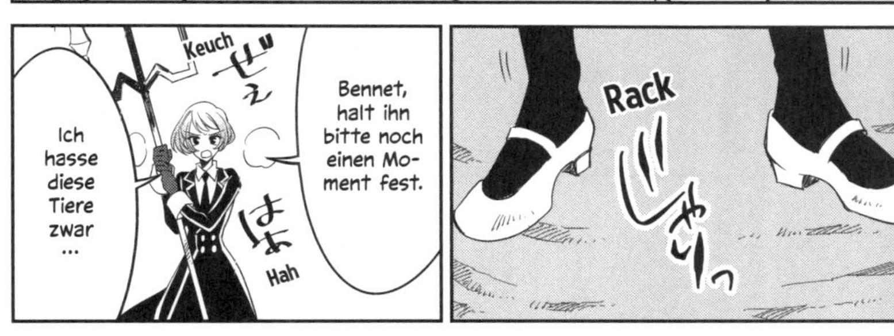

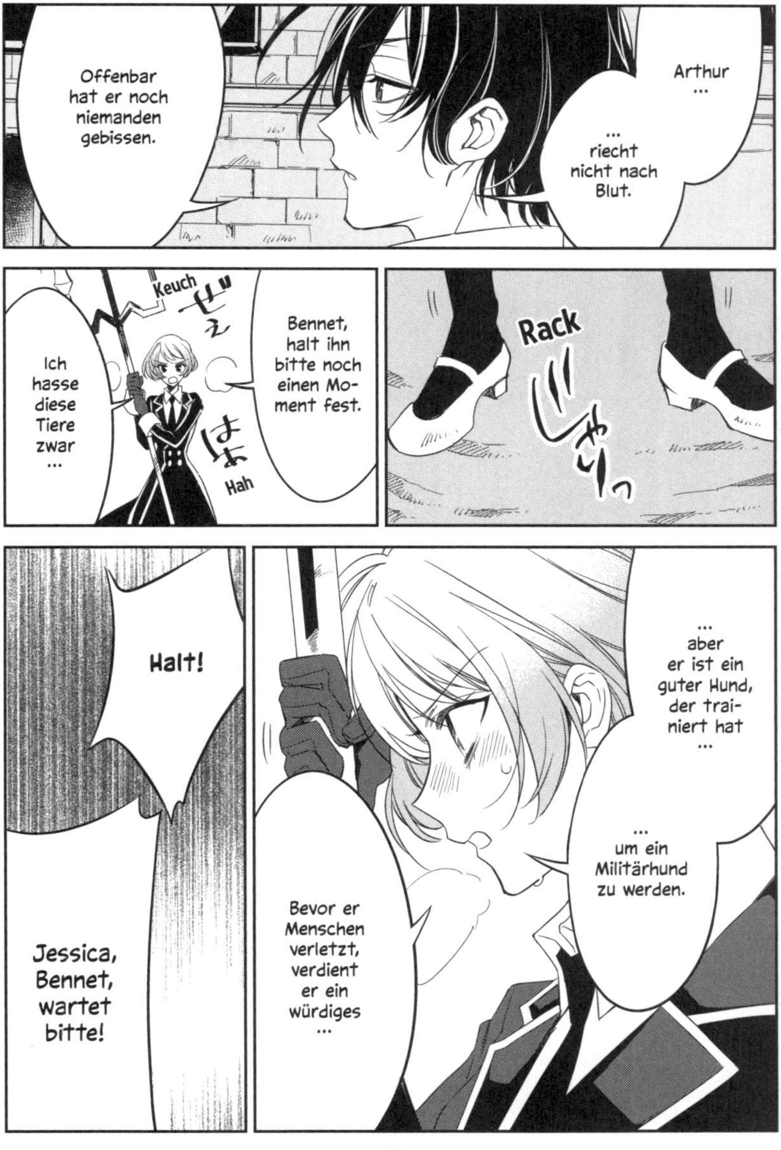

… aber er ist ein guter Hund, der trainiert hat …

… um ein Militärhund zu werden.

Bevor er Menschen verletzt, verdient er ein würdiges …

Halt!

Jessica, Bennet, wartet bitte!

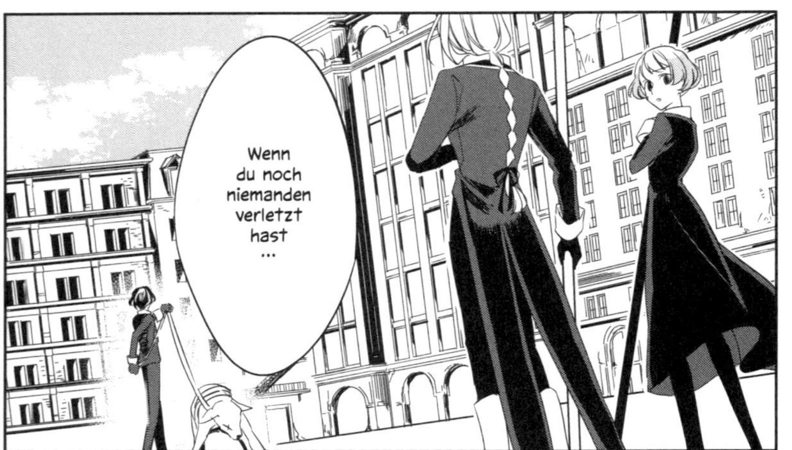
Wenn du noch niemanden verletzt hast ...

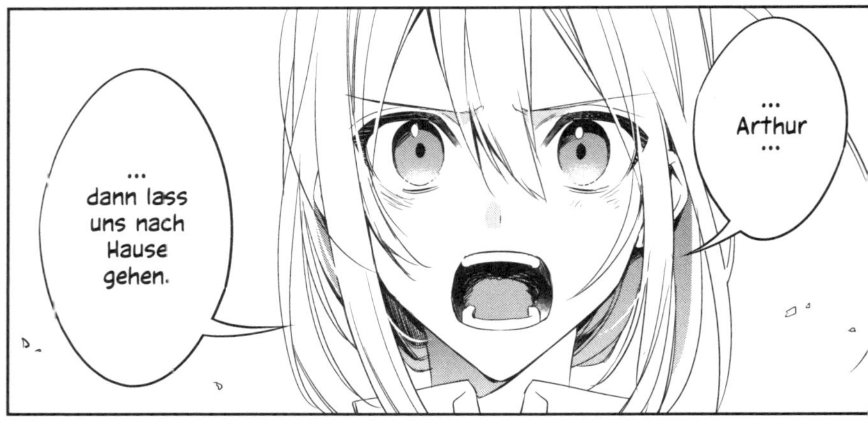
... Arthur ...
... dann lass uns nach Hause gehen.

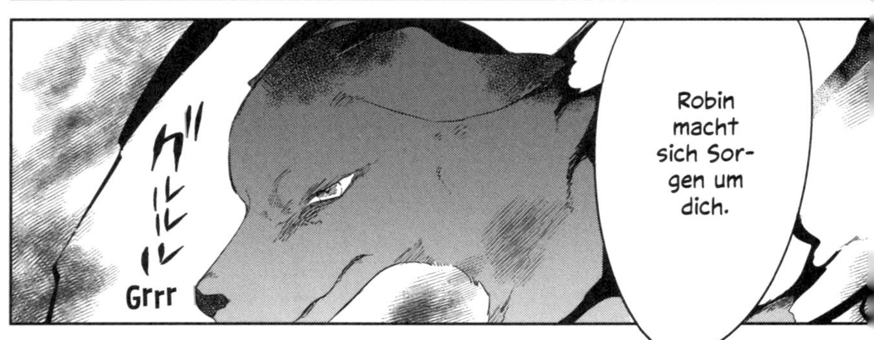
Robin macht sich Sorgen um dich.
Grrr

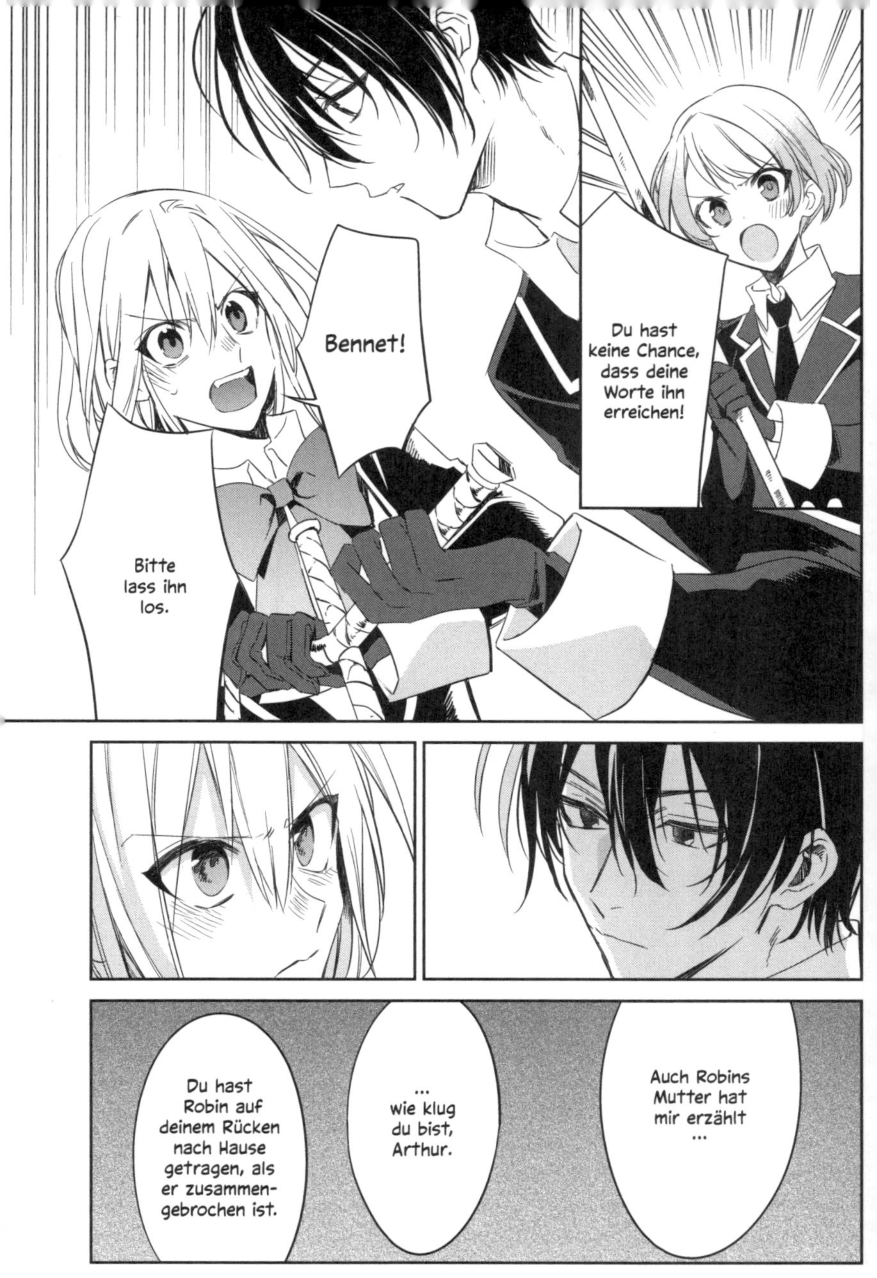

Du hast keine Chance, dass deine Worte ihn erreichen!

Bennet!

Bitte lass ihn los.

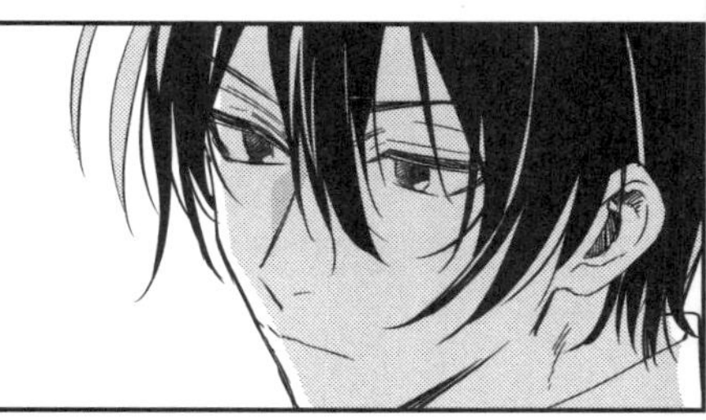

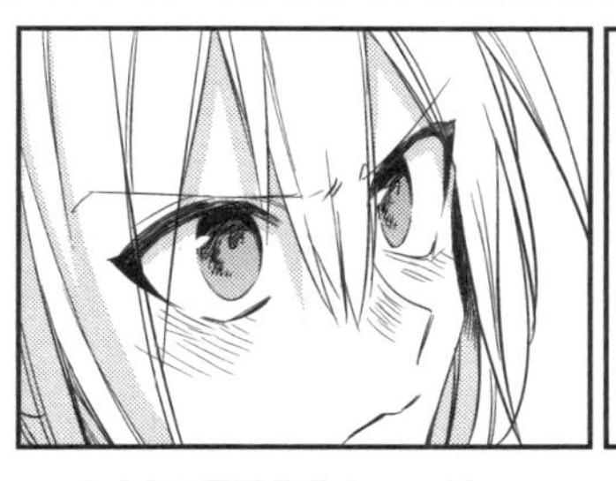

Auch Robins Mutter hat mir erzählt ...

... wie klug du bist, Arthur.

Du hast Robin auf deinem Rücken nach Hause getragen, als er zusammengebrochen ist.

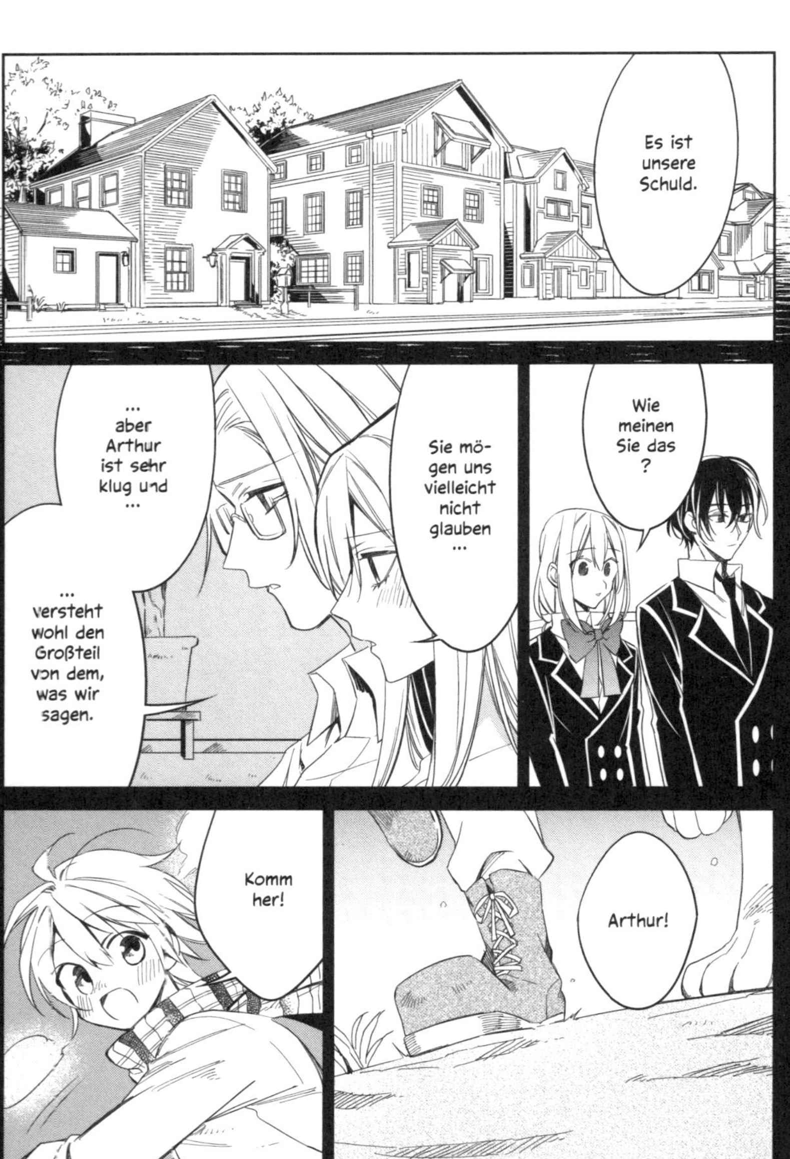
Es ist unsere Schuld.
Wie meinen Sie das ?
Sie mö-gen uns vielleicht nicht glauben ...
... aber Arthur ist sehr klug und ...
... versteht wohl den Großteil von dem, was wir sagen.
Arthur!
Komm her!

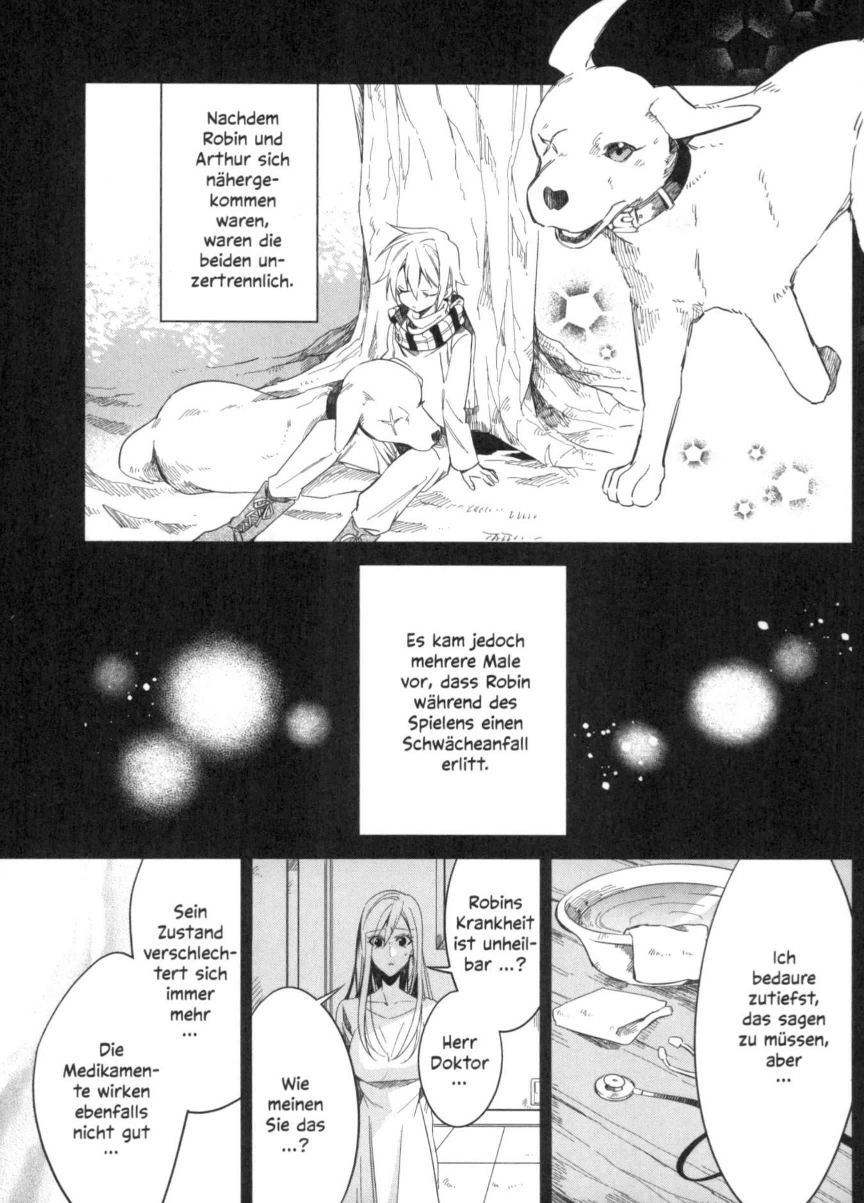
Nachdem Robin und Arthur sich nähergekommen waren, waren die beiden unzertrennlich.
Es kam jedoch mehrere Male vor, dass Robin während des Spielens einen Schwächeanfall erlitt.
Ich bedaure zutiefst, das sagen zu müssen, aber ...
Robins Krankheit ist unheilbar ...?
Herr Doktor ...
Wie meinen Sie das ...?
Sein Zustand verschlechtert sich immer mehr ...
Die Medikamente wirken ebenfalls nicht gut ...

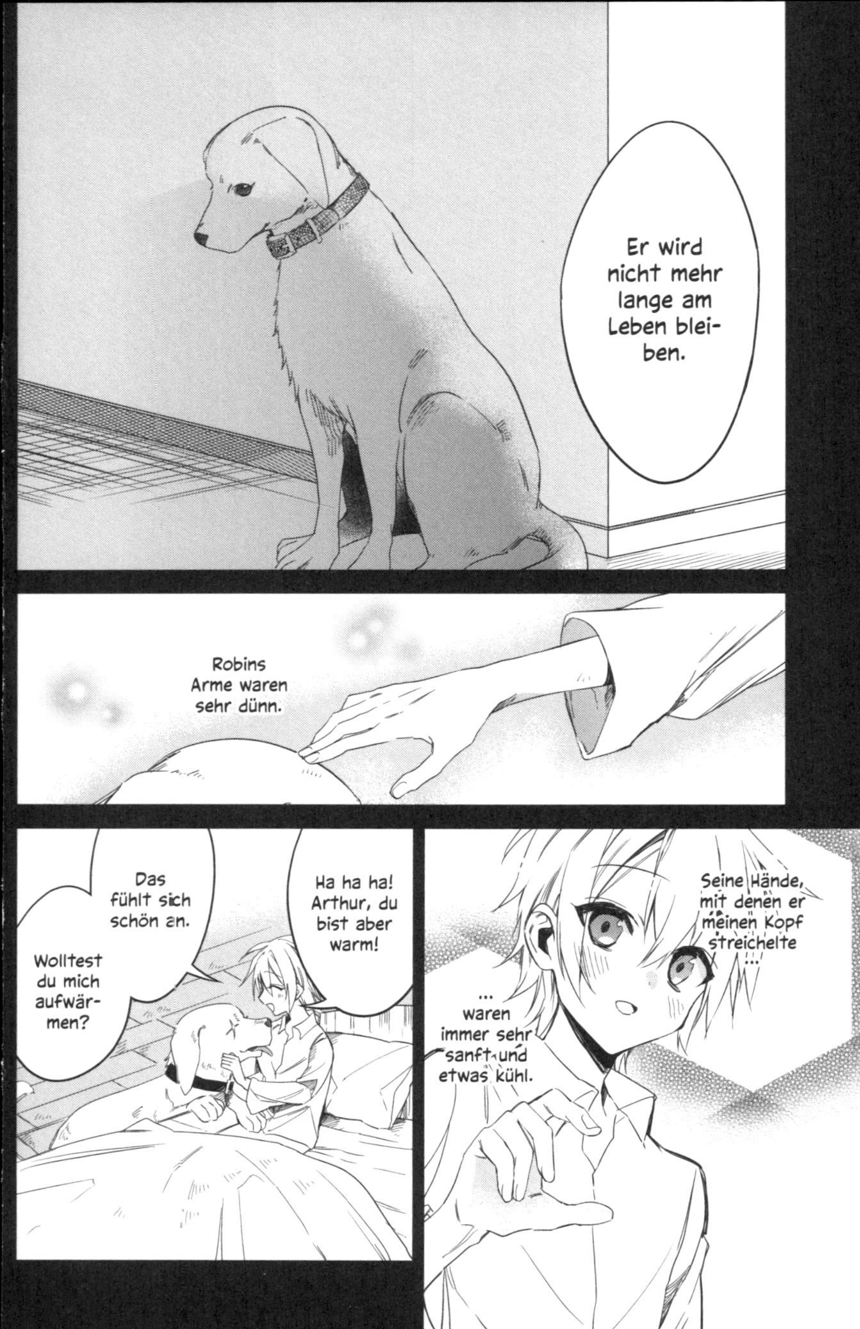

Er wird nicht mehr lange am Leben bleiben.
Robins Arme waren sehr dünn.
Seine Hände, mit denen er meinen Kopf streichelte ...
... waren immer sehr sanft und etwas kühl.
Ha ha ha! Arthur, du bist aber warm!
Das fühlt sich schön an.
Wolltest du mich aufwärmen?

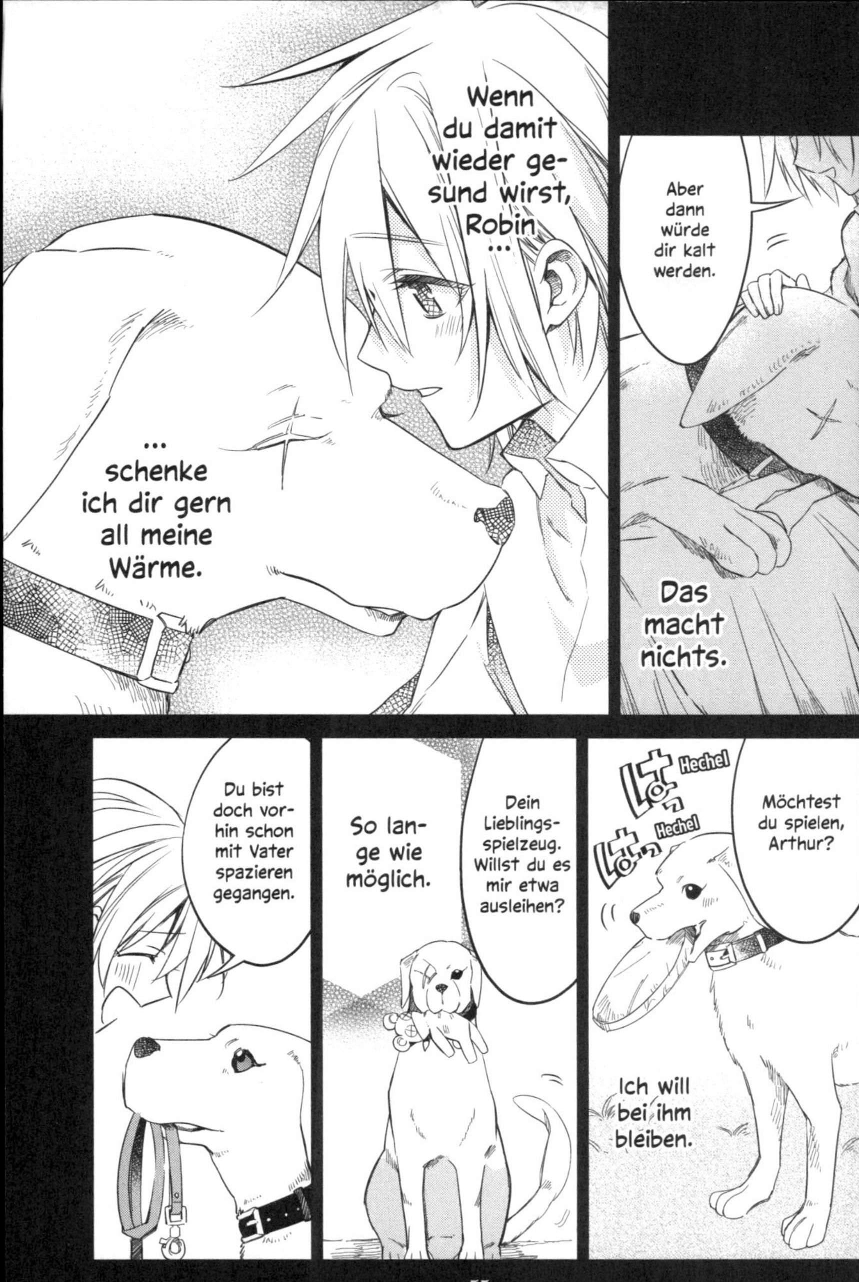
Aber dann würde dir kalt werden.
Das macht nichts.
Wenn du damit wieder gesund wirst, Robin ...
... schenke ich dir gern all meine Wärme.
Hechel
Hechel
Möchtest du spielen, Arthur?
Ich will bei ihm bleiben.
Dein Lieblingsspielzeug. Willst du es mir etwa ausleihen?
So lange wie möglich.
Du bist doch vorhin schon mit Vater spazieren gegangen.

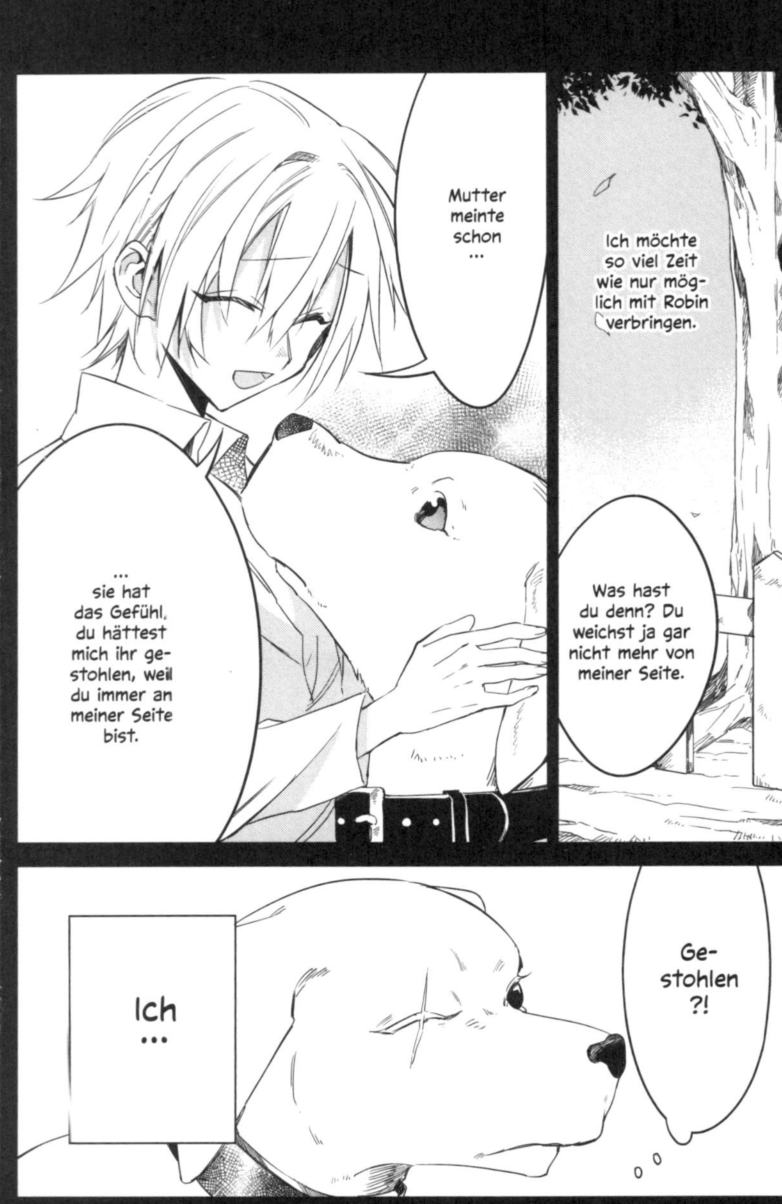
Ich möchte so viel Zeit wie nur möglich mit Robin verbringen.
Was hast du denn? Du weichst ja gar nicht mehr von meiner Seite.
Mutter meinte schon ...
... sie hat das Gefühl, du hättest mich ihr gestohlen, weil du immer an meiner Seite bist.
Gestohlen ?!
Ich ...

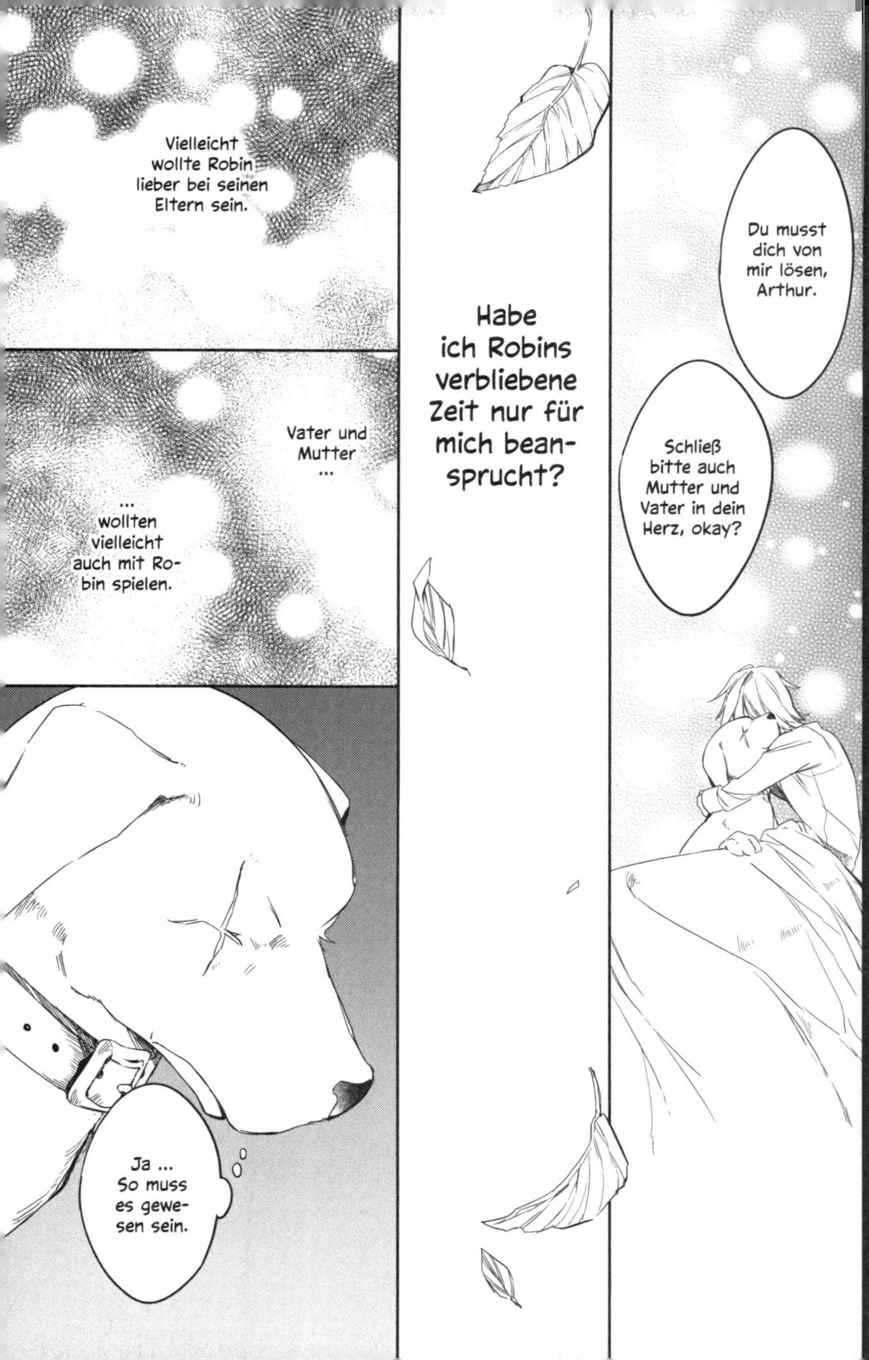

Du musst dich von mir lösen, Arthur.
Schließ bitte auch Mutter und Vater in dein Herz, okay?
Habe ich Robins verbliebene Zeit nur für mich bean-sprucht?
Vielleicht wollte Robin lieber bei seinen Eltern sein.
Vater und Mutter ...
... wollten vielleicht auch mit Ro-bin spielen.
Ja ... So muss es gewe-sen sein.

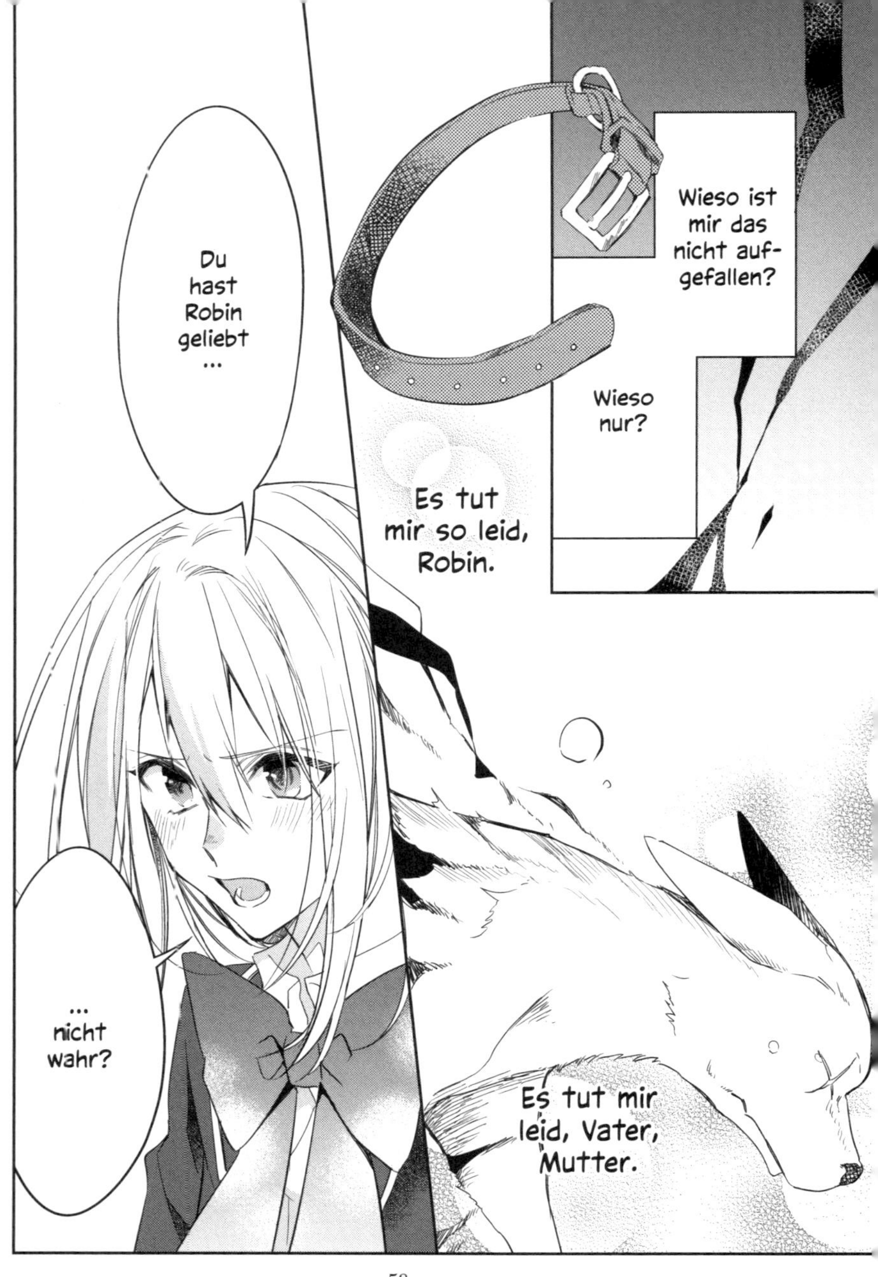
Wieso ist mir das nicht aufgefallen?
Wieso nur?
Es tut mir so leid, Robin.
Du hast Robin geliebt ...
Es tut mir leid, Vater, Mutter.
... nicht wahr?

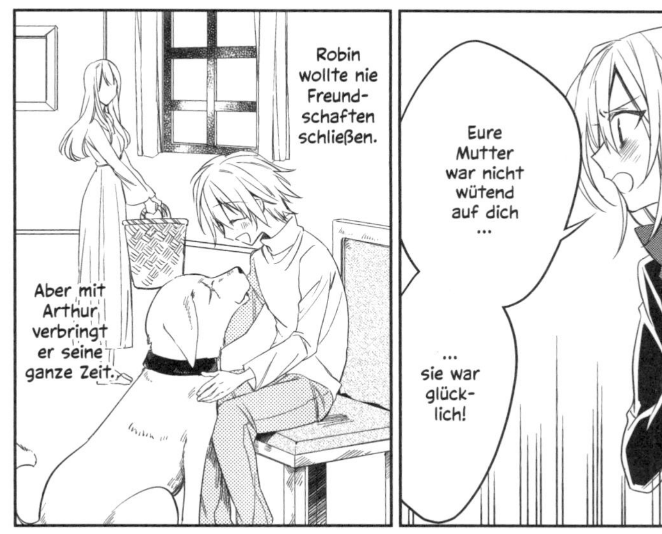

Eure Mutter war nicht wütend auf dich ...
... sie war glücklich!
Robin wollte nie Freundschaften schließen.
Aber mit Arthur verbringt er seine ganze Zeit.

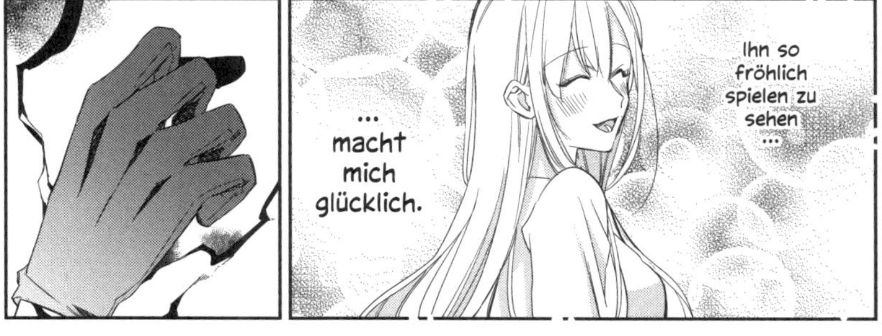

Ihn so fröhlich spielen zu sehen ...
... macht mich glücklich.

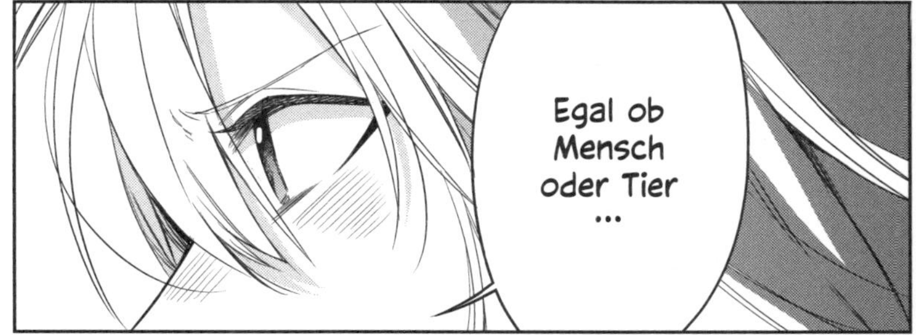

Egal ob Mensch oder Tier ...

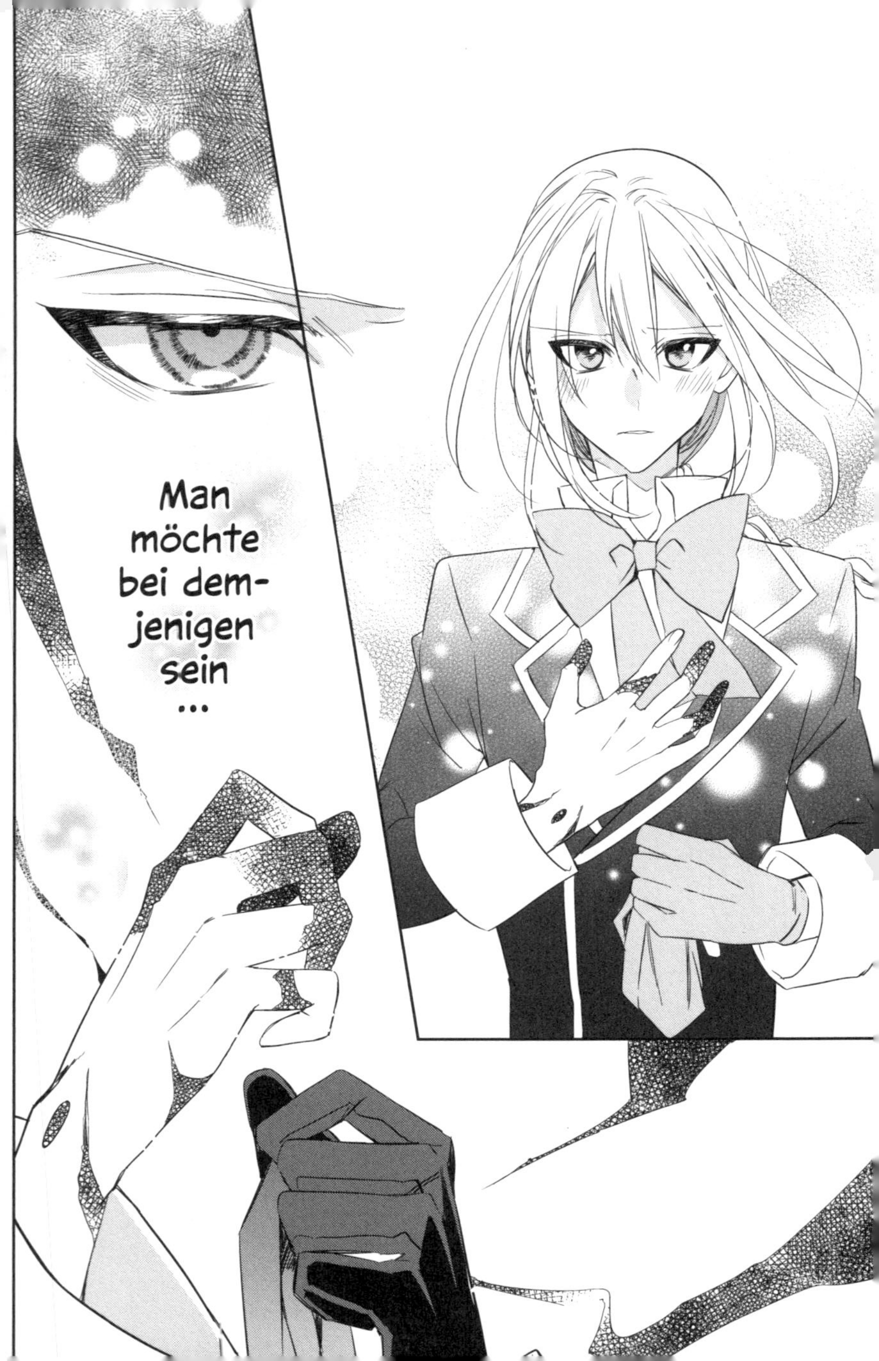
Man möchte bei dem-jenigen sein ...

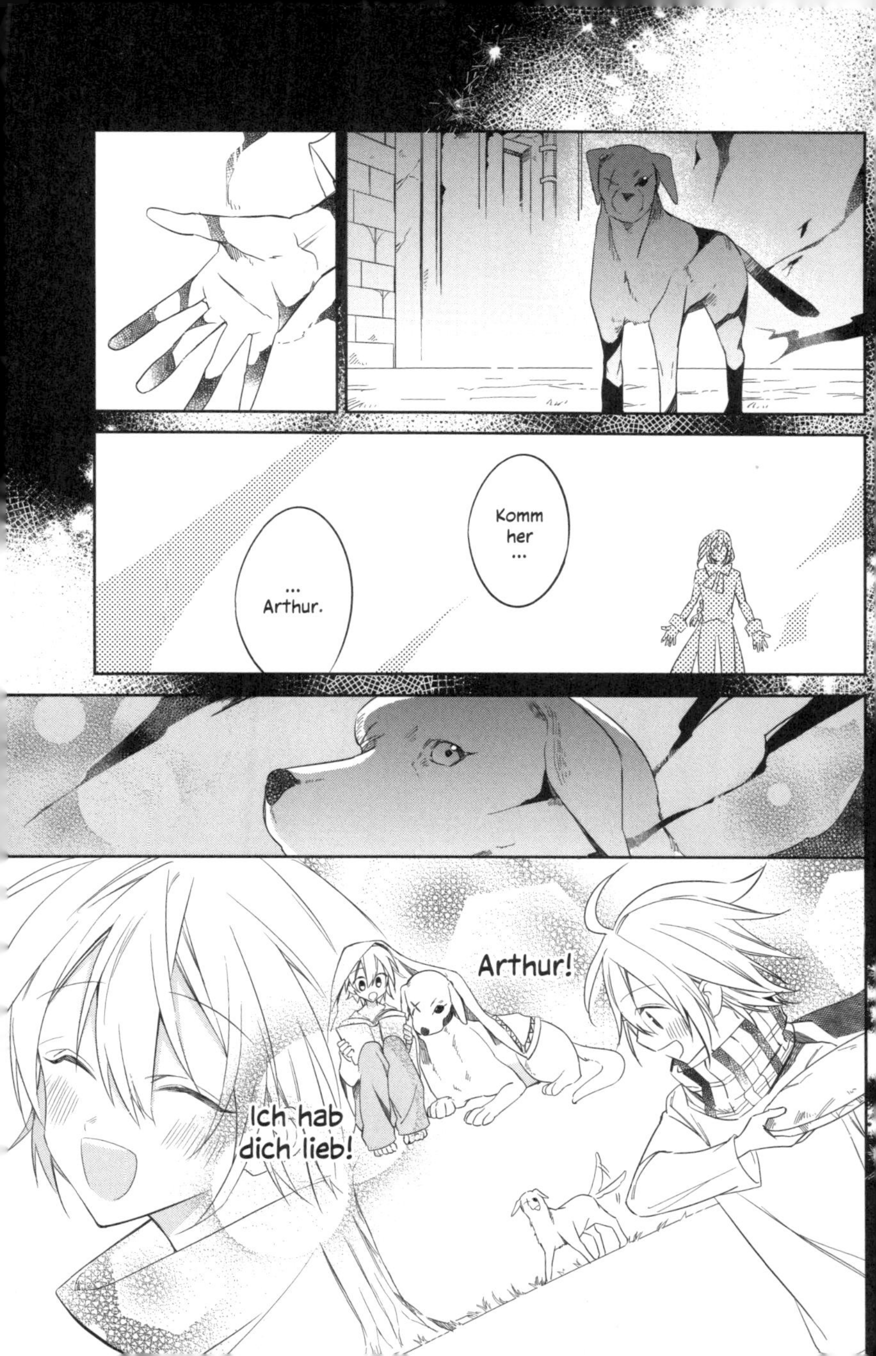
Komm her ...
... Arthur.
Arthur!
Ich hab dich lieb!

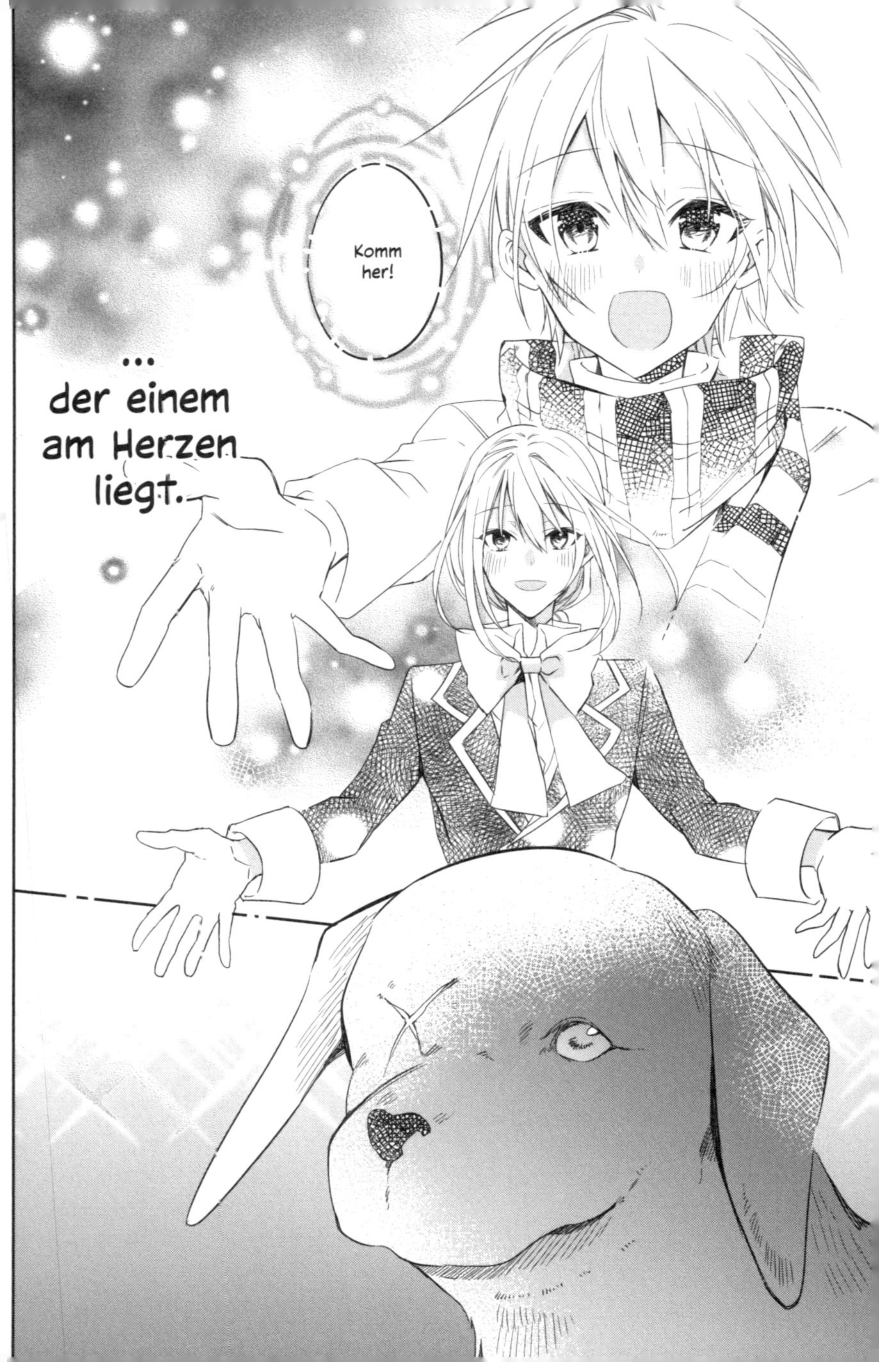
Komm her!
... der einem am Herzen liegt.

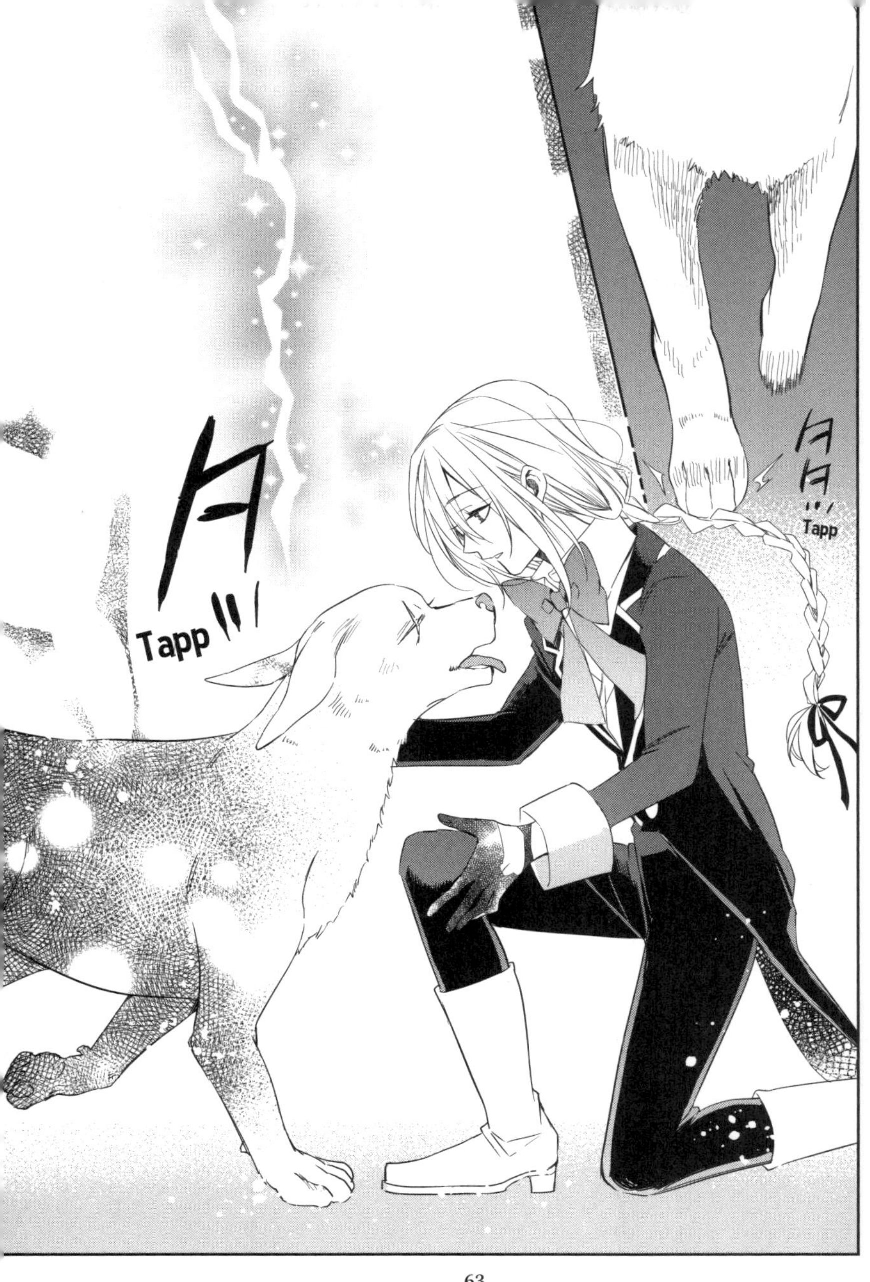
Tapp
Tapp

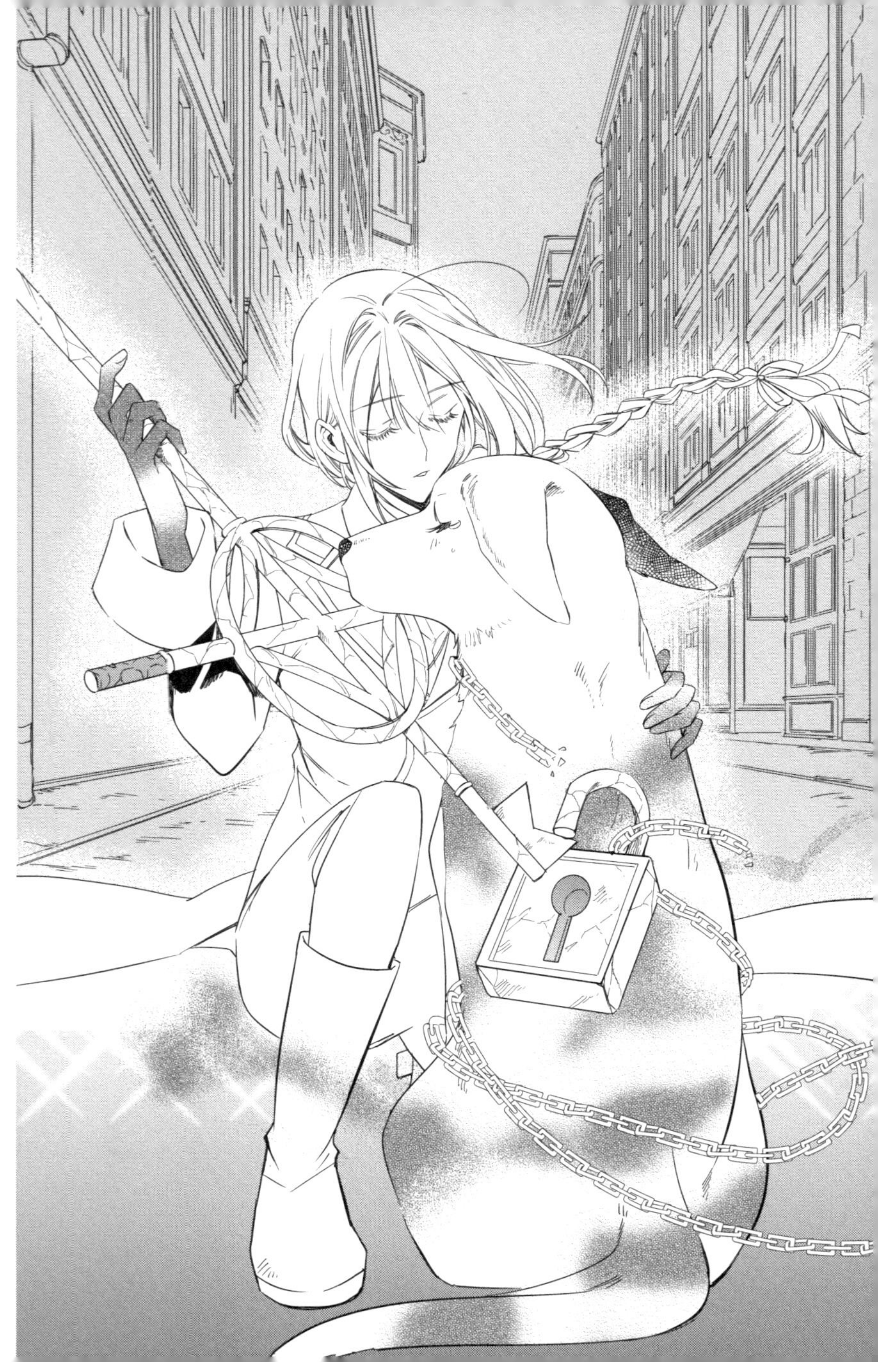

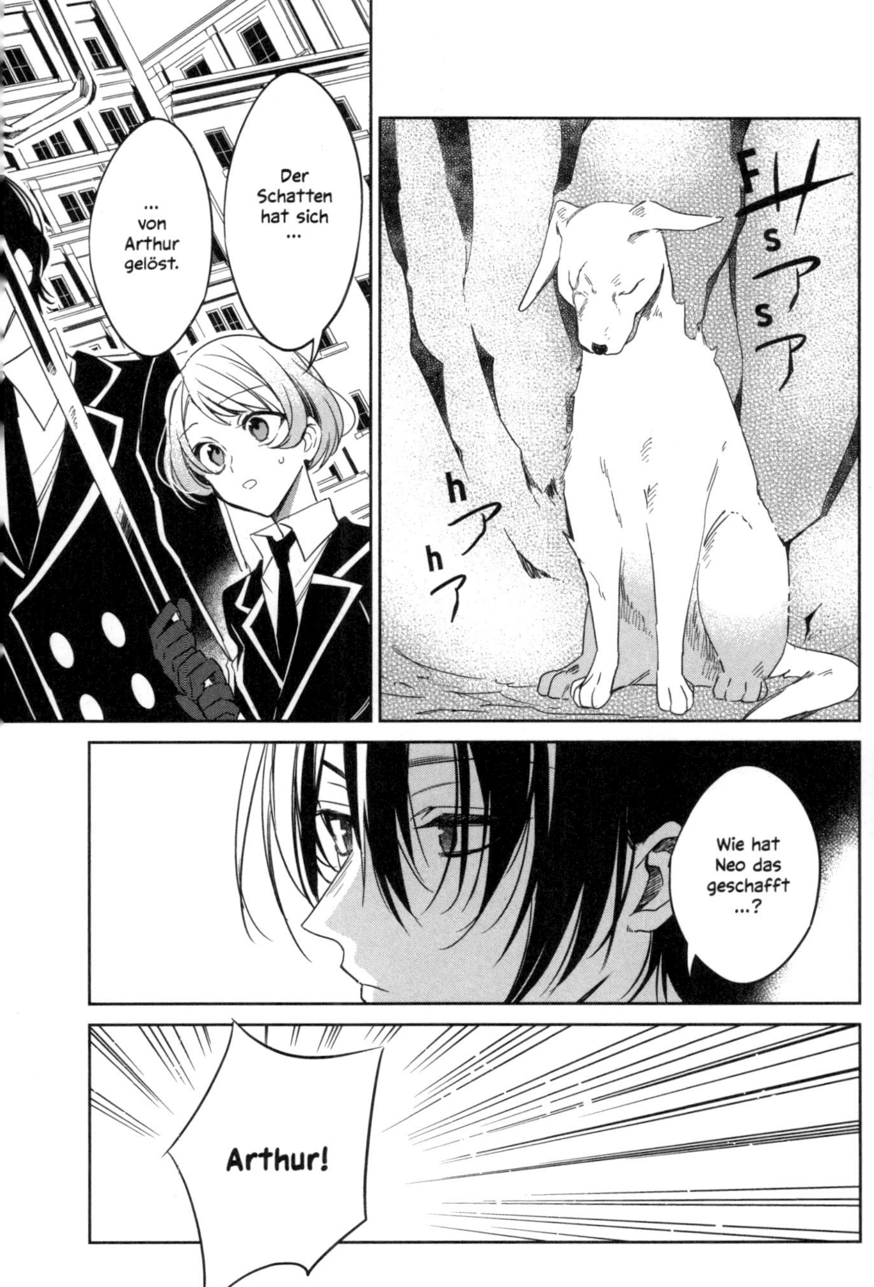
FH s ア s ア
h ア h ア
Der Schatten hat sich …
… von Arthur gelöst.
Wie hat Neo das geschafft …?
Arthur!

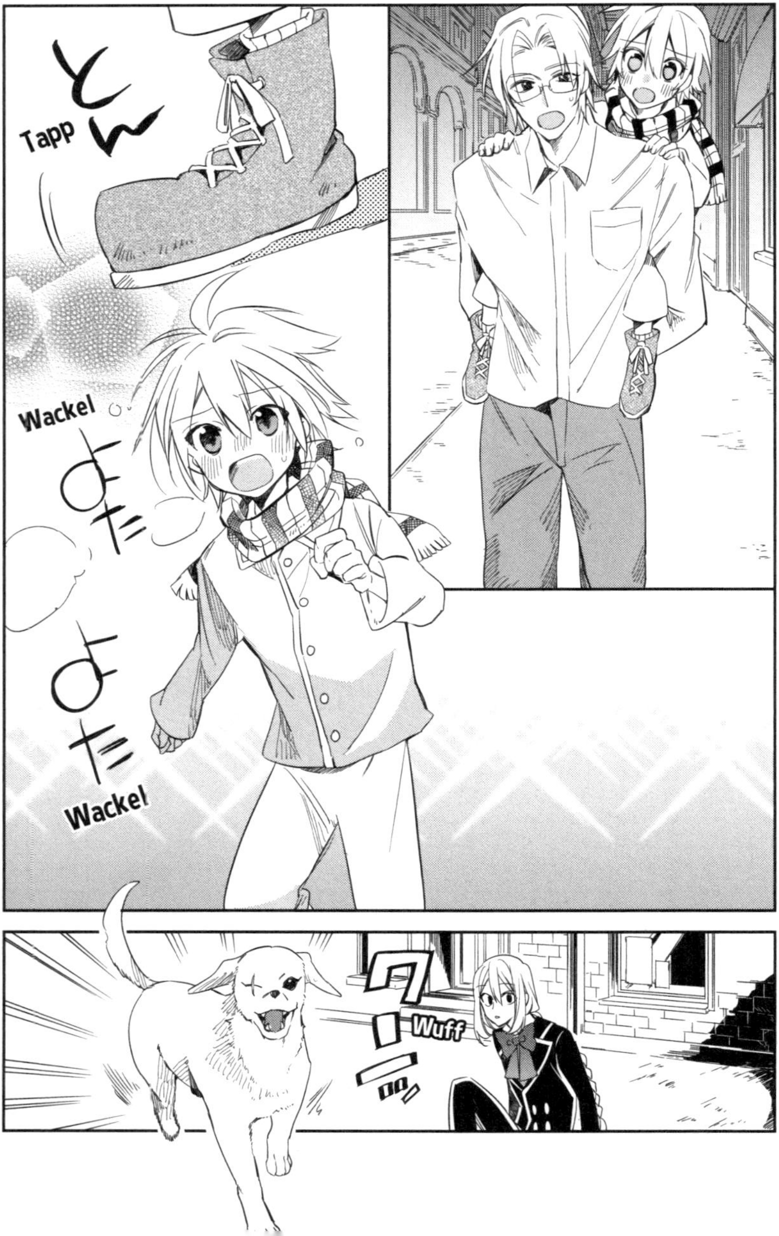

とん
Tapp
よた
Wackel
よた
Wackel

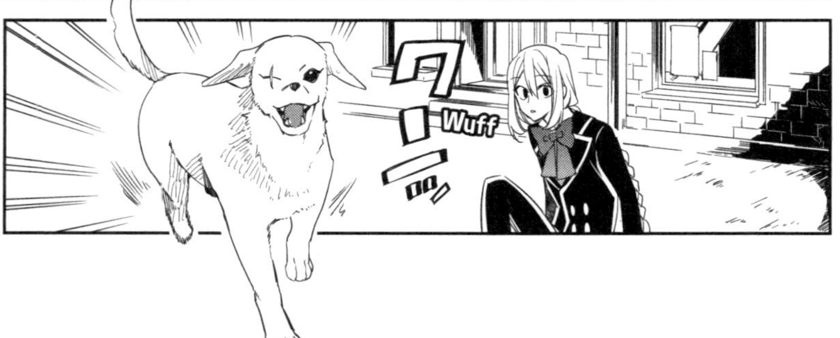

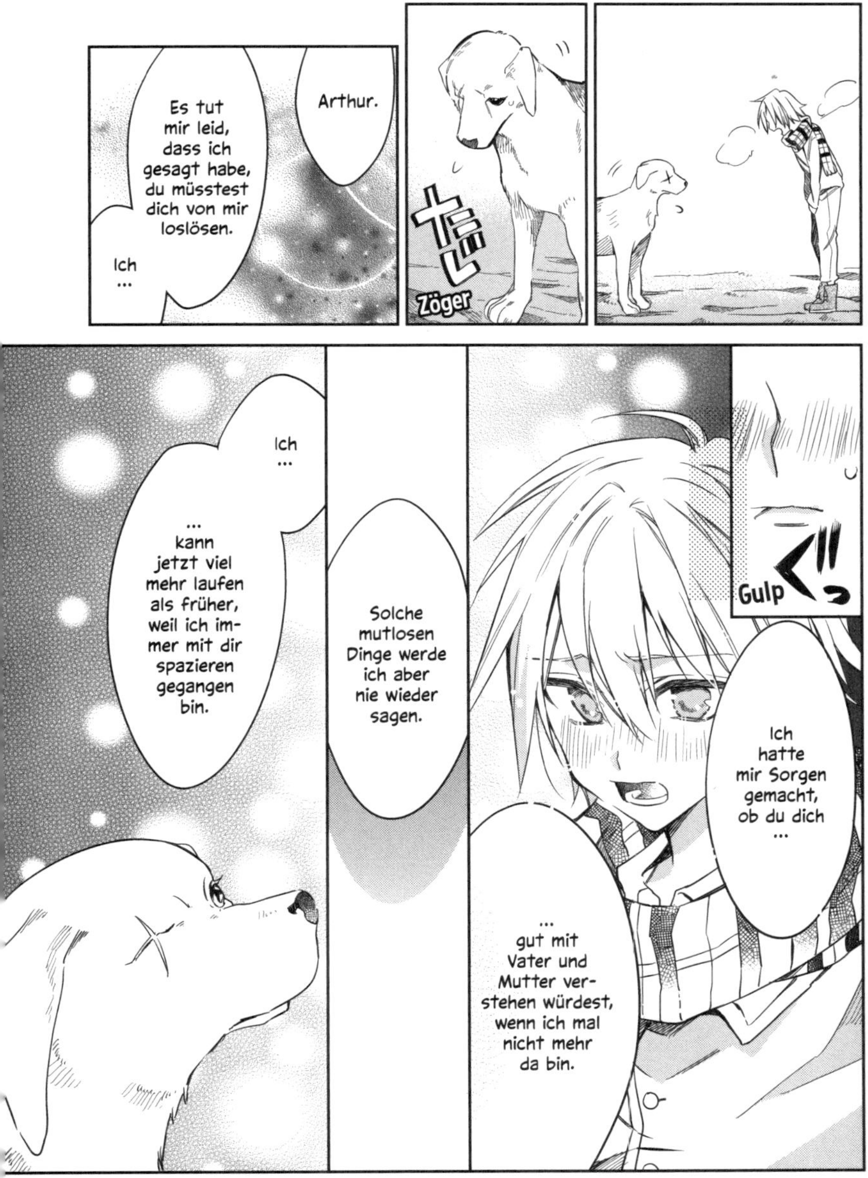

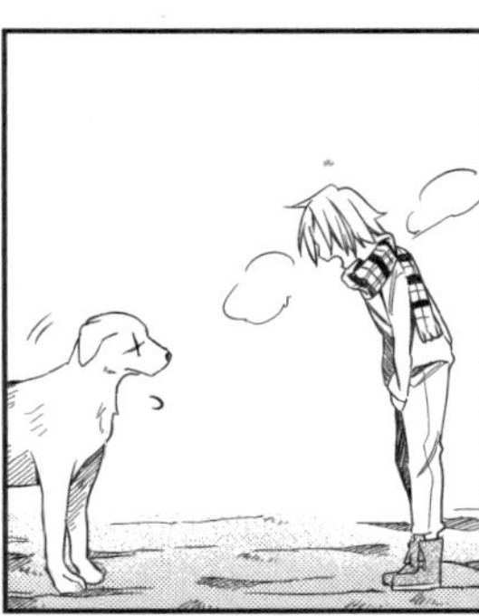

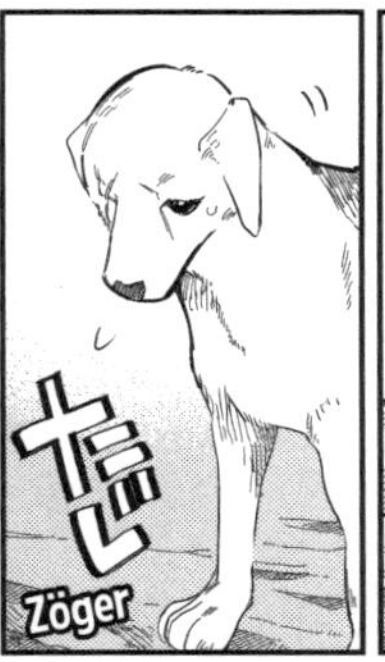

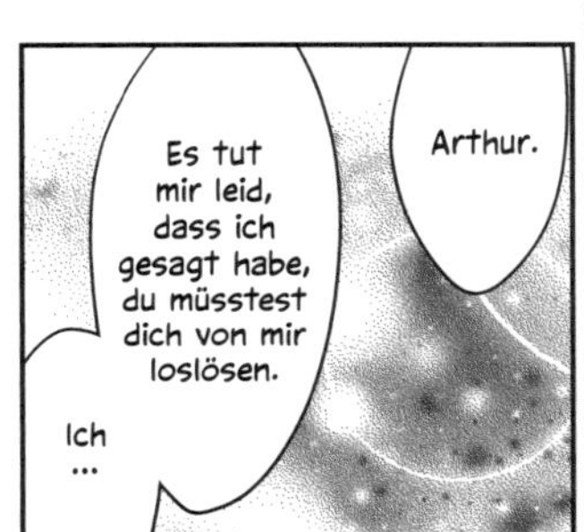

Gulp

Ich hatte mir Sorgen gemacht, ob du dich ...

... gut mit Vater und Mutter verstehen würdest, wenn ich mal nicht mehr da bin.

Solche mutlosen Dinge werde ich aber nie wieder sagen.

Ich ...

... kann jetzt viel mehr laufen als früher, weil ich immer mit dir spazieren gegangen bin.

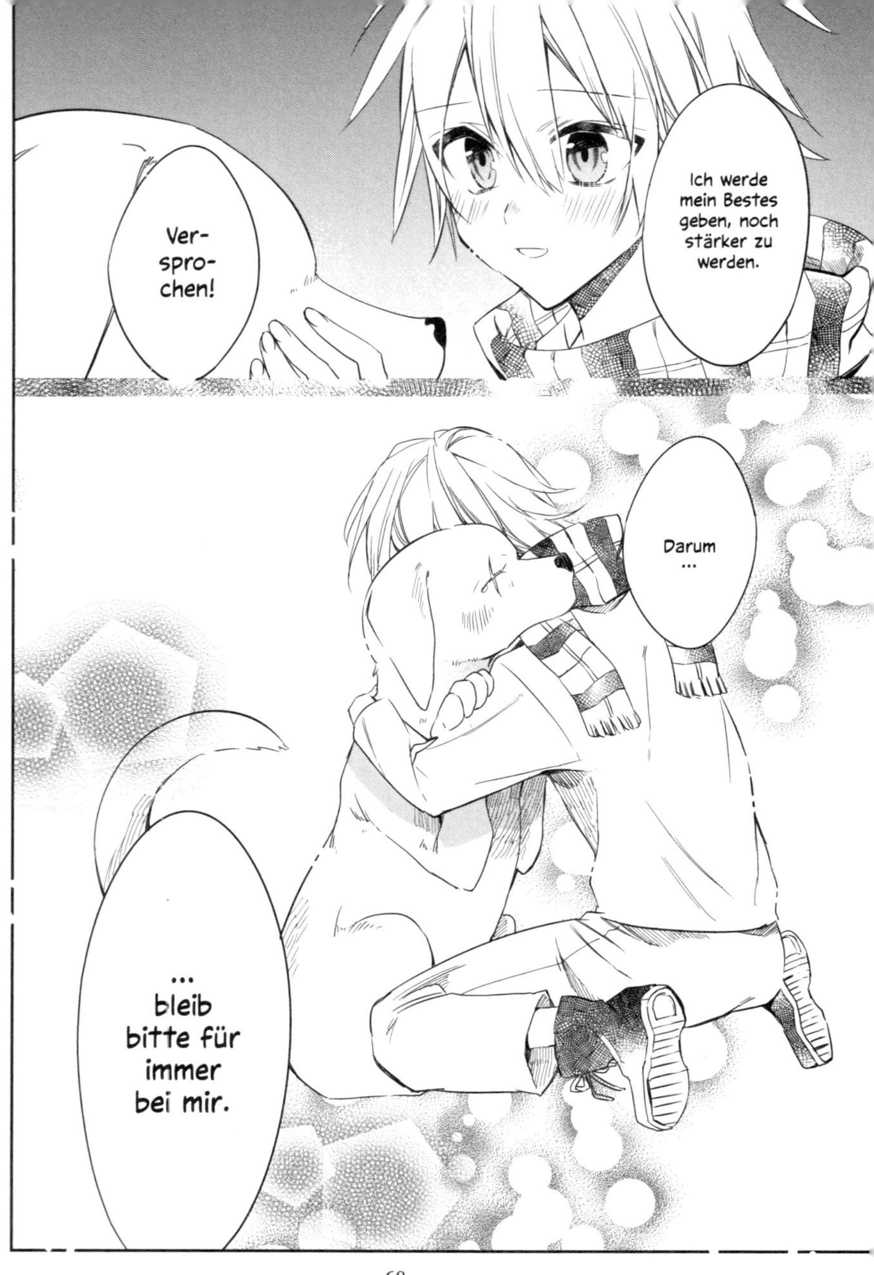
Ich werde mein Bestes geben, noch stärker zu werden.
Ver-spro-chen!
Darum ...
... bleib bitte für immer bei mir.

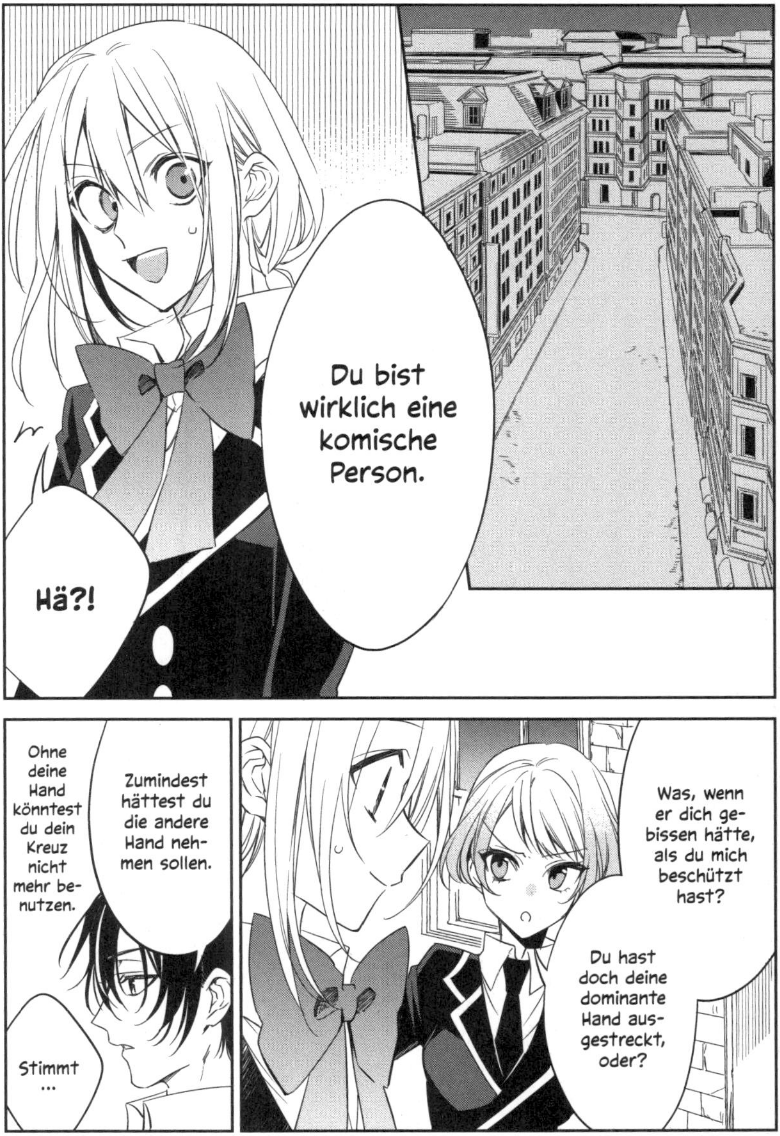

Du bist wirklich eine komische Person.

Hä?!

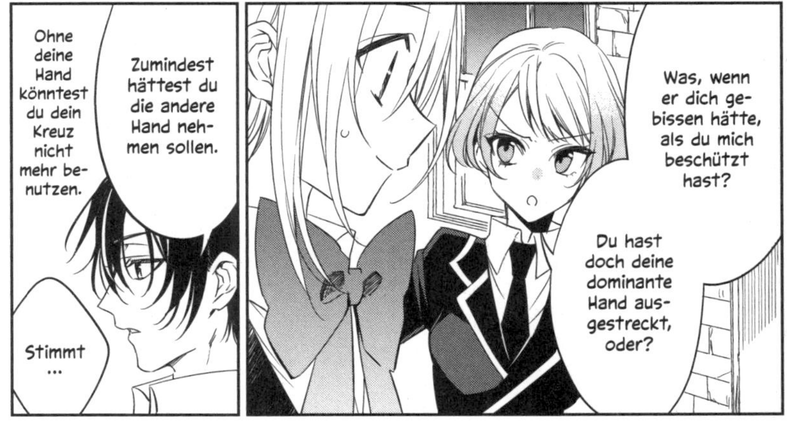

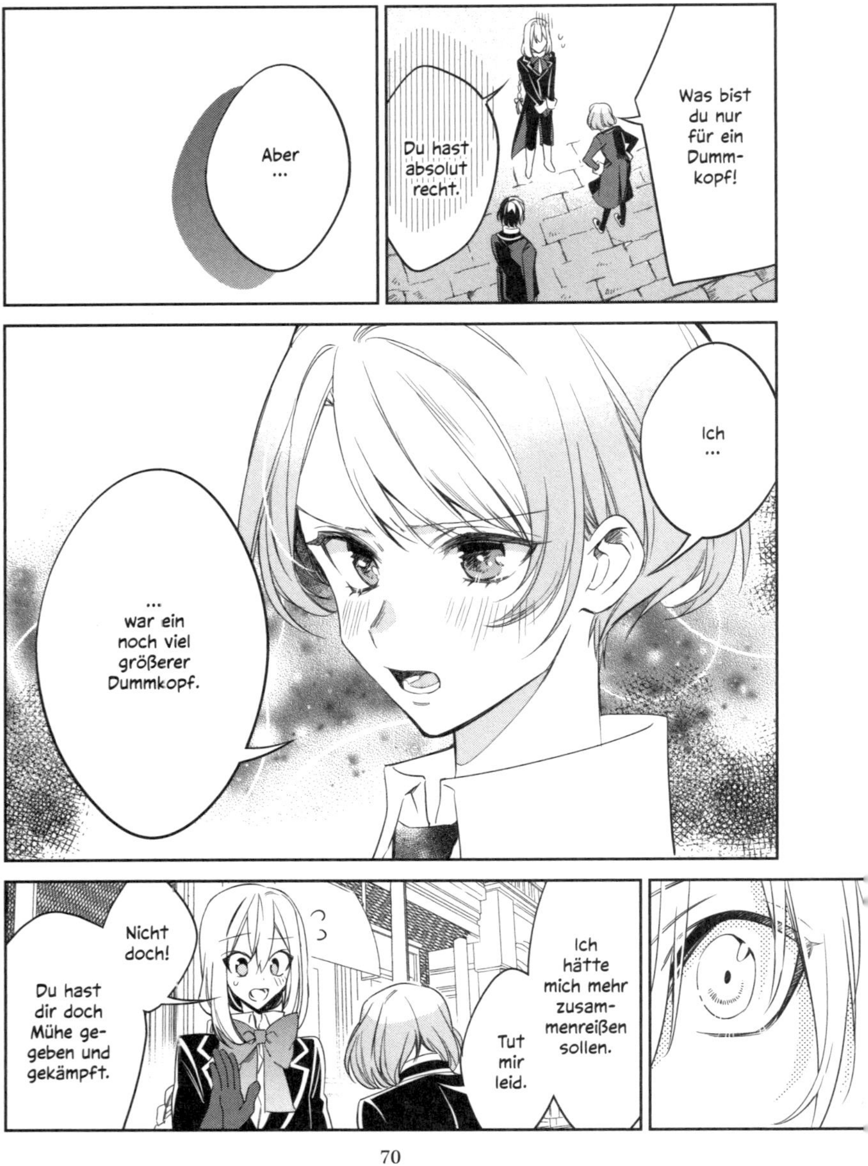

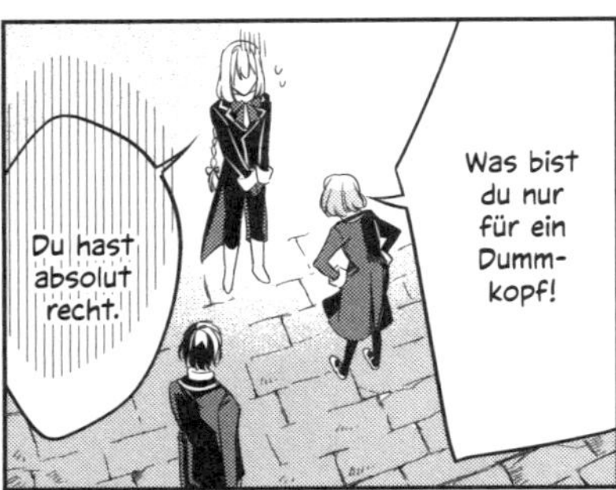

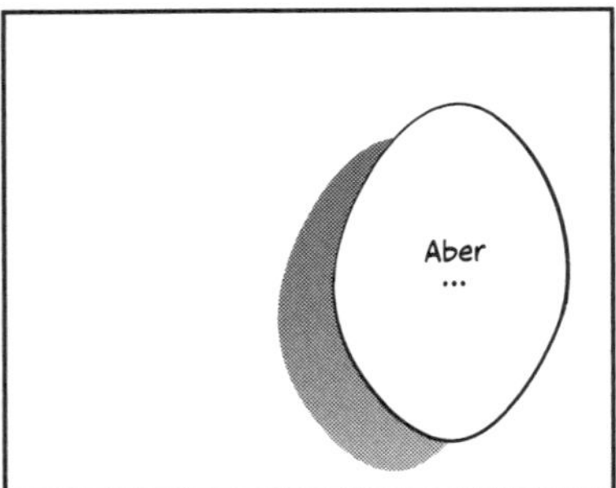

Ich ...

... war ein noch viel größerer Dummkopf.

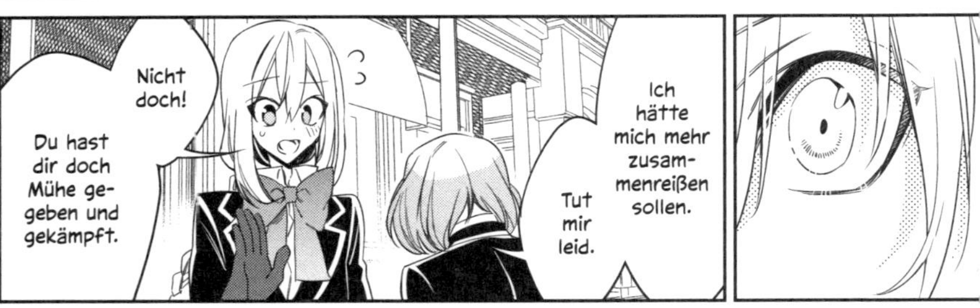

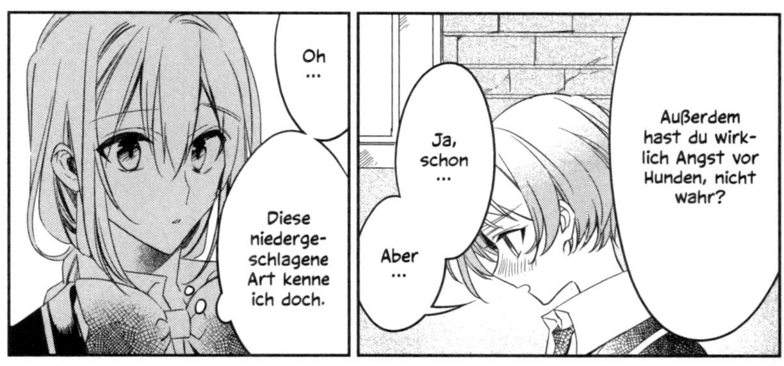
Außerdem hast du wirklich Angst vor Hunden, nicht wahr?
Ja, schon ...
Aber ...
Oh ...
Diese niedergeschlagene Art kenne ich doch.

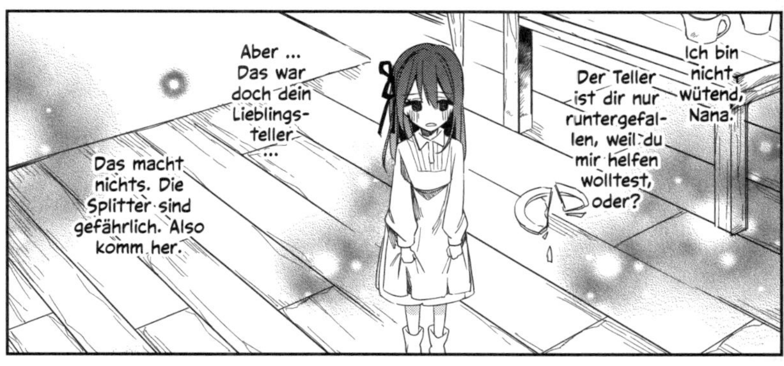
Ich bin nicht wütend, Nana.
Der Teller ist dir nur runtergefallen, weil du mir helfen wolltest, oder?
Aber ... Das war doch dein Lieblingsteller ...
Das macht nichts. Die Splitter sind gefährlich. Also komm her.

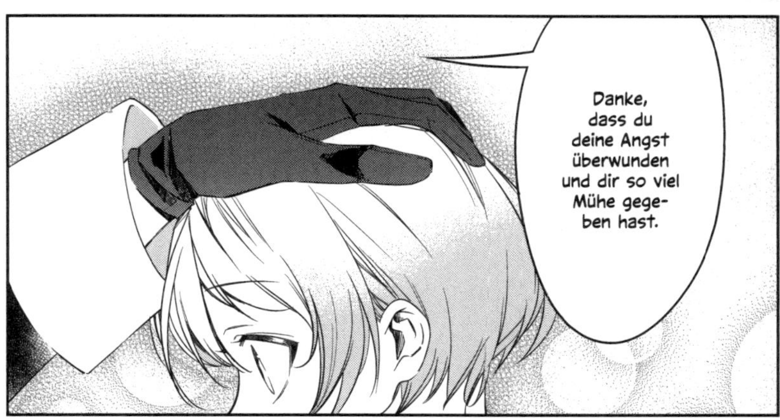
Danke, dass du deine Angst überwunden und dir so viel Mühe gegeben hast.

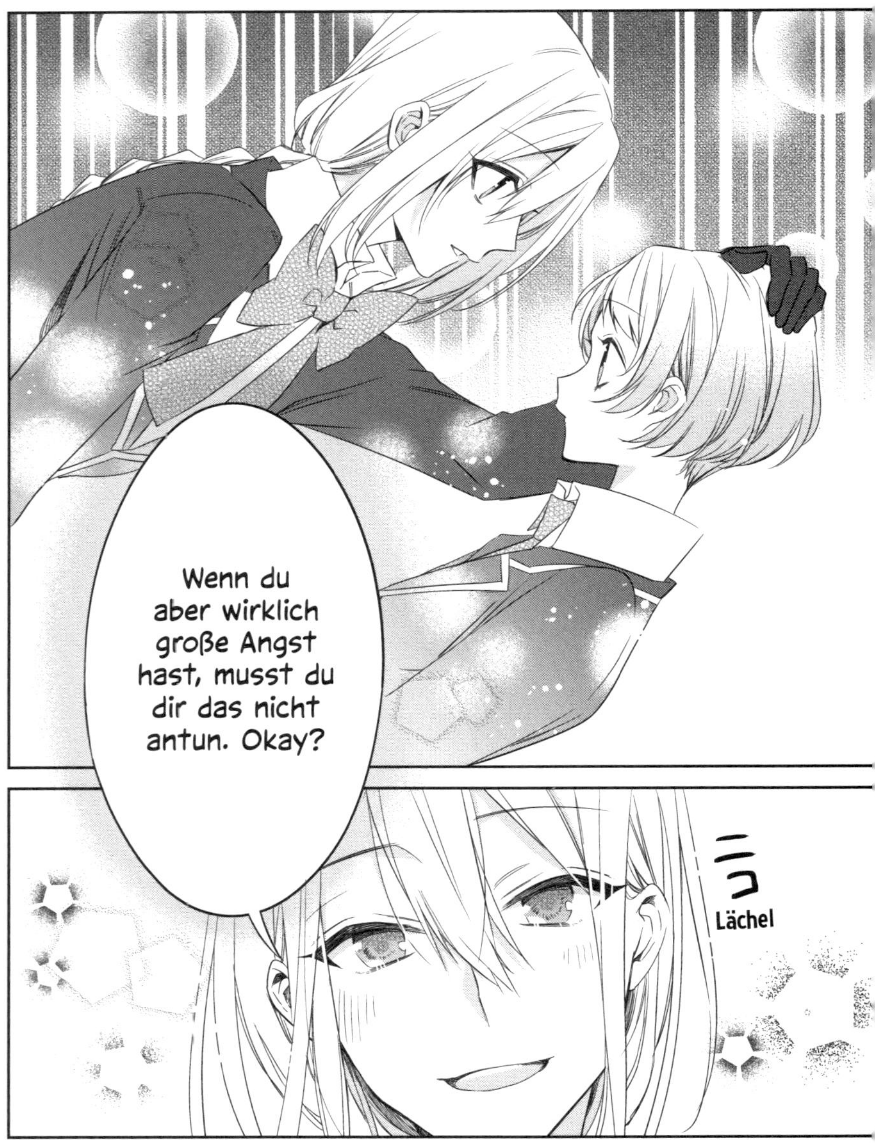
Wenn du aber wirklich große Angst hast, musst du dir das nicht antun. Okay?
ニコ
Lächel

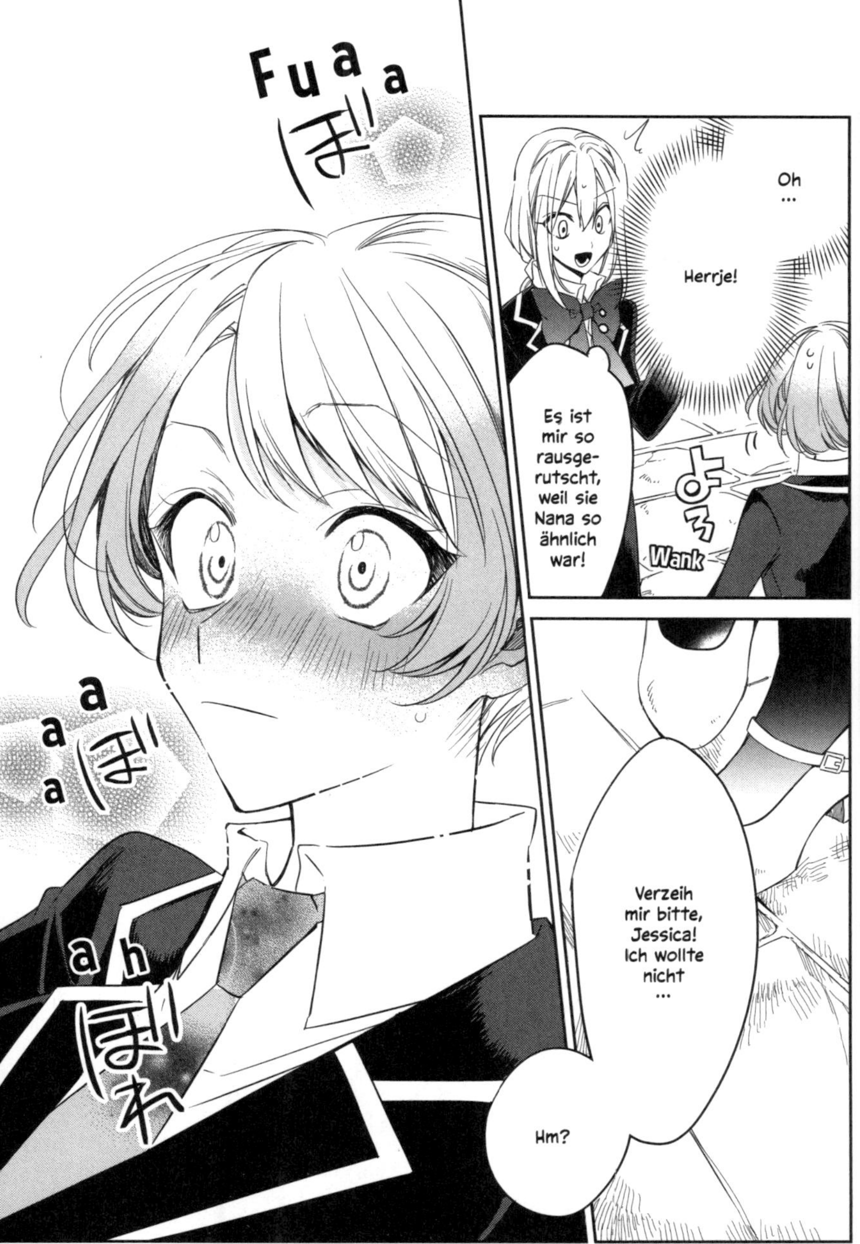
Fuaa
Oh ...
Herrje!
Es ist mir so rausgerutscht, weil sie Nana so ähnlich war!
Wank
aaa
ah
Verzeih mir bitte, Jessica! Ich wollte nicht ...
Hm?

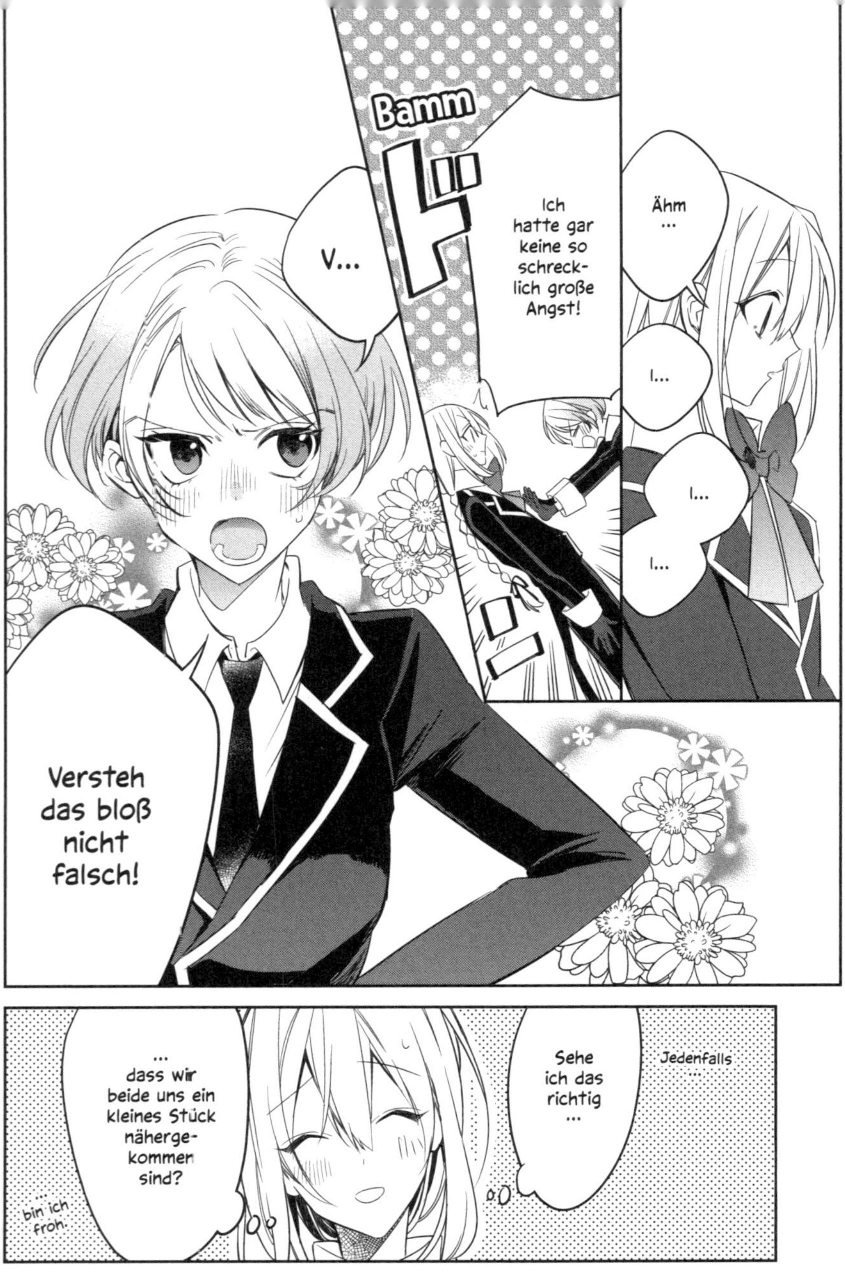

Ähm ...
I...
I...
I...
Bamm
Ich hatte gar keine so schreck-lich große Angst!
V...
Versteh das bloß nicht falsch!

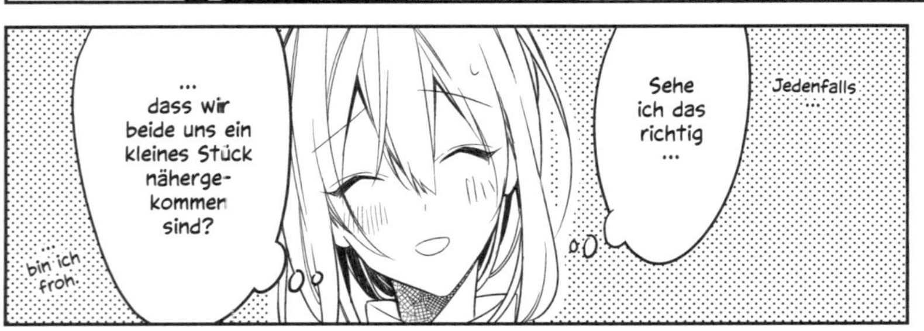

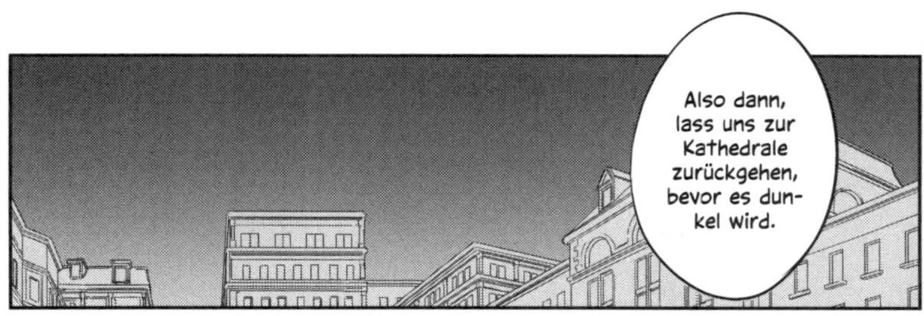
Also dann, lass uns zur Kathedrale zurückgehen, bevor es dunkel wird.

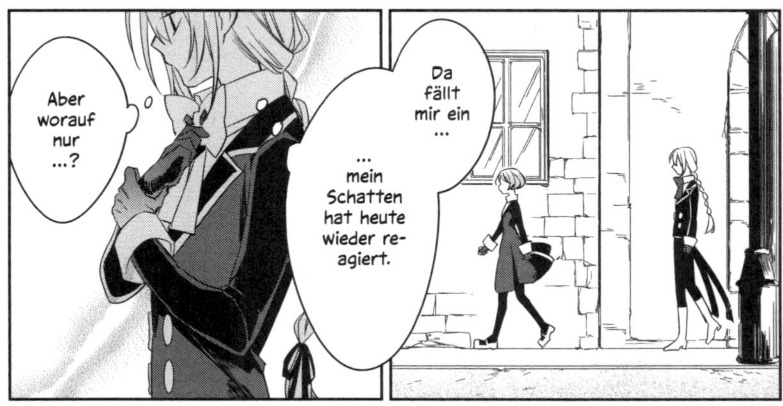
Da fällt mir ein ...
... mein Schatten hat heute wieder reagiert.
Aber worauf nur ...?

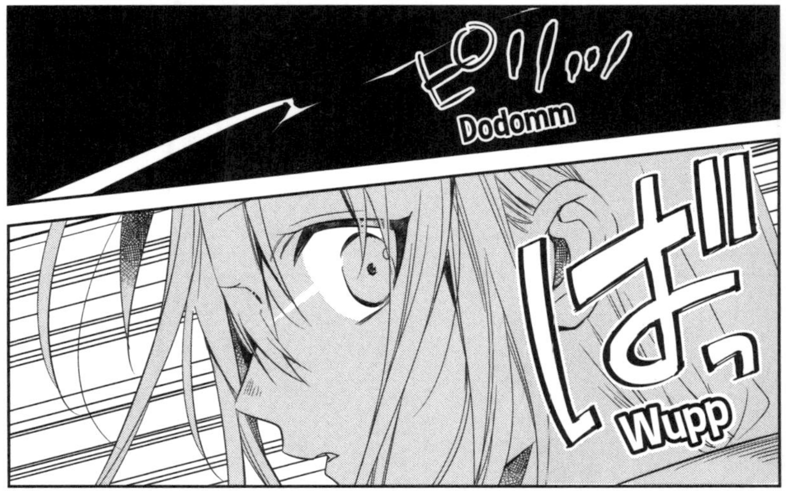
Dodomm
Wupp

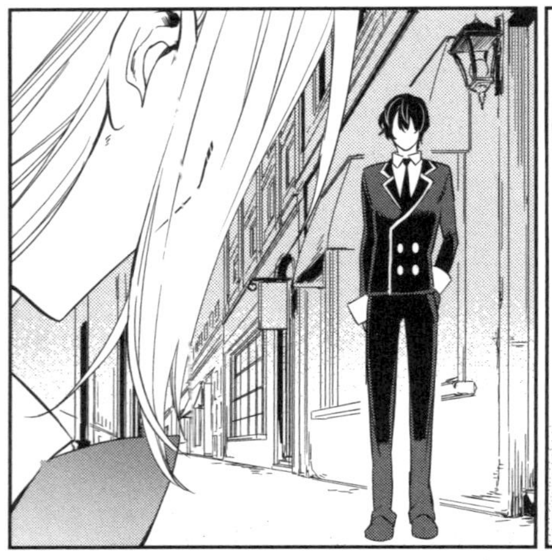

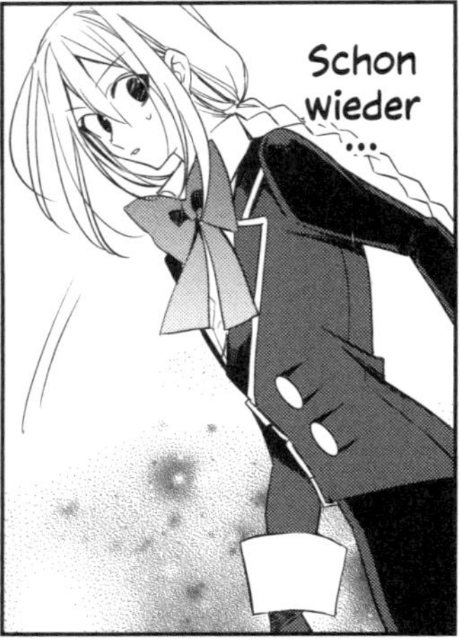
Schon wieder ...

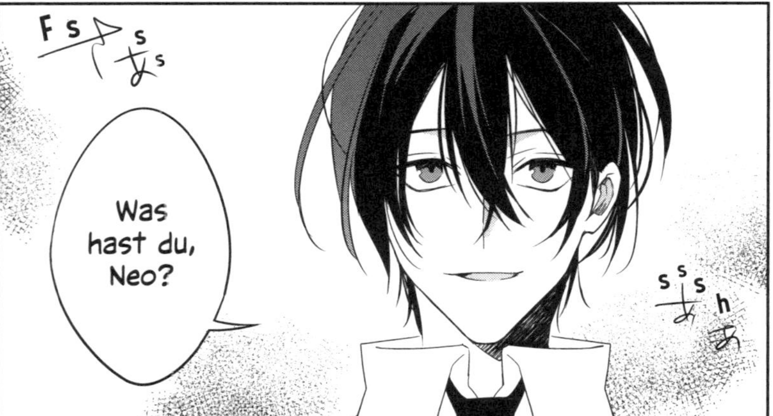
Fsss
sssh
Was hast du, Neo?

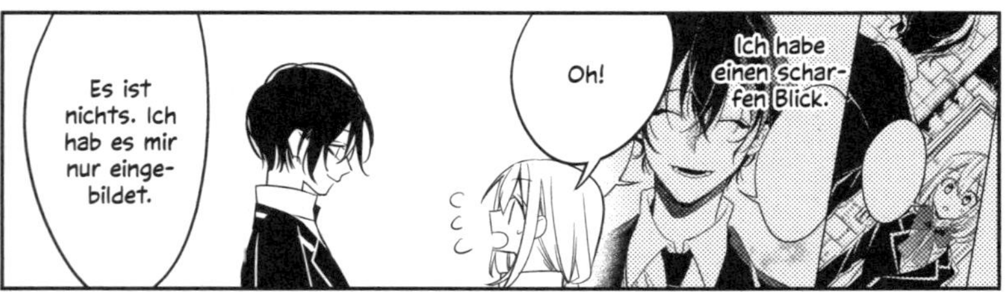
Ich habe einen scharfen Blick.
Oh!
Es ist nichts. Ich hab es mir nur eingebildet.

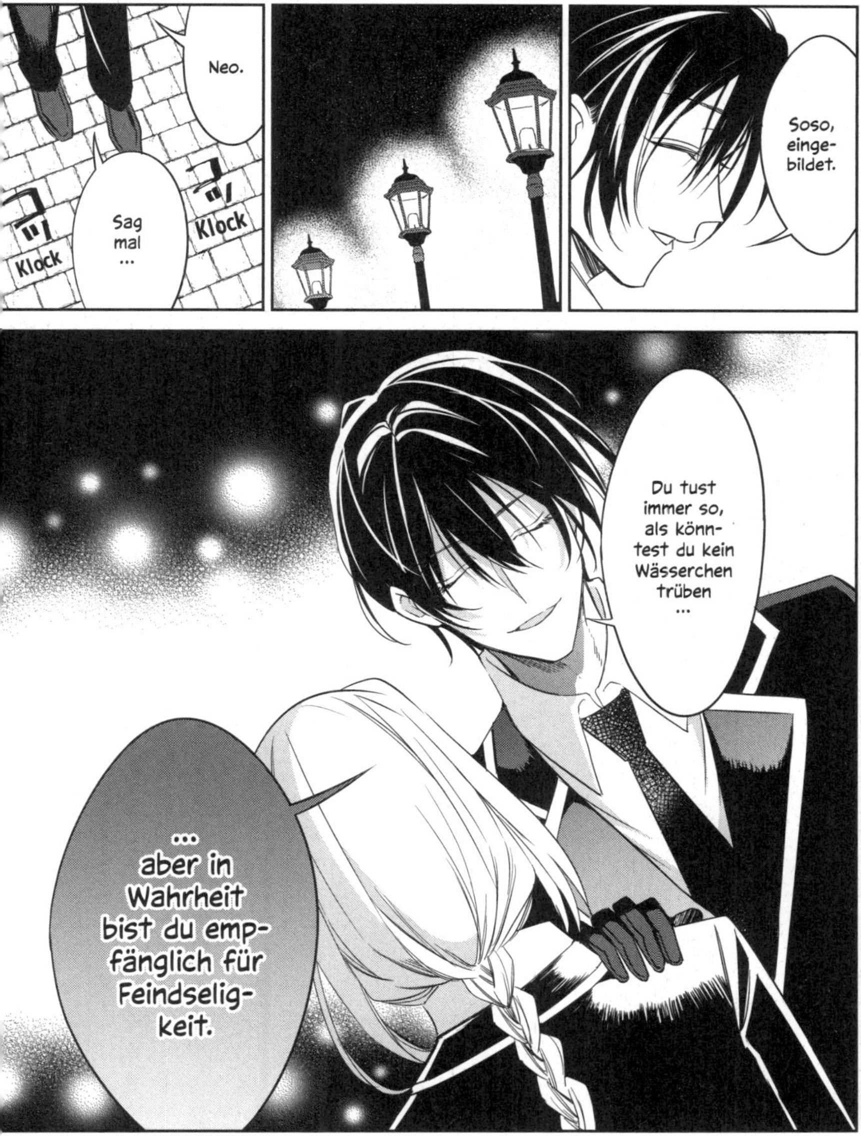

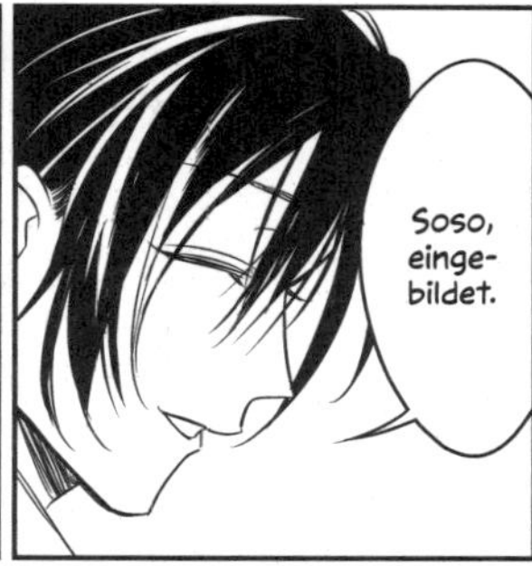

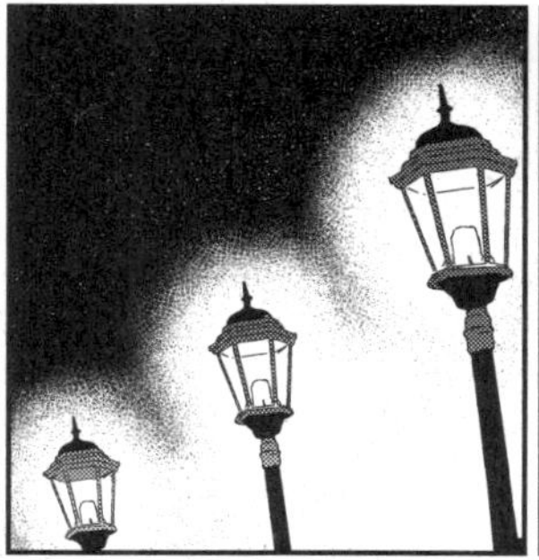

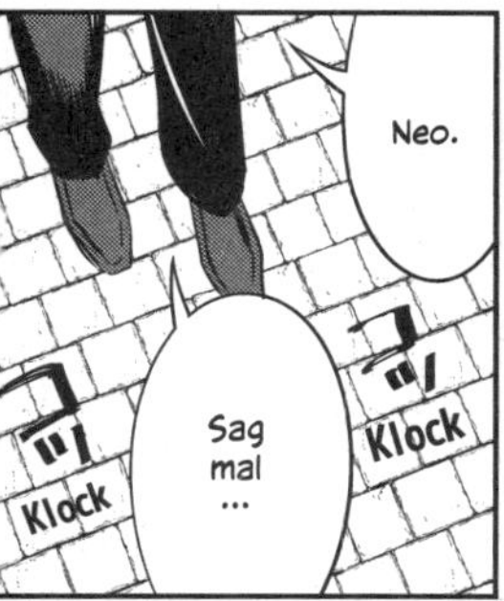

Du tust immer so, als könntest du kein Wässerchen trüben ...

... aber in Wahrheit bist du empfänglich für Feindseligkeit.

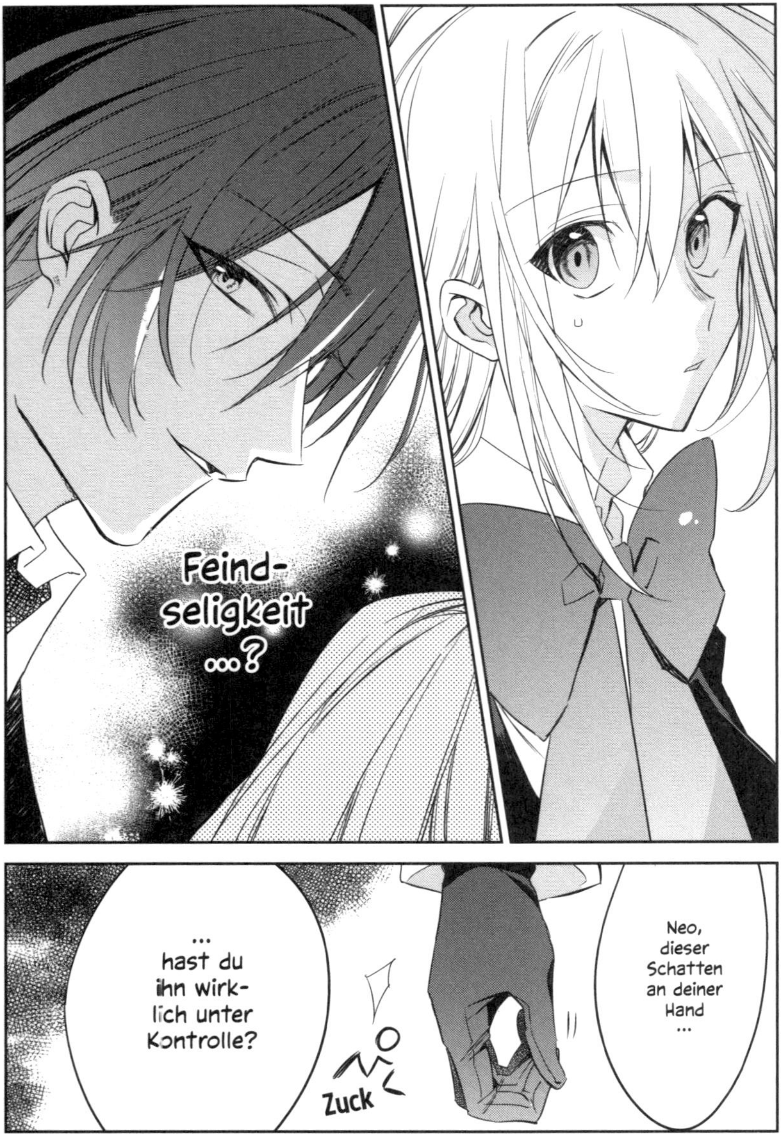

Feind-seligkeit ...?

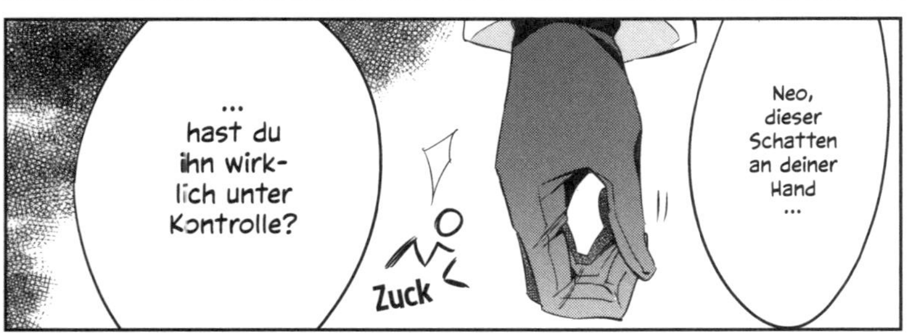

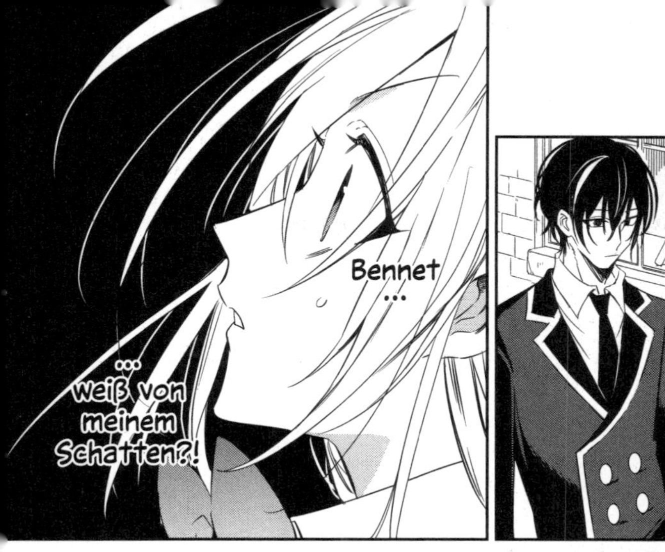
Bennet …
… weiß von meinem Schatten?!
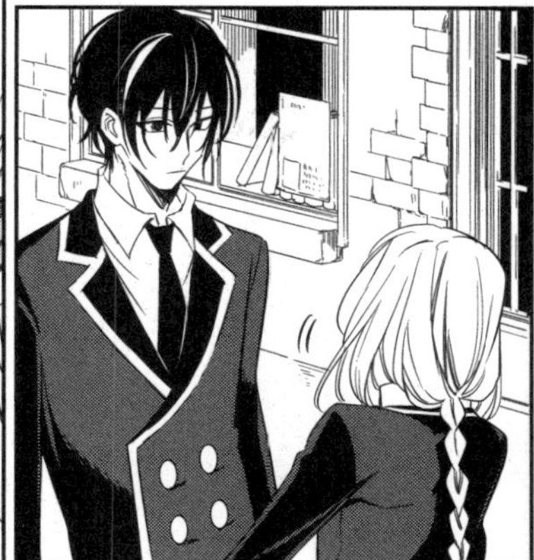
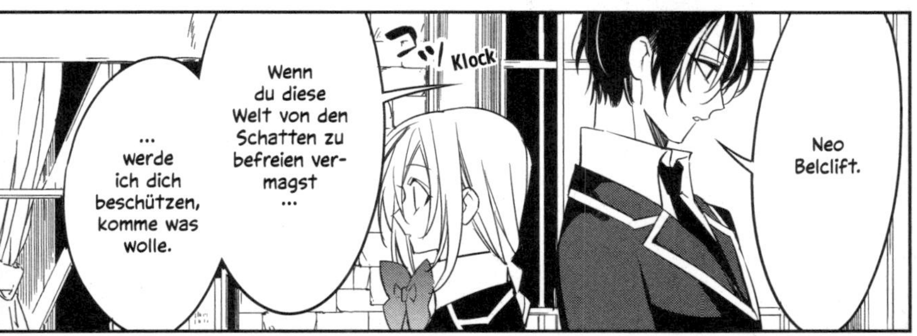
Klock
Neo Belclift.
Wenn du diese Welt von den Schatten zu befreien vermagst …
… werde ich dich beschützen, komme was wolle.
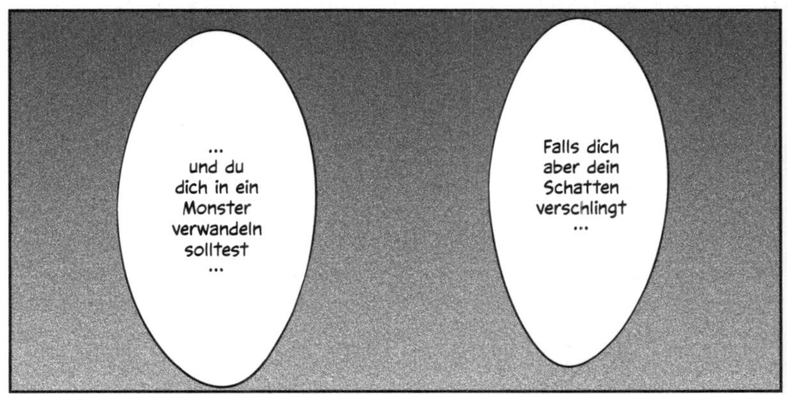
Falls dich aber dein Schatten verschlingt …
… und du dich in ein Monster verwandeln solltest …

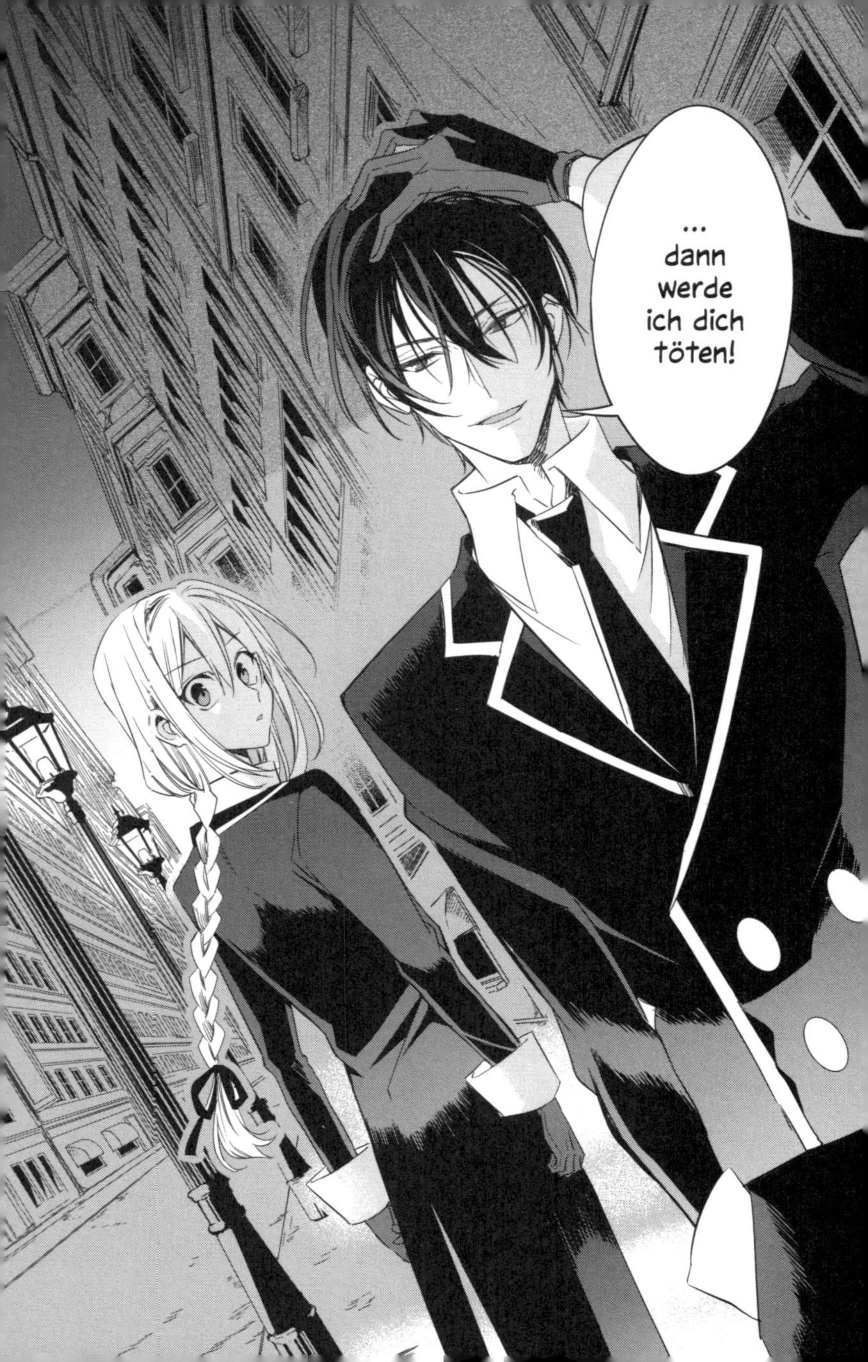
...
dann
werde
ich dich
töten!

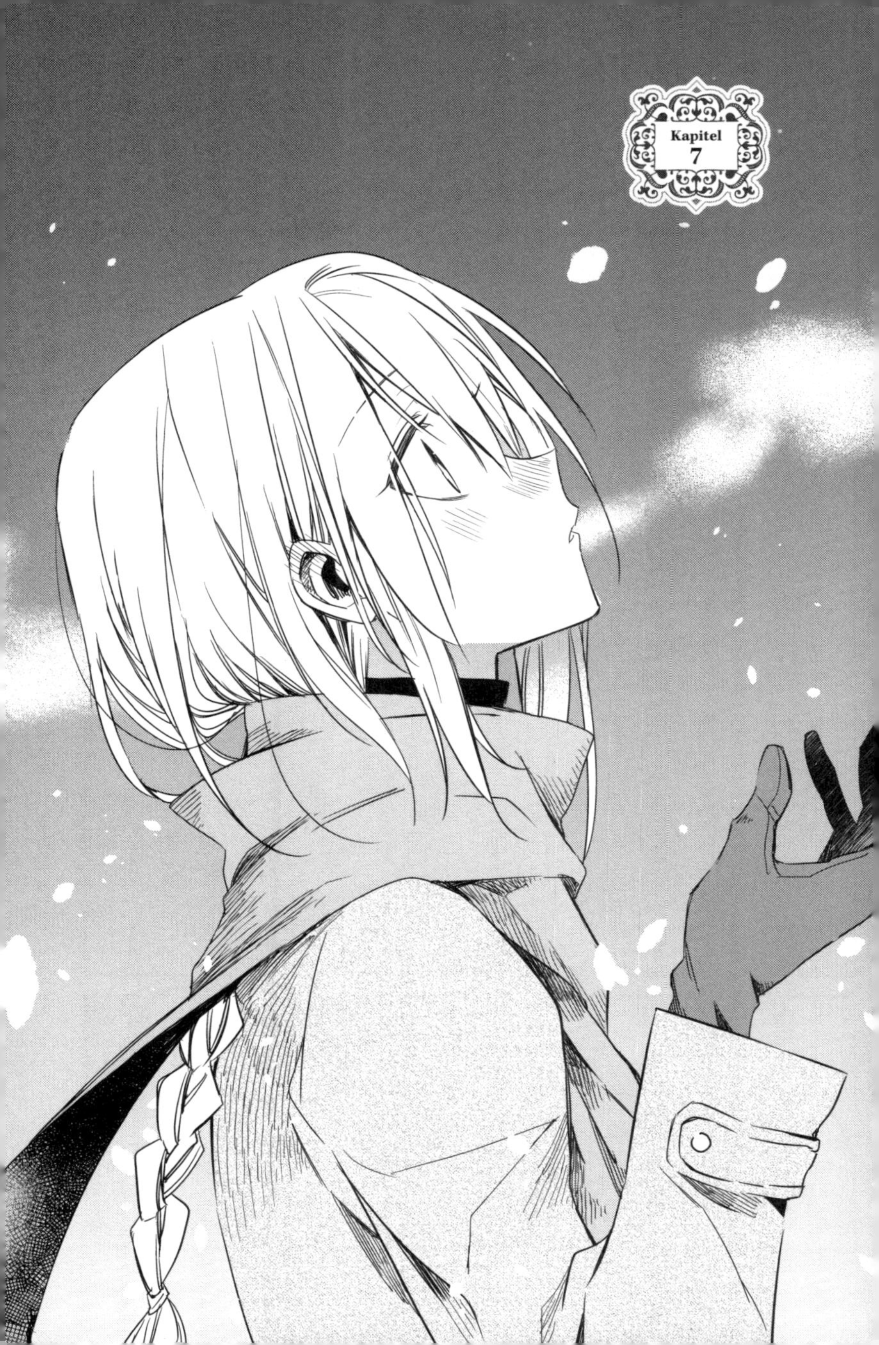
Kapitel
7

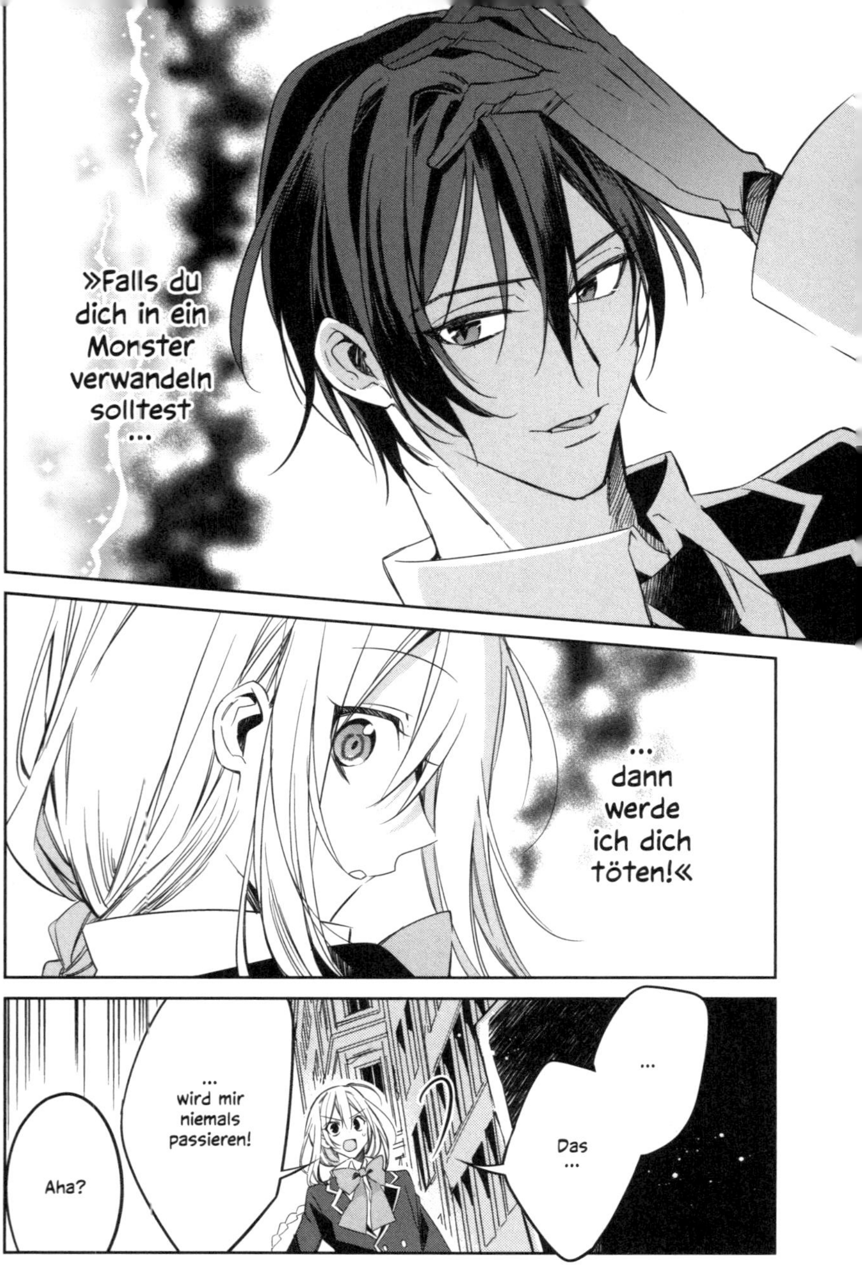

»Falls du dich in ein Monster verwandeln solltest ...

... dann werde ich dich töten!«

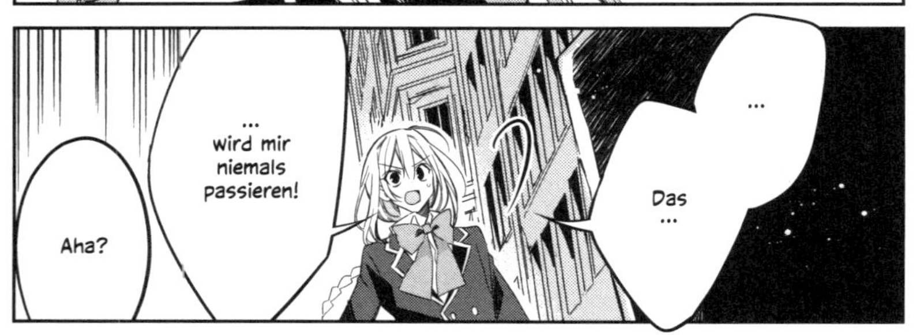

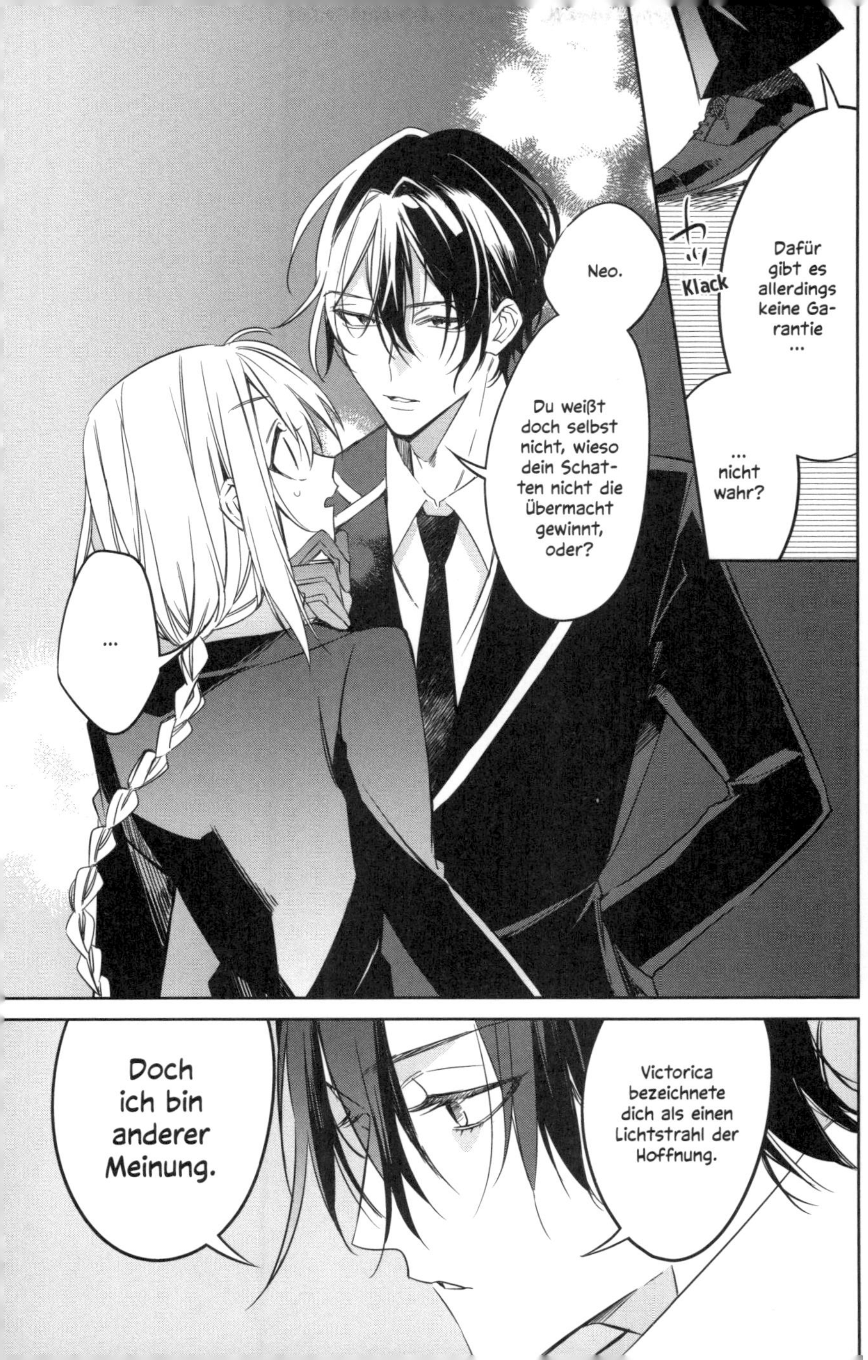

Klack

Dafür gibt es allerdings keine Garantie ...

... nicht wahr?

Neo.

Du weißt doch selbst nicht, wieso dein Schatten nicht die Übermacht gewinnt, oder?

...

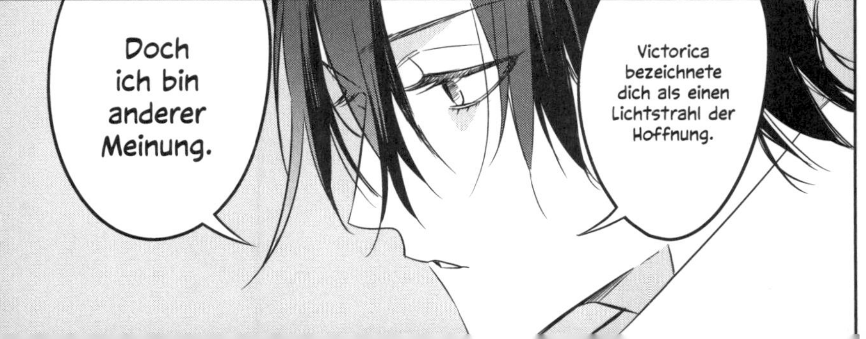

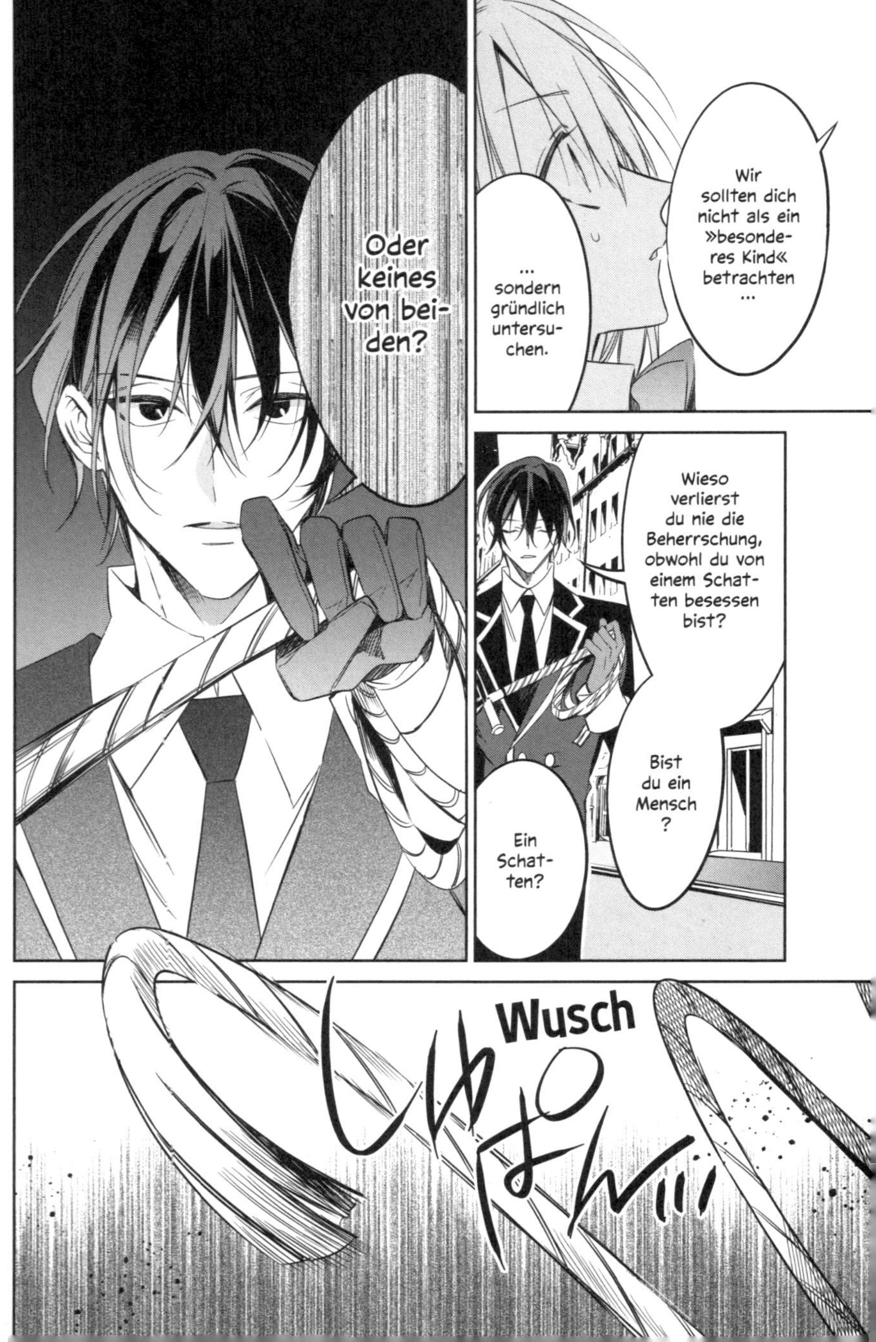
Wir sollten dich nicht als ein »besonderes Kind« betrachten ...
... sondern gründlich untersuchen.
Wieso verlierst du nie die Beherrschung, obwohl du von einem Schatten besessen bist?
Bist du ein Mensch?
Ein Schatten?
Oder keines von beiden?
Wusch

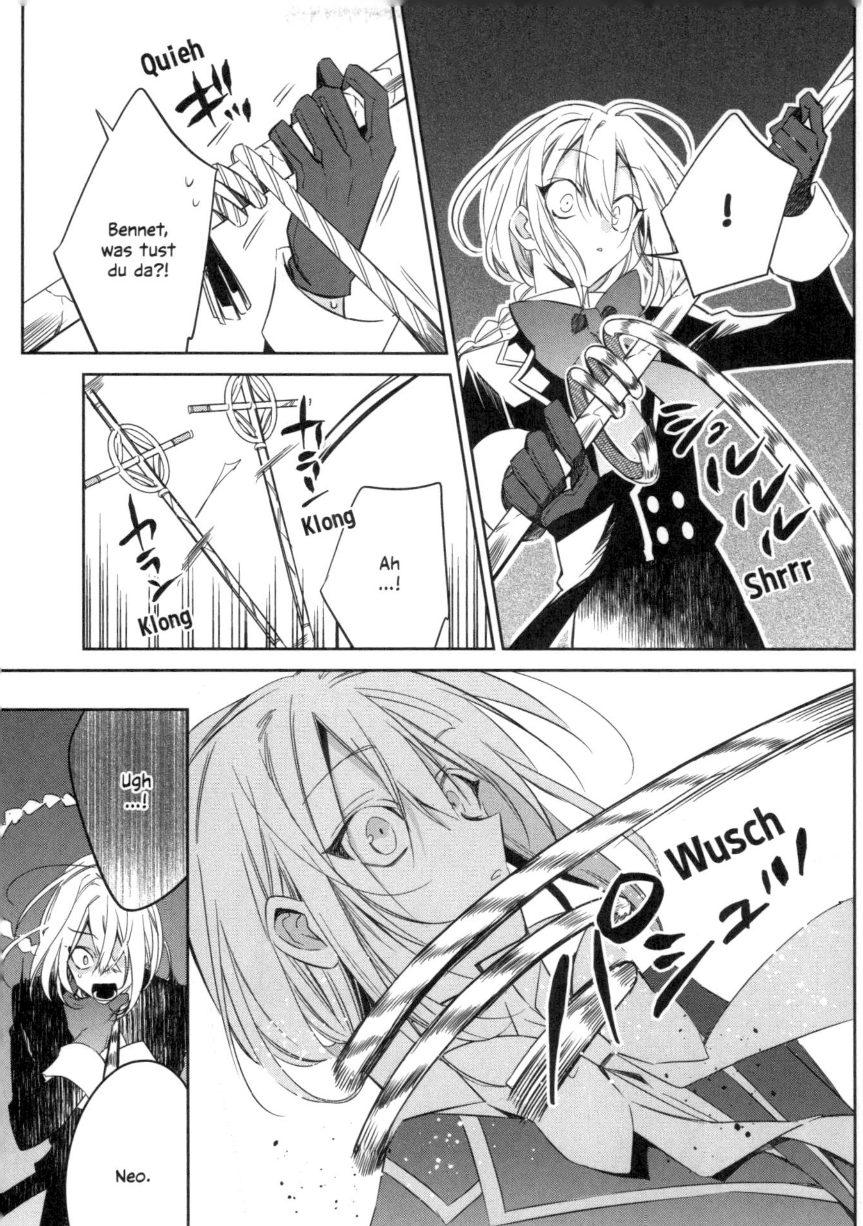

!

Shrrr

Quieh

Bennet, was tust du da?!

Klong

Ah ...!

Klong

Wusch

Ugh ...!

Neo.

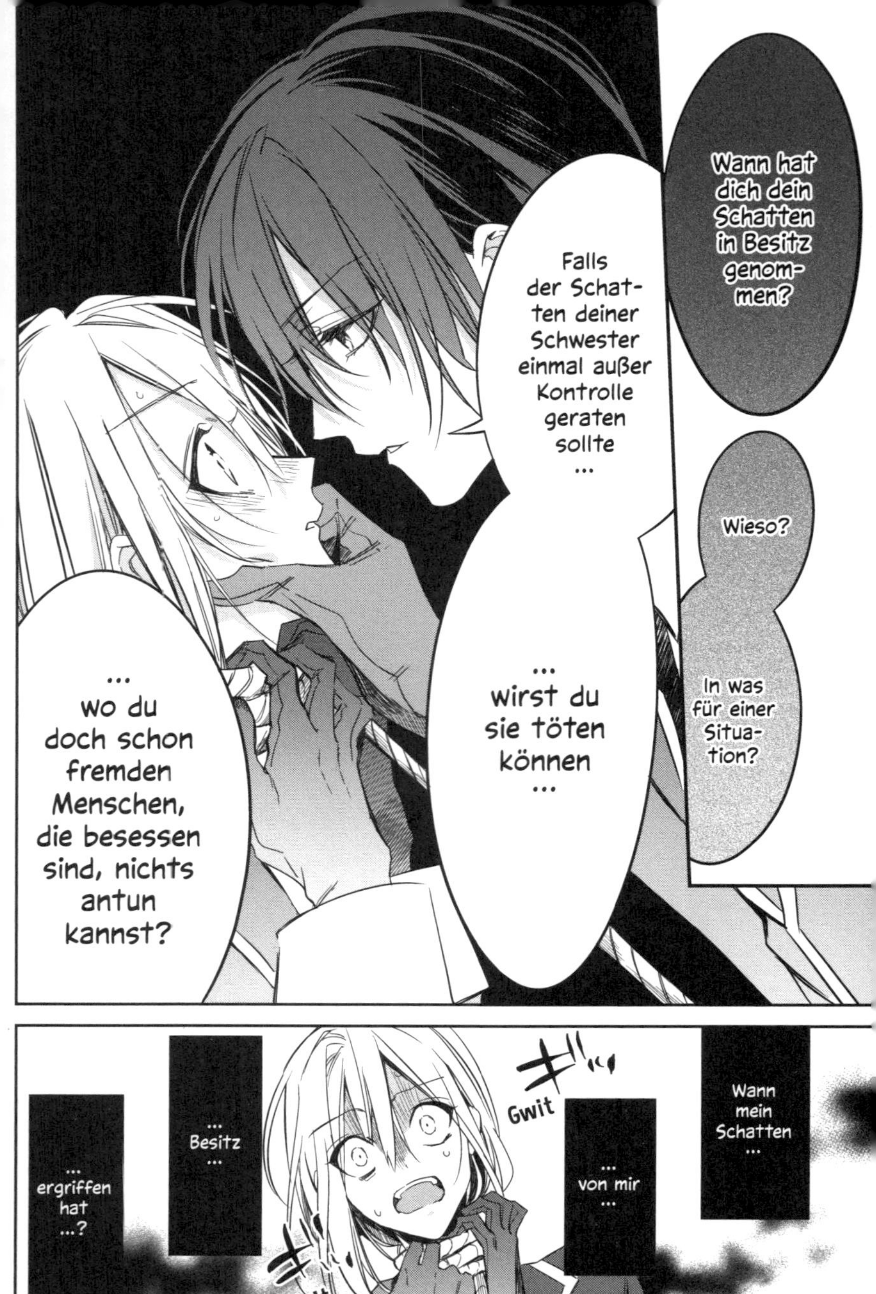
Wann hat dich dein Schatten in Besitz genommen?
Wieso?
In was für einer Situation?
Falls der Schatten deiner Schwester einmal außer Kontrolle geraten sollte ...
... wirst du sie töten können ...
... wo du doch schon fremden Menschen, die besessen sind, nichts antun kannst?
Wann mein Schatten ...
... von mir ...
Gwit
... Besitz ...
... ergriffen hat ...?
Gwit

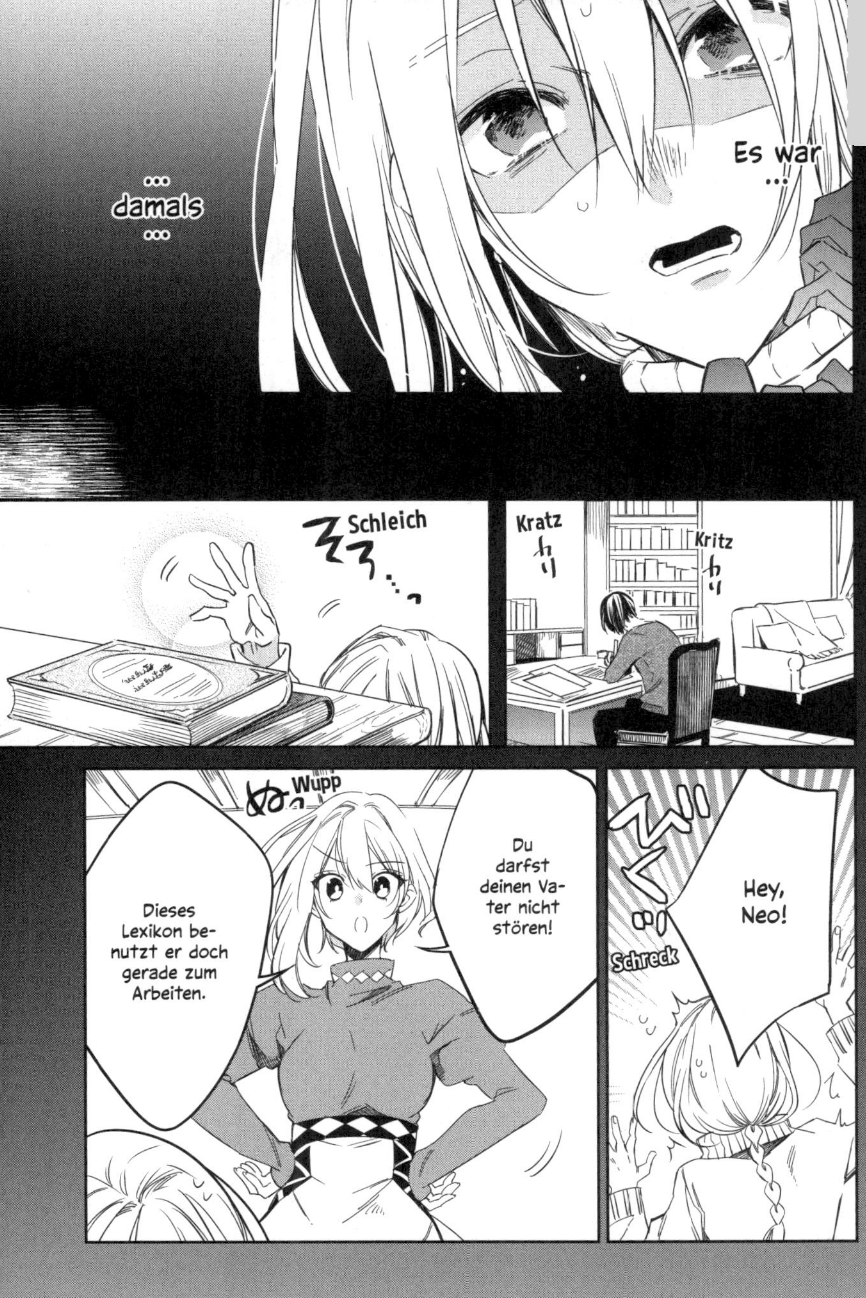
Es war ...
... damals ...
Kratz
Kritz
Schleich
Hey, Neo!
Schreck
Du darfst deinen Vater nicht stören!
Wupp
Dieses Lexikon benutzt er doch gerade zum Arbeiten.

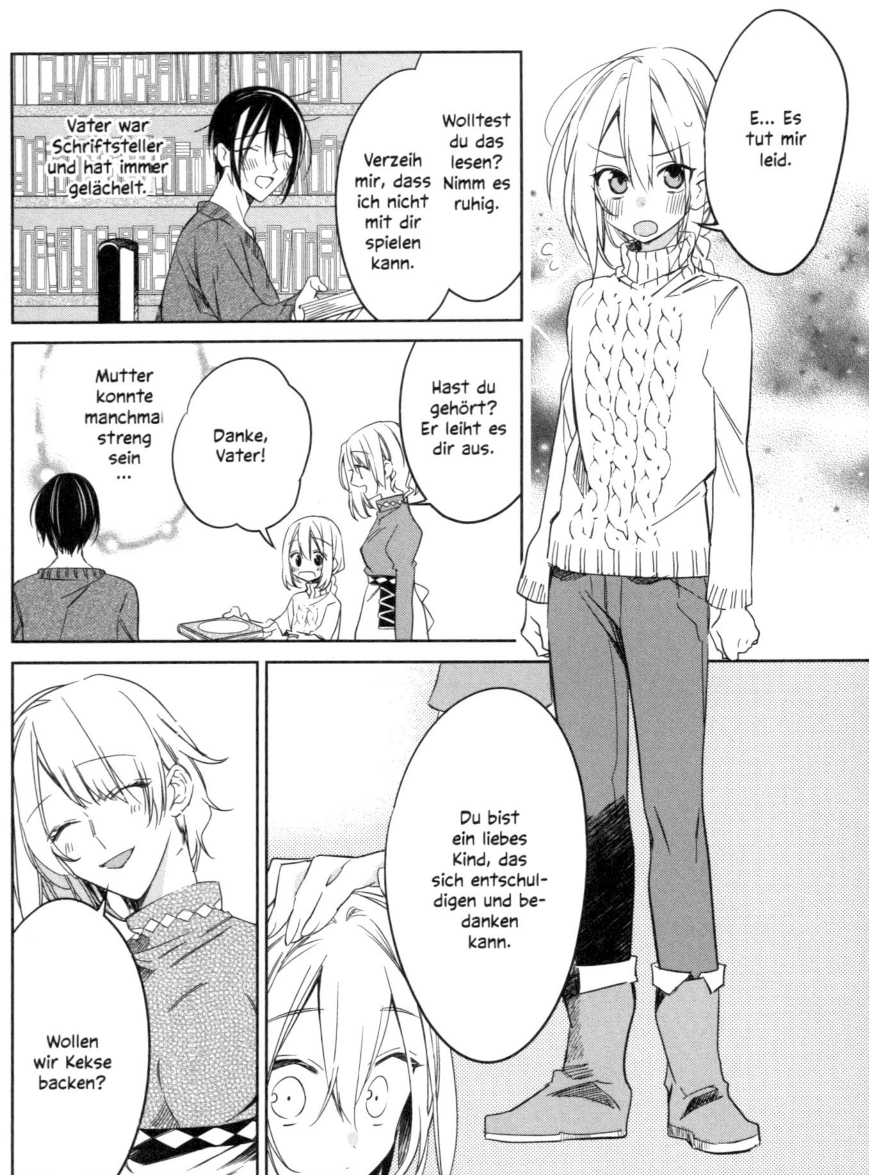
Vater war Schriftsteller und hat immer gelächelt.
Wolltest du das lesen? Nimm es ruhig.
Verzeih mir, dass ich nicht mit dir spielen kann.
Mutter konnte manchma streng sein …
Hast du gehört? Er leiht es dir aus.
Danke, Vater!
E… Es tut mir leid.
Du bist ein liebes Kind, das sich entschuldigen und bedanken kann.
Wollen wir Kekse backen?

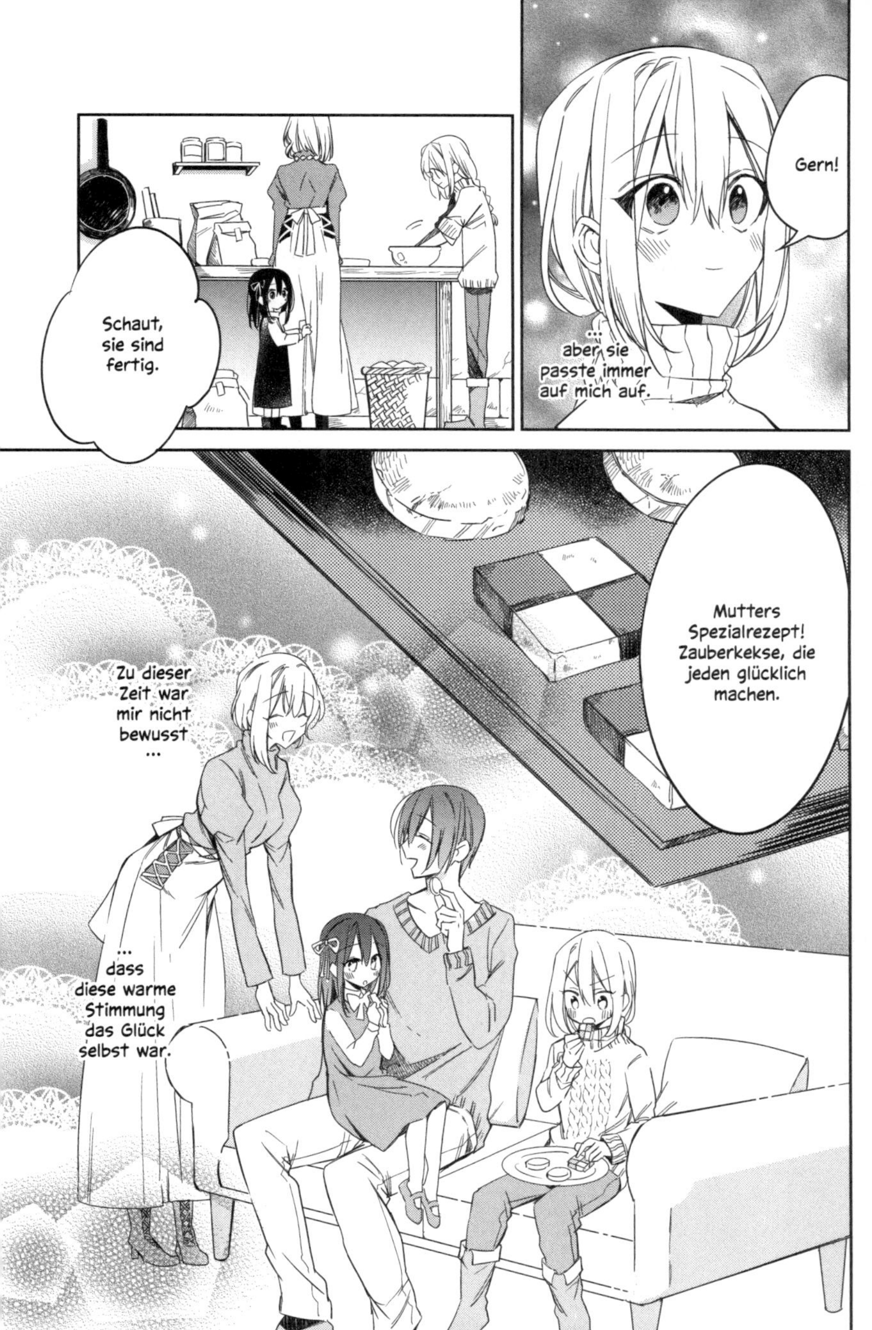
Gern!
... aber sie passte immer auf mich auf.
Schaut, sie sind fertig.
Mutters Spezialrezept! Zauberkekse, die jeden glücklich machen.
Zu dieser Zeit war mir nicht bewusst ...
... dass diese warme Stimmung das Glück selbst war.

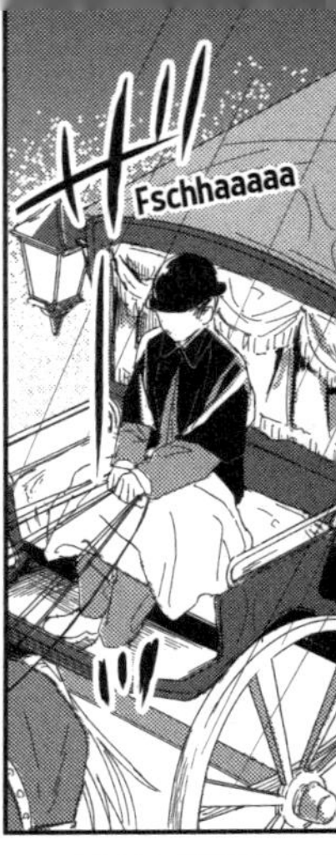
Fschhaaaaa
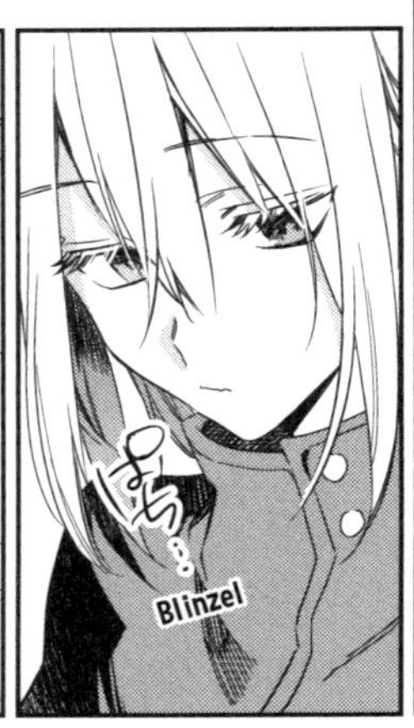
Blinzel
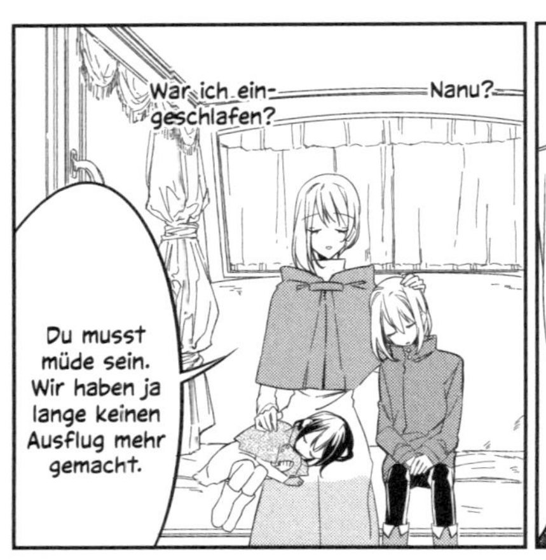
Nanu?
War ich eingeschlafen?
Du musst müde sein. Wir haben ja lange keinen Ausflug mehr gemacht.
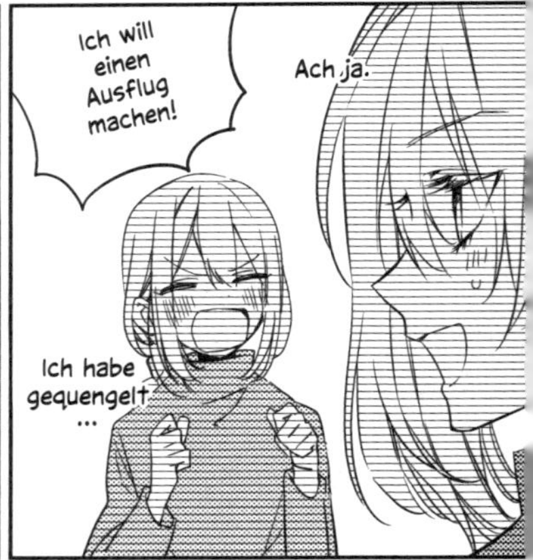
Ach ja.
Ich will einen Ausflug machen!
Ich habe gequengelt ...
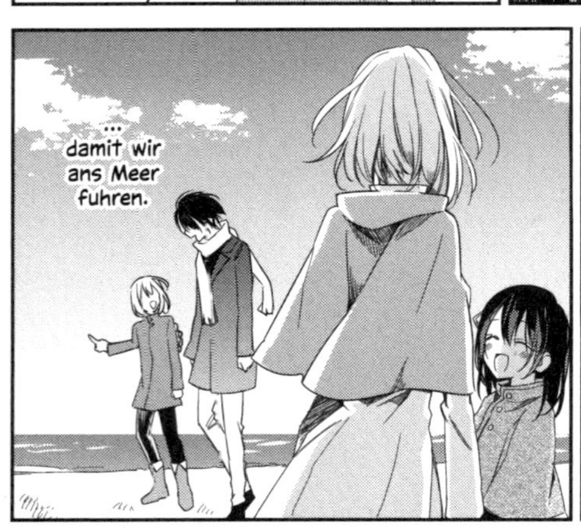
... damit wir ans Meer fuhren.
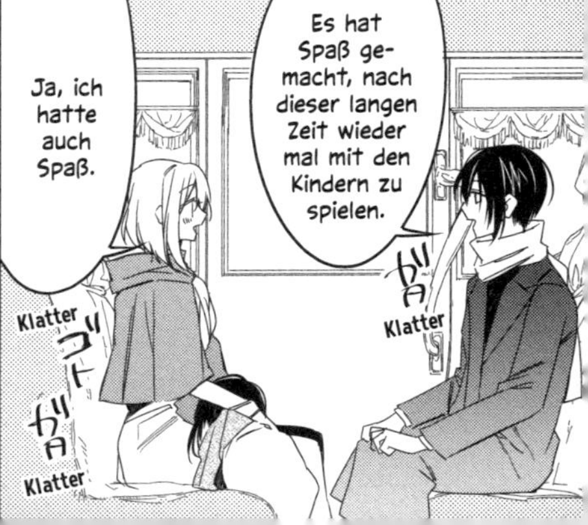
Es hat Spaß gemacht, nach dieser langen Zeit wieder mal mit den Kindern zu spielen.
Ja, ich hatte auch Spaß.
Klatter
Klatter
Klatter
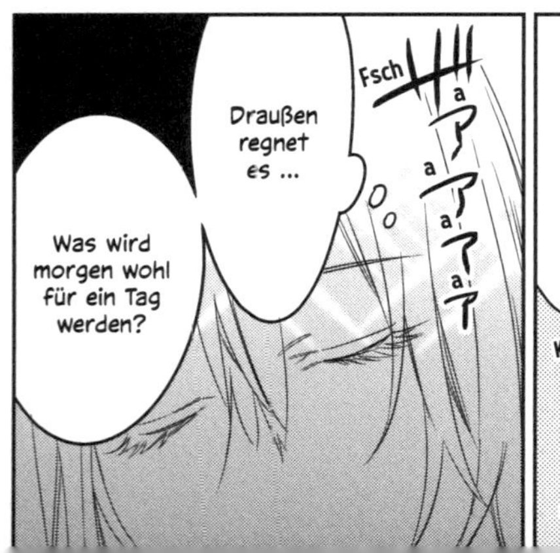
Fsch
a
a
a
a
Draußen regnet es ...
Was wird morgen wohl für ein Tag werden?

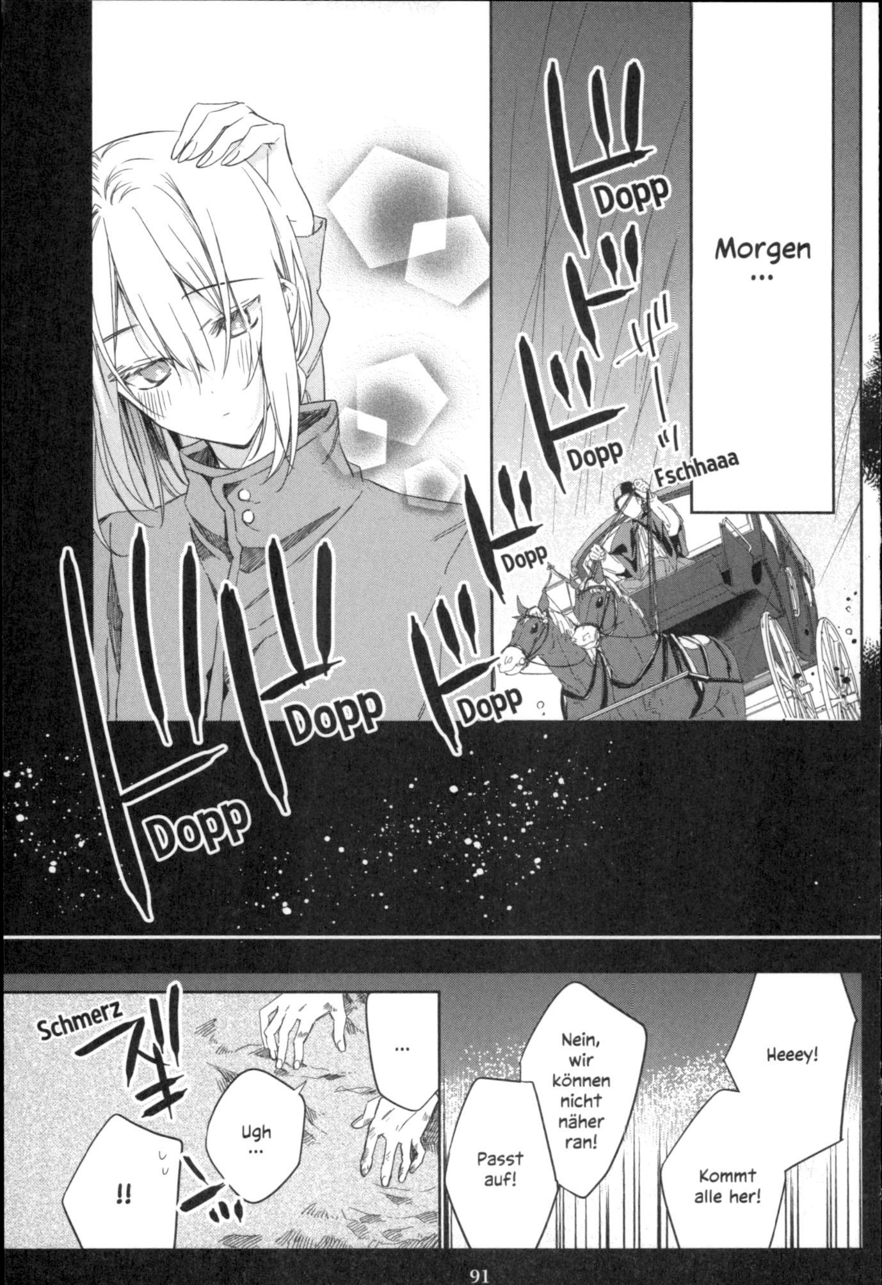

Morgen ...

Dopp

Dopp

Fschhaaa

Dopp

Dopp

Dopp

Dopp

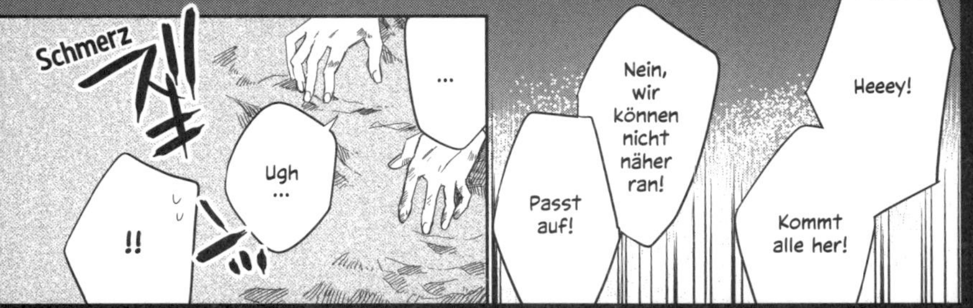

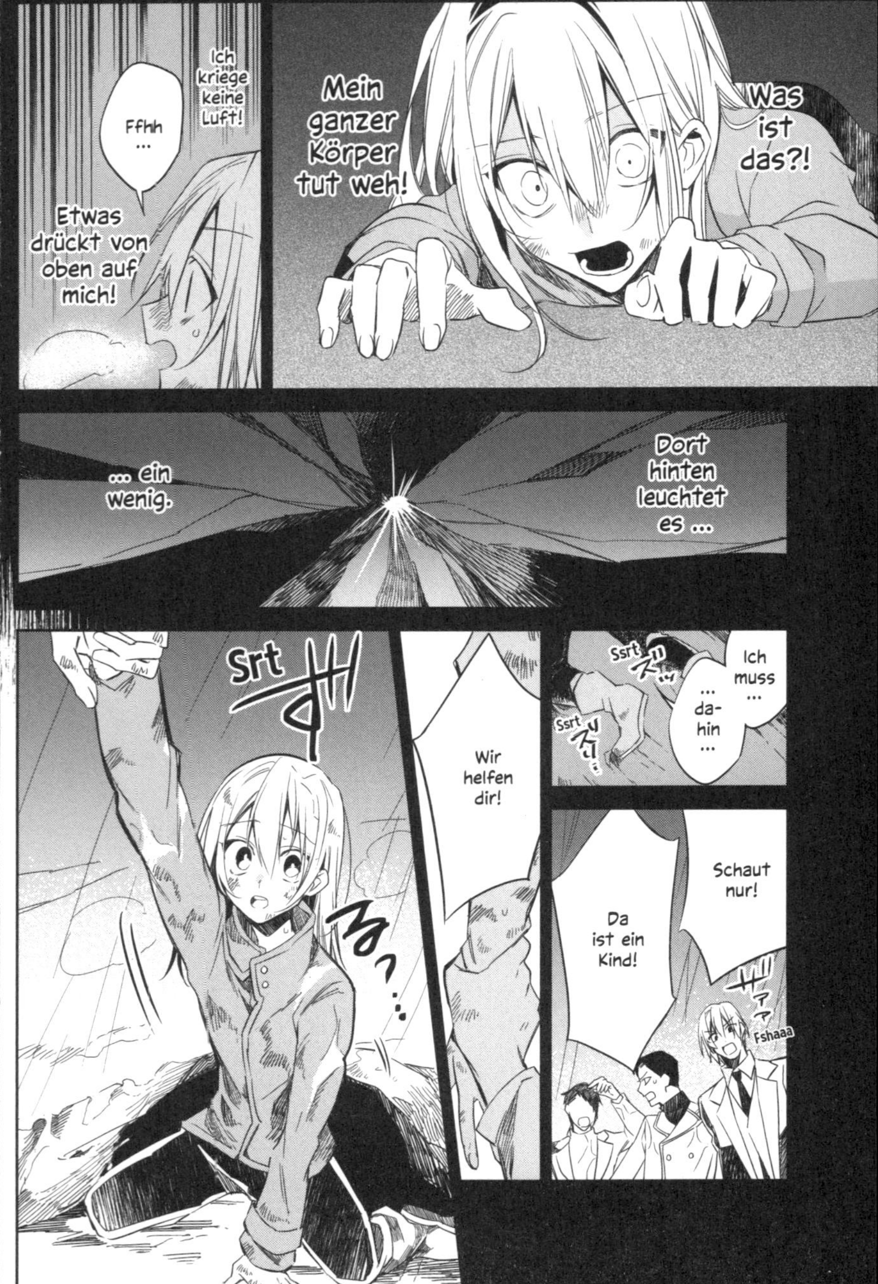
Was ist das?!
Mein ganzer Körper tut weh!
Ich kriege keine Luft!
Ffhh …
Etwas drückt von oben auf mich!
Dort hinten leuchtet es …
… ein wenig.
Ssrt
Ssrt
Ich muss …
… dahin …
Schaut nur!
Fshaaa
Da ist ein Kind!
Wir helfen dir!
Srt

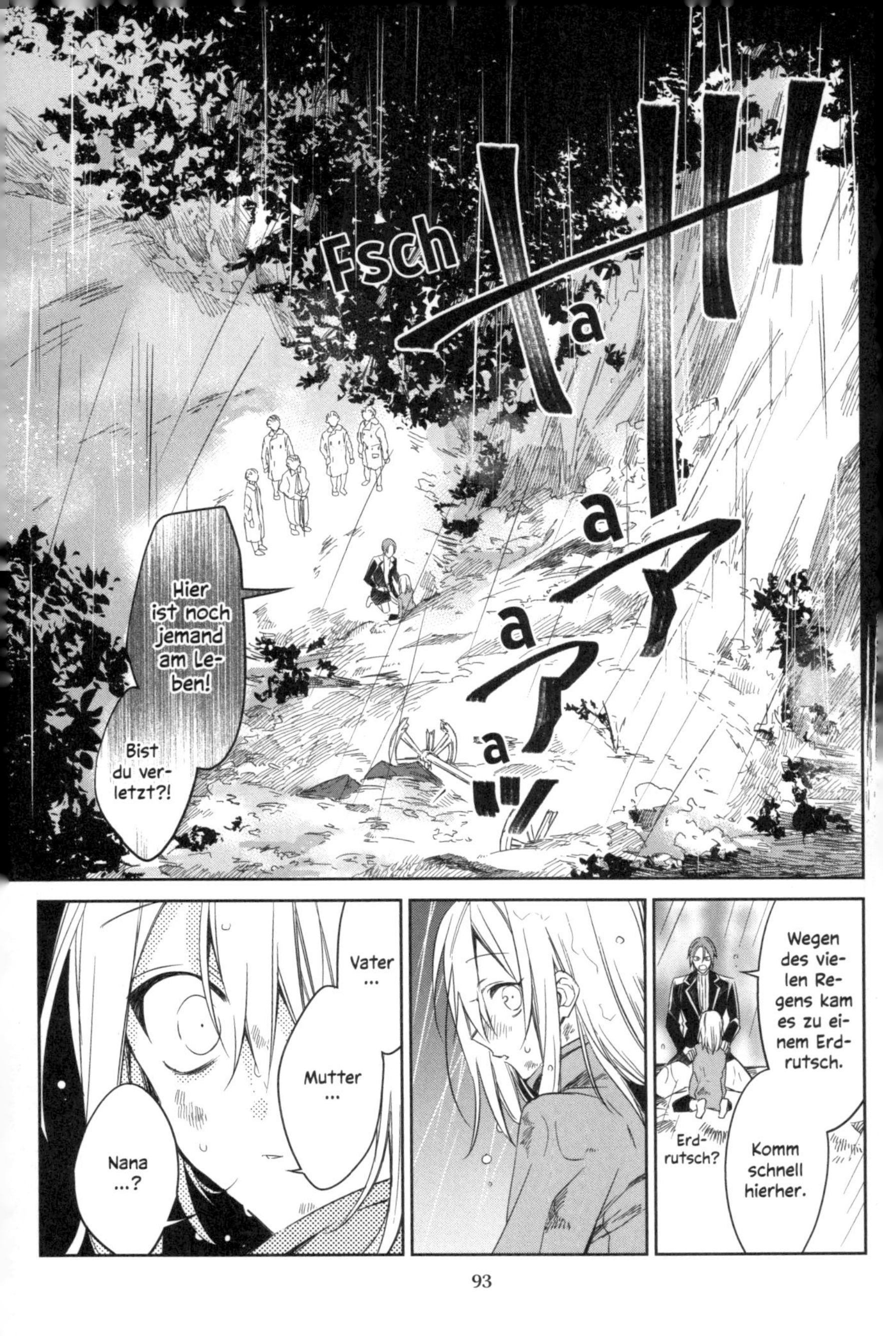

Fsch
a
a
a
a

Hier ist noch jemand am Le-ben!
Bist du ver-letzt?!

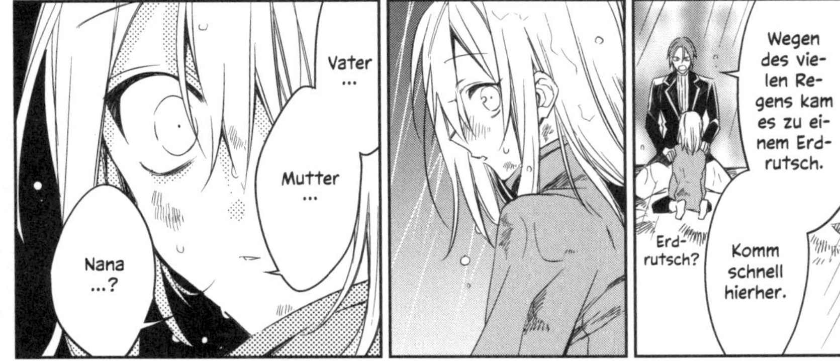

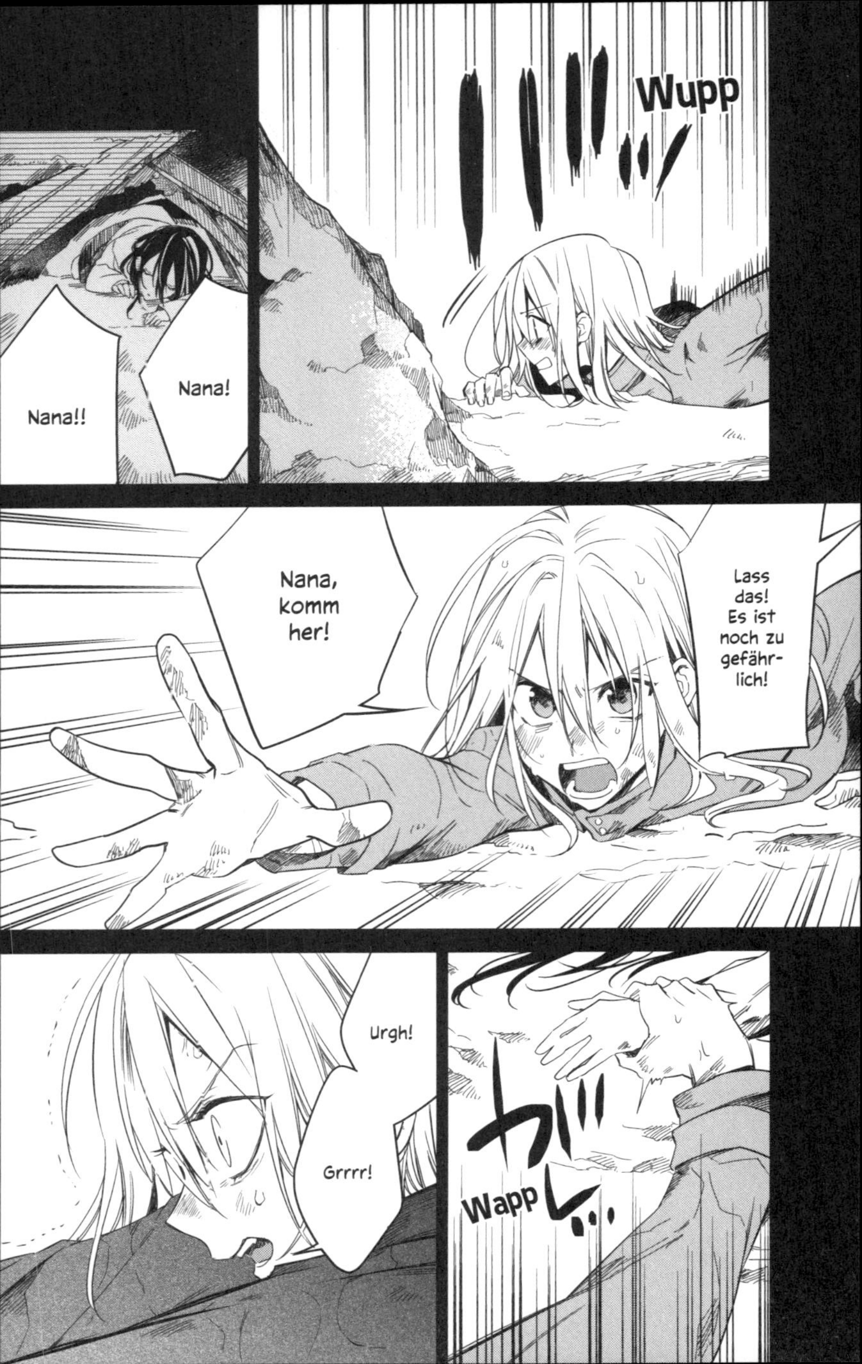
Wupp
Nana!
Nana!!
Lass das! Es ist noch zu gefähr-lich!
Nana, komm her!
Wapp
Urgh!
Grrrr!

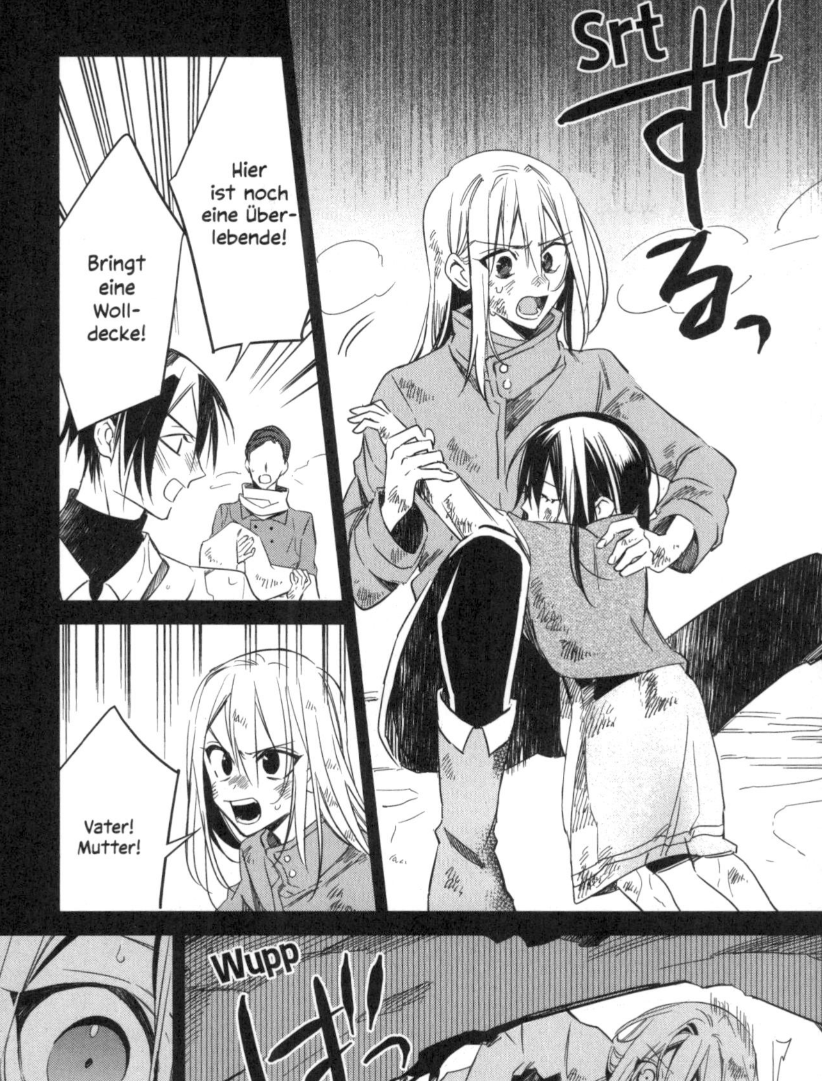
Srt
すすっ
Hier ist noch eine Überlebende!
Bringt eine Wolldecke!
Vater! Mutter!
Wupp
ばっ

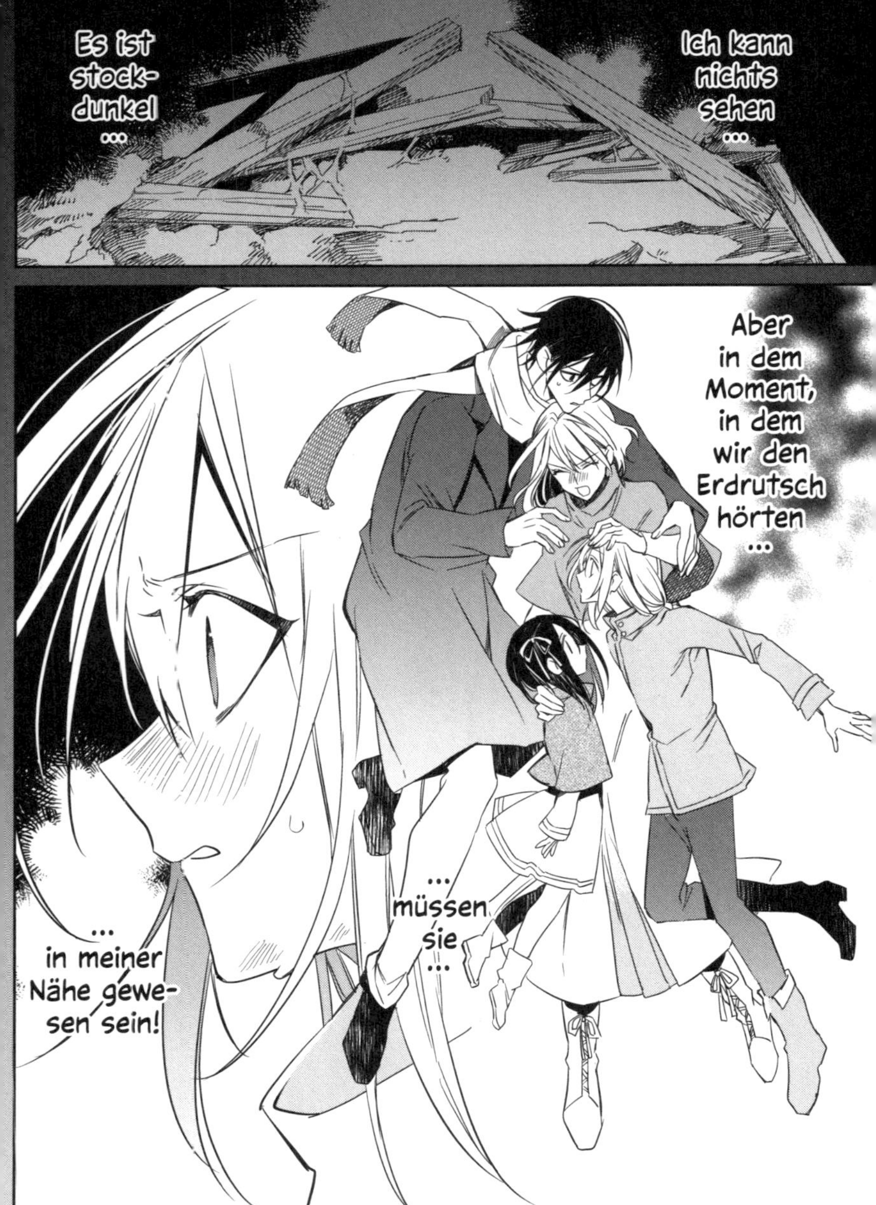
Ich kann nichts sehen …
Es ist stock-dunkel …
Aber in dem Moment, in dem wir den Erdrutsch hörten …
… müssen sie …
… in meiner Nähe gewe-sen sein!

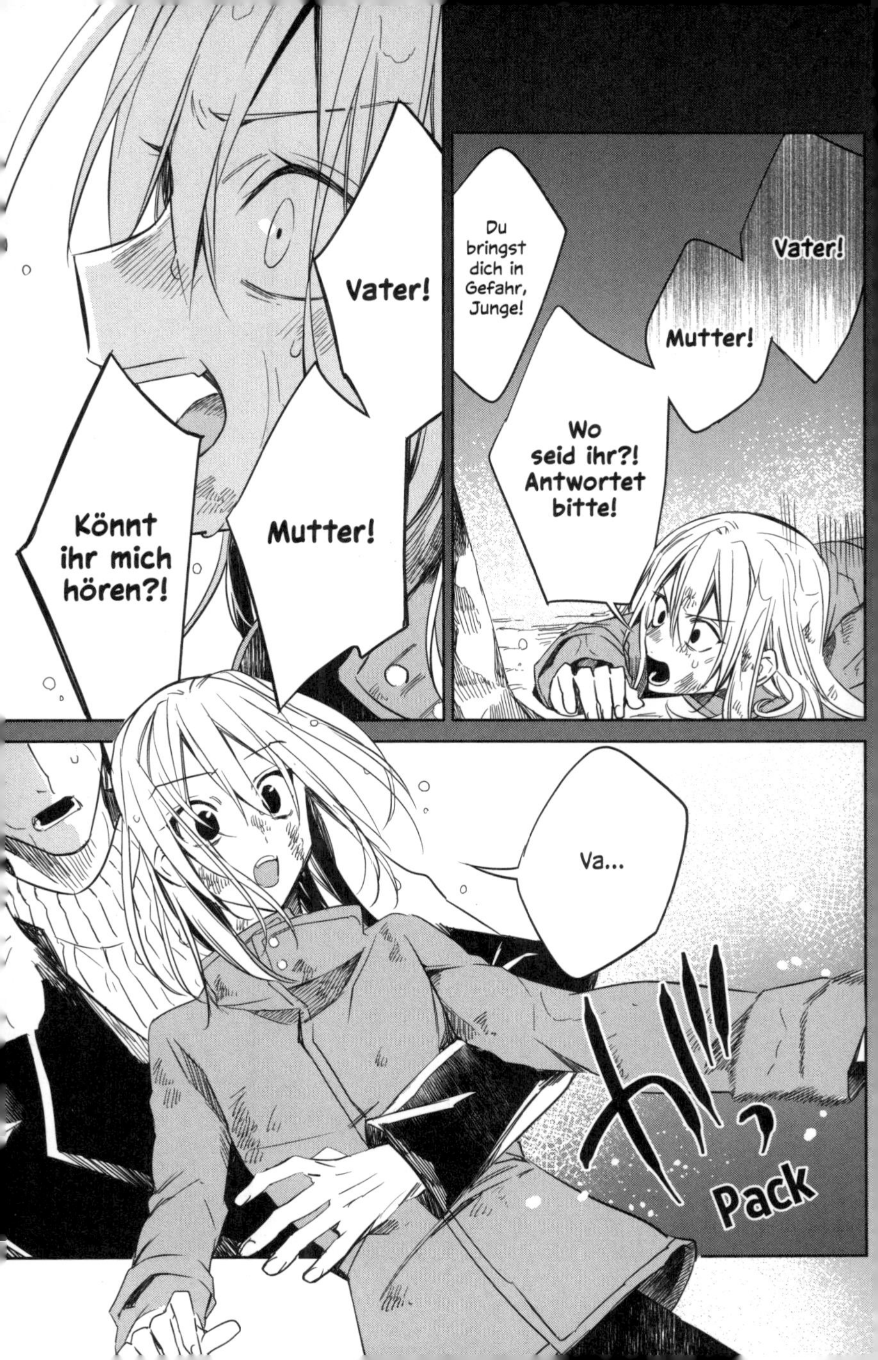
Vater!
Mutter!
Wo seid ihr?! Antwortet bitte!
Du bringst dich in Gefahr, Junge!
Vater!
Mutter!
Könnt ihr mich hören?!
Va...
Pack

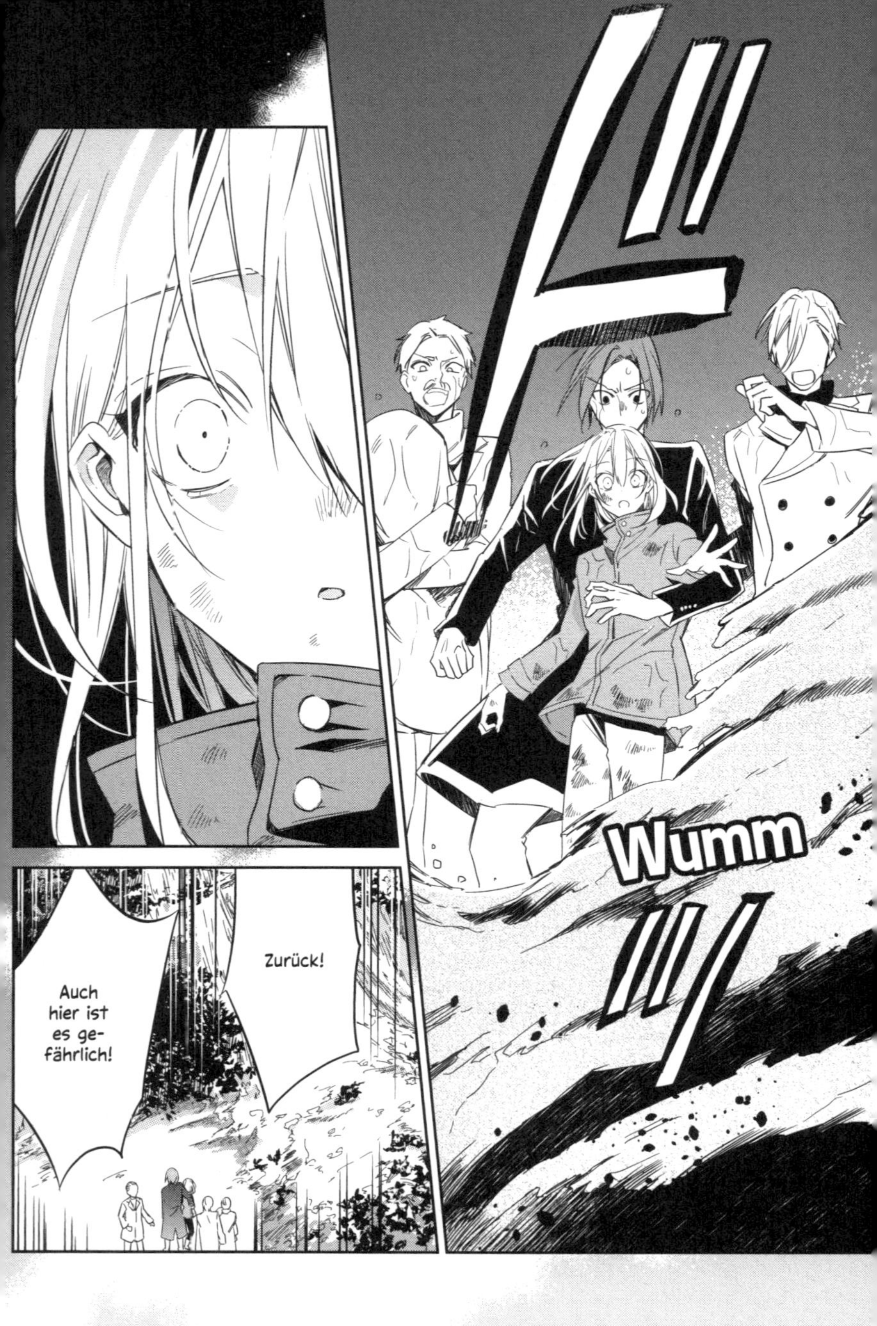
Wumm
Zurück!
Auch hier ist es gefährlich!

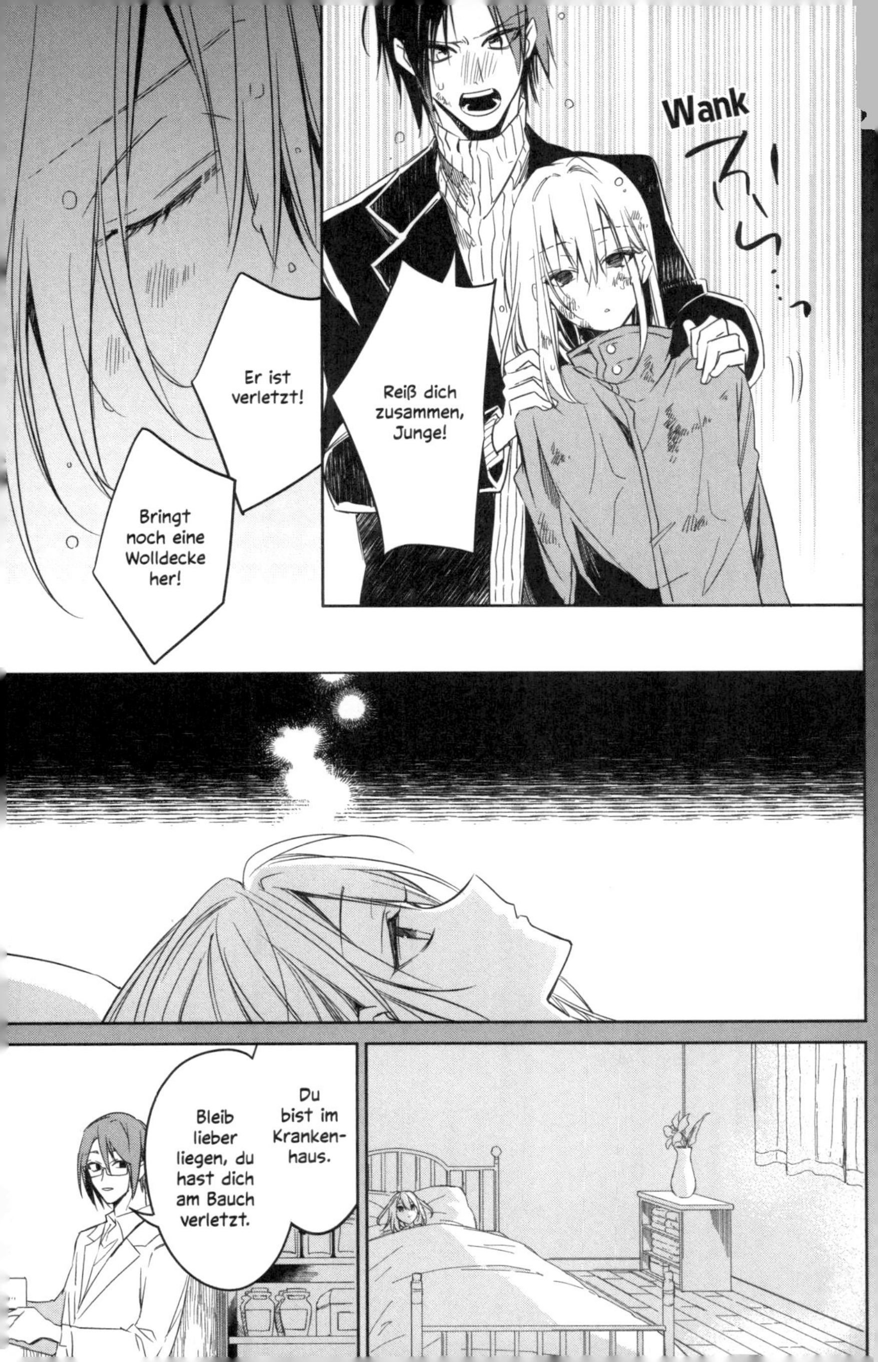
Wank
Reiß dich zusammen, Junge!
Er ist verletzt!
Bringt noch eine Wolldecke her!
Du bist im Kranken-haus.
Bleib lieber liegen, du hast dich am Bauch verletzt.

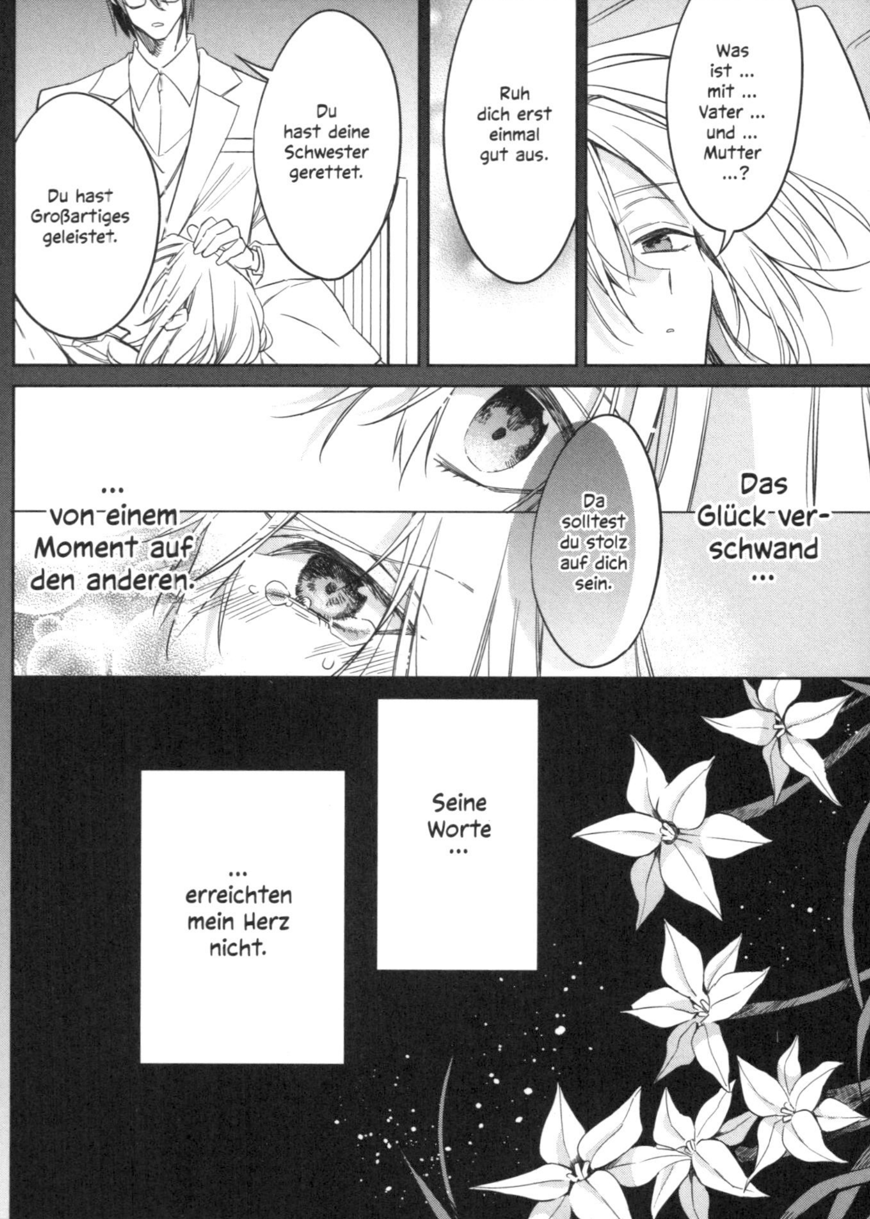
Was ist ... mit ... Vater ... und ... Mutter ...?
Ruh dich erst einmal gut aus.
Du hast deine Schwester gerettet.
Du hast Großartiges geleistet.
Das Glück verschwand ...
Da solltest du stolz auf dich sein.
... von einem Moment auf den anderen.
Seine Worte ...
... erreichten mein Herz nicht.

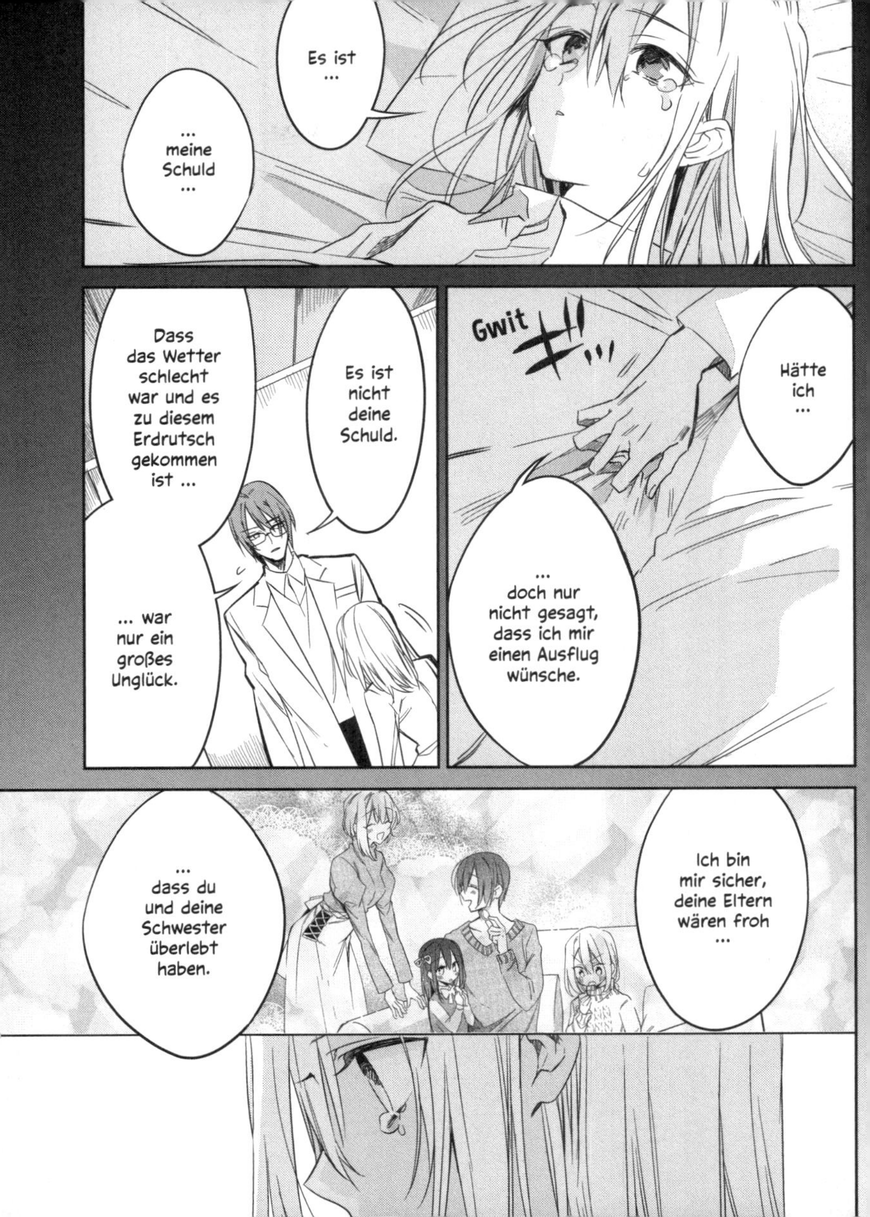
Es ist ...
... meine Schuld ...
Es ist nicht deine Schuld.
Dass das Wetter schlecht war und es zu diesem Erdrutsch gekommen ist ...
... war nur ein großes Unglück.
Gwit
Hätte ich ...
... doch nur nicht gesagt, dass ich mir einen Ausflug wünsche.
Ich bin mir sicher, deine Eltern wären froh ...
... dass du und deine Schwester überlebt haben.

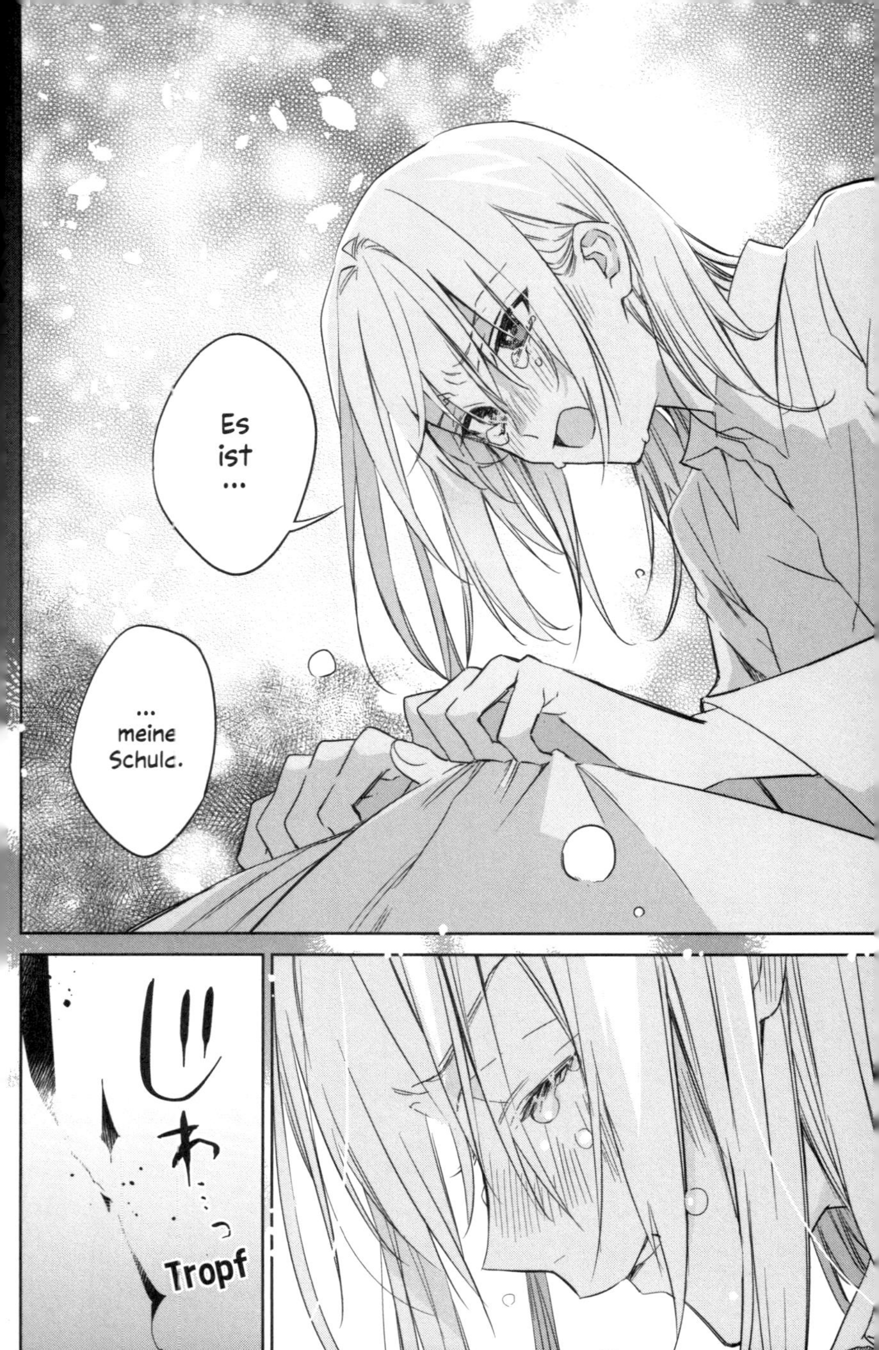
Es ist ...
... meine Schulc.
じわっ
Tropf

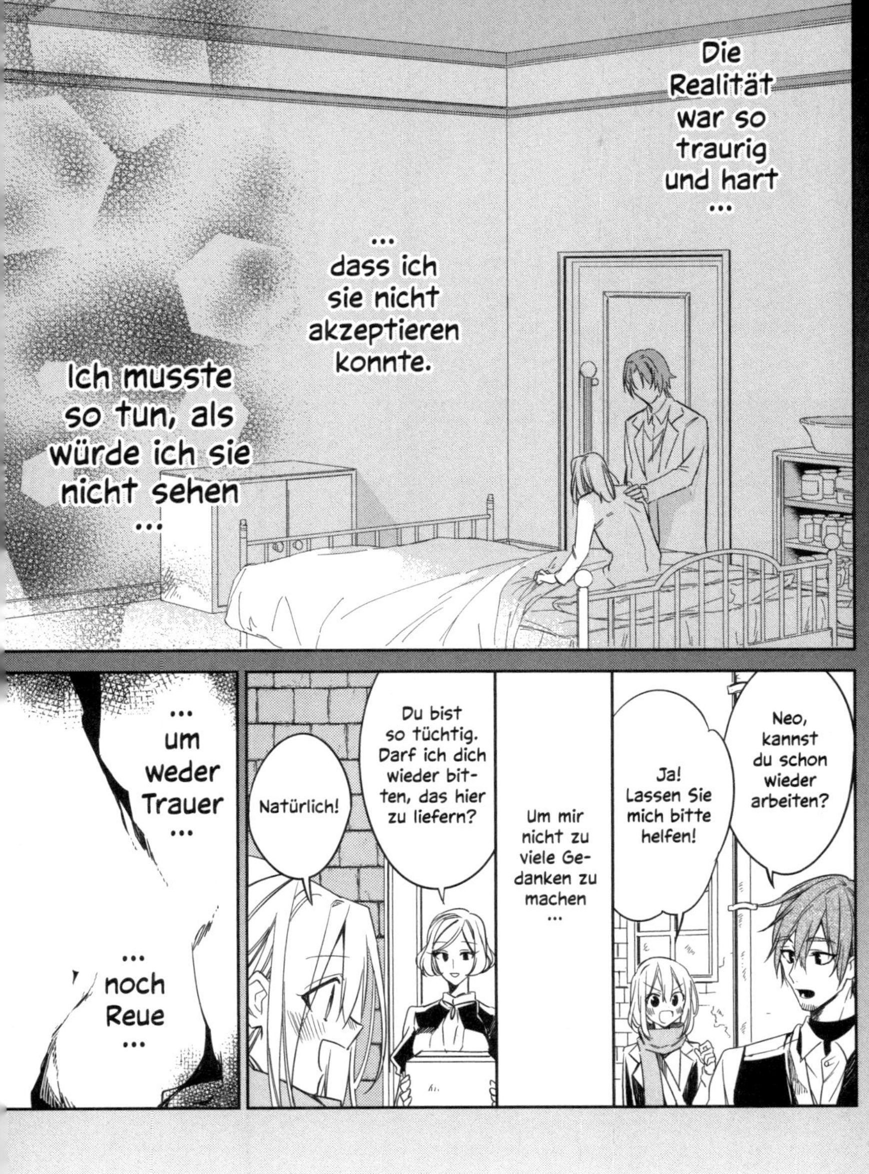
Die Realität war so traurig und hart ...
... dass ich sie nicht akzeptieren konnte.
Ich musste so tun, als würde ich sie nicht sehen ...
Neo, kannst du schon wieder arbeiten?
Ja! Lassen Sie mich bitte helfen!
Um mir nicht zu viele Gedanken zu machen ...
Du bist so tüchtig. Darf ich dich wieder bitten, das hier zu liefern?
Natürlich!
... um weder Trauer ...
... noch Reue ...

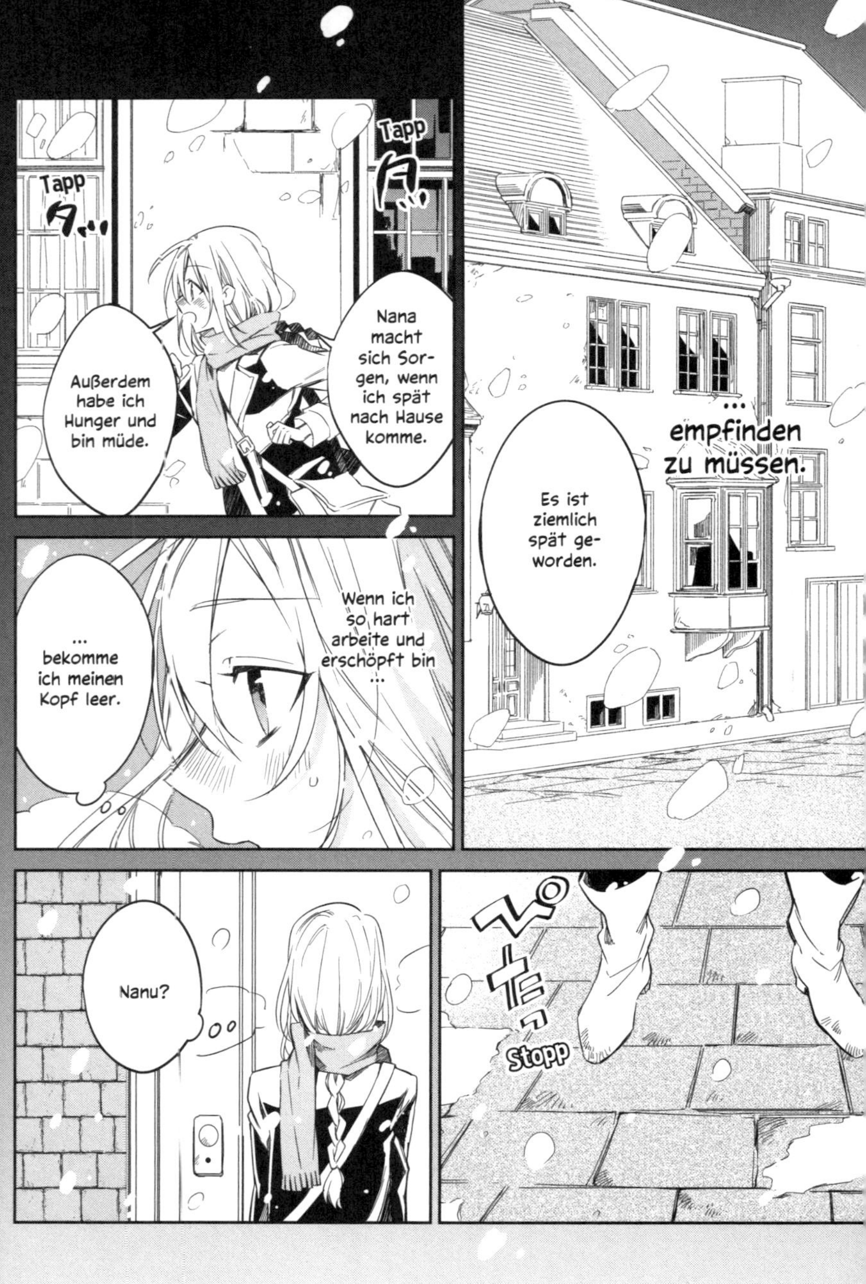
... empfinden zu müssen.
Es ist ziemlich spät geworden.
Tapp
Tapp
Nana macht sich Sorgen, wenn ich spät nach Hause komme.
Außerdem habe ich Hunger und bin müde.
Wenn ich so hart arbeite und erschöpft bin ...
... bekomme ich meinen Kopf leer.
Stopp
Nanu?

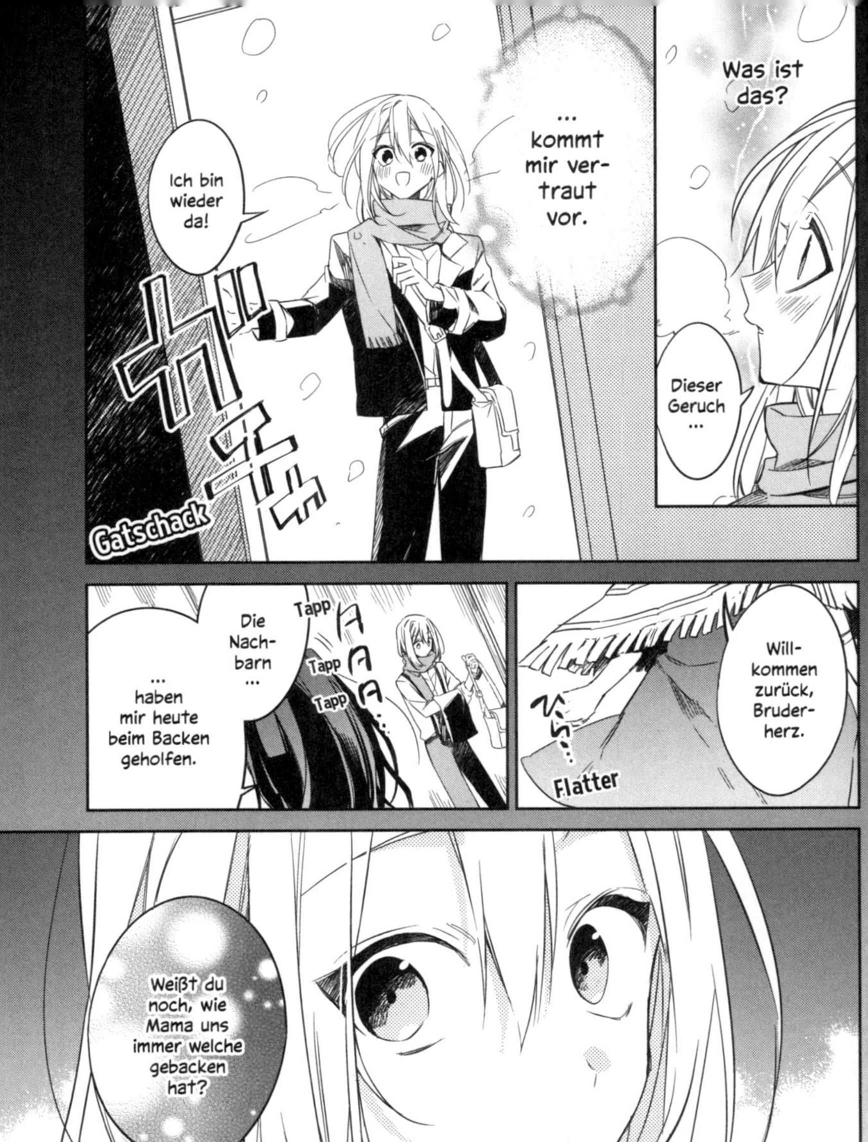
Was ist das?
Dieser Geruch …
… kommt mir vertraut vor.
Ich bin wieder da!
Gatschack
Willkommen zurück, Bruderherz.
Flatter
Die Nachbarn …
Tapp
Tapp
Tapp
… haben mir heute beim Backen geholfen.
Weißt du noch, wie Mama uns immer welche gebacken hat?

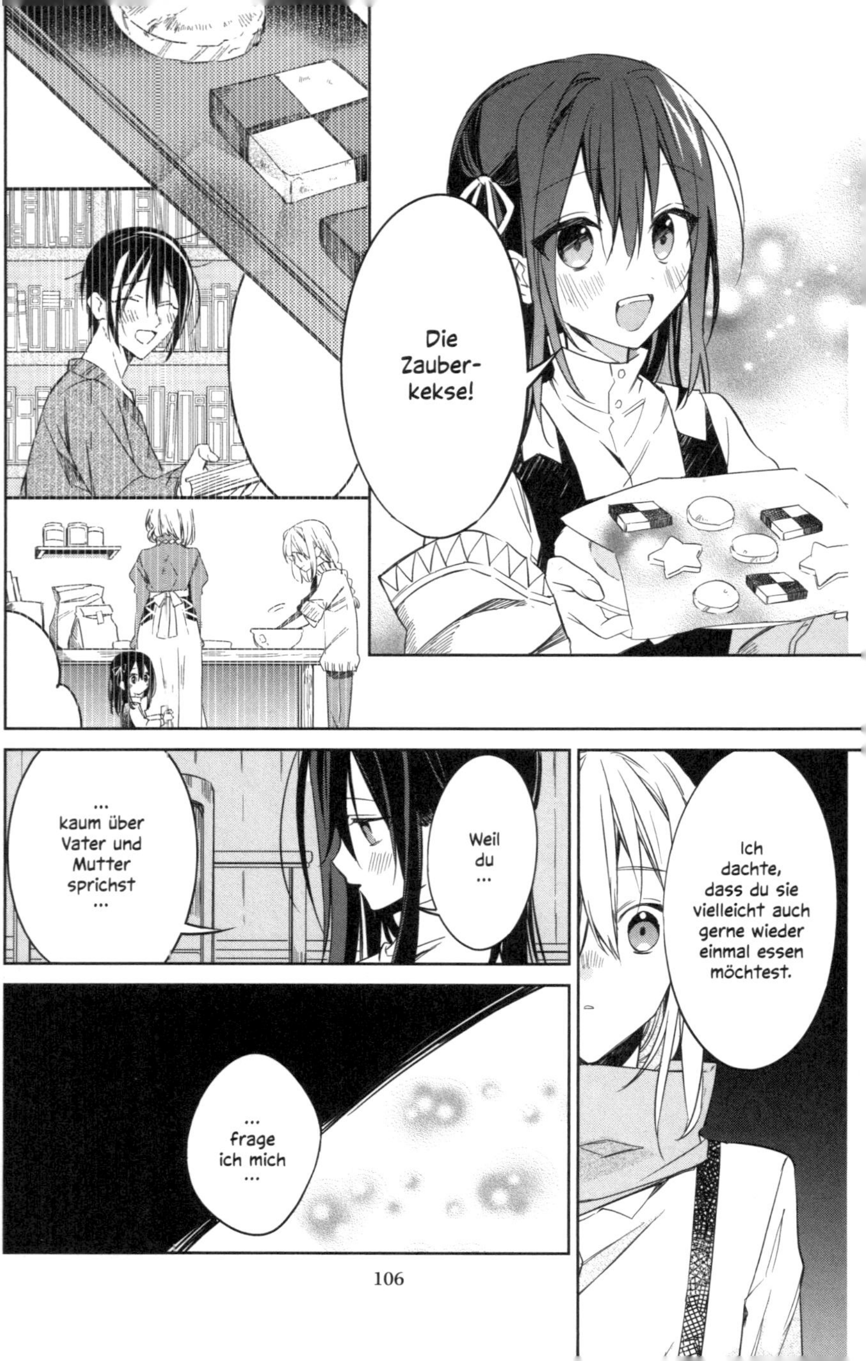

Die Zauberkekse!

Ich dachte, dass du sie vielleicht auch gerne wieder einmal essen möchtest.

Weil du ...

... kaum über Vater und Mutter sprichst ...

... frage ich mich ...

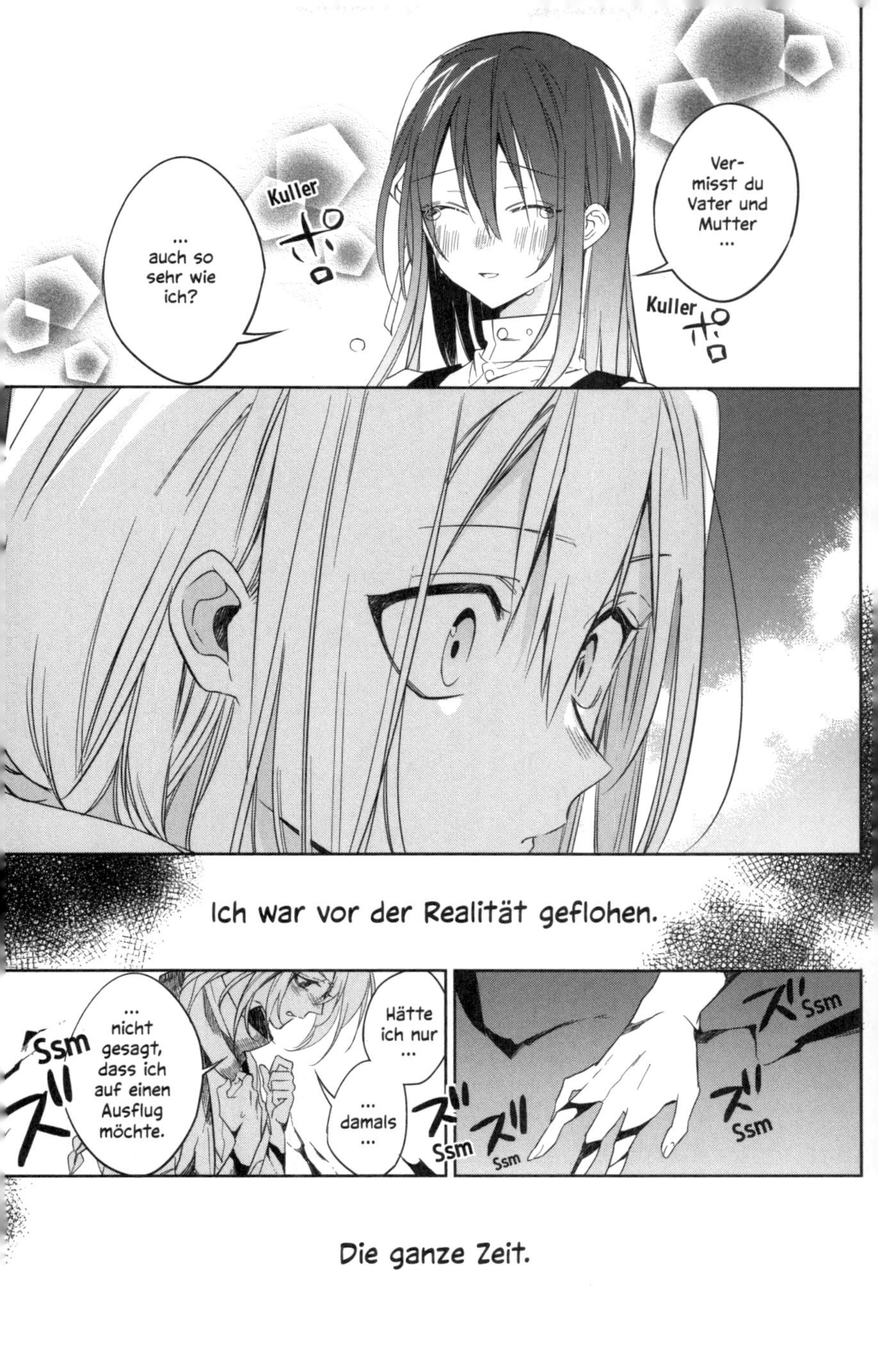

Vermisst du Vater und Mutter ...

Kuller

Kuller

... auch so sehr wie ich?

Ich war vor der Realität geflohen.

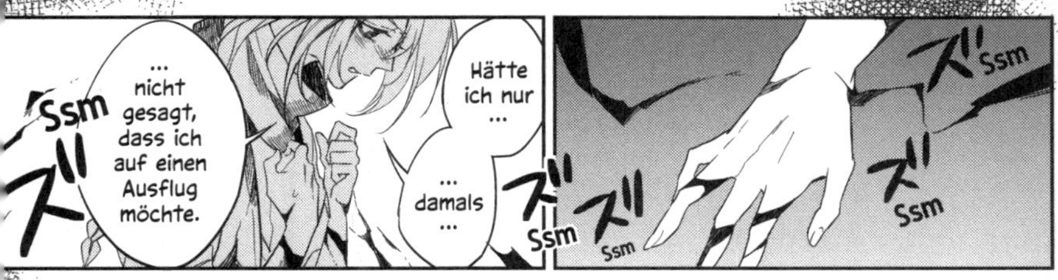

Die ganze Zeit.

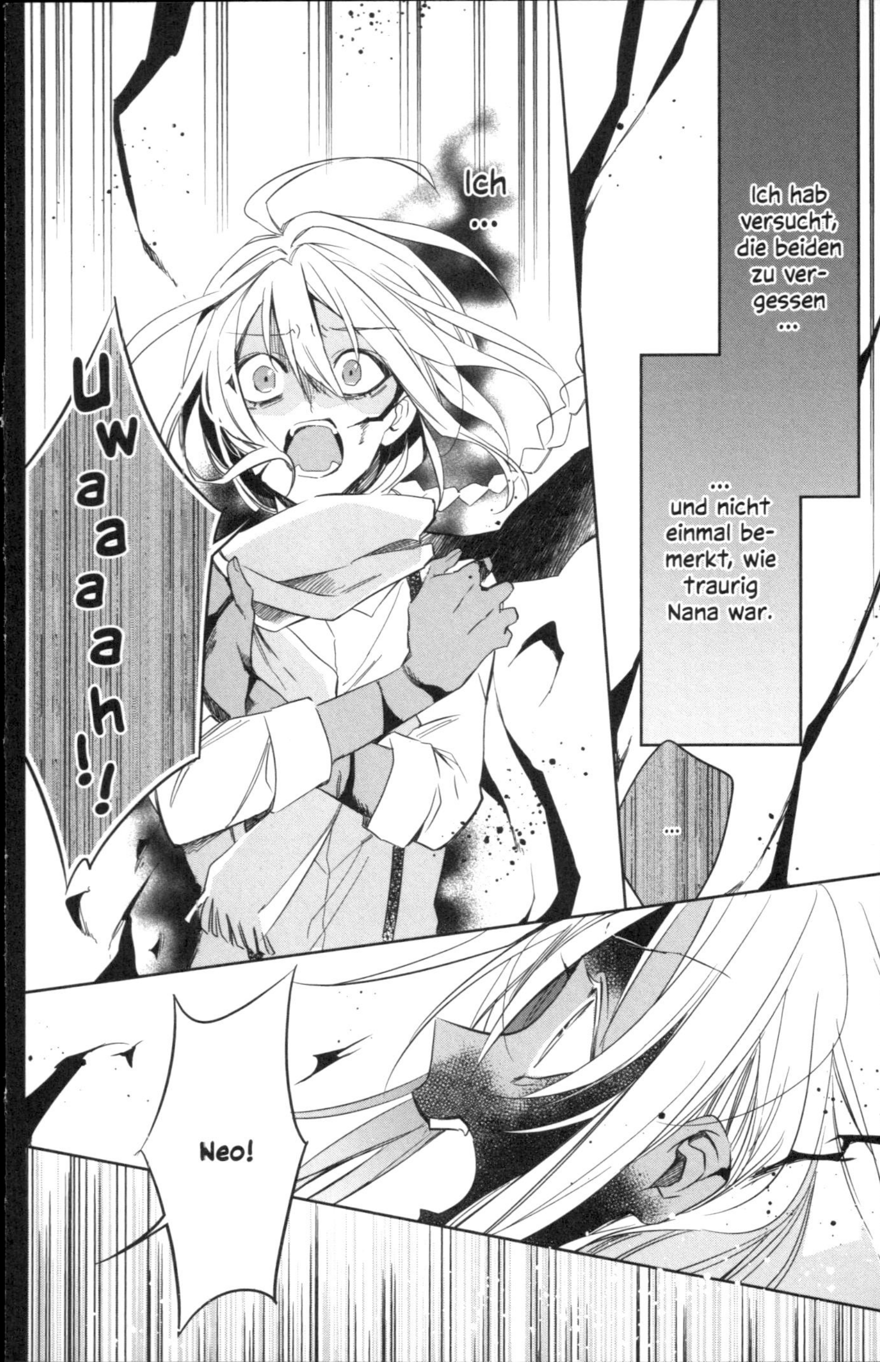
Ich hab versucht, die beiden zu vergessen …
… und nicht einmal bemerkt, wie traurig Nana war.
Ich …
Uwaaaaah!!
…
Neo!

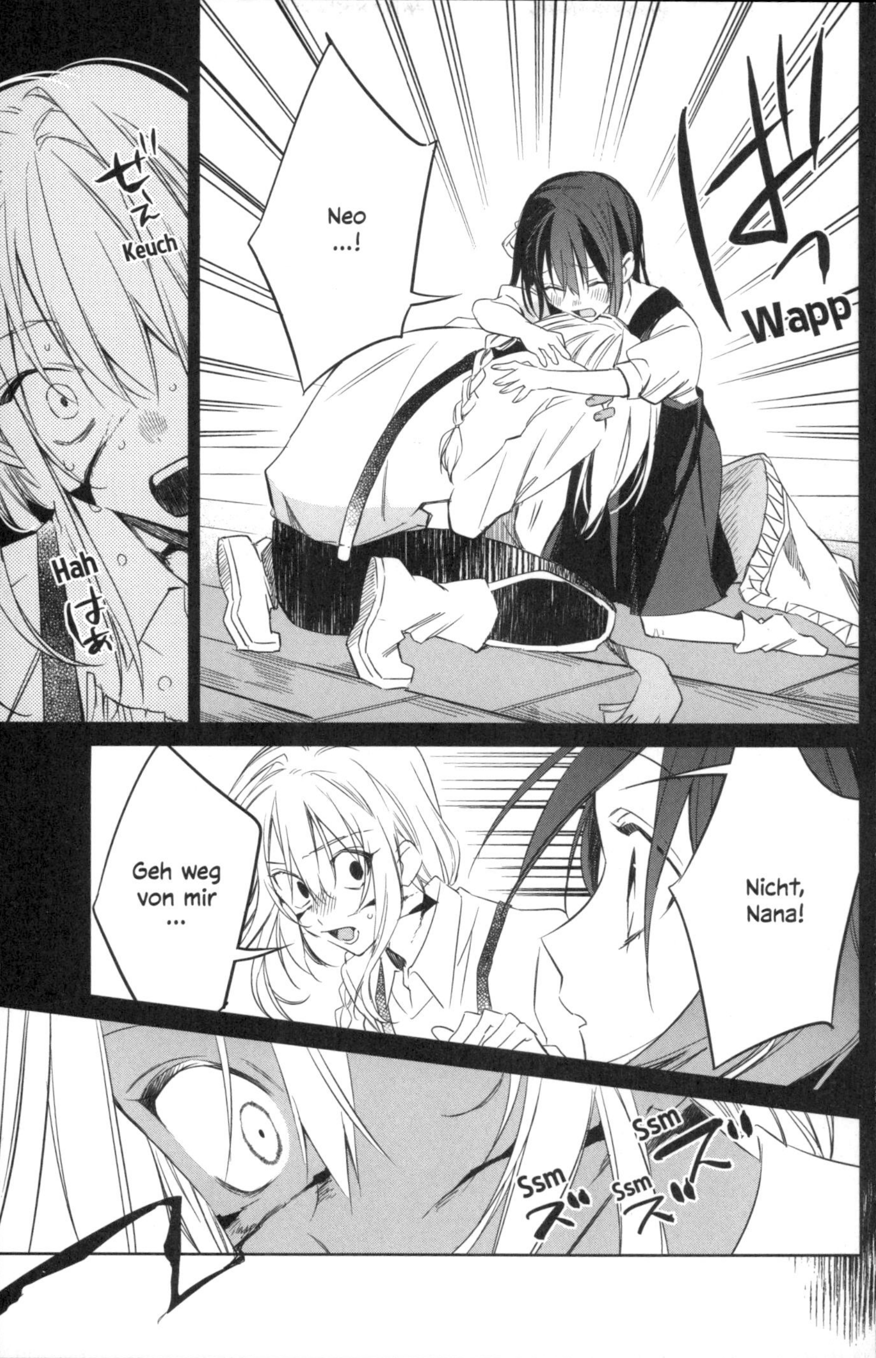
Wapp
Neo ...!
Keuch
Hah
Nicht, Nana!
Geh weg von mir ...
Ssm
Ssm
Ssm

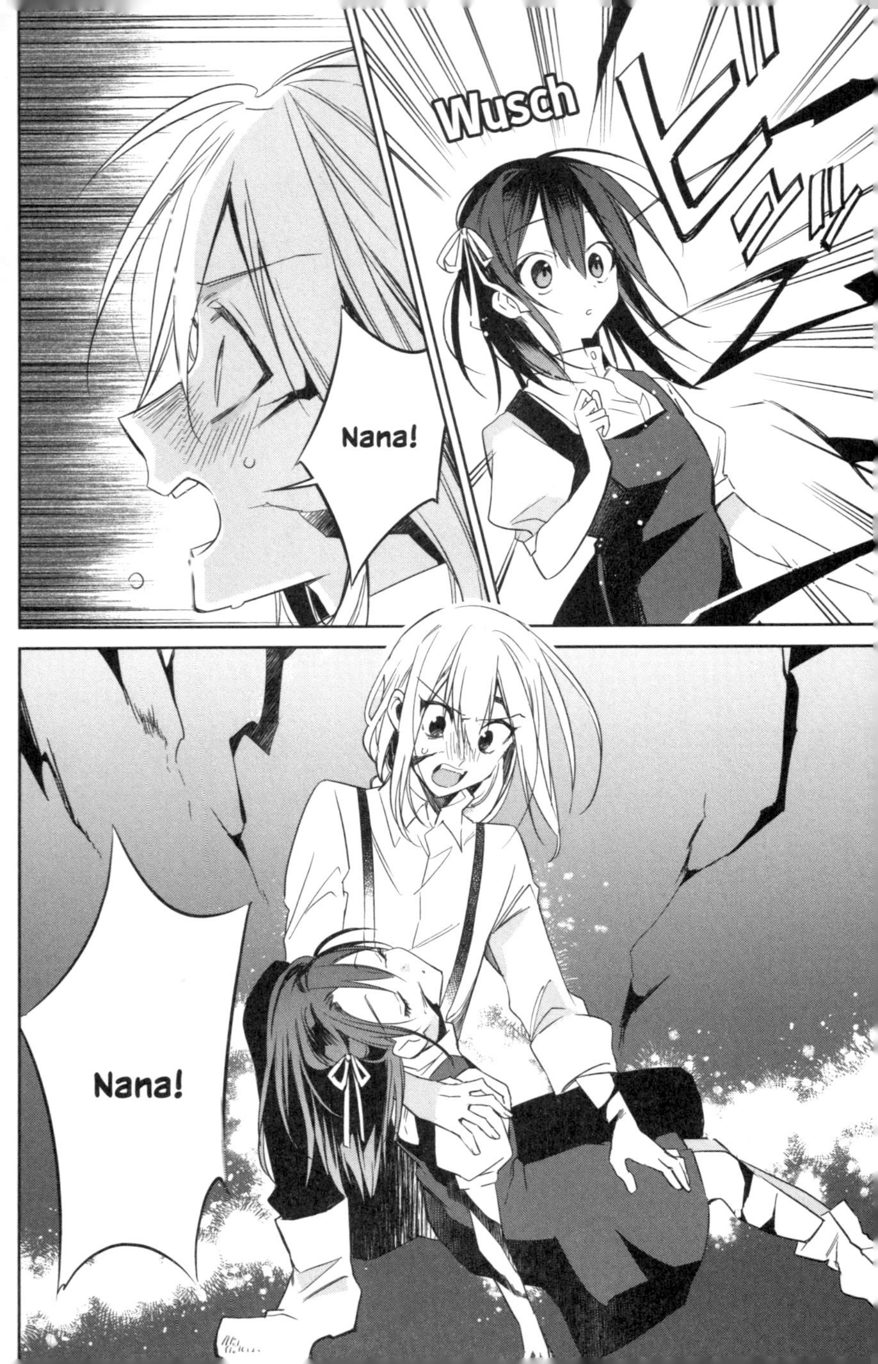
Wusch
Nana!
Nana!

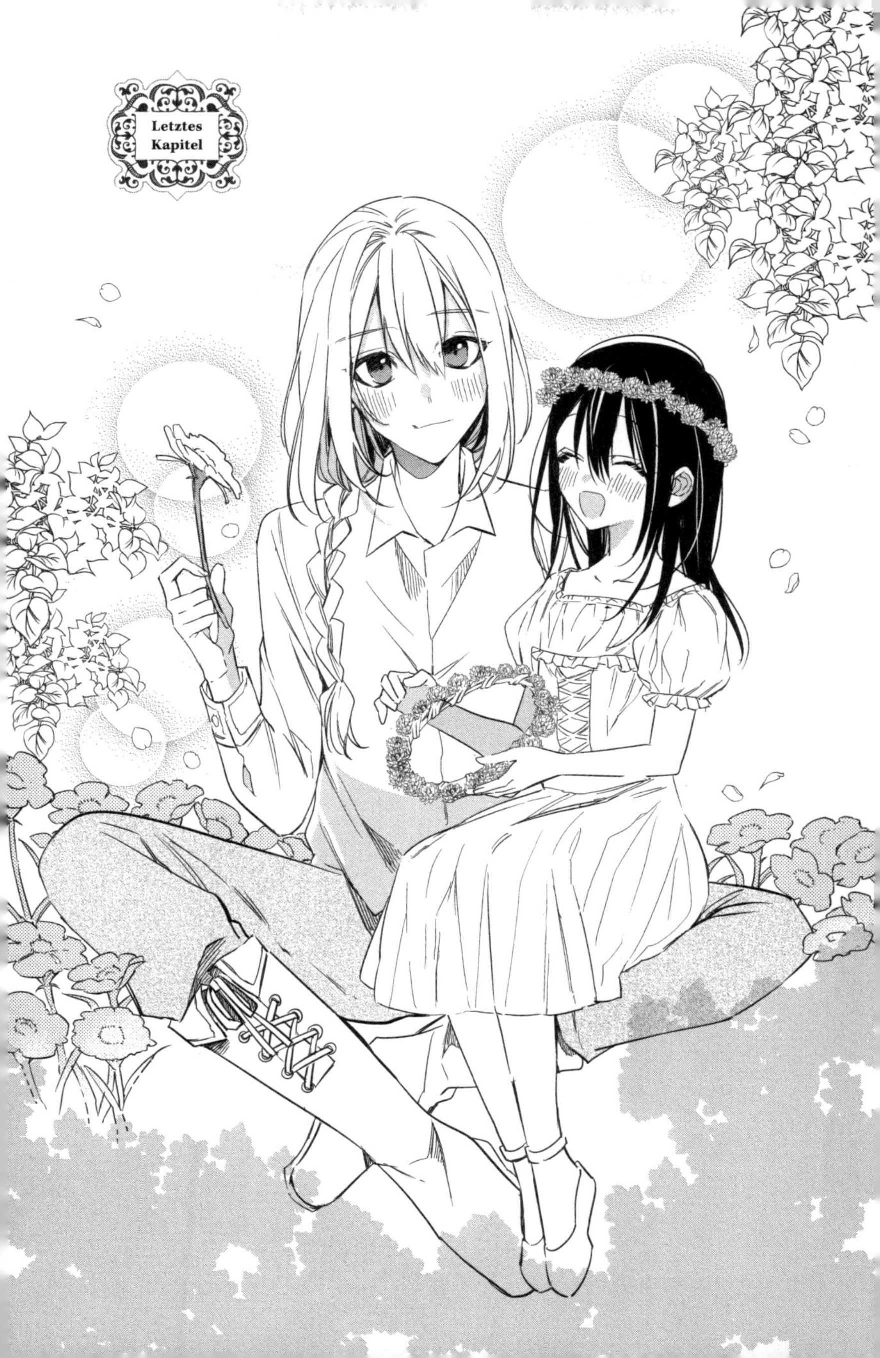
Letztes
Kapitel

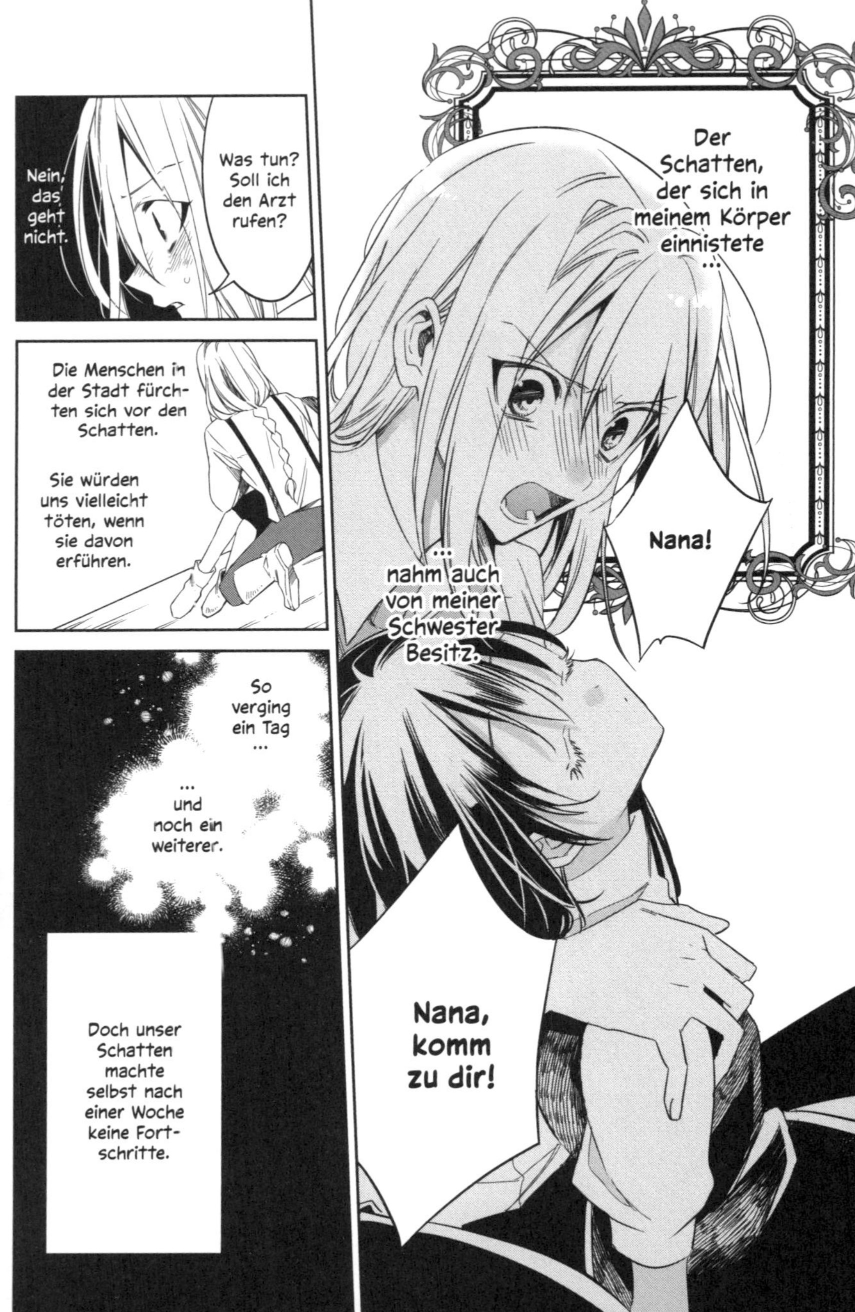
Der Schatten, der sich in meinem Körper einnistete …
… nahm auch von meiner Schwester Besitz.
Nana!
Nana, komm zu dir!
Was tun? Soll ich den Arzt rufen?
Nein, das geht nicht.
Die Menschen in der Stadt fürchten sich vor den Schatten.
Sie würden uns vielleicht töten, wenn sie davon erführen.
So verging ein Tag …
… und noch ein weiterer.
Doch unser Schatten machte selbst nach einer Woche keine Fortschritte.

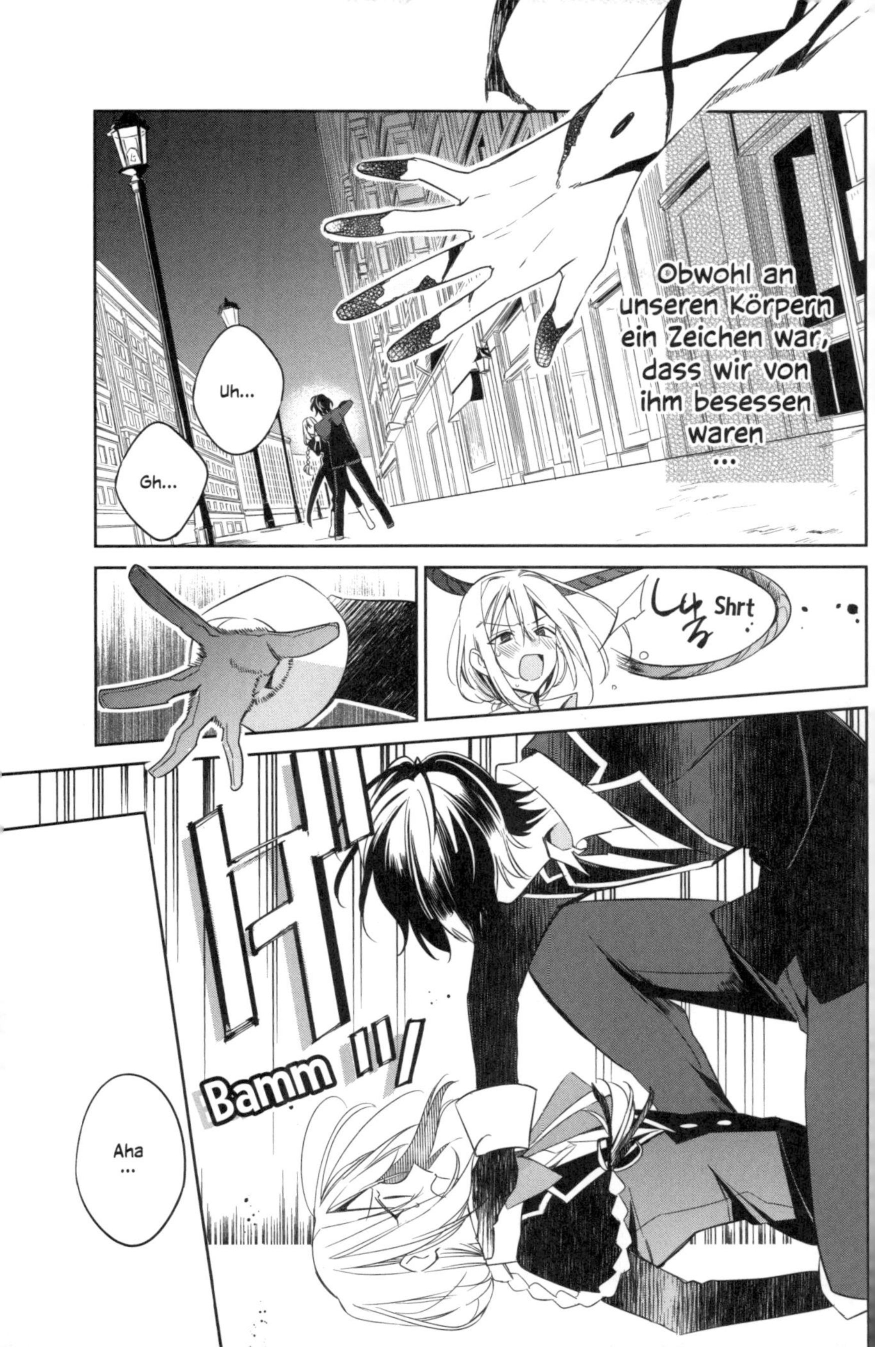
Obwohl an unseren Körpern ein Zeichen war, dass wir von ihm besessen waren ...
Uh...
Gh...
Shrt
Bamm
Aha ...

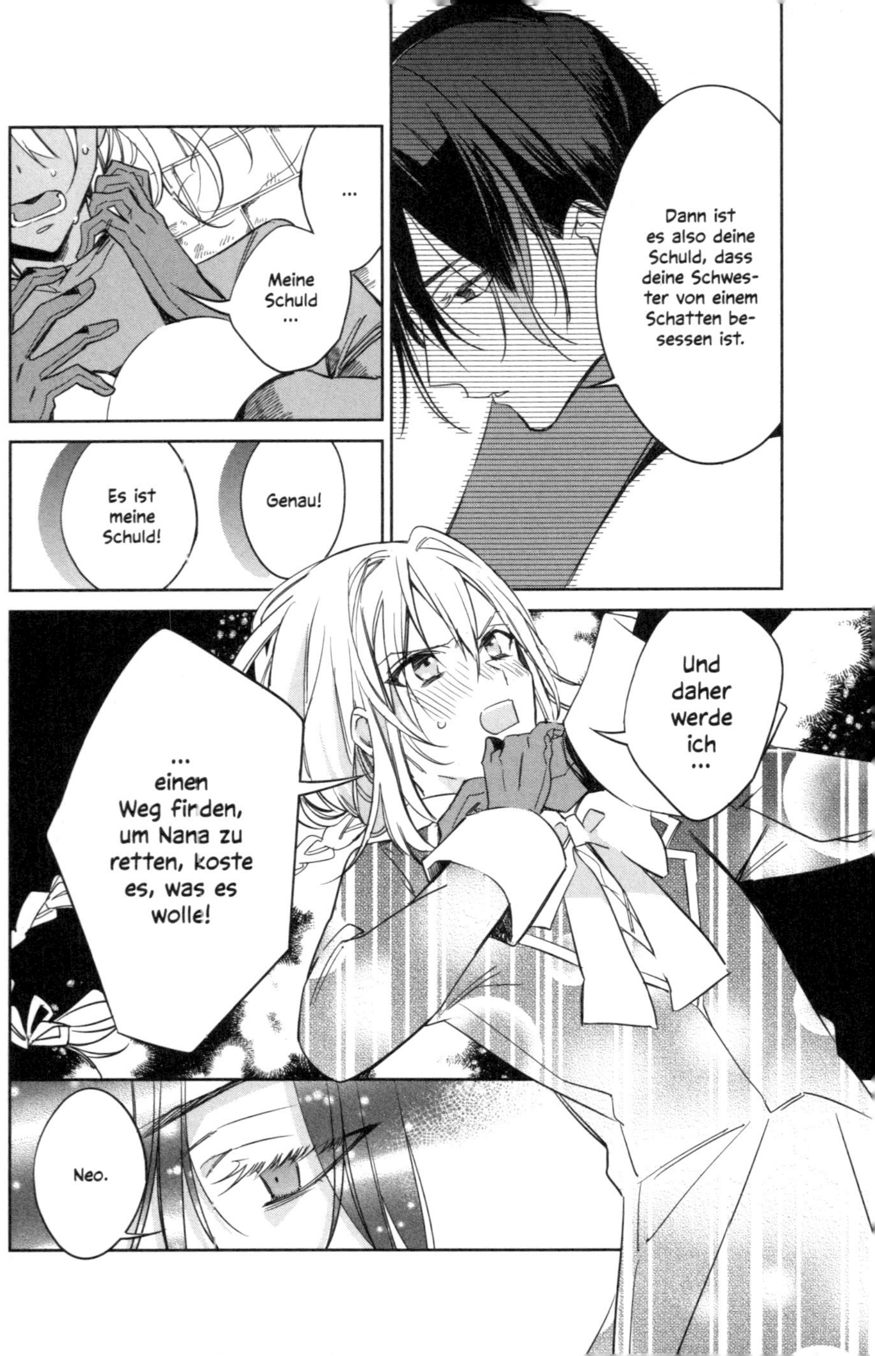
Dann ist es also deine Schuld, dass deine Schwester von einem Schatten besessen ist.
...
Meine Schuld ...
Genau!
Es ist meine Schuld!
Und daher werde ich ...
... einen Weg finden, um Nana zu retten, koste es, was es wolle!
Neo.

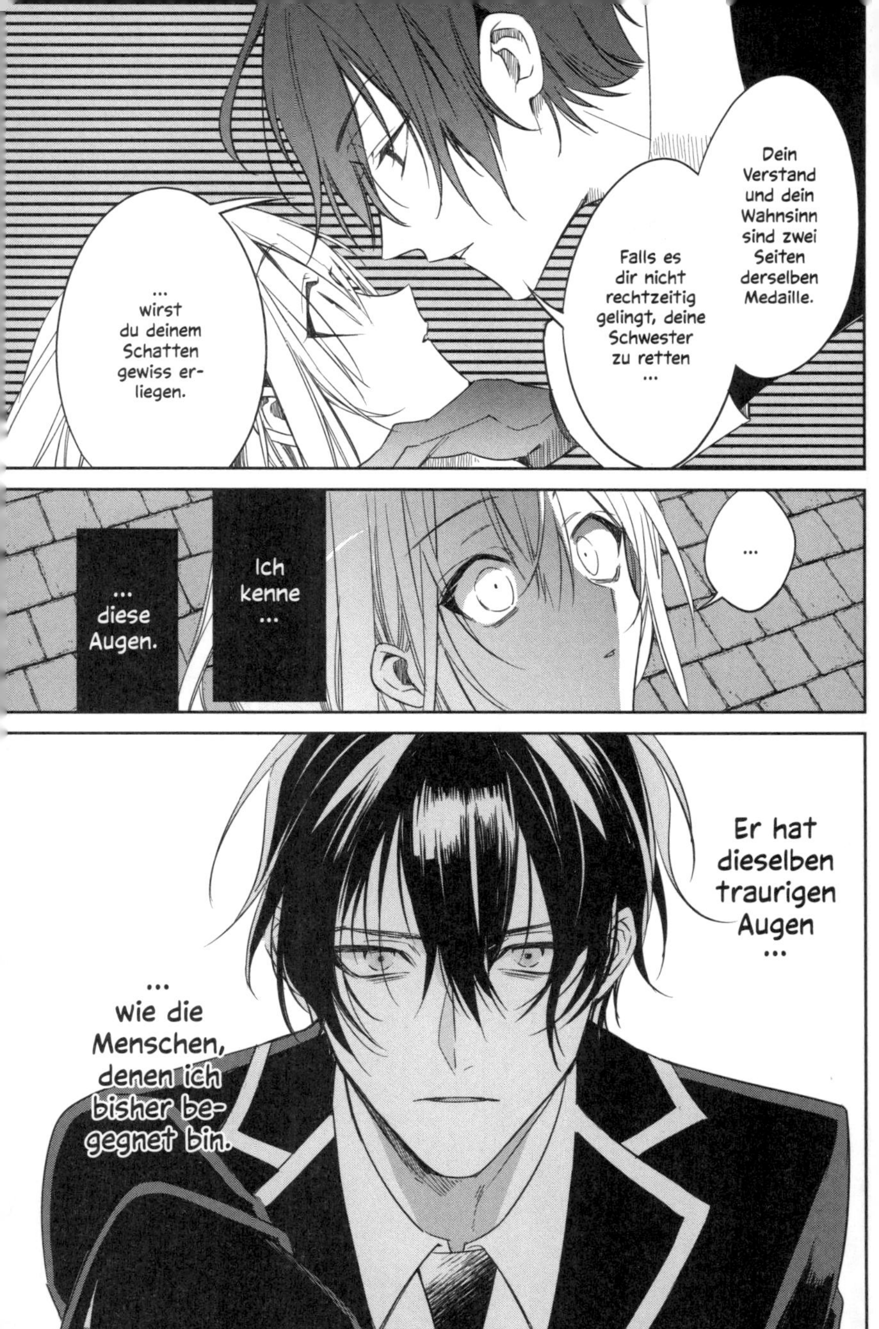
Dein Verstand und dein Wahnsinn sind zwei Seiten derselben Medaille.
Falls es dir nicht rechtzeitig gelingt, deine Schwester zu retten …
… wirst du deinem Schatten gewiss erliegen.
…
Ich kenne …
… diese Augen.
Er hat dieselben traurigen Augen …
… wie die Menschen, denen ich bisher begegnet bin.

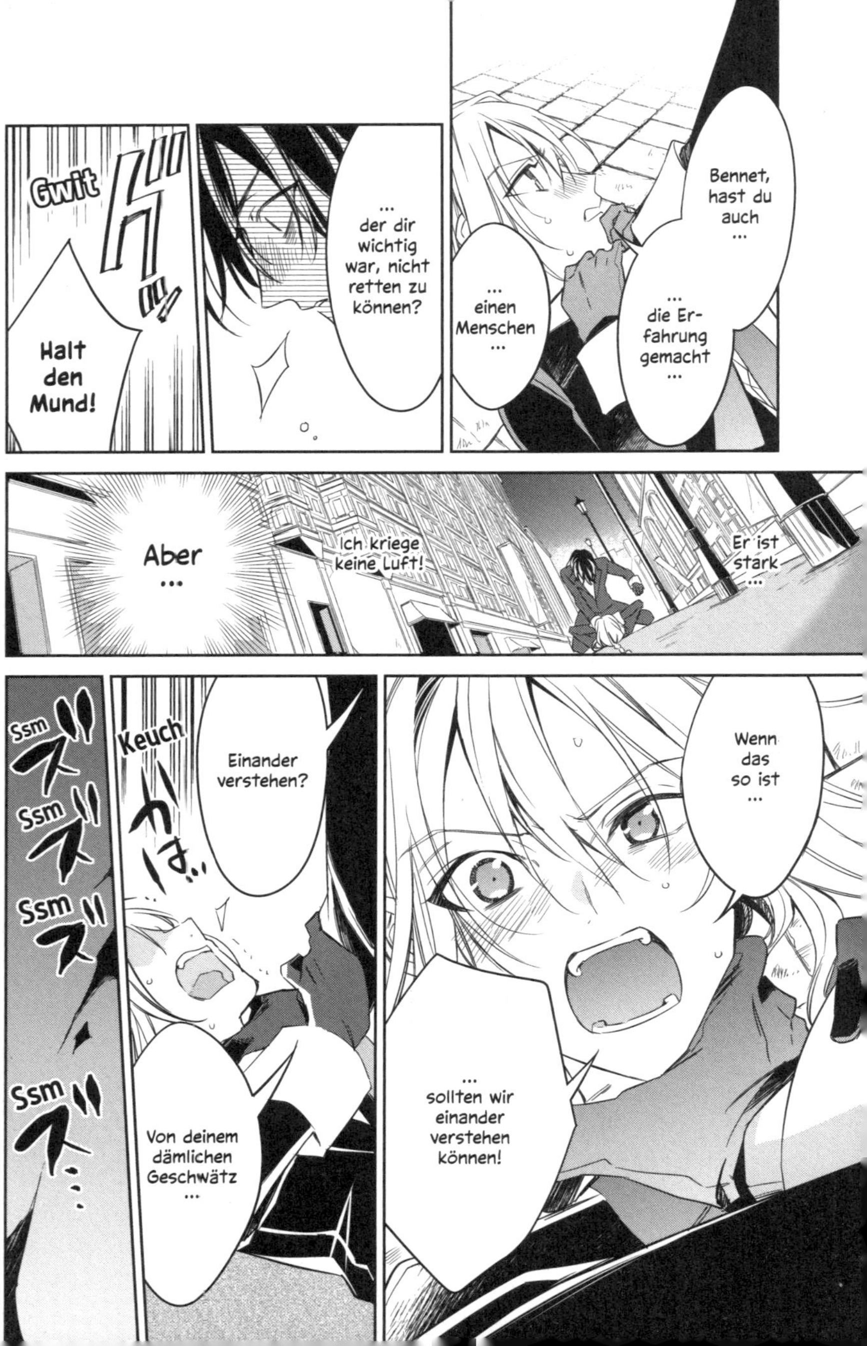

Bennet, hast du auch ...

... die Erfahrung gemacht ...

... einen Menschen ...

... der dir wichtig war, nicht retten zu können?

Gwit

Halt den Mund!

Er ist stark ...

Ich kriege keine Luft!

Aber ...

Wenn das so ist ...

... sollten wir einander verstehen können!

Einander verstehen?

Keuch

Von deinem dämlichen Geschwätz ...

Ssm

Ssm

Ssm

Ssm

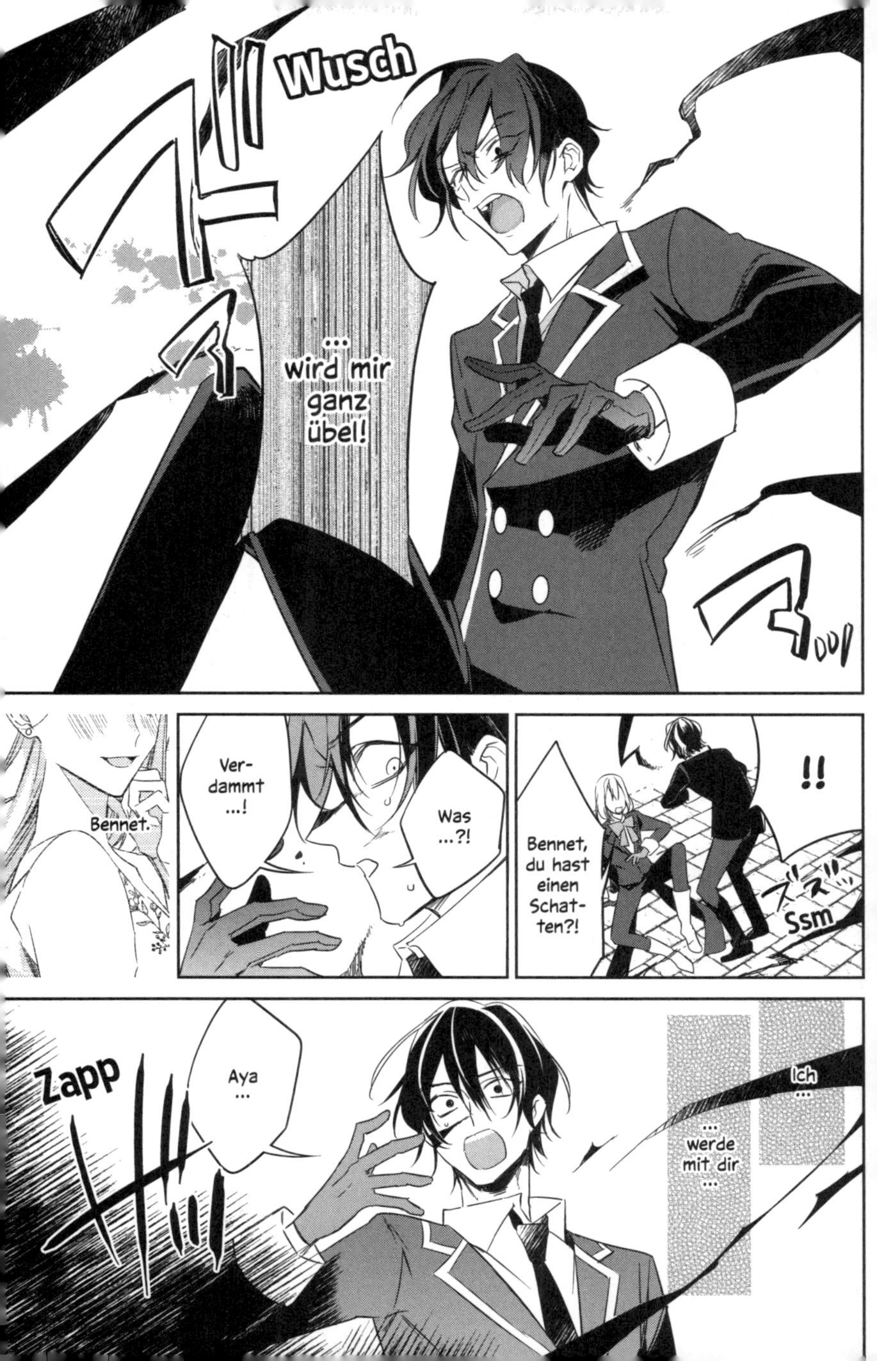

Wusch
... wird mir ganz übel!

!!
Bennet, du hast einen Schatten?!
Ssm
Was ...?!
Verdammt ...!
Bennet.

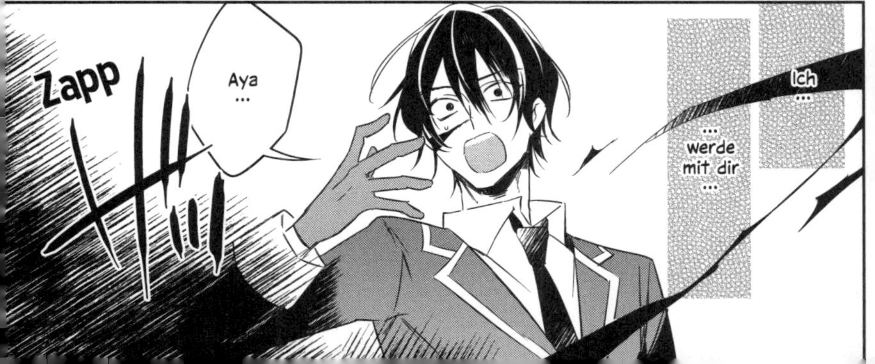

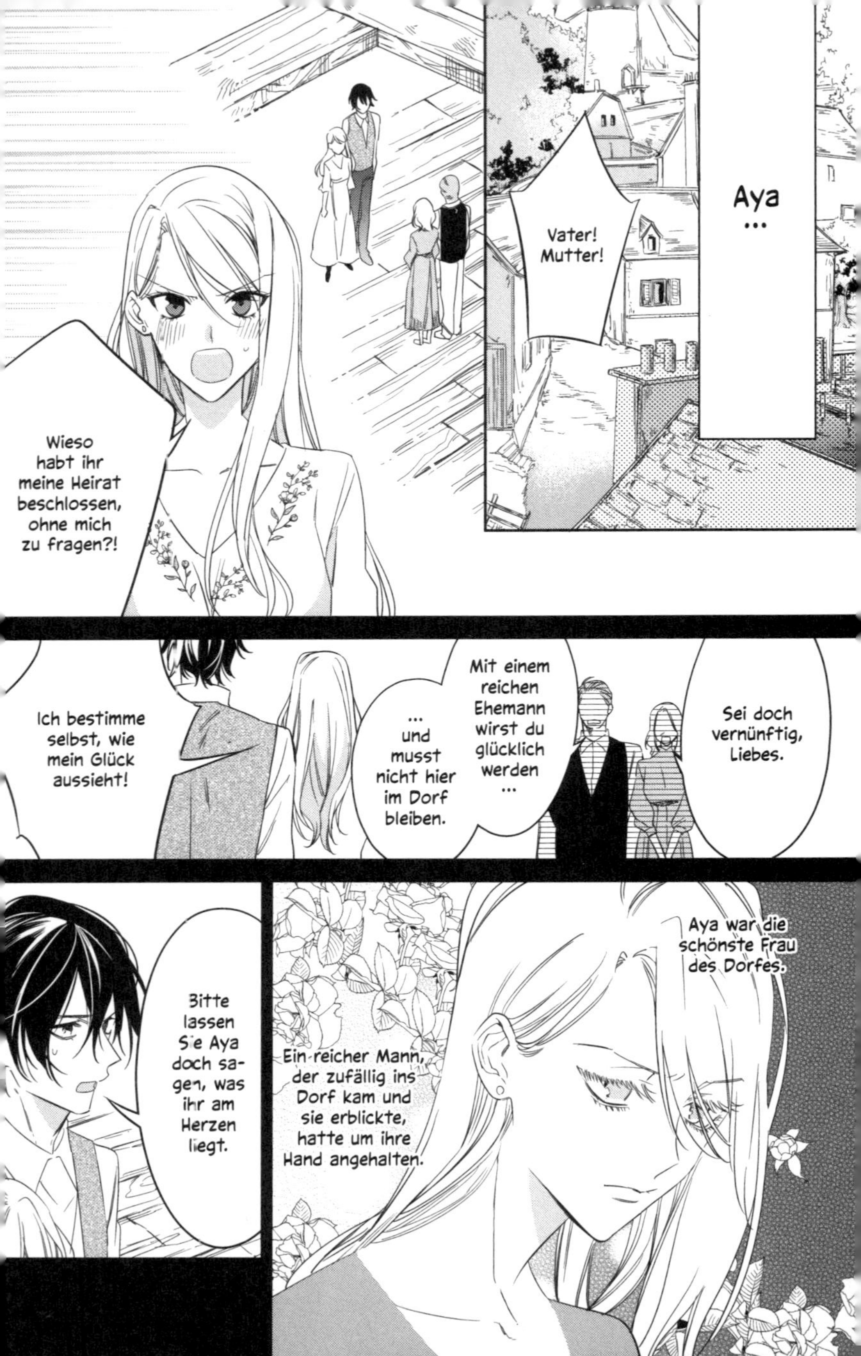
Aya ...
Vater! Mutter!
Wieso habt ihr meine Heirat beschlossen, ohne mich zu fragen?!
Sei doch vernünftig, Liebes.
Mit einem reichen Ehemann wirst du glücklich werden ...
... und musst nicht hier im Dorf bleiben.
Ich bestimme selbst, wie mein Glück aussieht!
Aya war die schönste Frau des Dorfes.
Ein reicher Mann, der zufällig ins Dorf kam und sie erblickte, hatte um ihre Hand angehalten.
Bitte lassen Sie Aya doch sagen, was ihr am Herzen liegt.

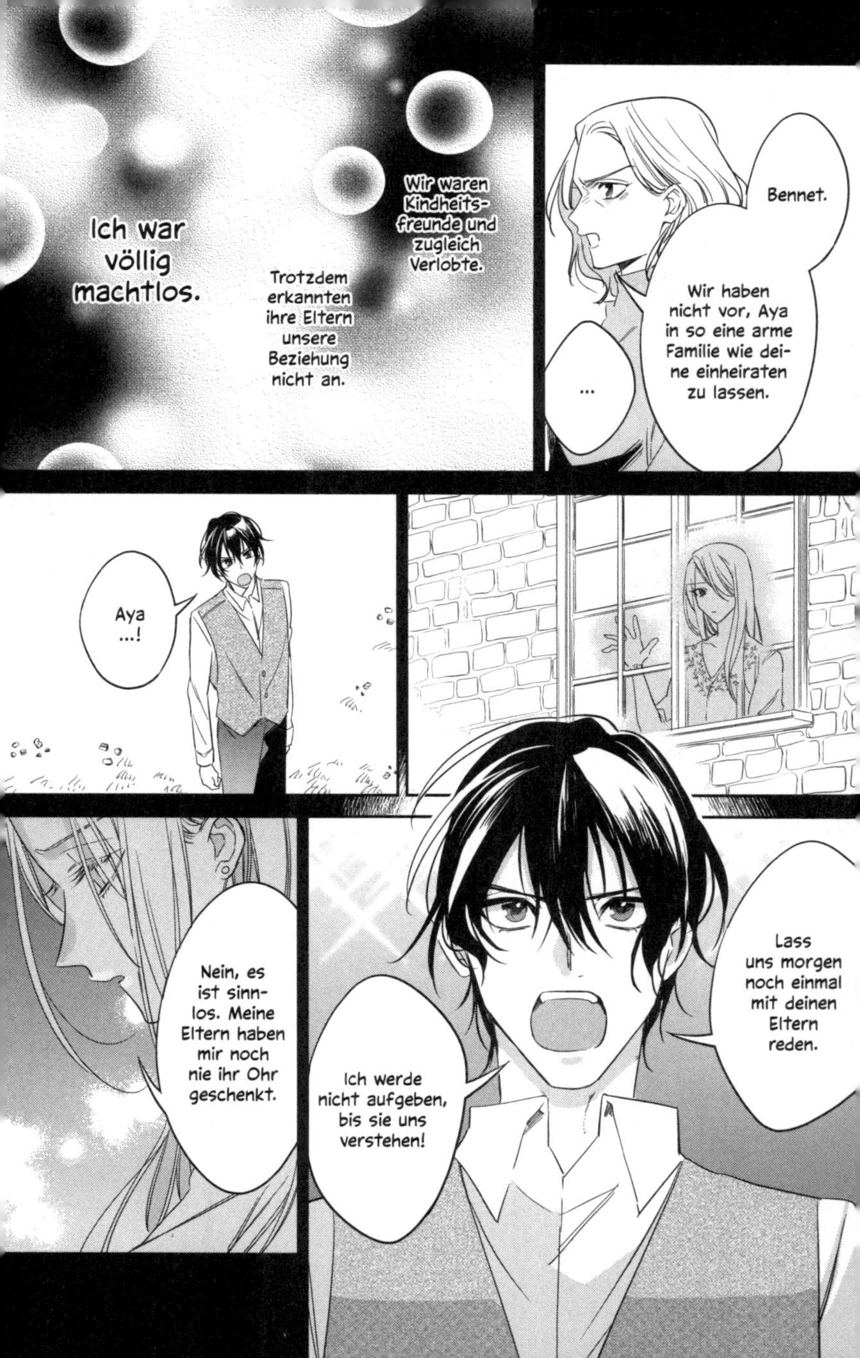
Bennet.
Wir haben nicht vor, Aya in so eine arme Familie wie deine einheiraten zu lassen.
...
Wir waren Kindheitsfreunde und zugleich Verlobte.
Trotzdem erkannten ihre Eltern unsere Beziehung nicht an.
Ich war völlig machtlos.
Aya ...!
Lass uns morgen noch einmal mit deinen Eltern reden.
Ich werde nicht aufgeben, bis sie uns verstehen!
Nein, es ist sinnlos. Meine Eltern haben mir noch nie ihr Ohr geschenkt.

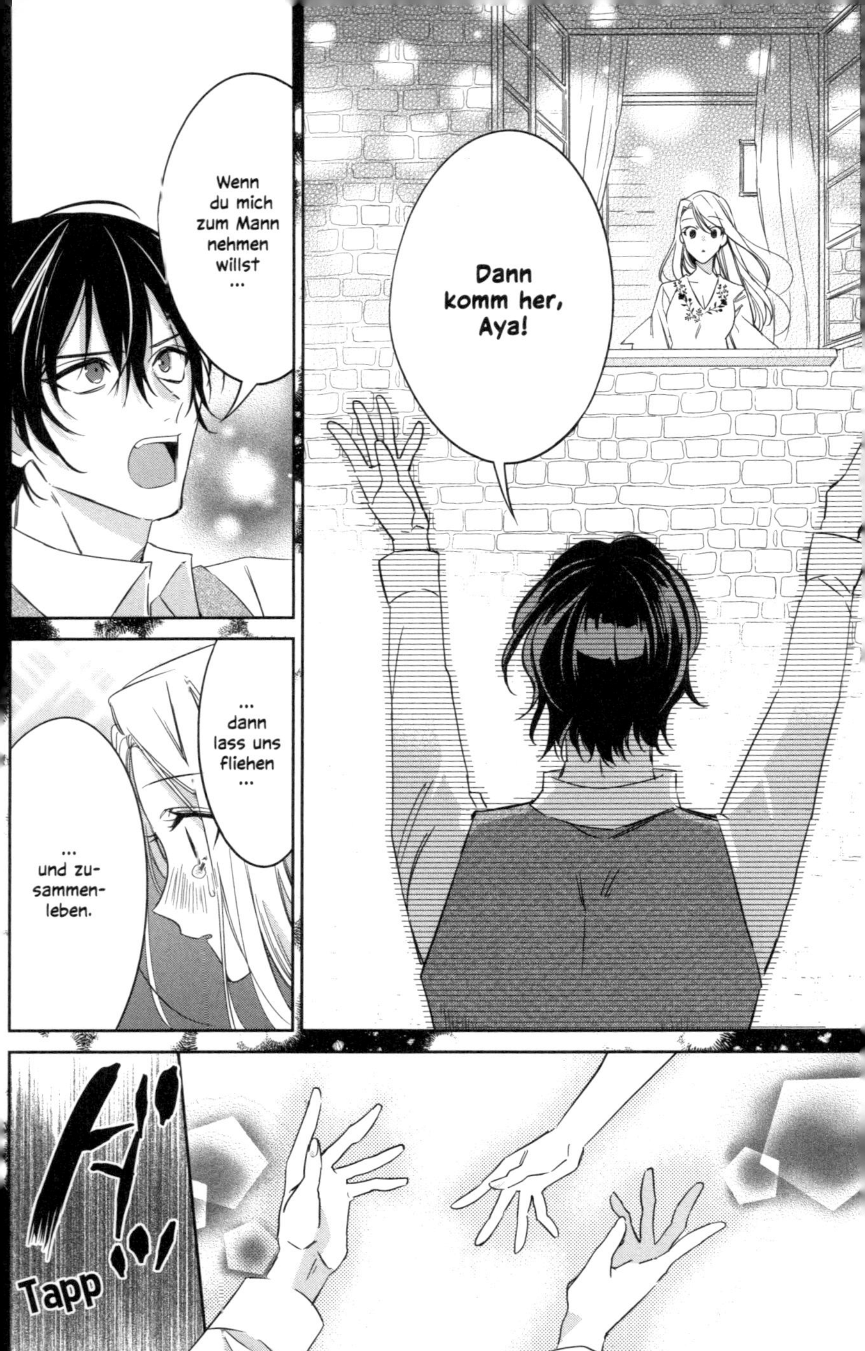
Dann komm her, Aya!
Wenn du mich zum Mann nehmen willst ...
... dann lass uns fliehen ...
... und zu-sammen-leben.
Tapp

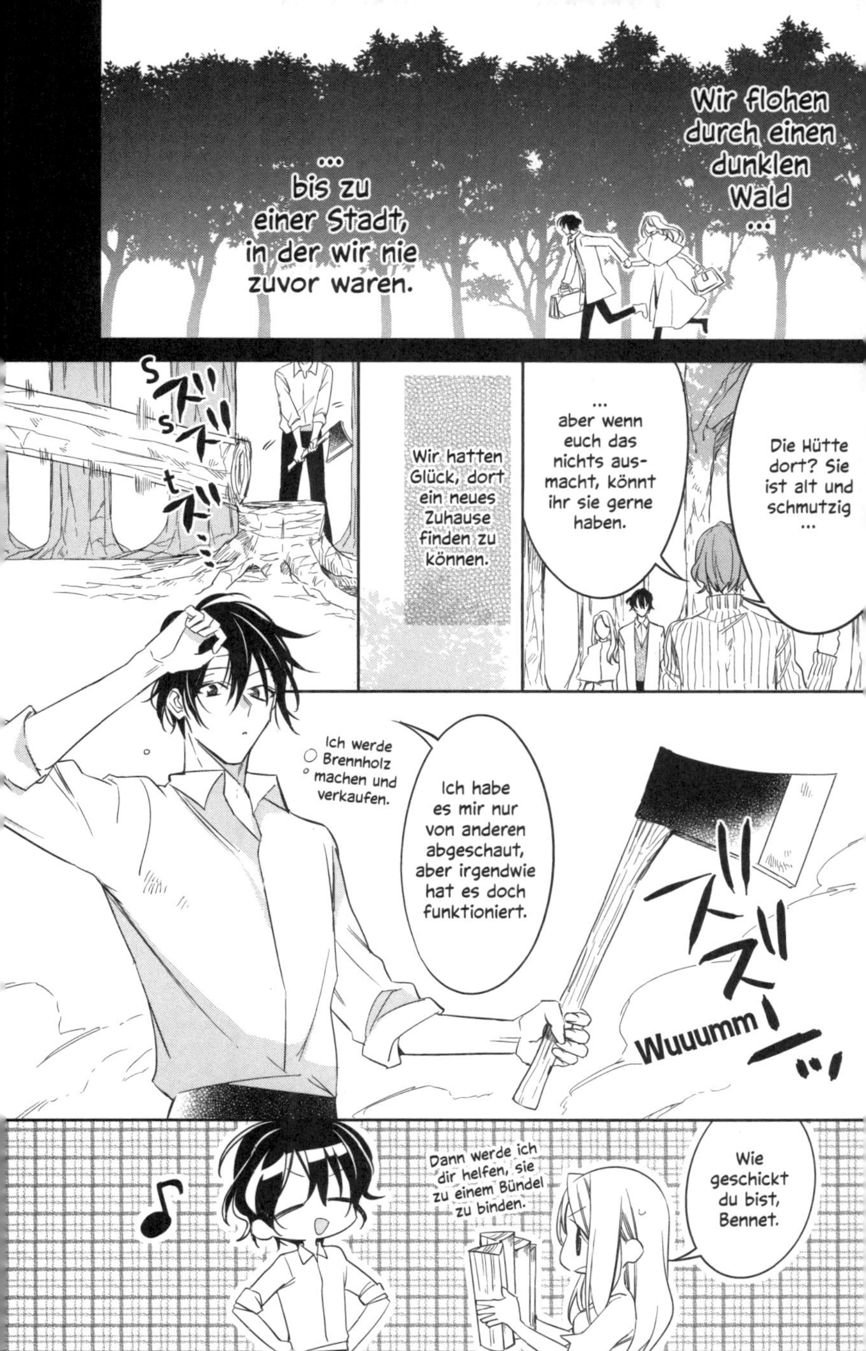
Wir flohen durch einen dunklen Wald ...
... bis zu einer Stadt, in der wir nie zuvor waren.
Die Hütte dort? Sie ist alt und schmutzig ...
... aber wenn euch das nichts ausmacht, könnt ihr sie gerne haben.
Wir hatten Glück, dort ein neues Zuhause finden zu können.
s s t
Wuuumm
Ich habe es mir nur von anderen abgeschaut, aber irgendwie hat es doch funktioniert.
Ich werde Brennholz machen und verkaufen.
Wie geschickt du bist, Bennet.
Dann werde ich dir helfen, sie zu einem Bündel zu binden.

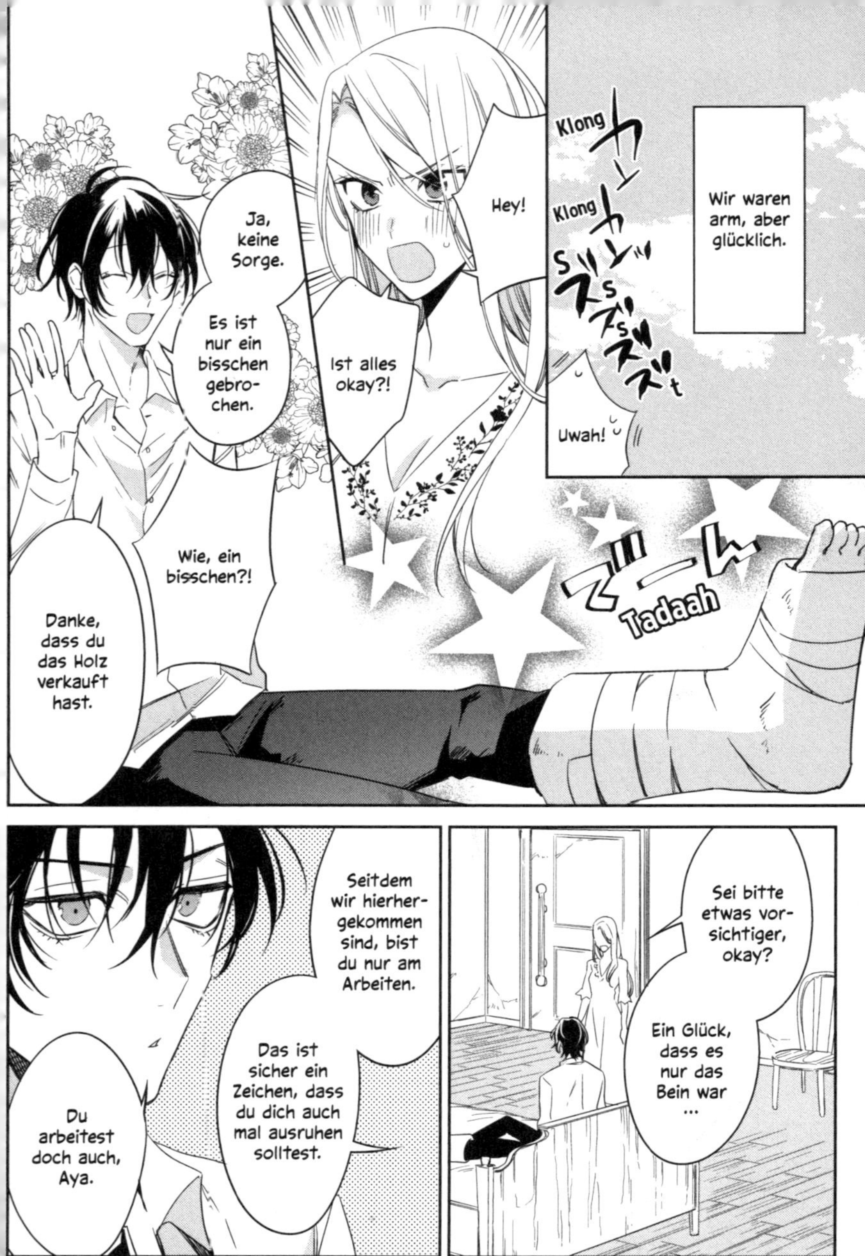
Wir waren arm, aber glücklich.
Klong
Klong
S s s t
Uwah!
Hey!
Ist alles okay?!
Ja, keine Sorge.
Es ist nur ein bisschen gebrochen.
Tadaah
Wie, ein bisschen?!
Danke, dass du das Holz verkauft hast.
Sei bitte etwas vorsichtiger, okay?
Ein Glück, dass es nur das Bein war …
Seitdem wir hierhergekommen sind, bist du nur am Arbeiten.
Das ist sicher ein Zeichen, dass du dich auch mal ausruhen solltest.
Du arbeitest doch auch, Aya.

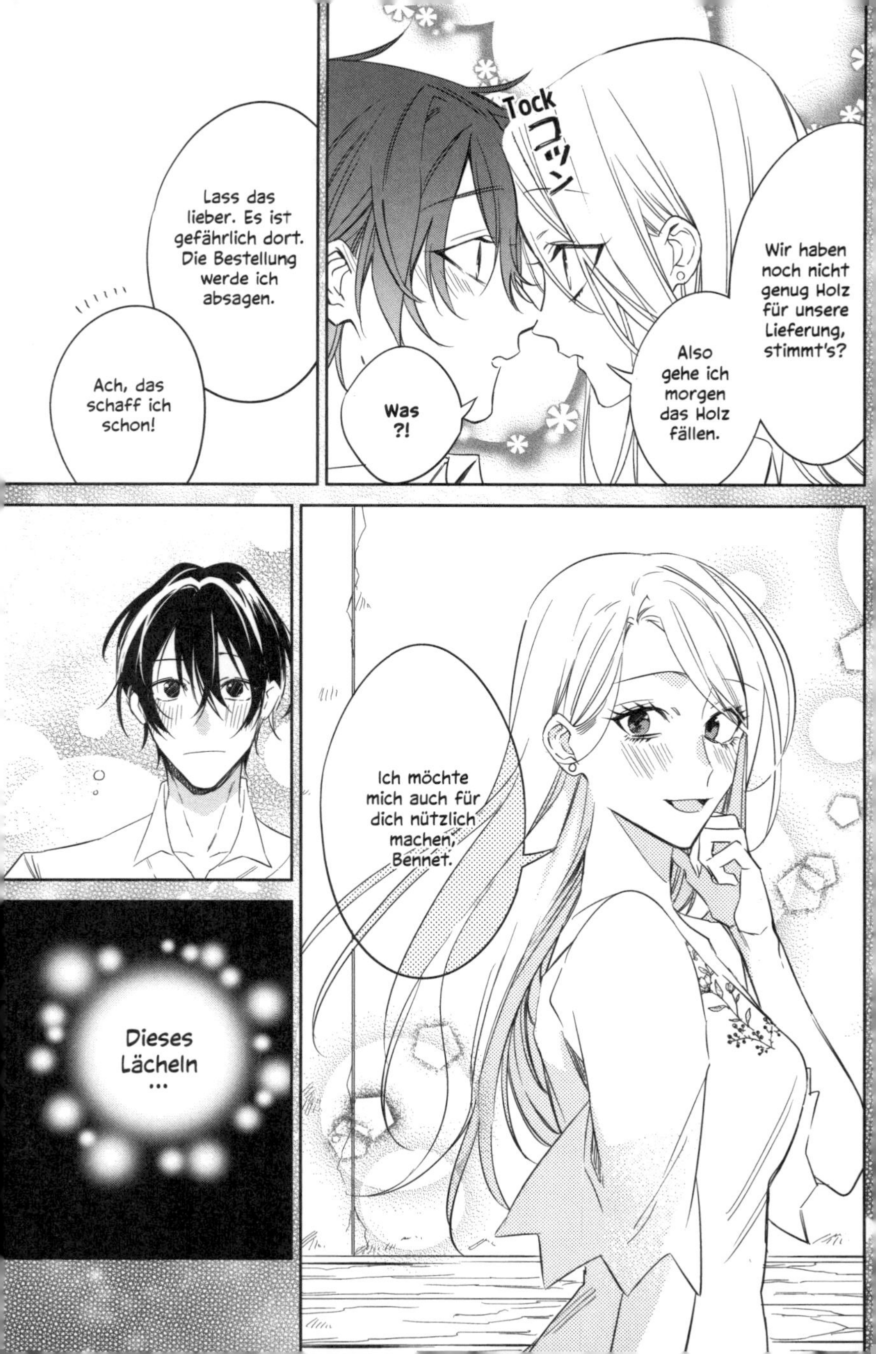

Tock
コッン
Wir haben noch nicht genug Holz für unsere Lieferung, stimmt's?
Also gehe ich morgen das Holz fällen.
Was ?!
Lass das lieber. Es ist gefährlich dort. Die Bestellung werde ich absagen.
Ach, das schaff ich schon!
Ich möchte mich auch für dich nützlich machen, Bennet.
Dieses Lächeln ...

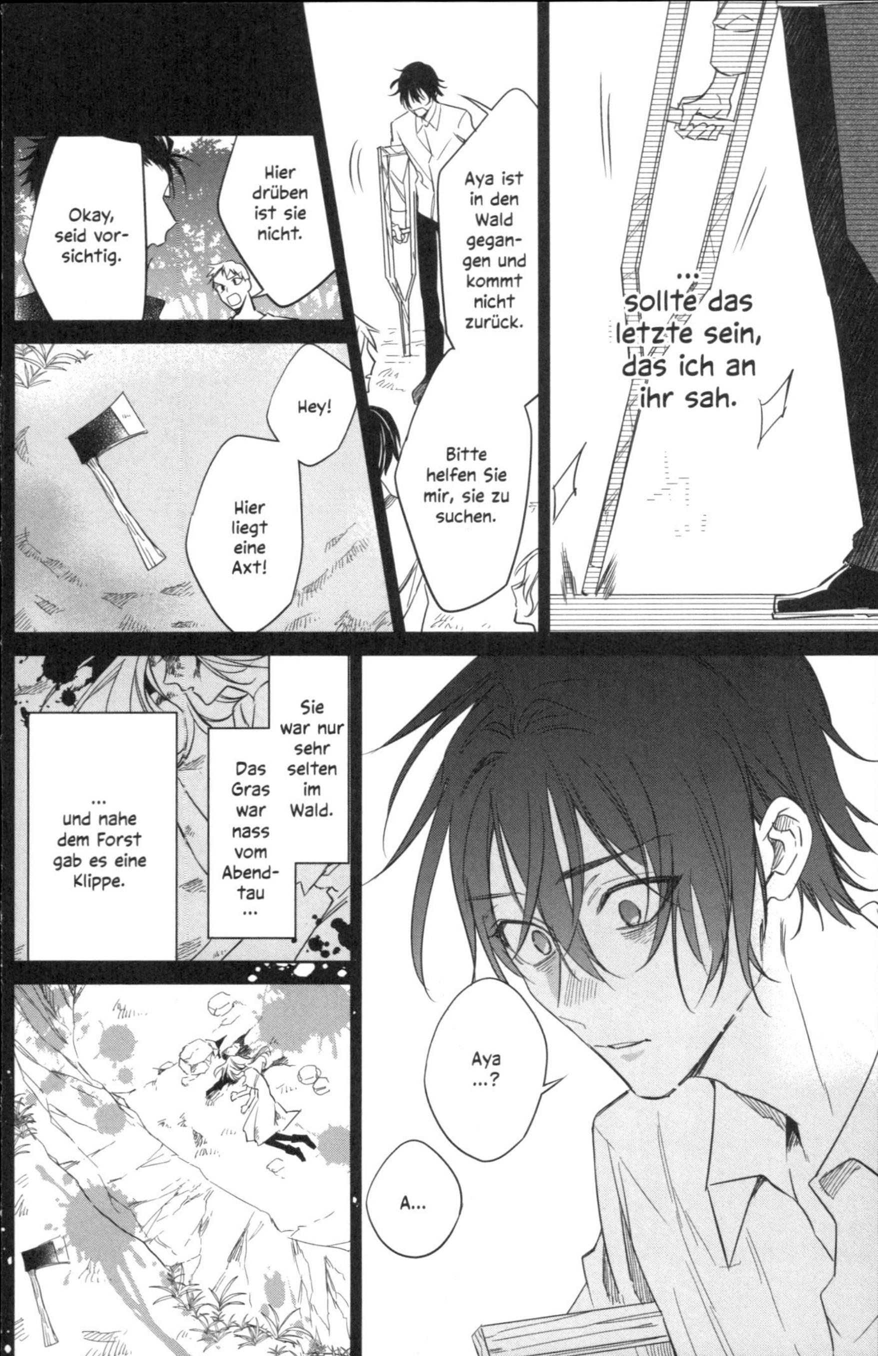
...
sollte das letzte sein, das ich an ihr sah.
Aya ist in den Wald gegangen und kommt nicht zurück.
Bitte helfen Sie mir, sie zu suchen.
Hier drüben ist sie nicht.
Okay, seid vorsichtig.
Hey!
Hier liegt eine Axt!
Sie war nur sehr selten im Wald.
Das Gras war nass vom Abendtau ...
... und nahe dem Forst gab es eine Klippe.
Aya ...?
A...

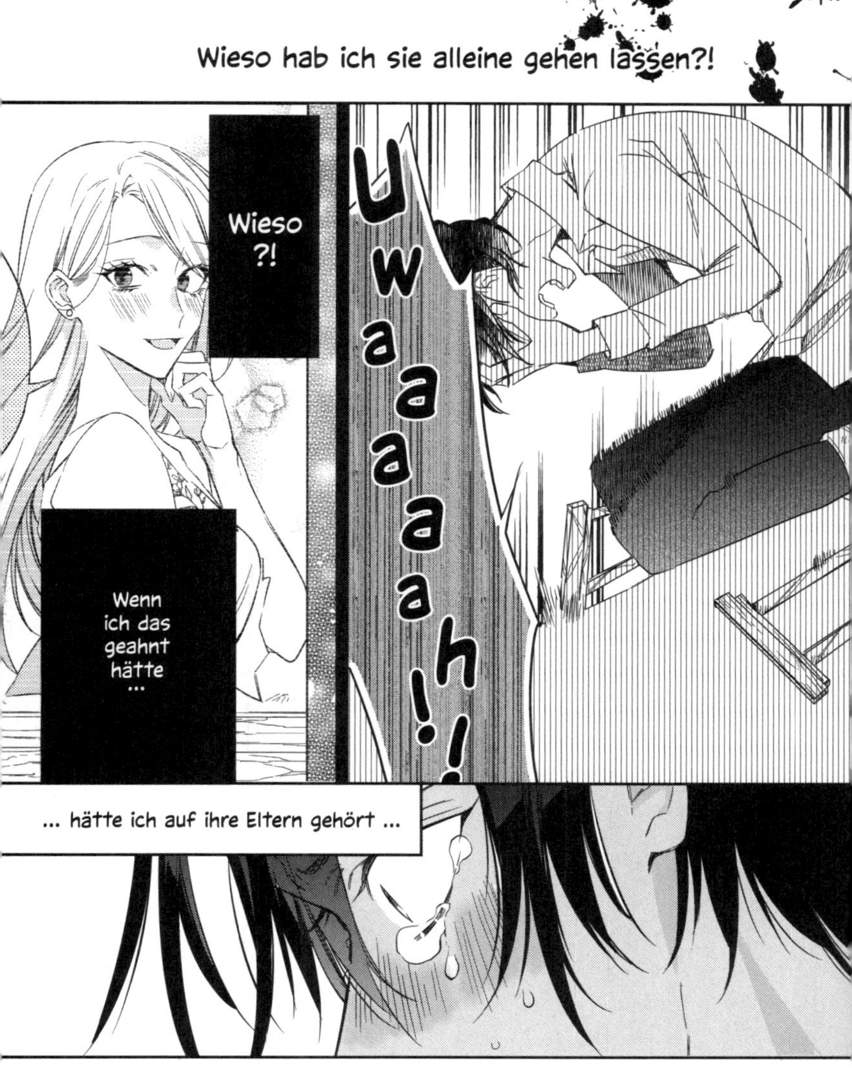

... und sie einen anderen Mann heiraten lassen.

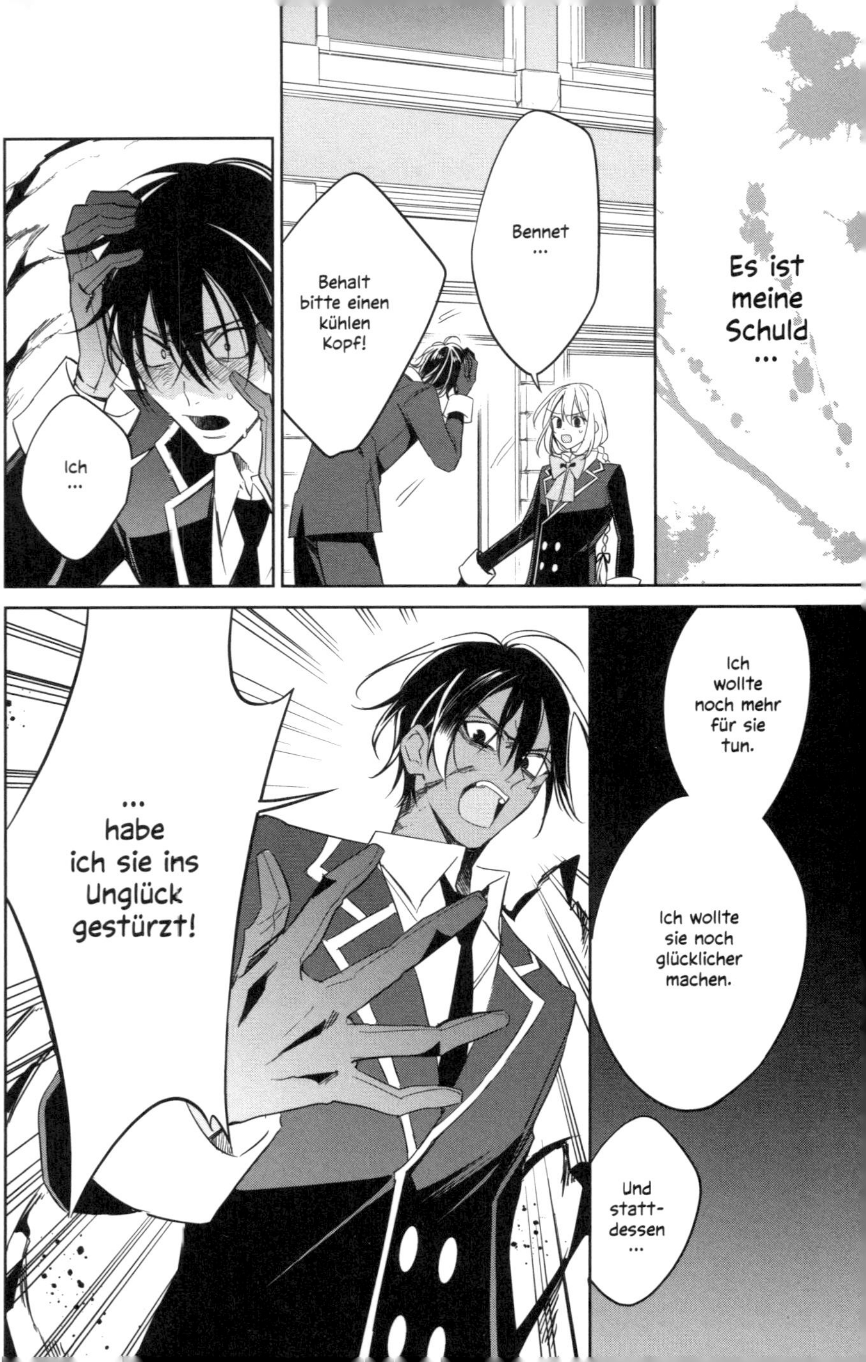

Es ist meine Schuld ...

Bennet ...

Behalt bitte einen kühlen Kopf!

Ich ...

Ich wollte noch mehr für sie tun.

Ich wollte sie noch glücklicher machen.

Und statt-dessen ...

... habe ich sie ins Unglück gestürzt!

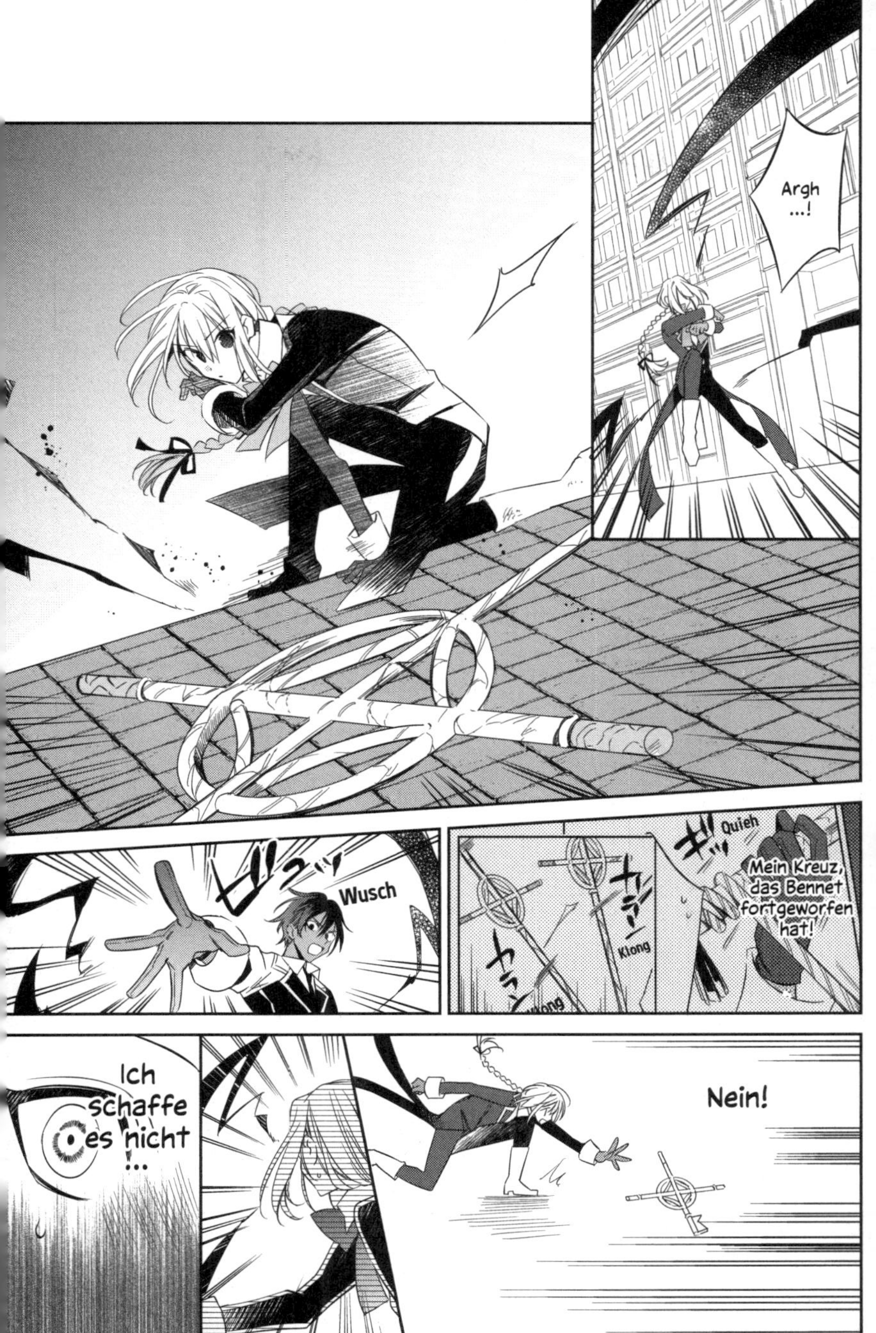
Argh ...!
Quieh
Mein Kreuz, das Bennet fortgeworfen hat!
Klong
Wusch
Nein!
Ich schaffe es nicht ...

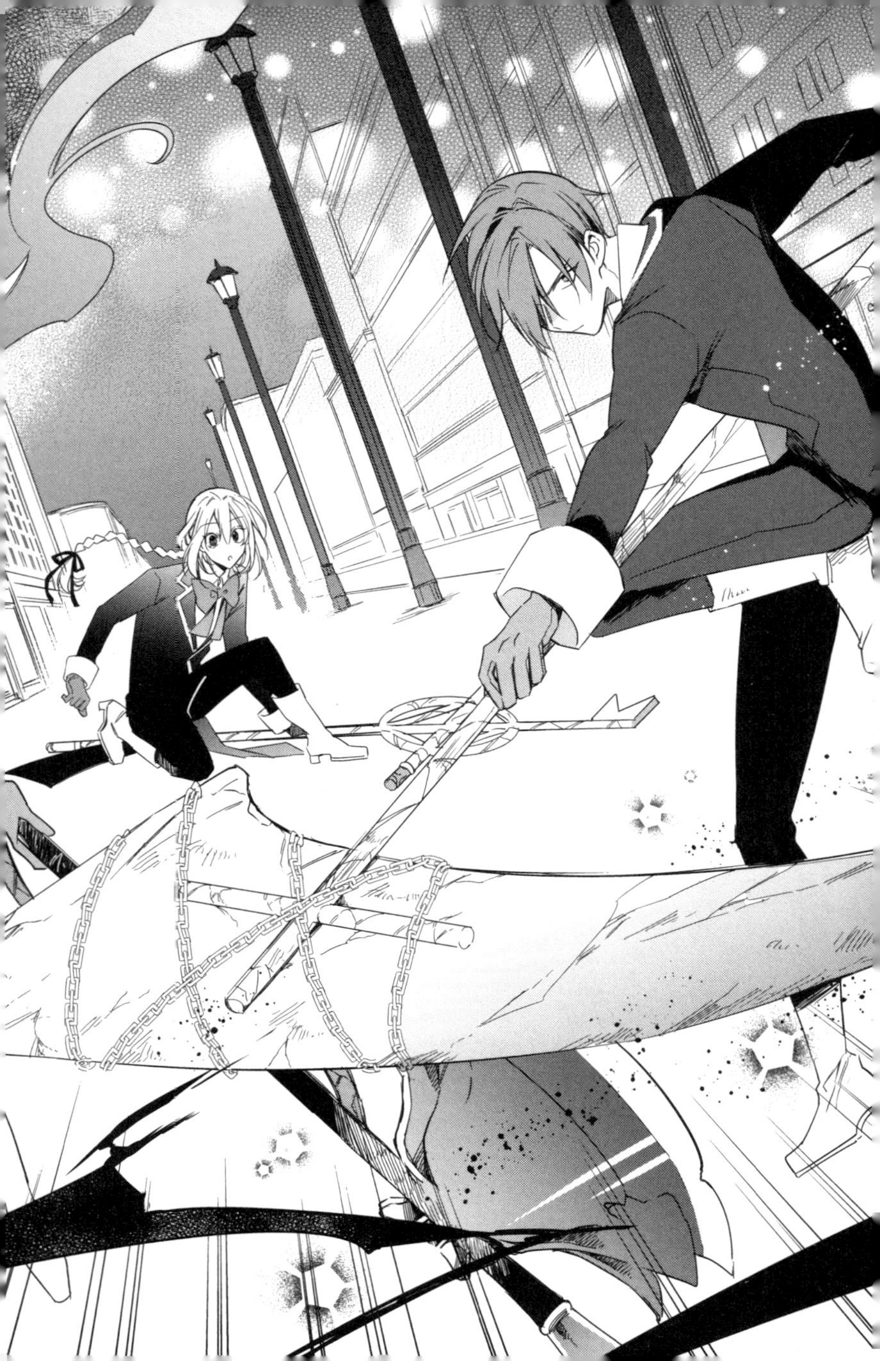

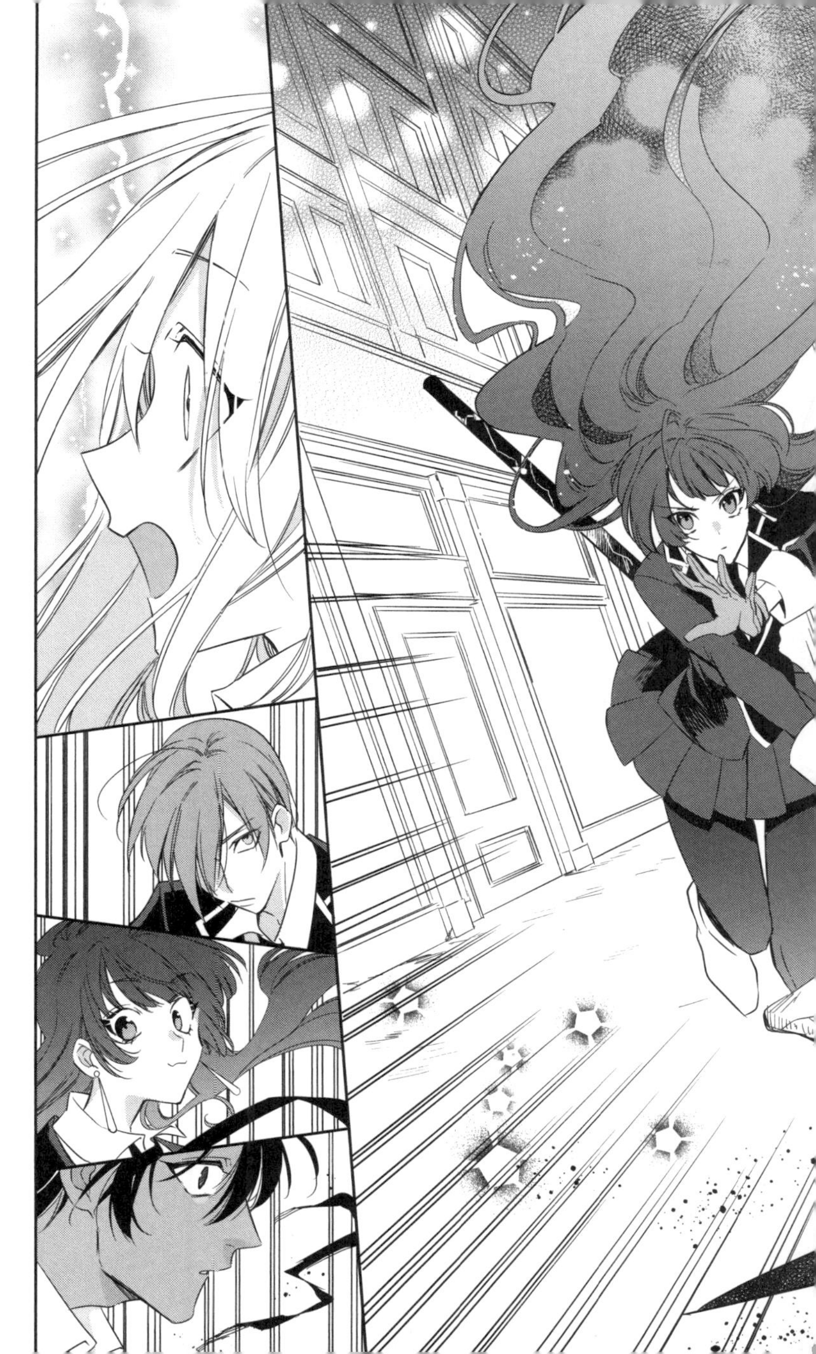

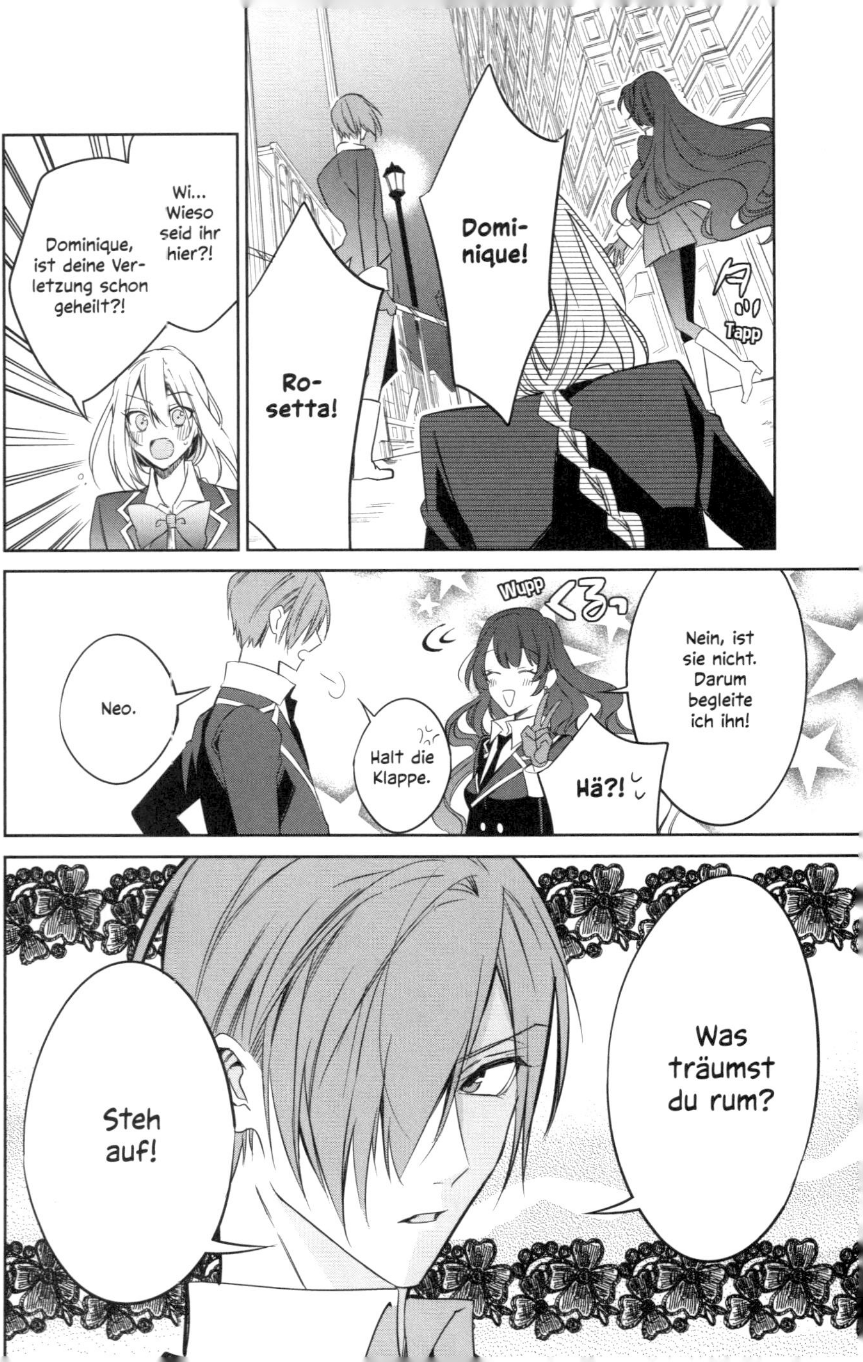

Domi-nique!
Ro-setta!
Tapp
Wi... Wieso seid ihr hier?!
Dominique, ist deine Verletzung schon geheilt?!

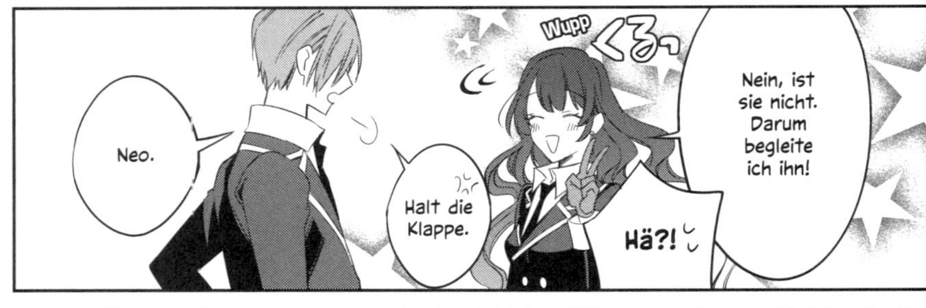

Was träumst du rum?
Steh auf!

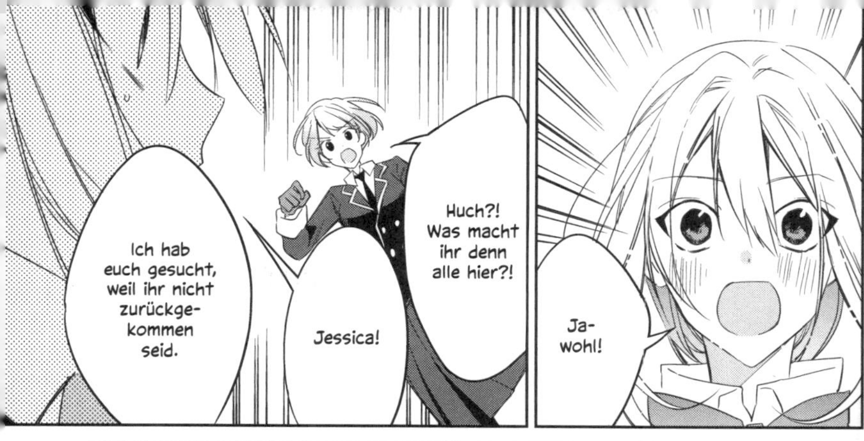
Ja-
wohl!
Huch?!
Was macht
ihr denn
alle hier?!
Jessica!
Ich hab
euch gesucht,
weil ihr nicht
zurückge-
kommen
seid.

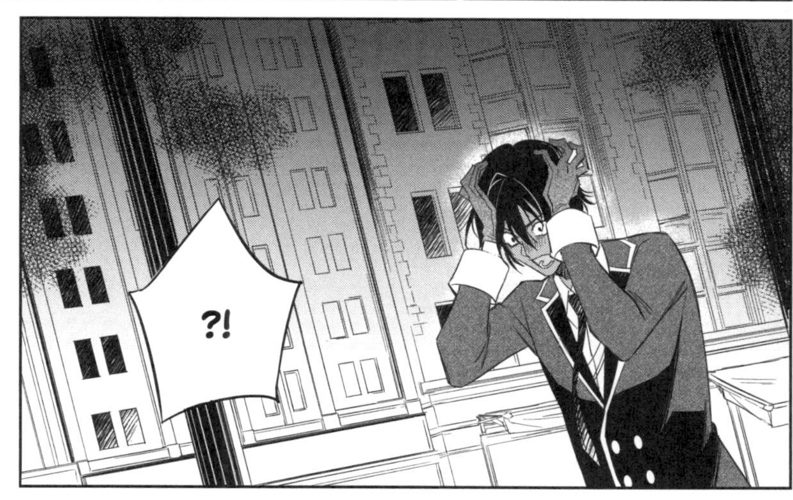
?!

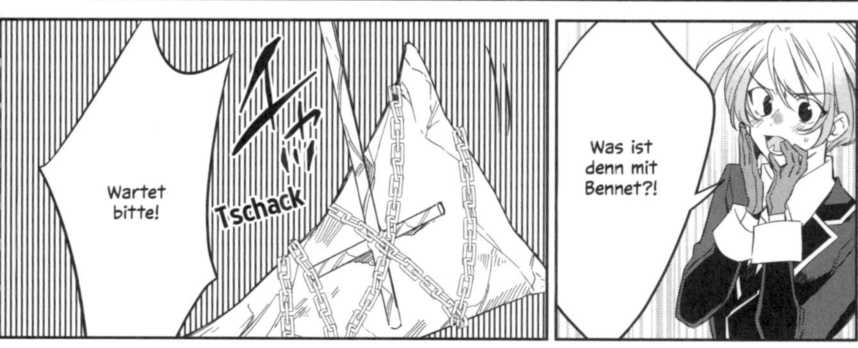
Was ist
denn mit
Bennet?!
Tschack
Wartet
bitte!

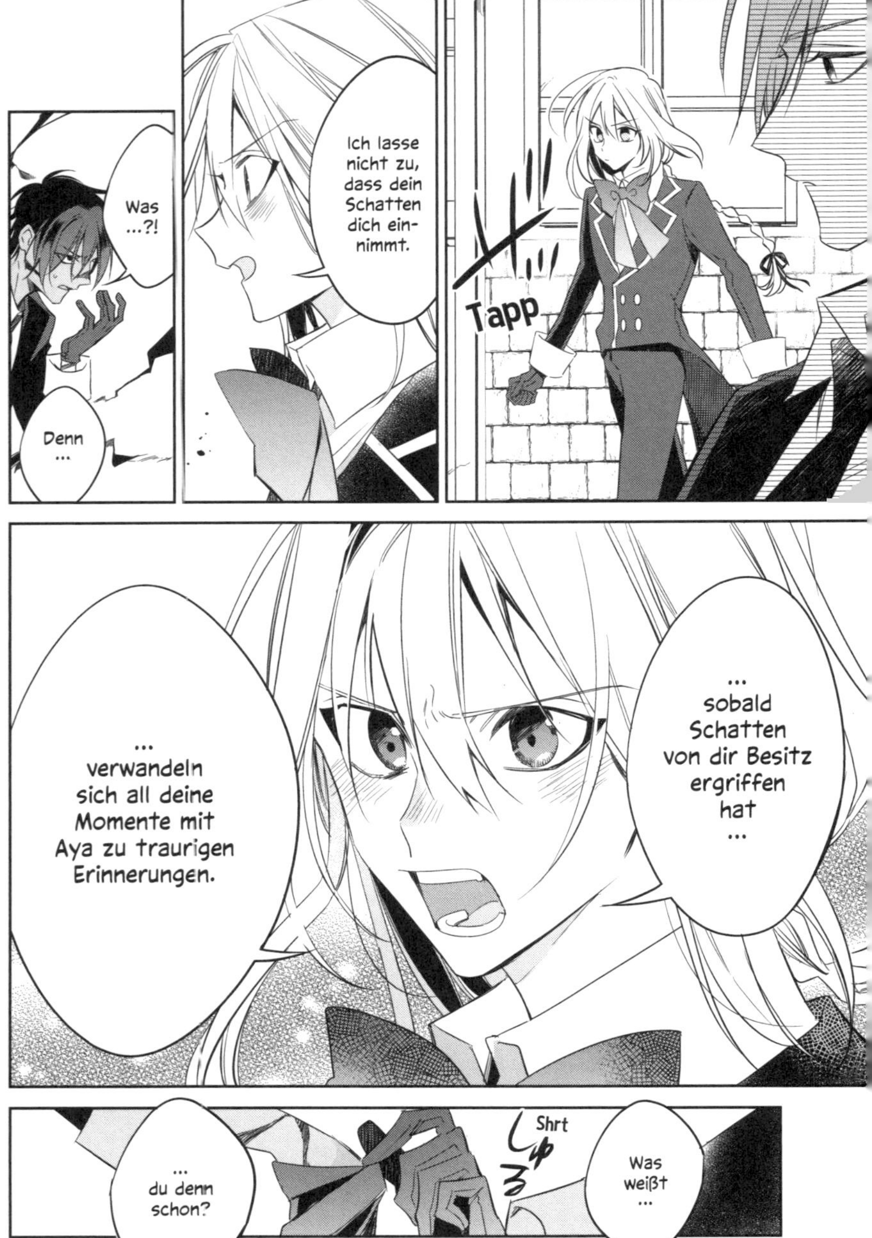

Tapp
Ich lasse nicht zu, dass dein Schatten dich einnimmt.
Was ...?!
Denn ...
... sobald Schatten von dir Besitz ergriffen hat ...
... verwandeln sich all deine Momente mit Aya zu traurigen Erinnerungen.
Shrt
Was weißt ...
... du denn schon?

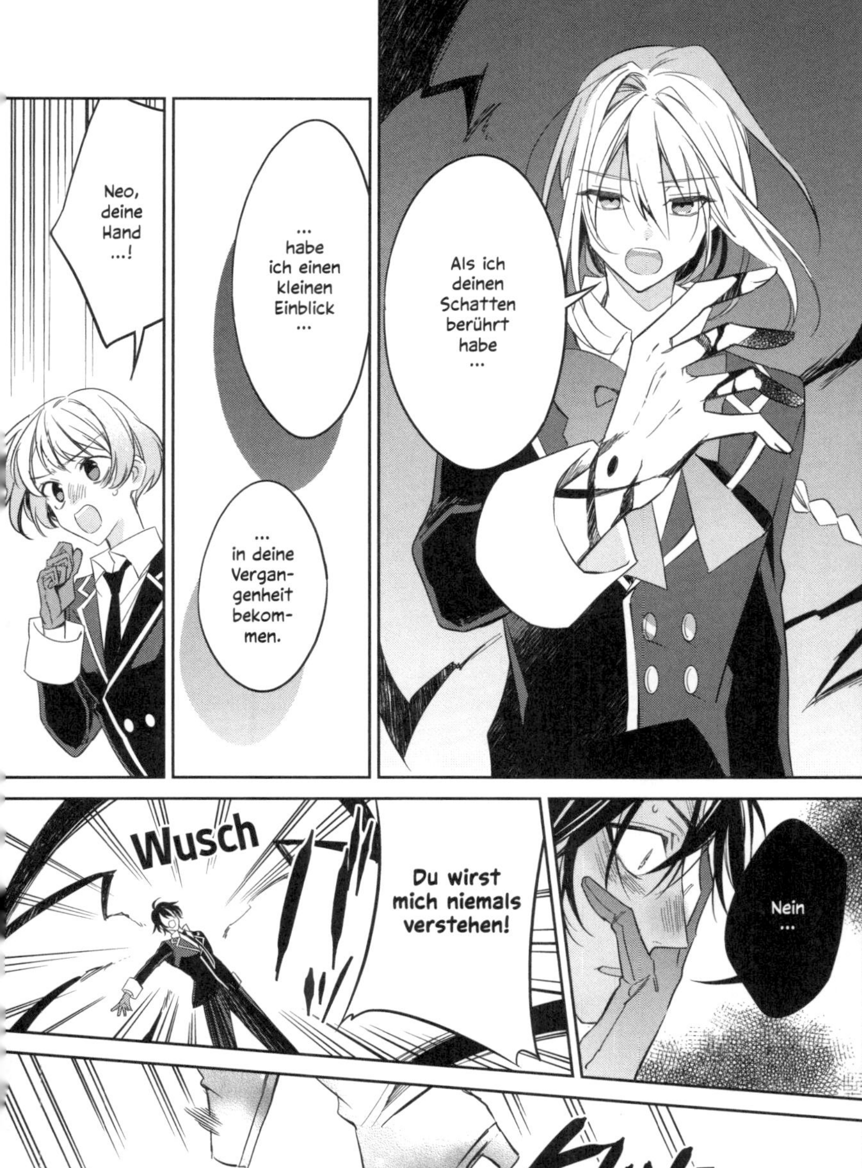
Als ich deinen Schatten berührt habe ...
... habe ich einen kleinen Einblick ...
... in deine Vergangenheit bekommen.
Neo, deine Hand ...!
Nein ...
Du wirst mich niemals verstehen!
Wusch
Tapp

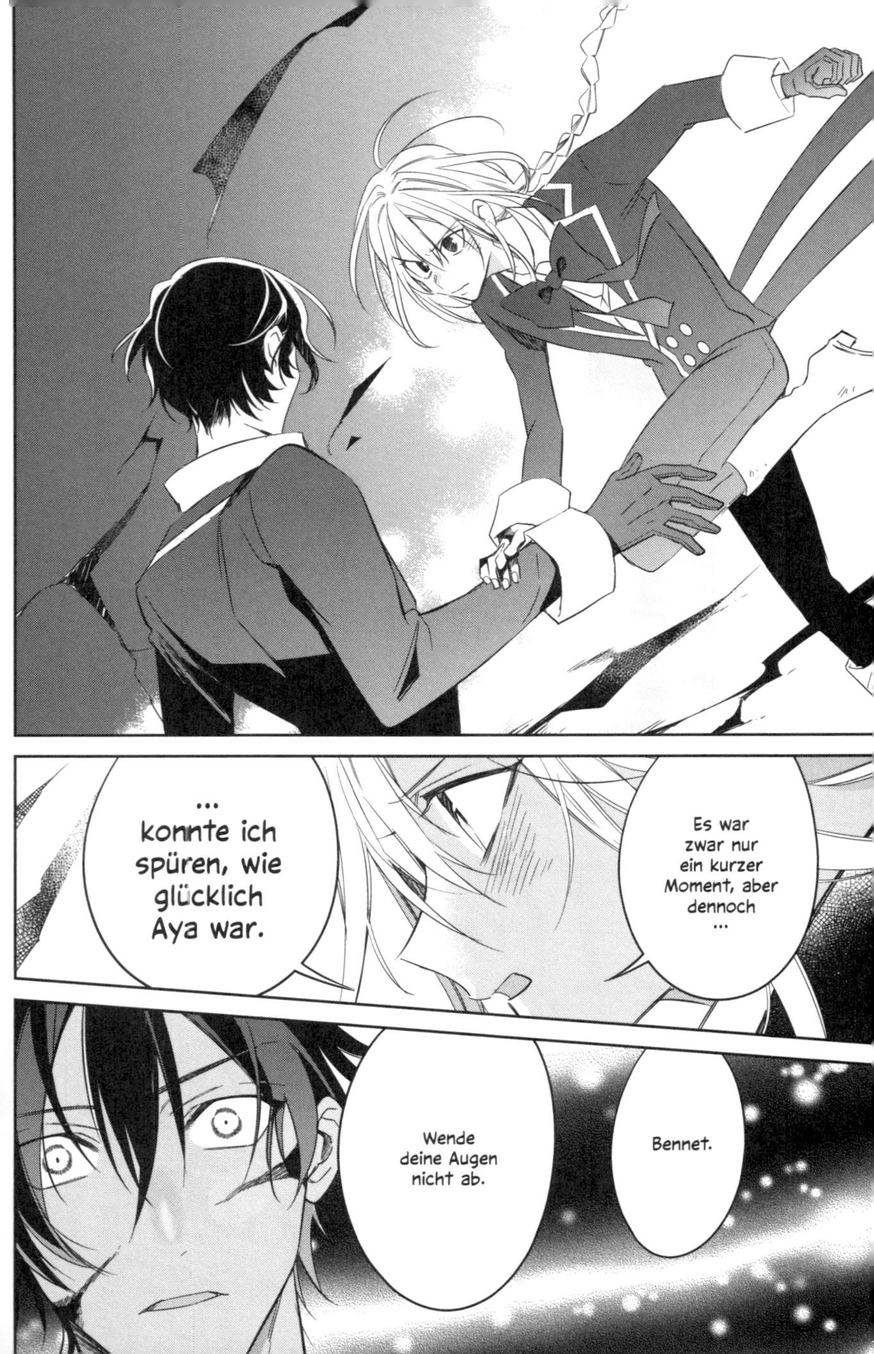
Es war zwar nur ein kurzer Moment, aber dennoch …
… konnte ich spüren, wie glücklich Aya war.
Bennet.
Wende deine Augen nicht ab.

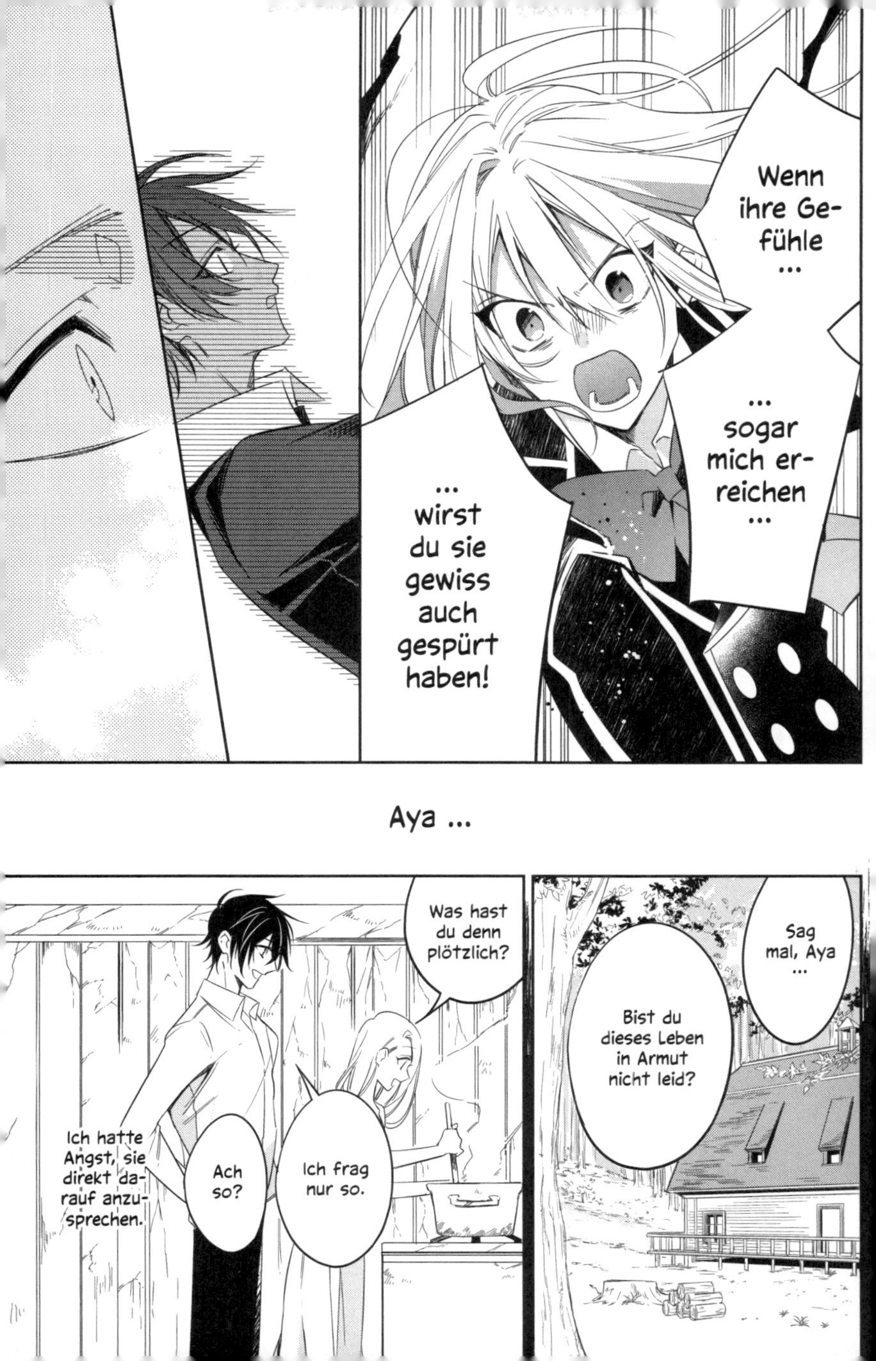

Wenn ihre Gefühle ...

... sogar mich erreichen ...

... wirst du sie gewiss auch gespürt haben!

Aya ...

Sag mal, Aya ...

Bist du dieses Leben in Armut nicht leid?

Was hast du denn plötzlich?

Ich frag nur so.

Ach so?

Ich hatte Angst, sie direkt darauf anzusprechen.

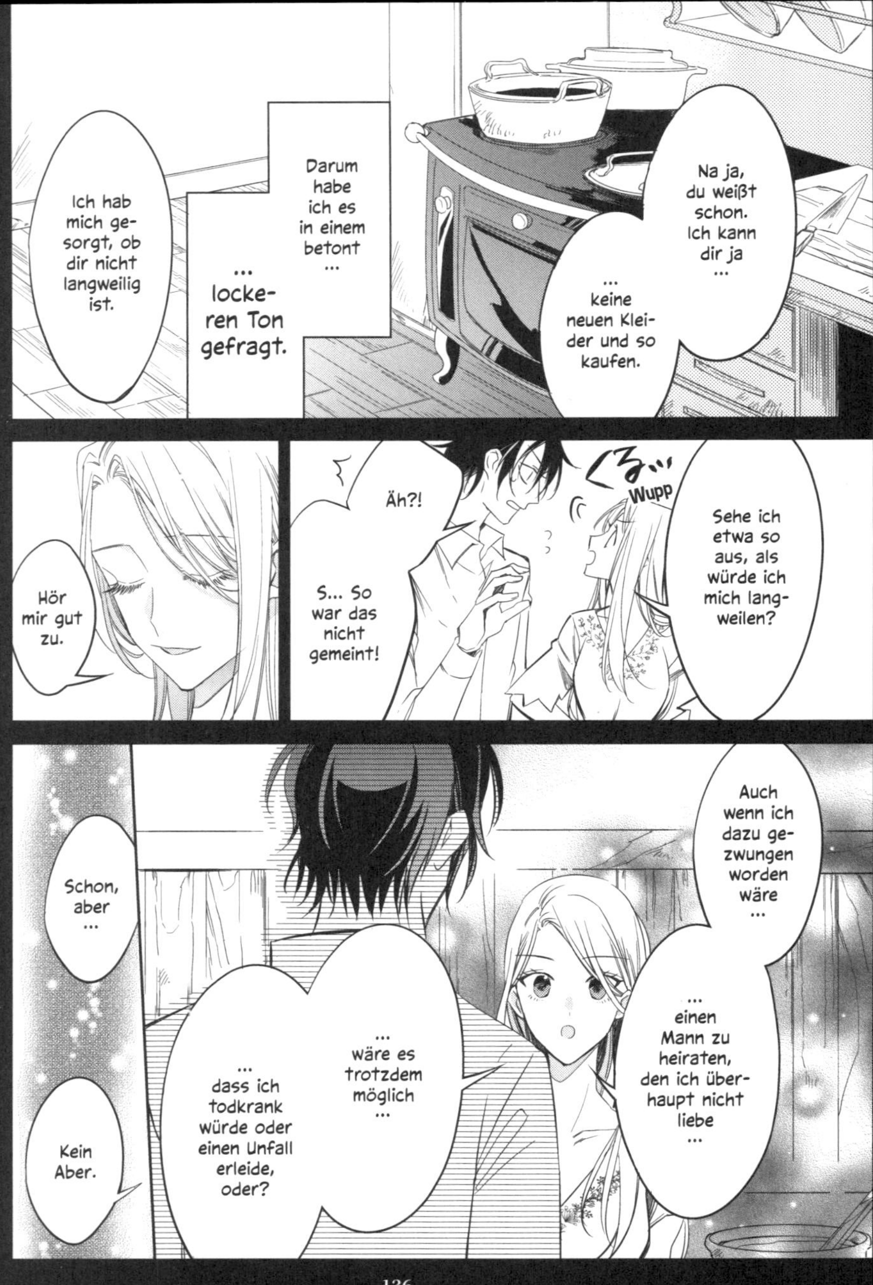
Na ja, du weißt schon. Ich kann dir ja ...
... keine neuen Kleider und so kaufen.
Darum habe ich es in einem betont ...
... lockeren Ton gefragt.
Ich hab mich gesorgt, ob dir nicht langweilig ist.
Wupp
Sehe ich etwa so aus, als würde ich mich langweilen?
Äh?!
S... So war das nicht gemeint!
Hör mir gut zu.
Auch wenn ich dazu gezwungen worden wäre ...
... einen Mann zu heiraten, den ich überhaupt nicht liebe ...
... wäre es trotzdem möglich ...
... dass ich todkrank würde oder einen Unfall erleide, oder?
Schon, aber ...
Kein Aber.

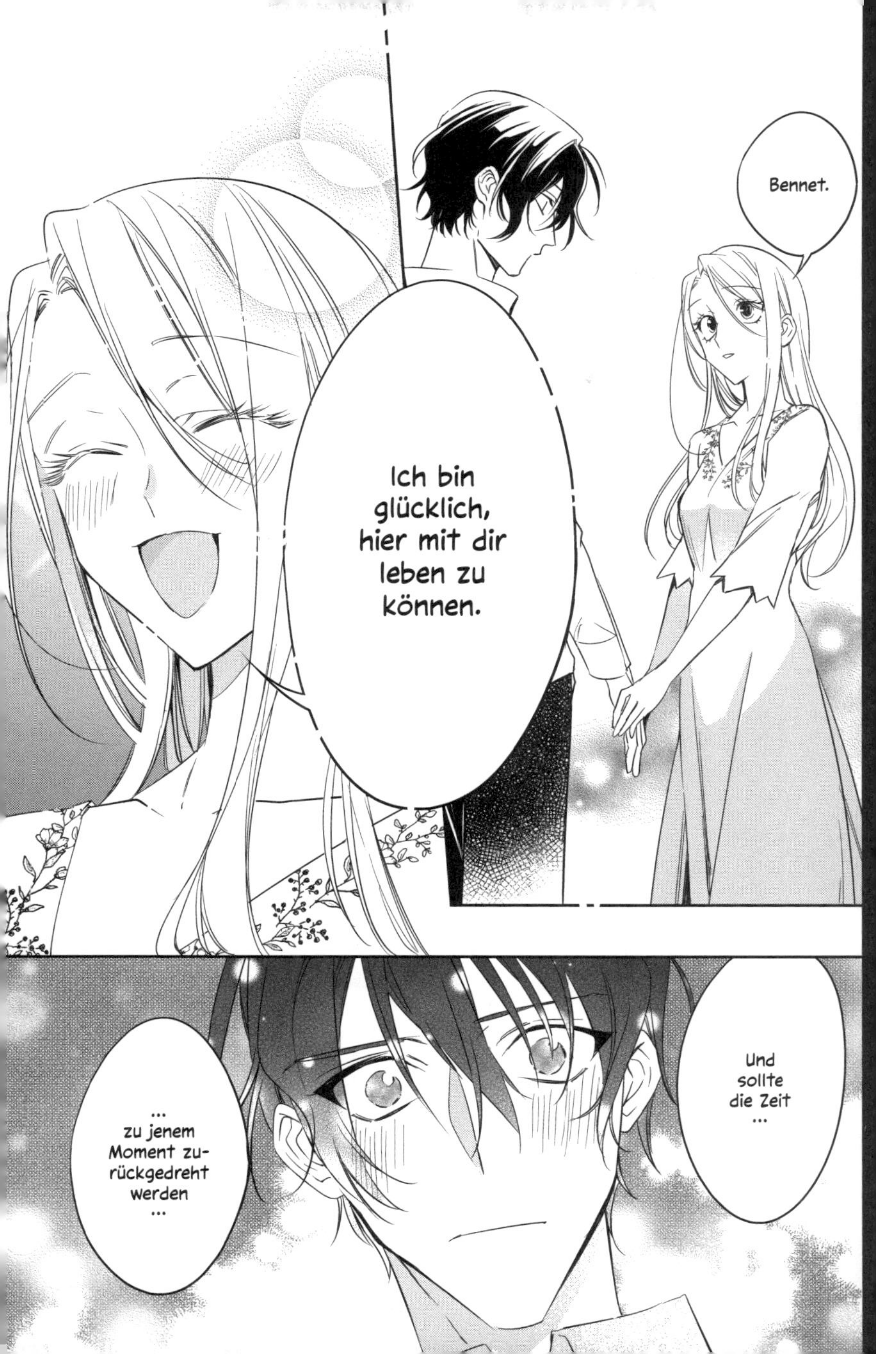
Bennet.
Ich bin glücklich, hier mit dir leben zu können.
Und sollte die Zeit ...
... zu jenem Moment zurückgedreht werden ...

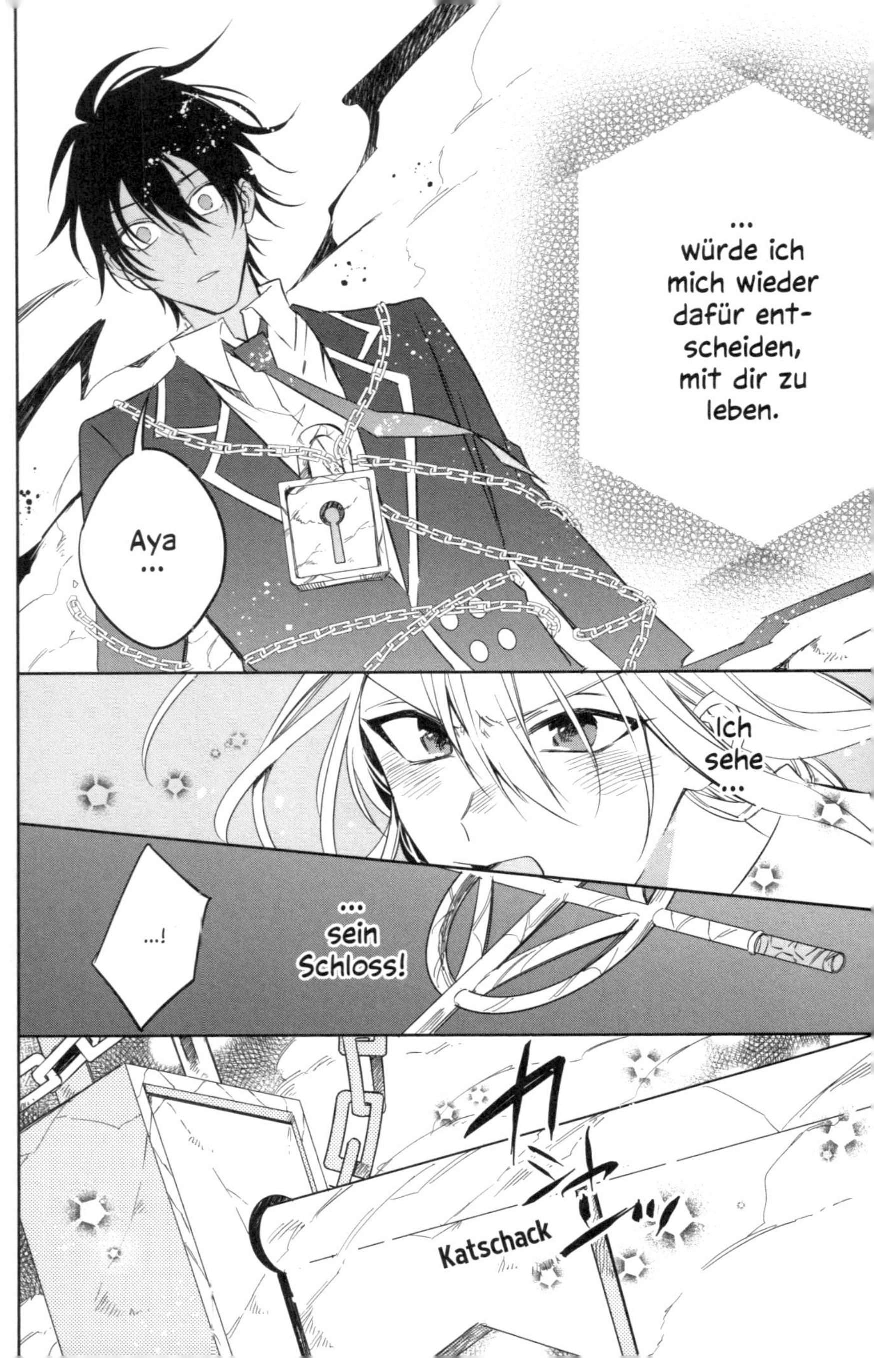
... würde ich mich wieder dafür ent-scheiden, mit dir zu leben.
Aya ...
Ich sehe ...
... sein Schloss!
...!
Katschack

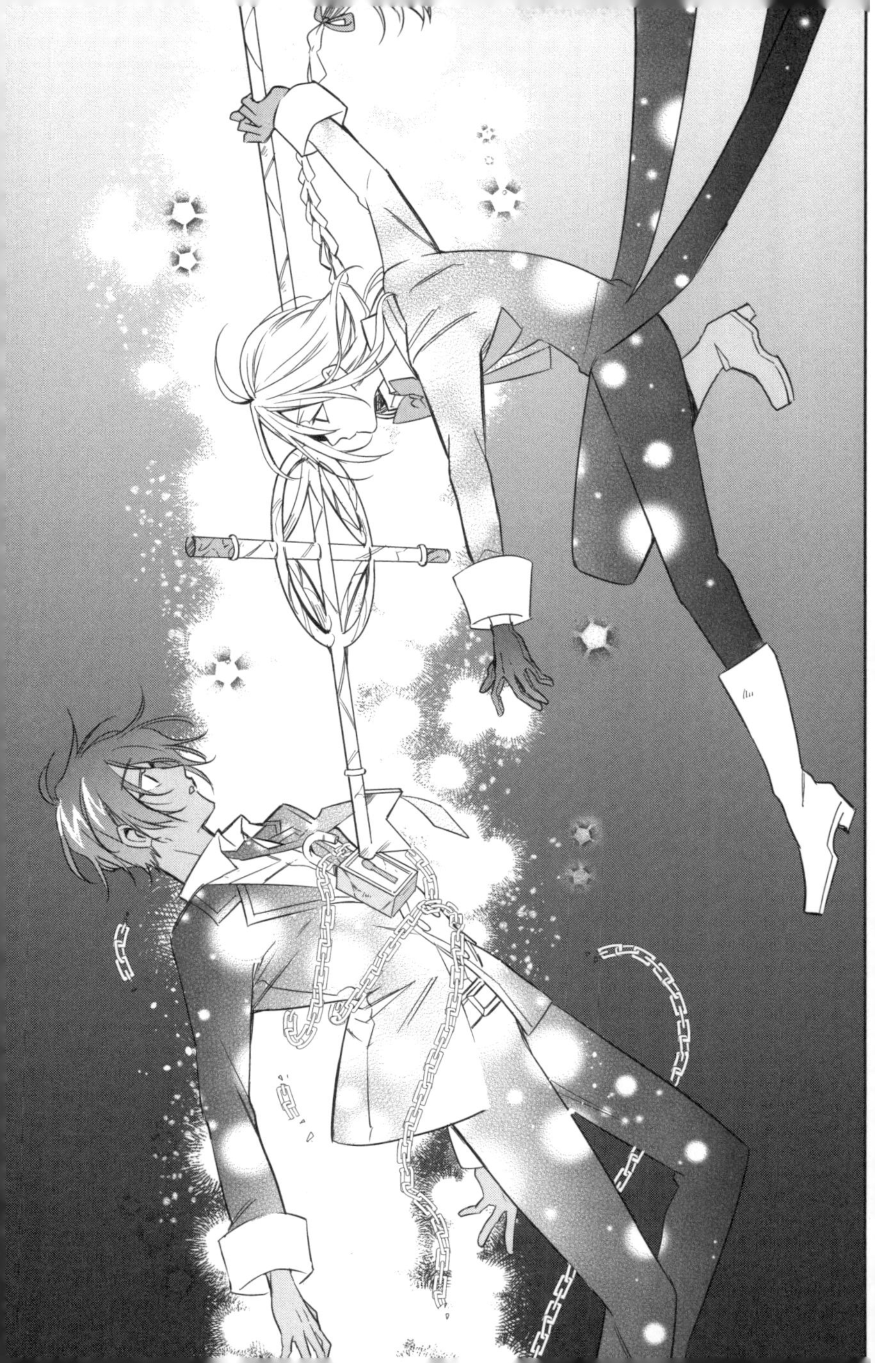

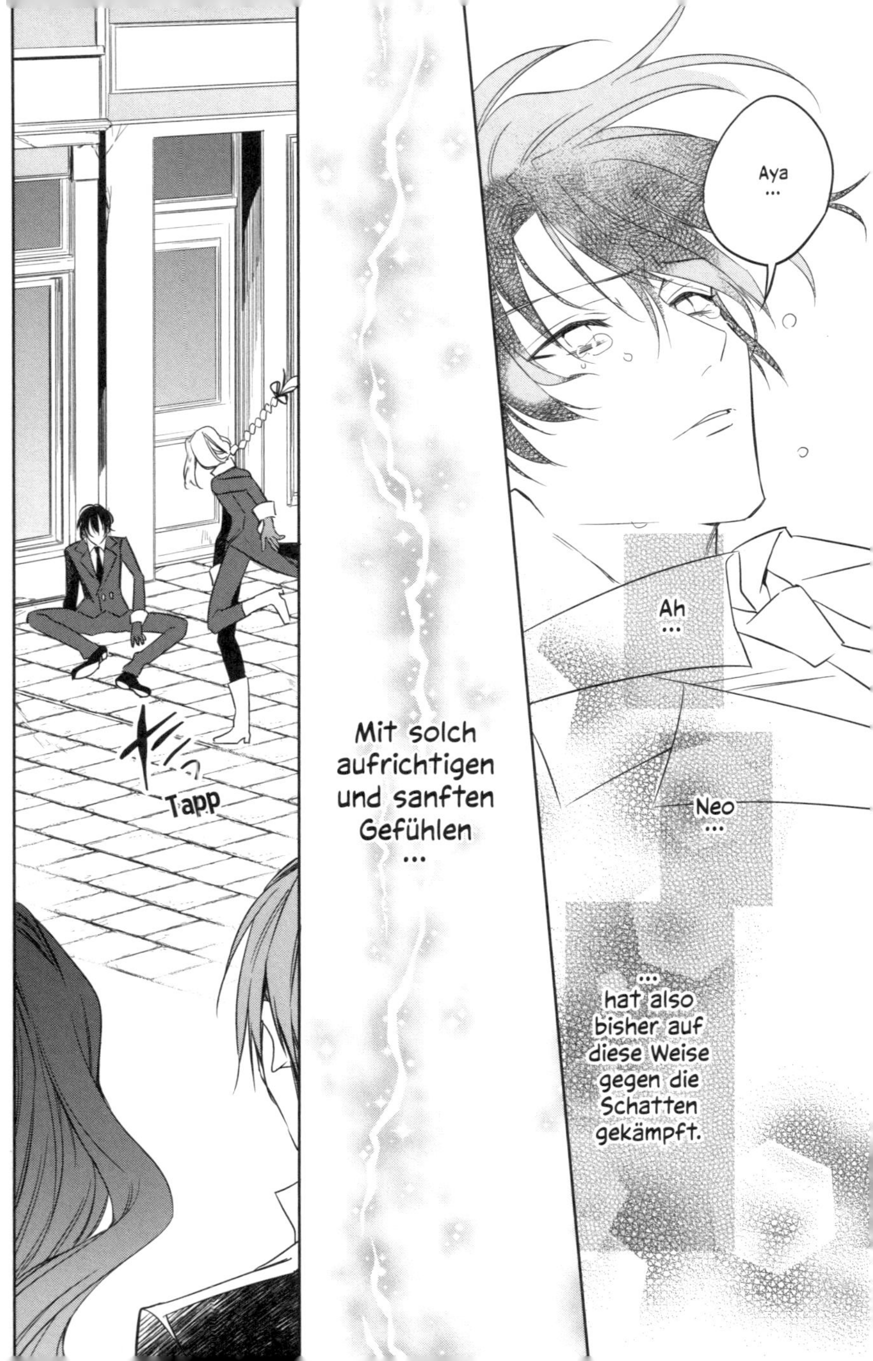
Aya …
Ah …
Neo …
… hat also bisher auf diese Weise gegen die Schatten gekämpft.
Mit solch aufrichtigen und sanften Gefühlen …
Tapp

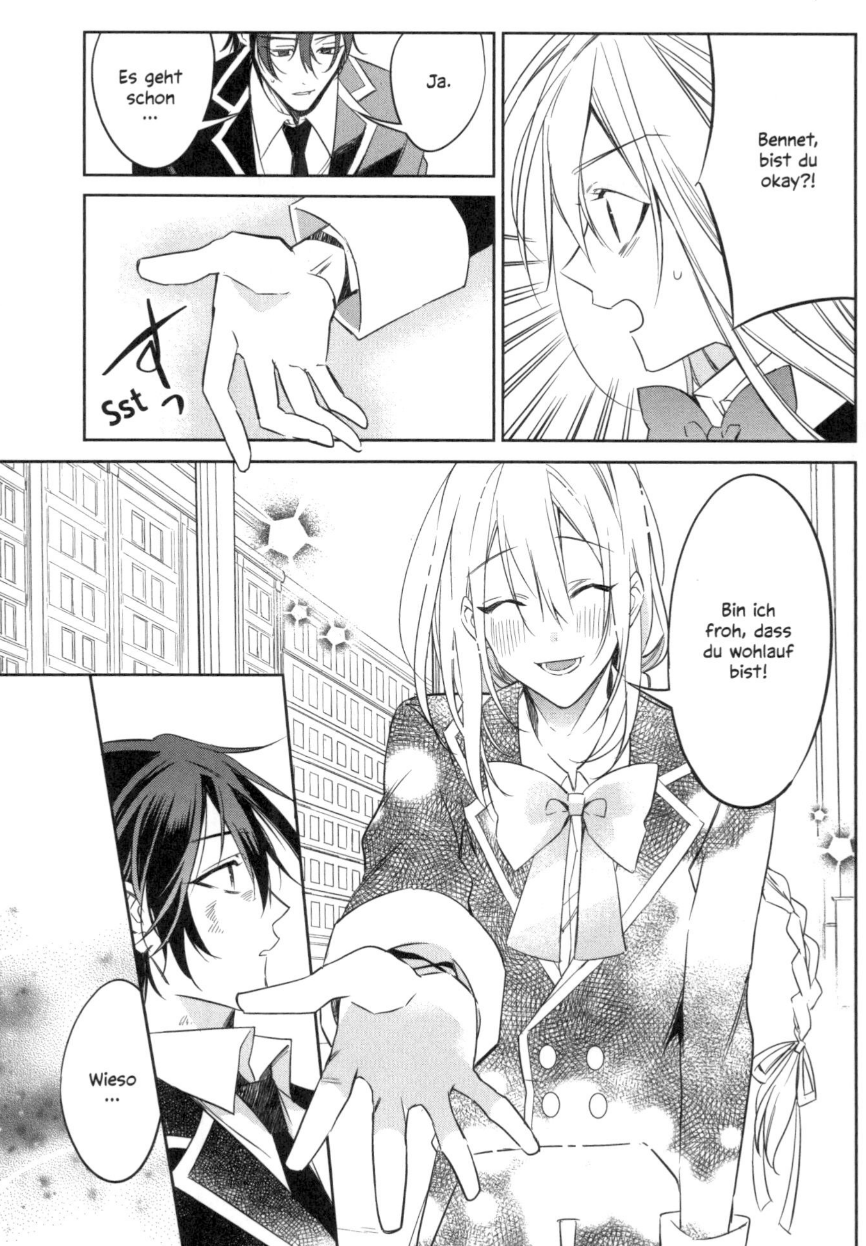
Bennet, bist du okay?!
Ja.
Es geht schon …
Sst
Bin ich froh, dass du wohlauf bist!
Wieso …

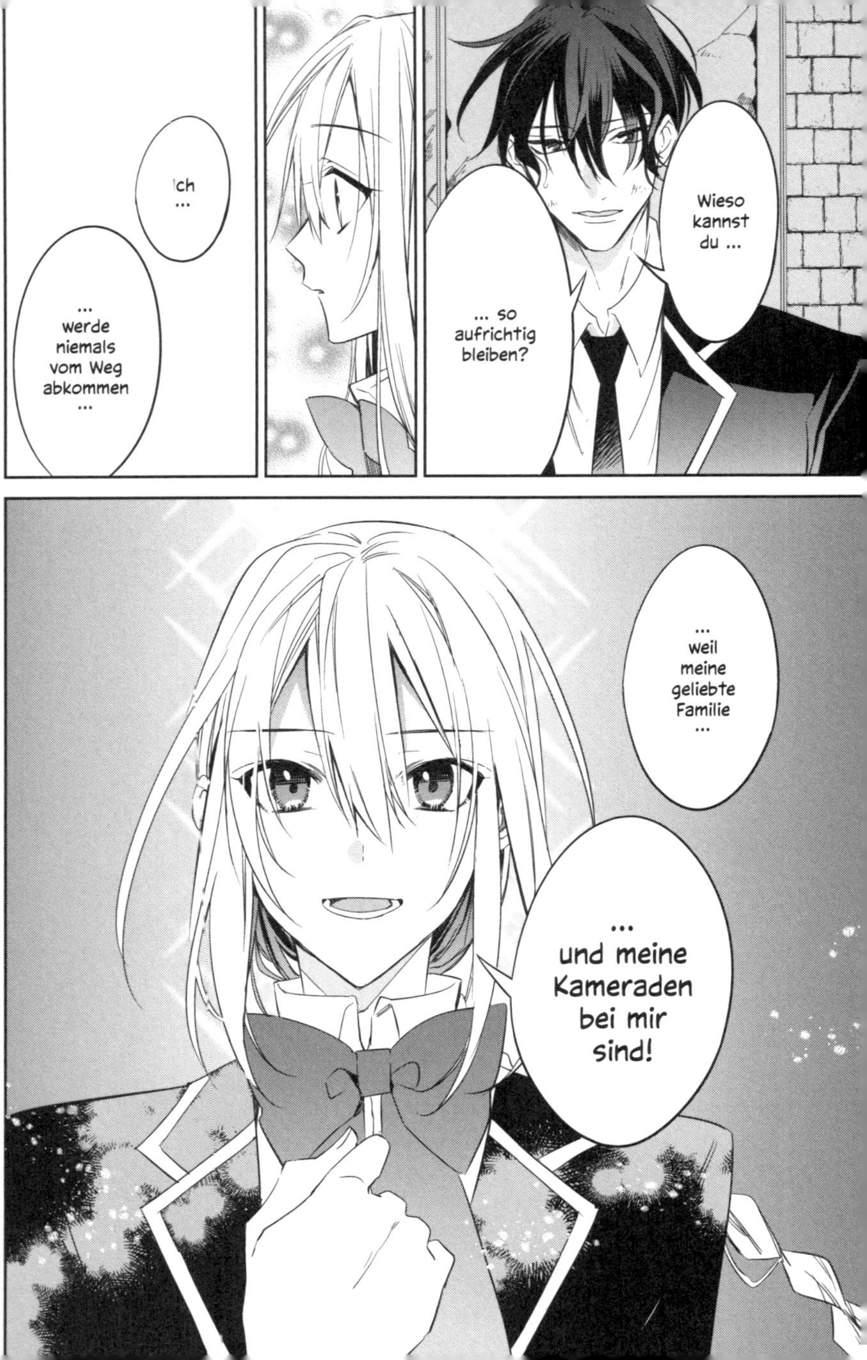

Wieso kannst du ...

... so aufrichtig bleiben?

Ich ...

... werde niemals vom Weg abkommen ...

... weil meine geliebte Familie ...

... und meine Kameraden bei mir sind!

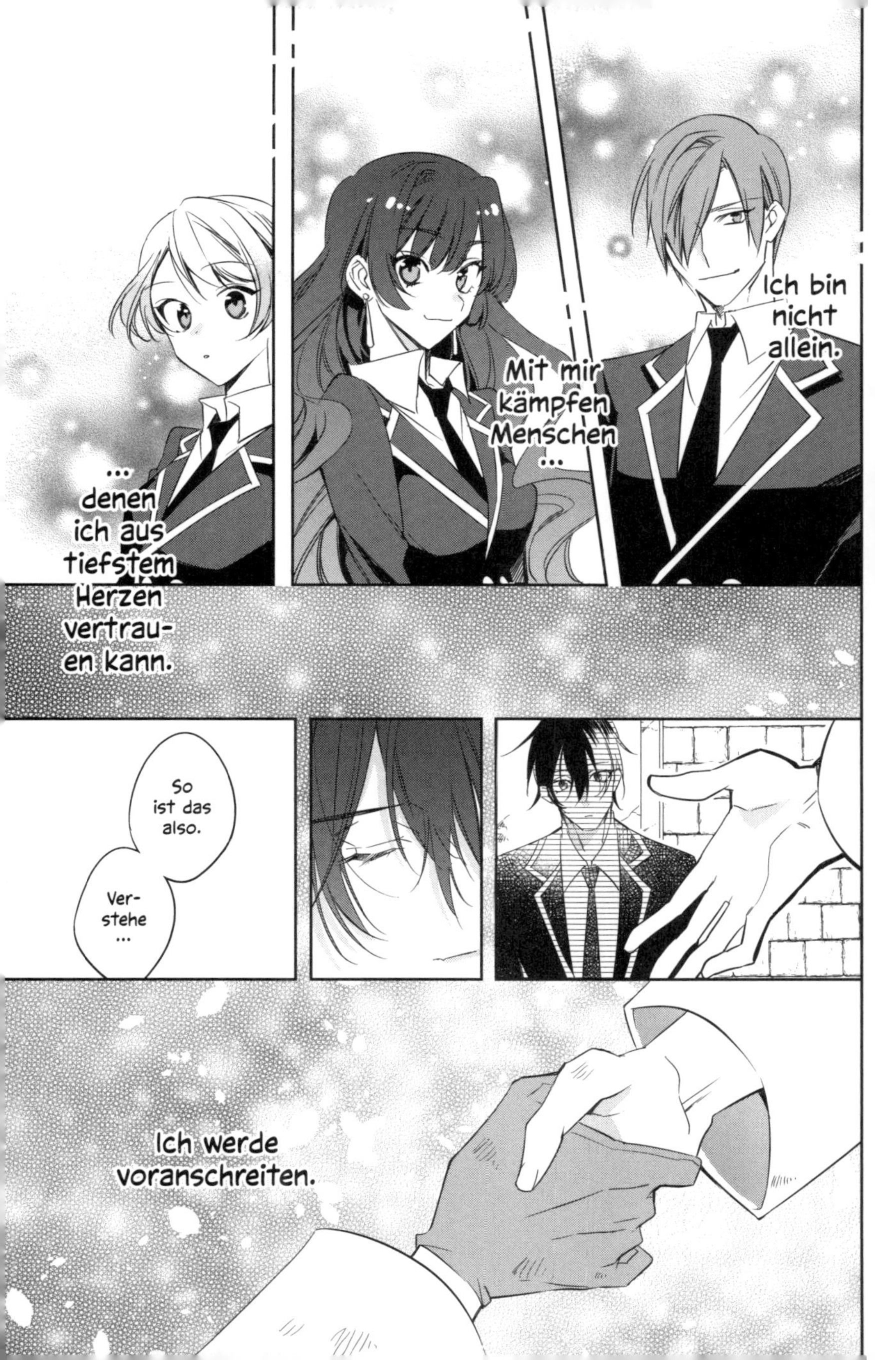

Ich bin nicht allein.

Mit mir kämpfen Menschen ...

... denen ich aus tiefstem Herzen vertrauen kann.

So ist das also.

Verstehe ...

Ich werde voranschreiten.

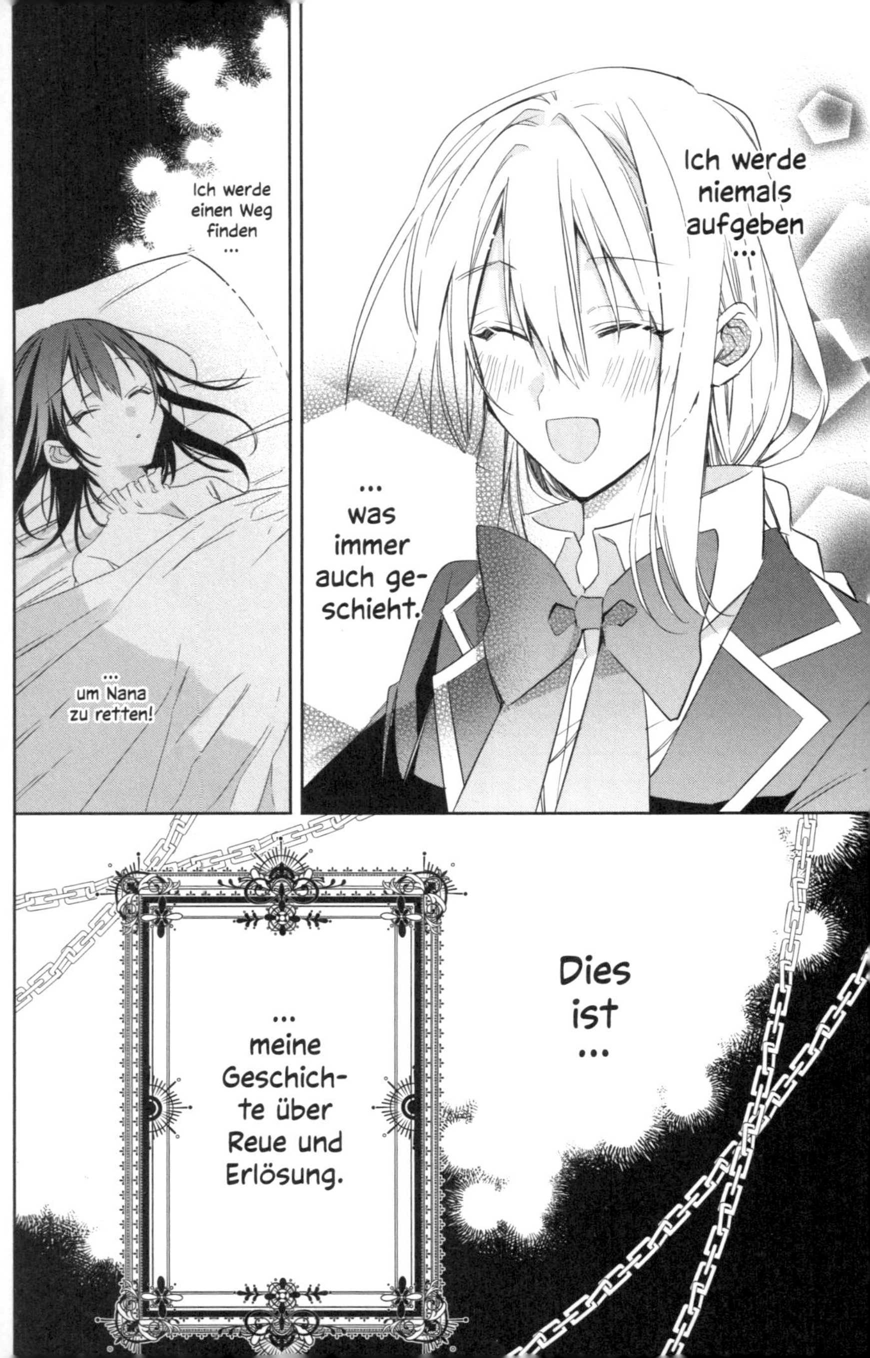
Ich werde niemals aufgeben ...
... was immer auch geschieht.
Ich werde einen Weg finden ...
... um Nana zu retten!
Dies ist ...
... meine Geschichte über Reue und Erlösung.

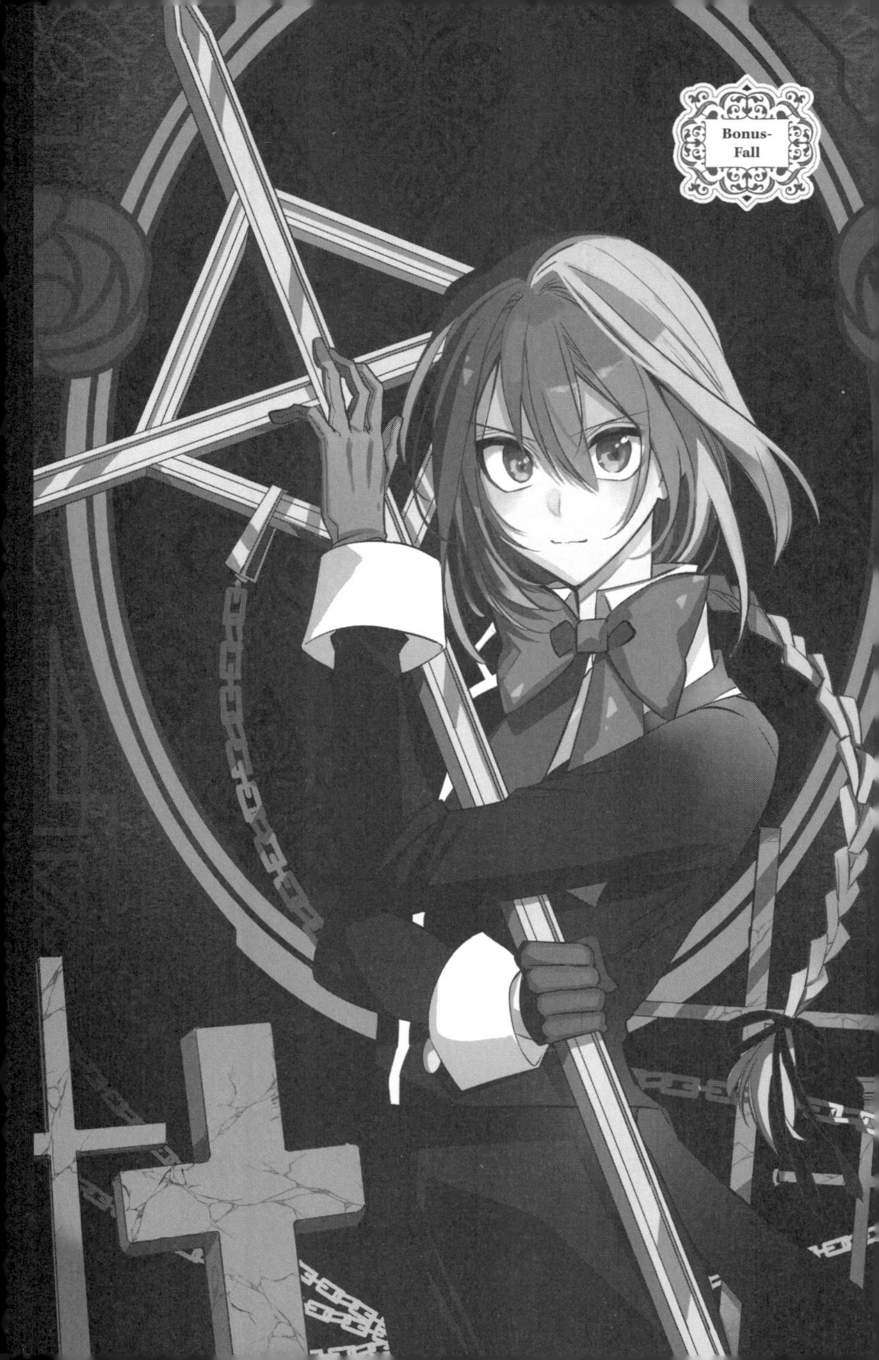
Bonus-
Fall

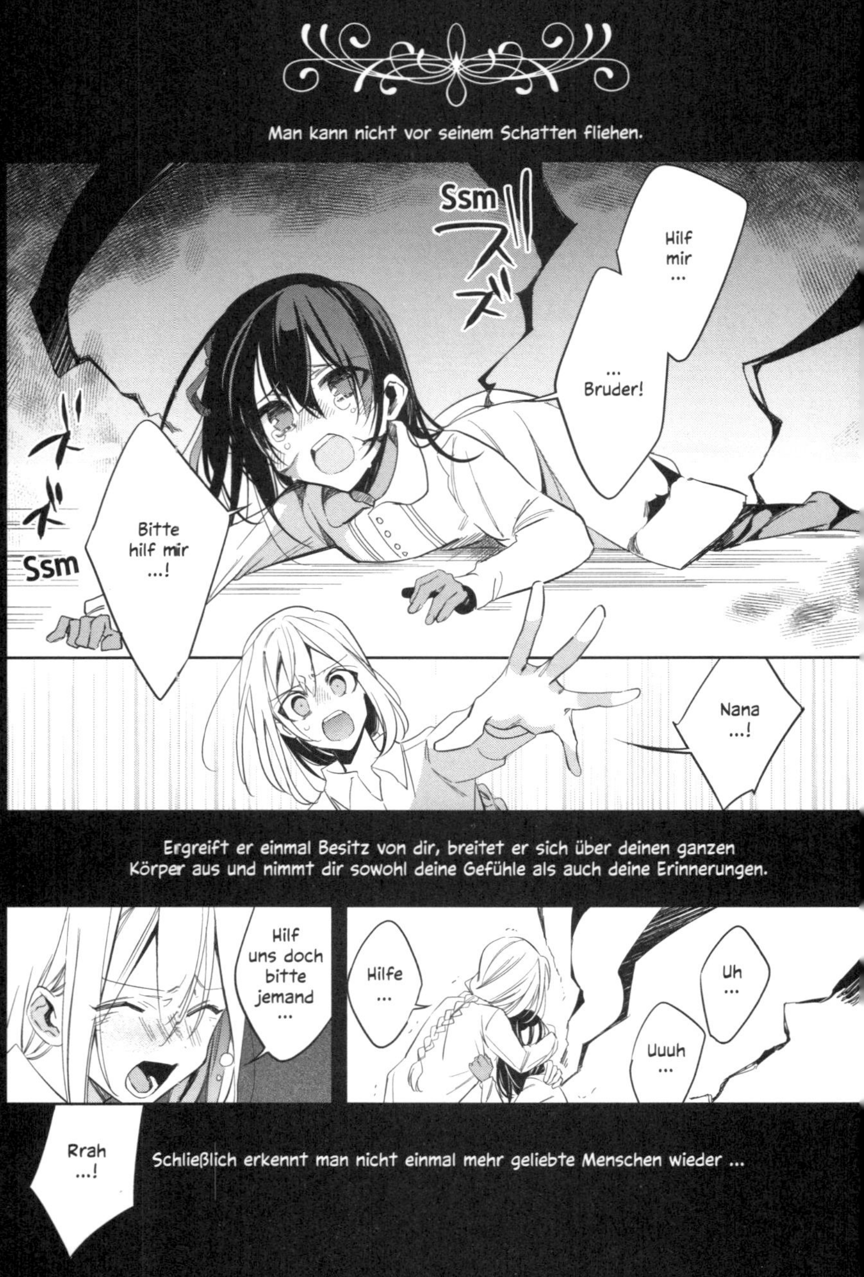

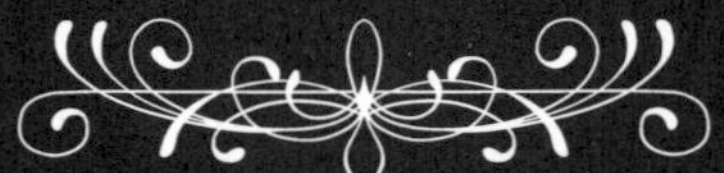

Man kann nicht vor seinem Schatten fliehen.

Ssm
Hilf mir ...
... Bruder!
Ssm
Bitte hilf mir ...!
Nana ...!

Ergreift er einmal Besitz von dir, breitet er sich über deinen ganzen Körper aus und nimmt dir sowohl deine Gefühle als auch deine Erinnerungen.

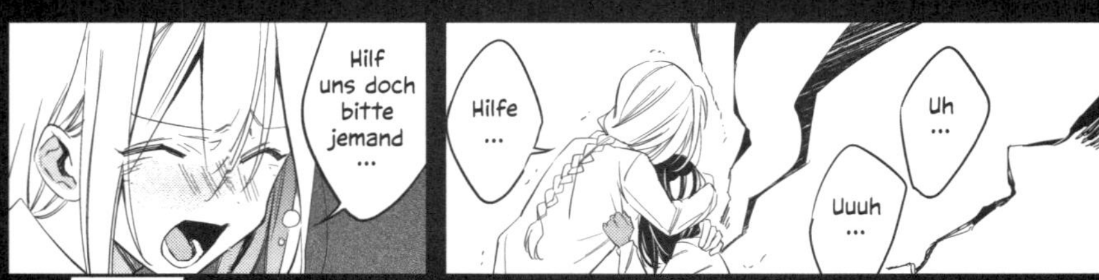

Rrah ...!

Schließlich erkennt man nicht einmal mehr geliebte Menschen wieder ...

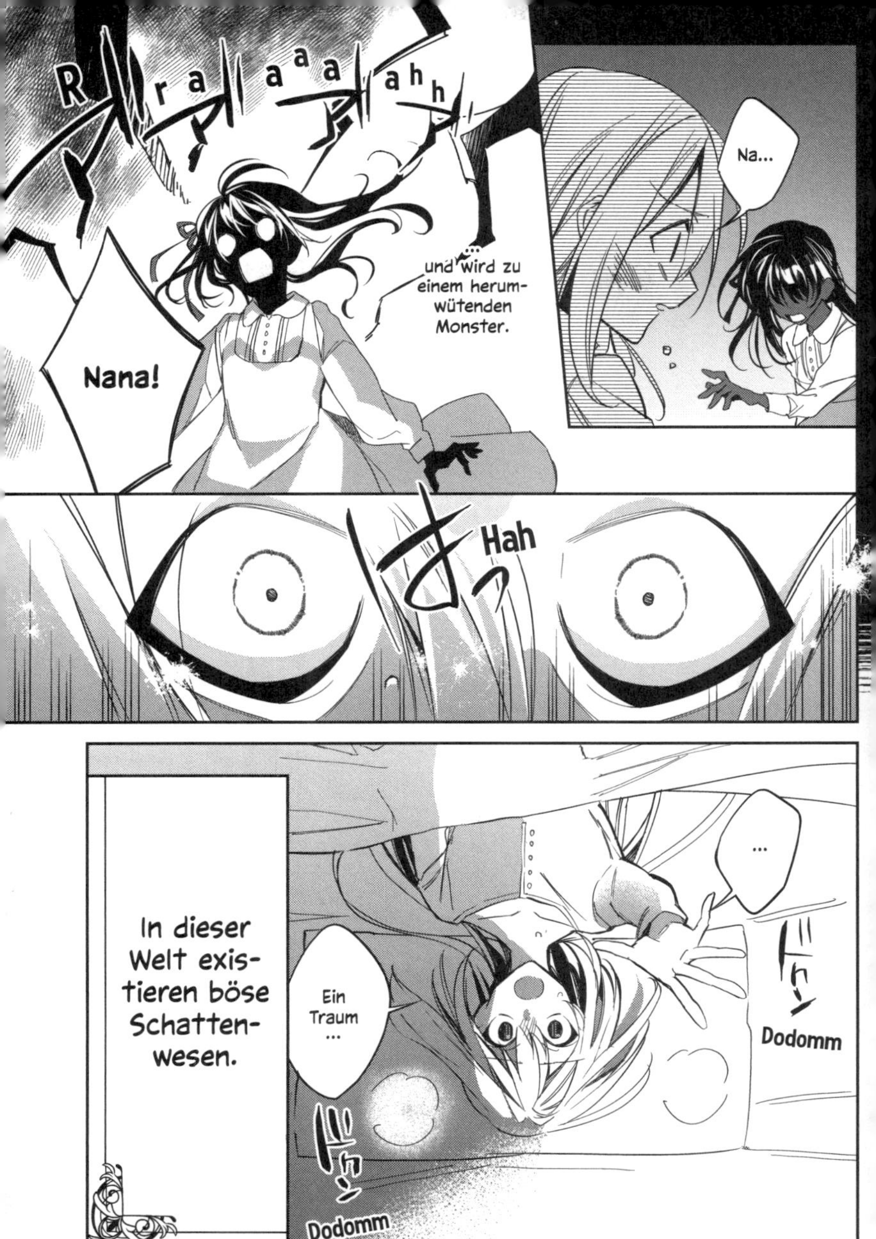

Na...

Rrraaaaahh

...und wird zu einem herum-wütenden Monster.

Nana!

Hah

...

Dodomm

Ein Traum ...

Dodomm

In dieser Welt exis-tieren böse Schatten-wesen.

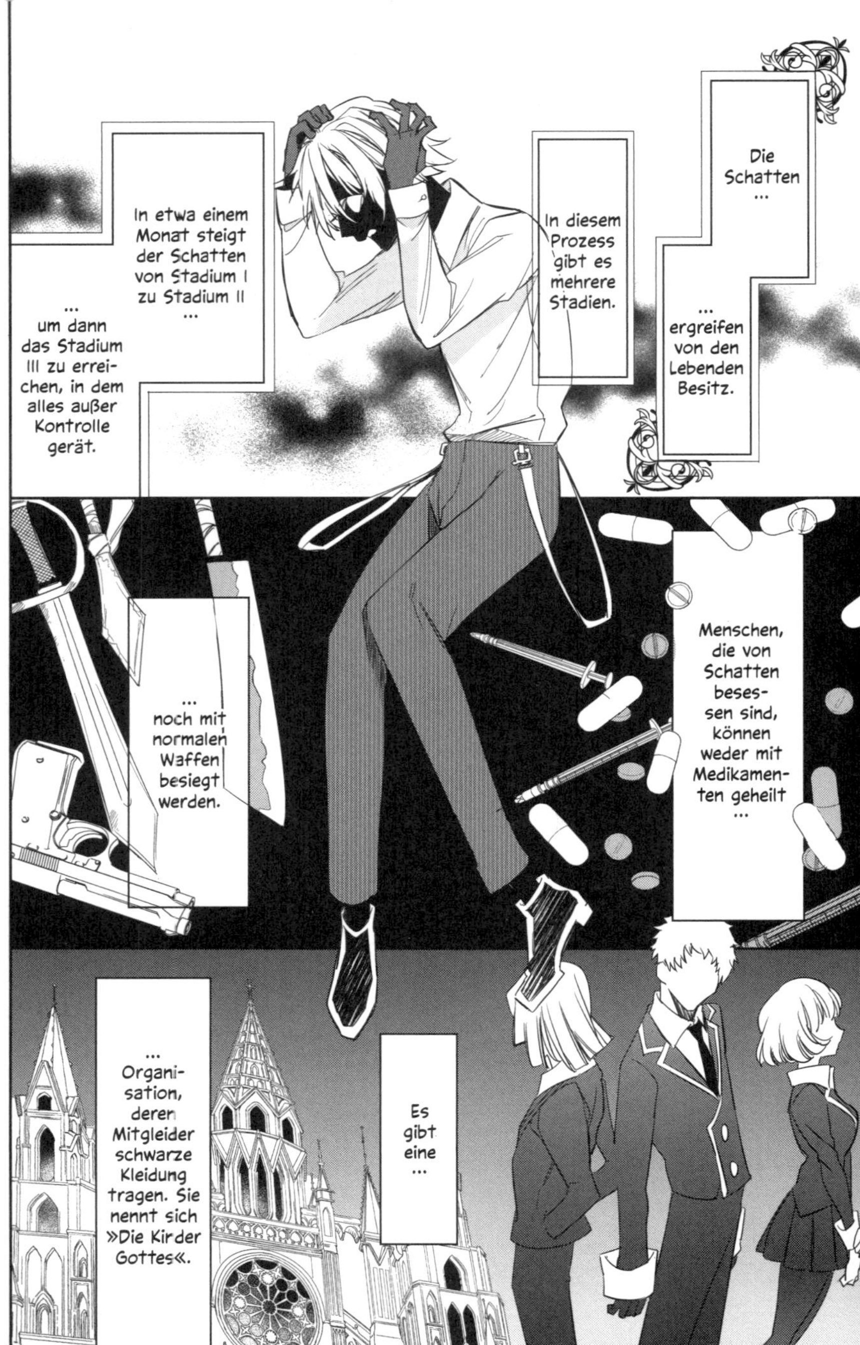
Die Schatten …
… ergreifen von den Lebenden Besitz.
In diesem Prozess gibt es mehrere Stadien.
In etwa einem Monat steigt der Schatten von Stadium I zu Stadium II …
… um dann das Stadium III zu erreichen, in dem alles außer Kontrolle gerät.
Menschen, die von Schatten besessen sind, können weder mit Medikamenten geheilt …
… noch mit normalen Waffen besiegt werden.
Es gibt eine …
… Organisation, deren Mitgleider schwarze Kleidung tragen. Sie nennt sich »Die Kirder Gottes«.

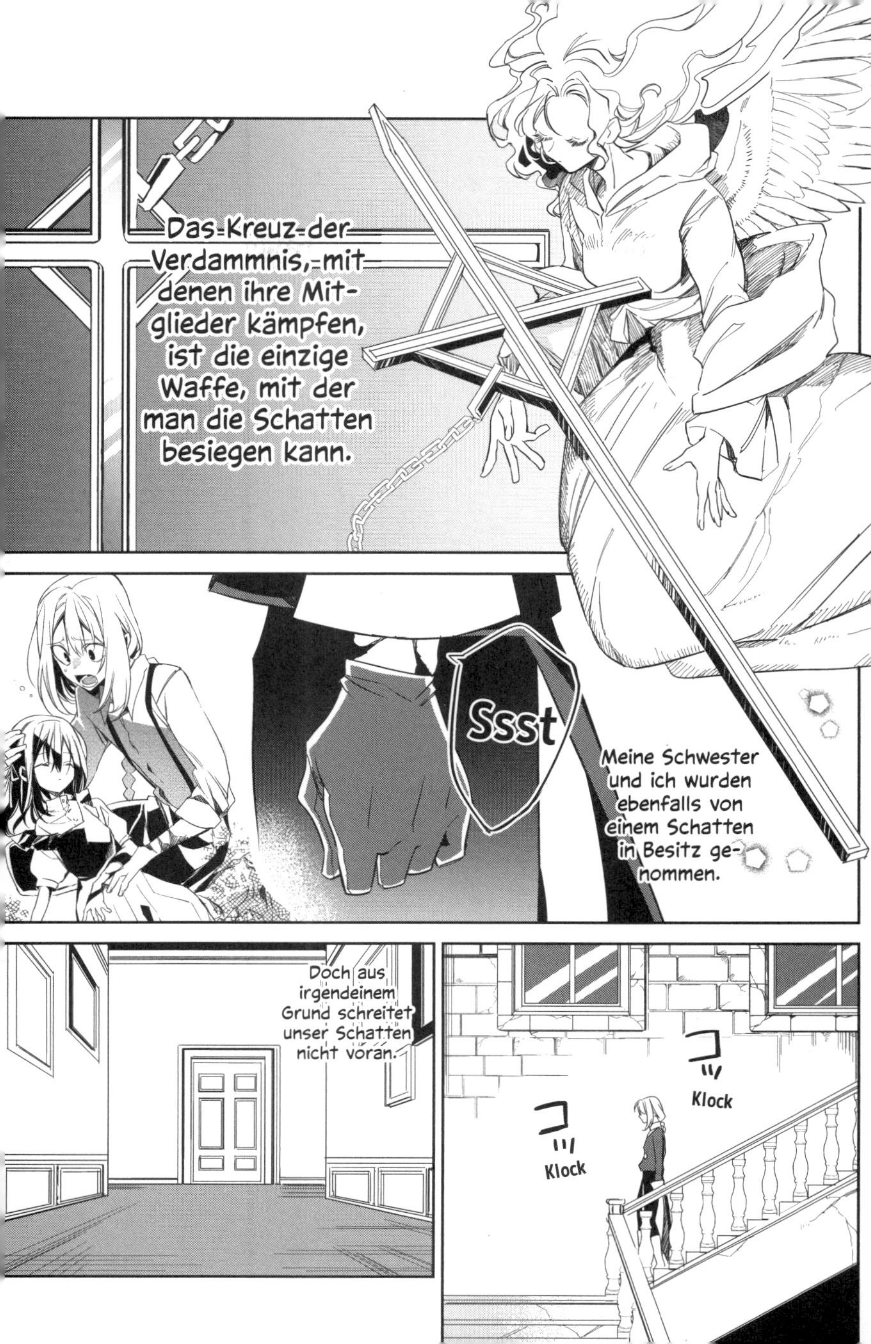
Das Kreuz der Verdammnis, mit denen ihre Mitglieder kämpfen, ist die einzige Waffe, mit der man die Schatten besiegen kann.
Ssst
Meine Schwester und ich wurden ebenfalls von einem Schatten in Besitz genommen.
Doch aus irgendeinem Grund schreitet unser Schatten nicht voran.
Klock
Klock

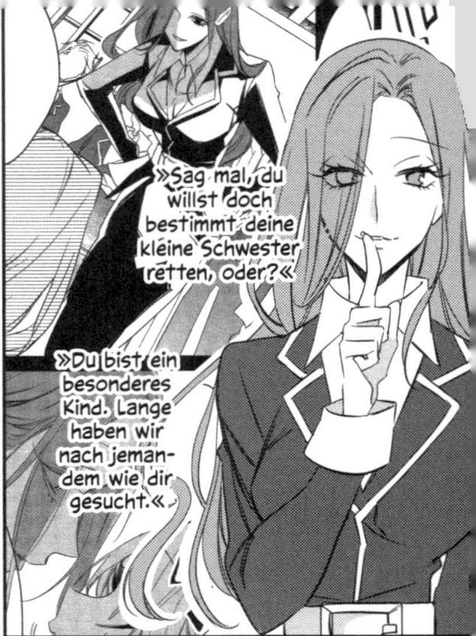
»Sag mal, du willst doch bestimmt deine kleine Schwester retten, oder?«
»Du bist ein besonderes Kind. Lange haben wir nach jemandem wie dir gesucht.«

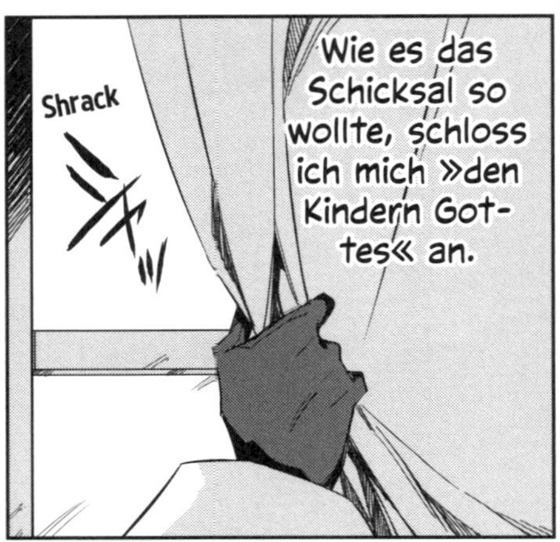
Wie es das Schicksal so wollte, schloss ich mich »den Kindern Gottes« an.
Shrack

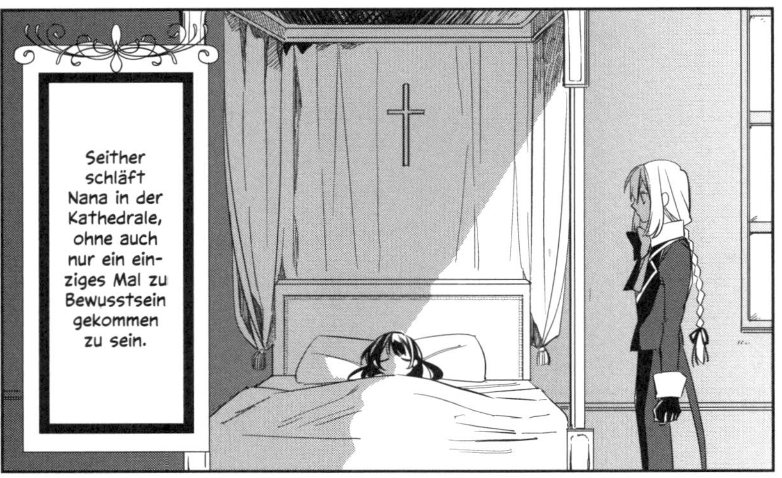
Seither schläft Nana in der Kathedrale, ohne auch nur ein einziges Mal zu Bewusstsein gekommen zu sein.

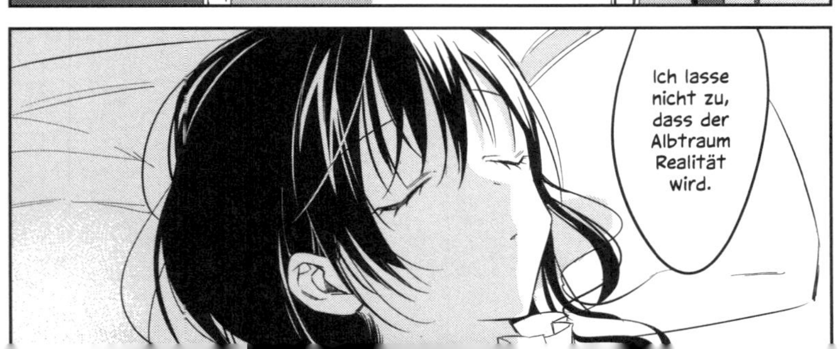
Ich lasse nicht zu, dass der Albtraum Realität wird.

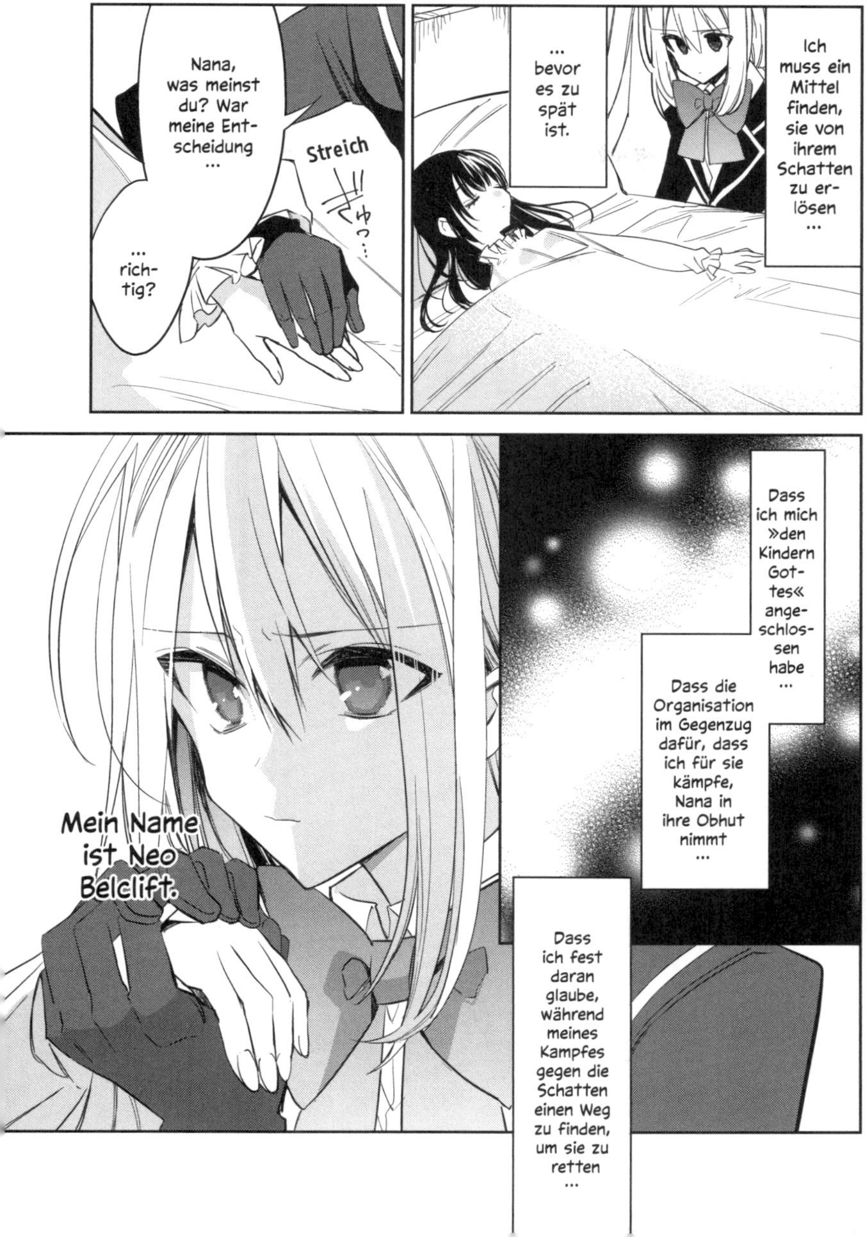

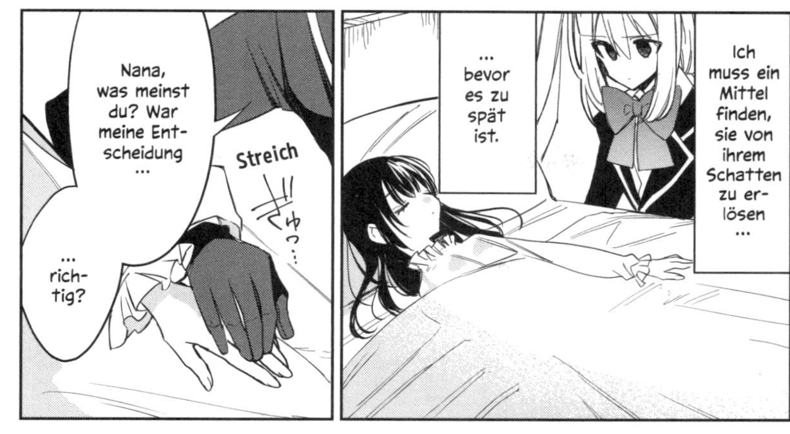

Dass ich mich »den Kindern Gottes« angeschlossen habe ...

Dass die Organisation im Gegenzug dafür, dass ich für sie kämpfe, Nana in ihre Obhut nimmt ...

Dass ich fest daran glaube, während meines Kampfes gegen die Schatten einen Weg zu finden, um sie zu retten ...

Mein Name ist Neo Belclift.

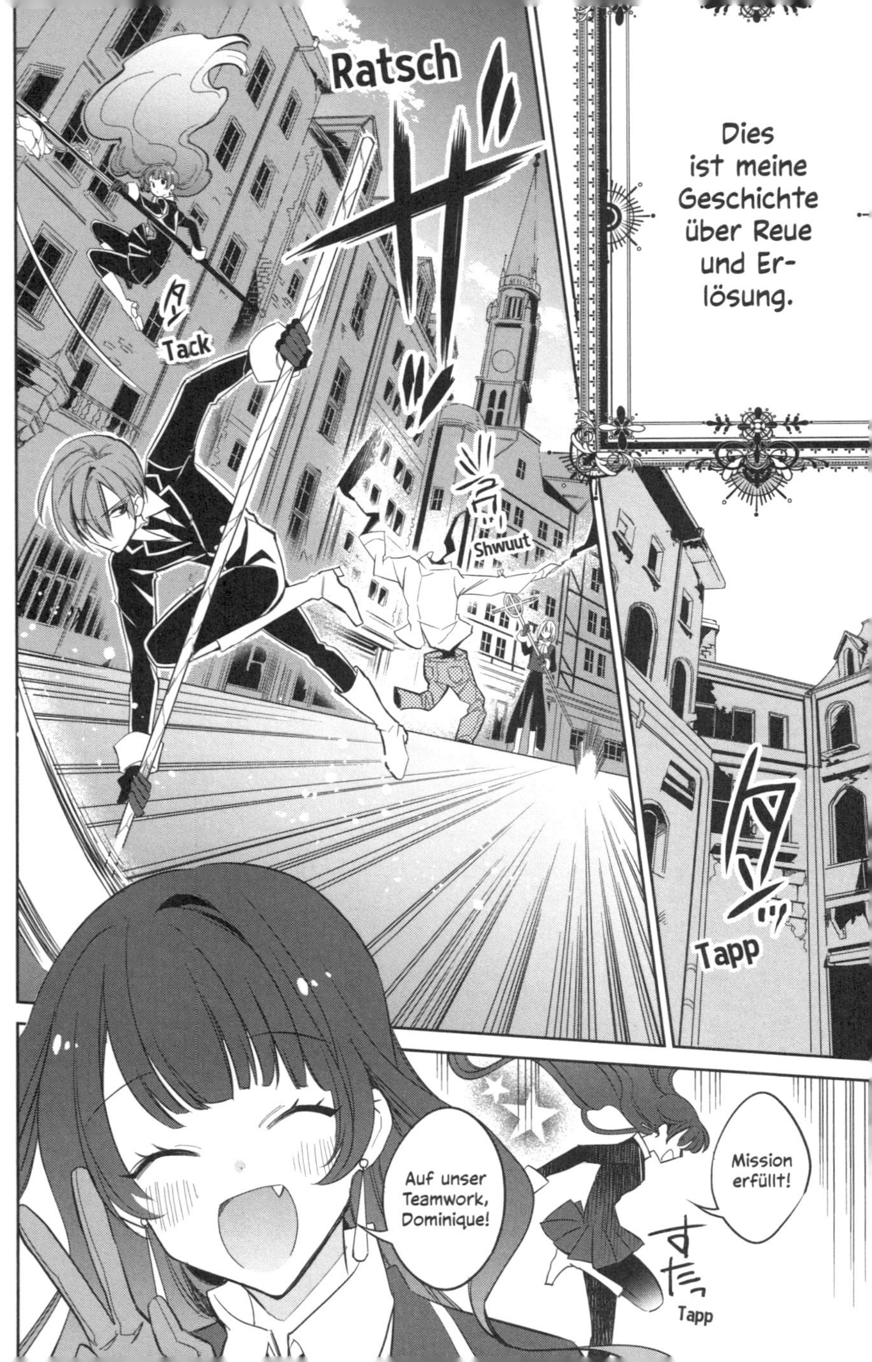

Dies ist meine Geschichte über Reue und Erlösung.
Ratsch
Tack
Shwuut
Tapp
Mission erfüllt!
Auf unser Teamwork, Dominique!
Tapp

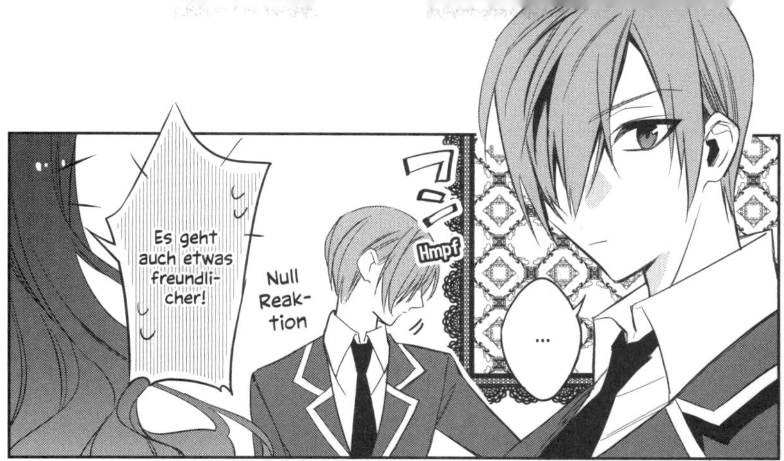
...
フン
Hmpf
Null Reak-tion
Es geht auch etwas freundli-cher!

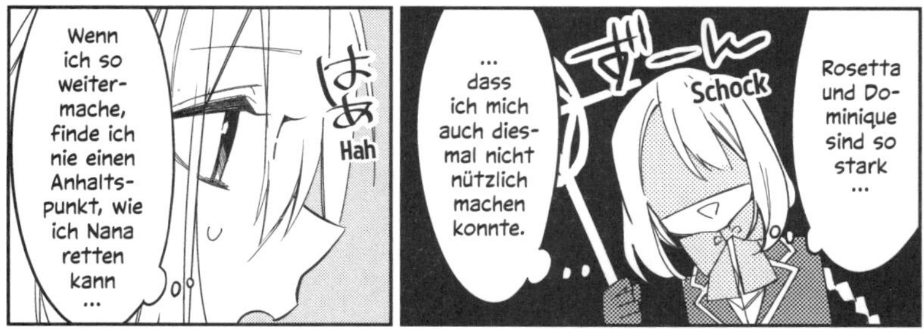
Rosetta und Do-minique sind so stark ...
ずーん
Schock
... dass ich mich auch dies-mal nicht nützlich machen konnte.
はあ
Hah
Wenn ich so weiter-mache, finde ich nie einen Anhalts-punkt, wie ich Nana retten kann ...

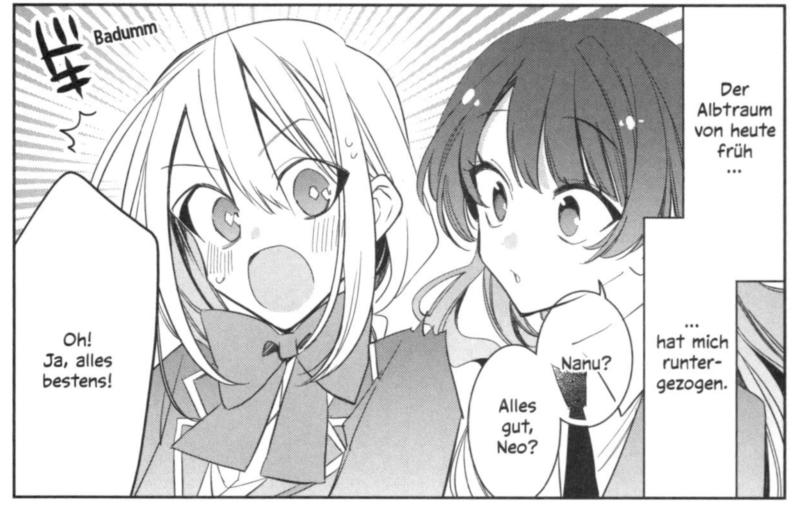
Der Albtraum von heute früh ...
... hat mich runter-gezogen.
Nanu?
Alles gut, Neo?
ドキ
Badumm
Oh! Ja, alles bestens!

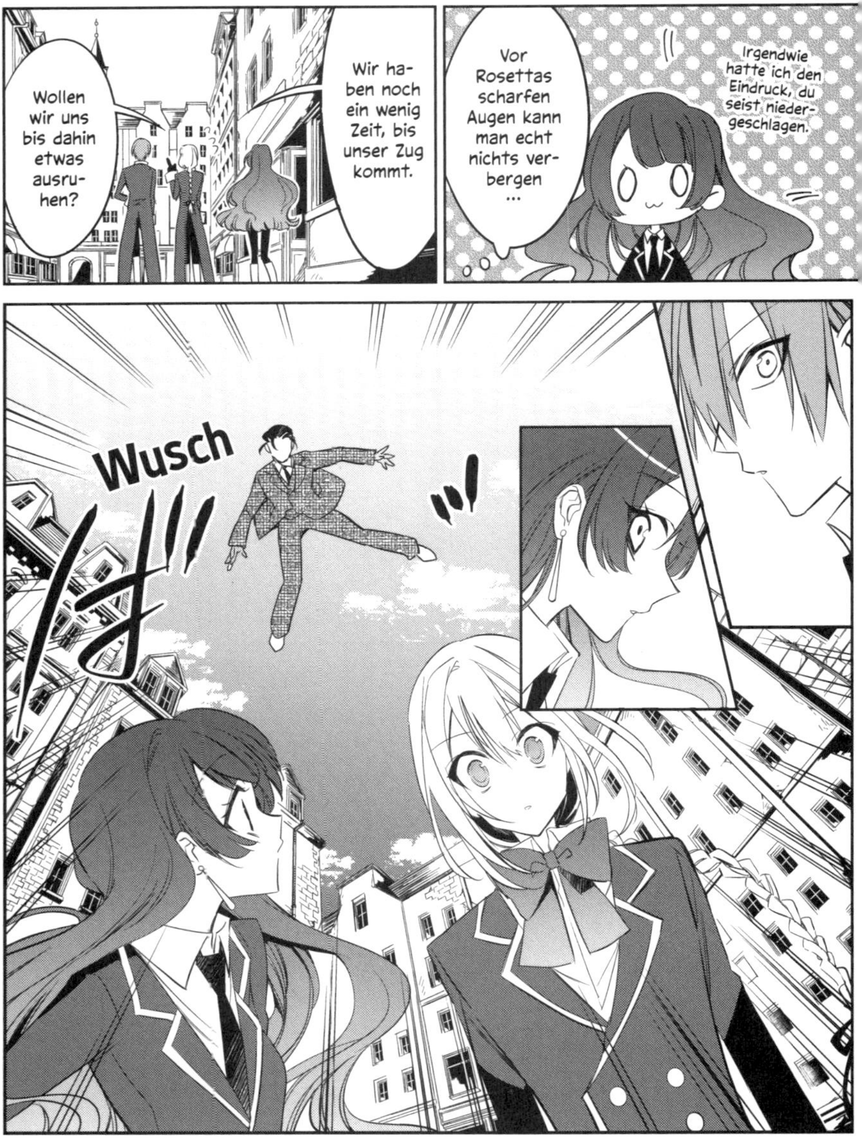

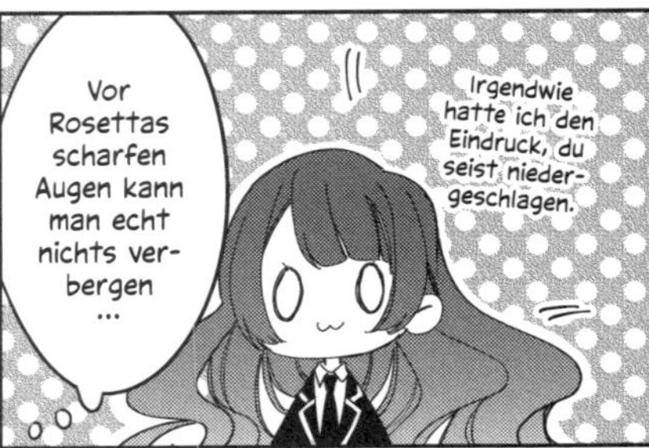
Irgendwie hatte ich den Eindruck, du seist niedergeschlagen.
Vor Rosettas scharfen Augen kann man echt nichts verbergen ...

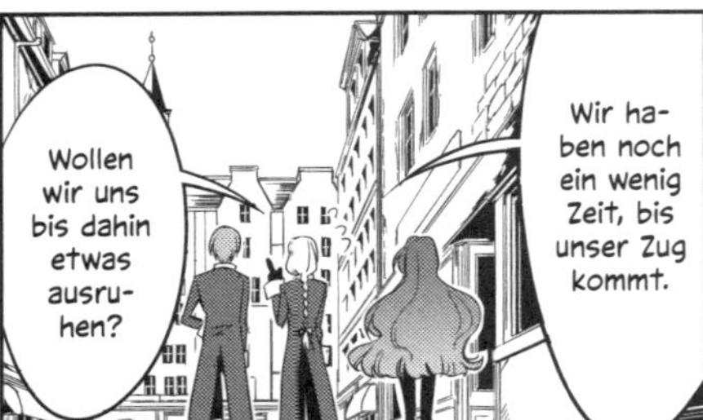
Wir haben noch ein wenig Zeit, bis unser Zug kommt.
Wollen wir uns bis dahin etwas ausruhen?

Wusch

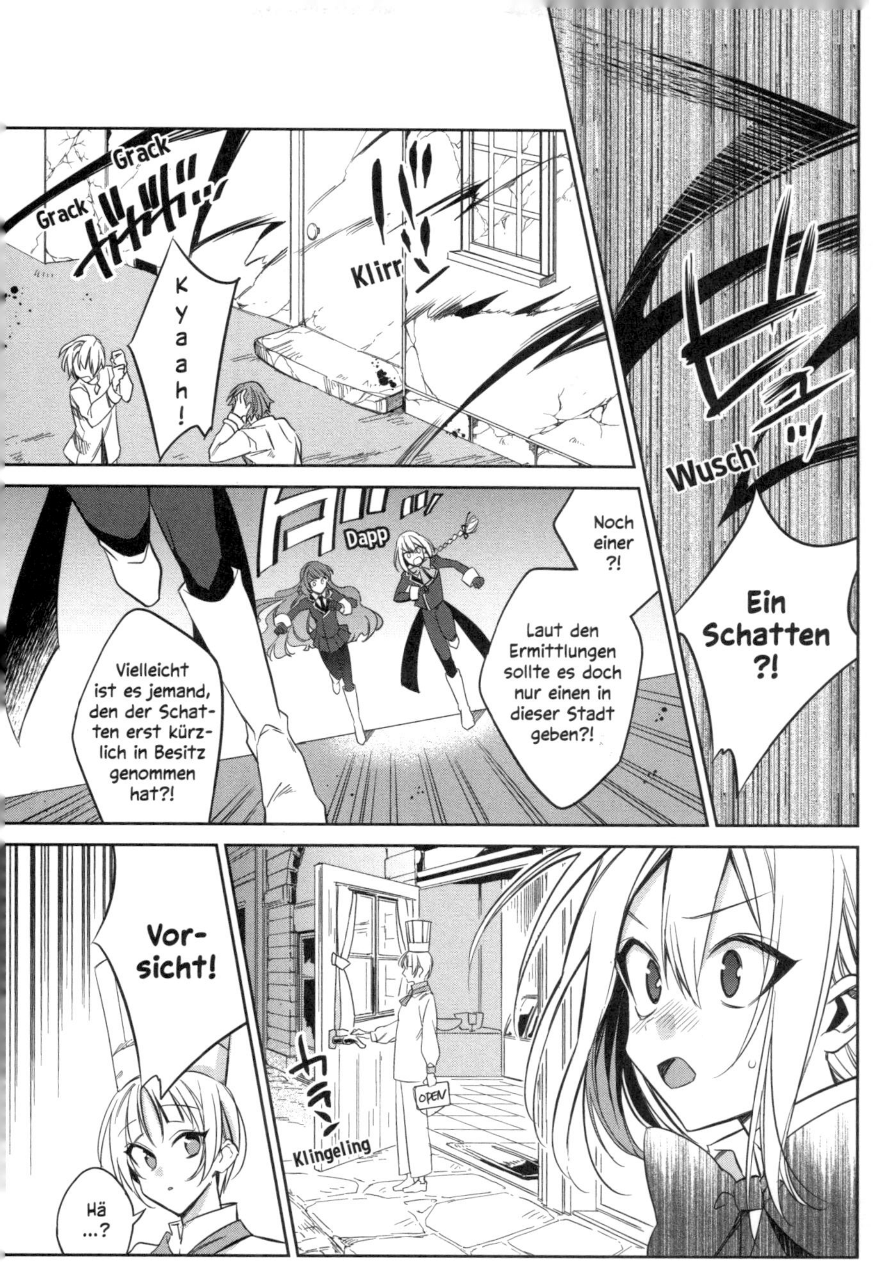

Wusch
Ein Schatten ?!
Grack
Grack
Kyaah!
Klirr
Noch einer ?!
Laut den Ermittlungen sollte es doch nur einen in dieser Stadt geben?!
Dapp
Vielleicht ist es jemand, den der Schatten erst kürzlich in Besitz genommen hat?!

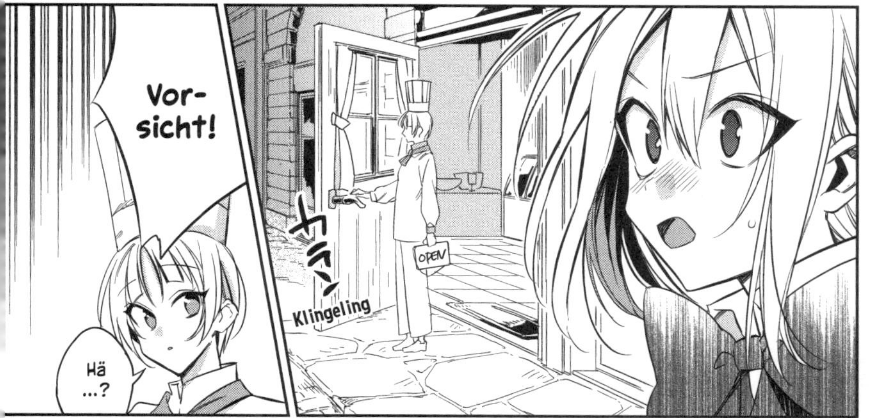

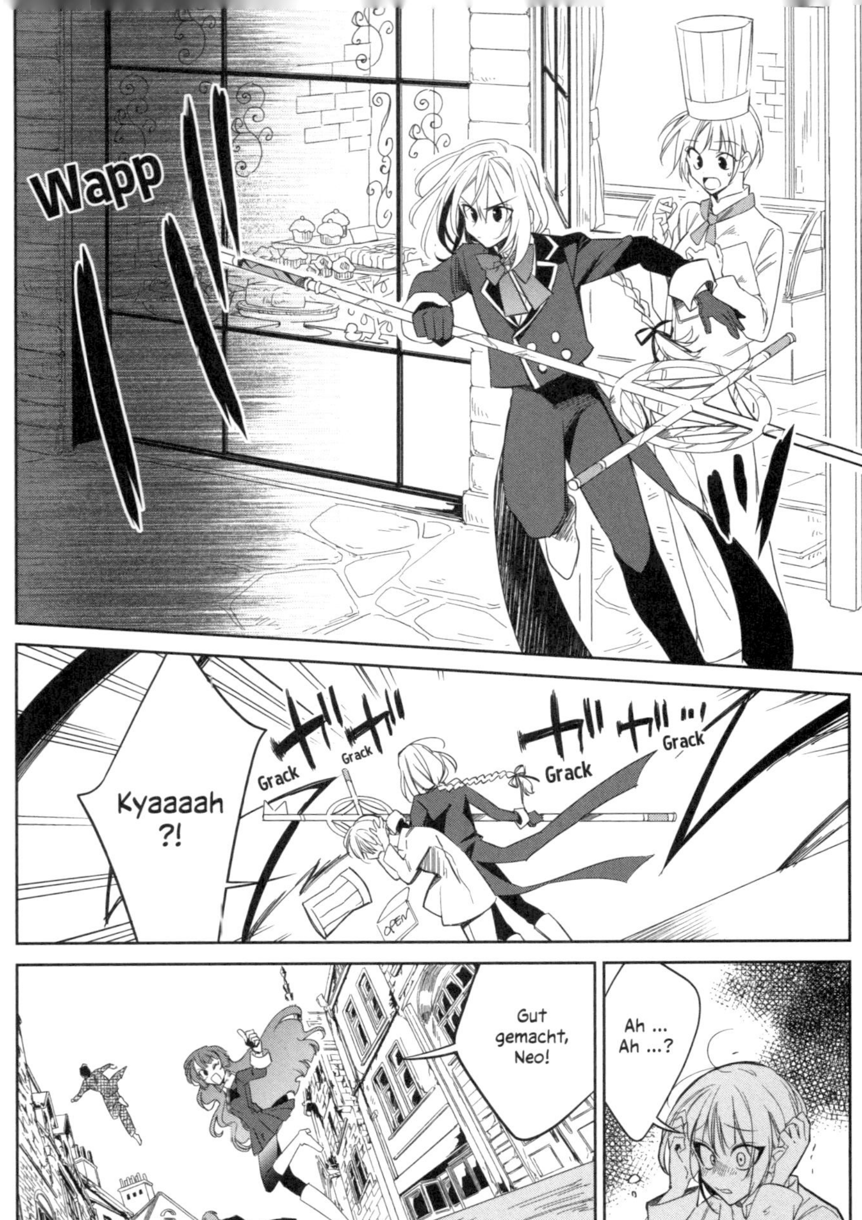
Wapp
Grack
Grack
Grack
Grack
Kyaaaah ?!
Ah ... Ah ...?
Gut gemacht, Neo!

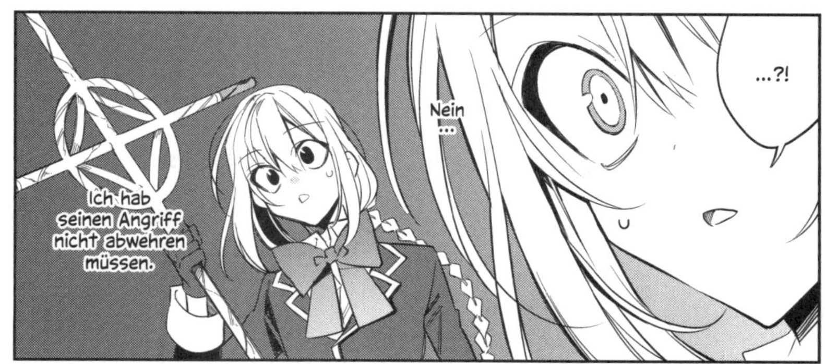
...?!
Nein ...
Ich hab seinen Angriff nicht abwehren müssen.

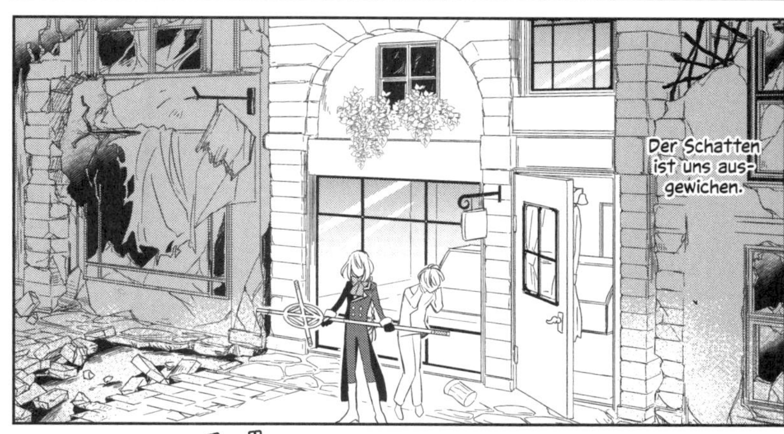
Der Schatten ist uns ausgewichen.

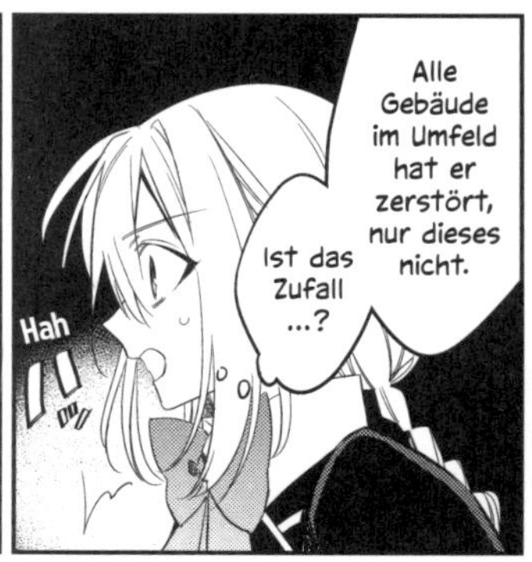
Alle Gebäude im Umfeld hat er zerstört, nur dieses nicht.
Ist das Zufall ...?
Hah

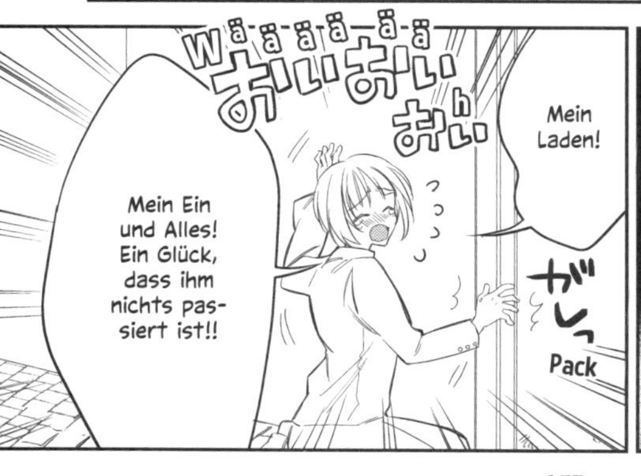
Wäääääää
Mein Laden!
Mein Ein und Alles! Ein Glück, dass ihm nichts passiert ist!!
Pack

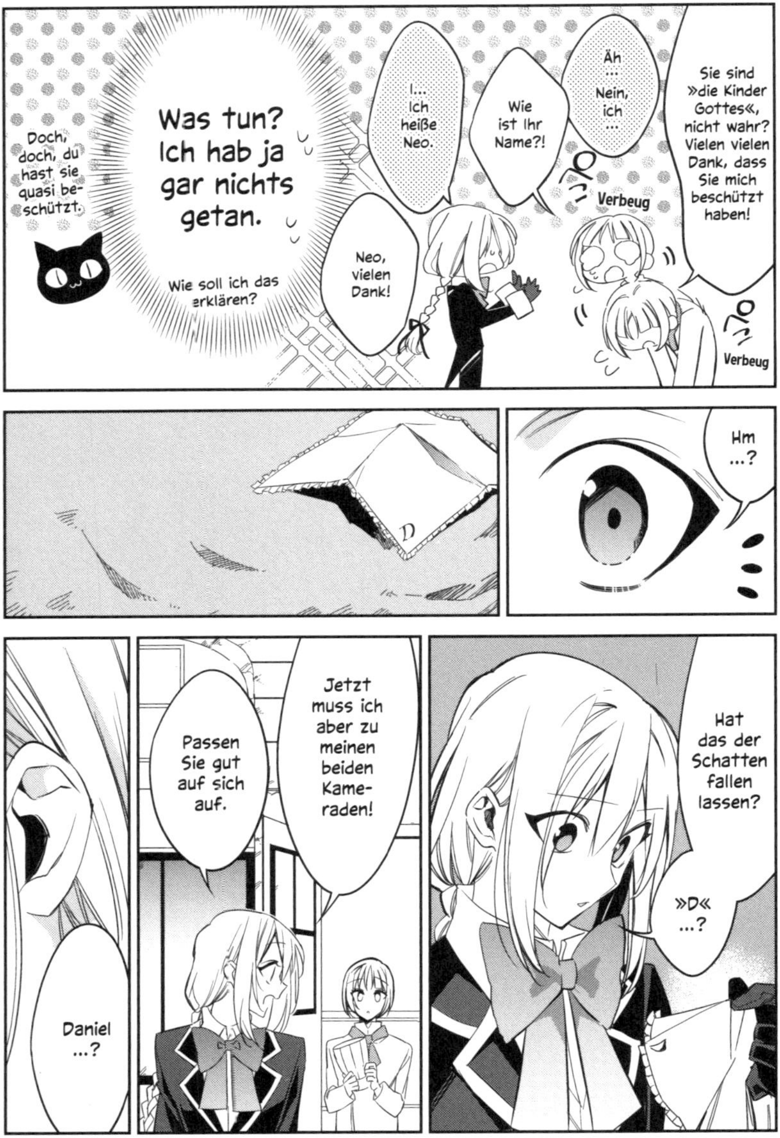

Sie sind »die Kinder Gottes«, nicht wahr? Vielen vielen Dank, dass Sie mich beschützt haben!

Verbeug

Äh ... Nein, ich ...

Verbeug

Wie ist Ihr Name?!

I... Ich heiße Neo.

Neo, vielen Dank!

Was tun? Ich hab ja gar nichts getan.

Wie soll ich das erklären?

Doch, doch, du hast sie quasi beschützt.

Hm ...?

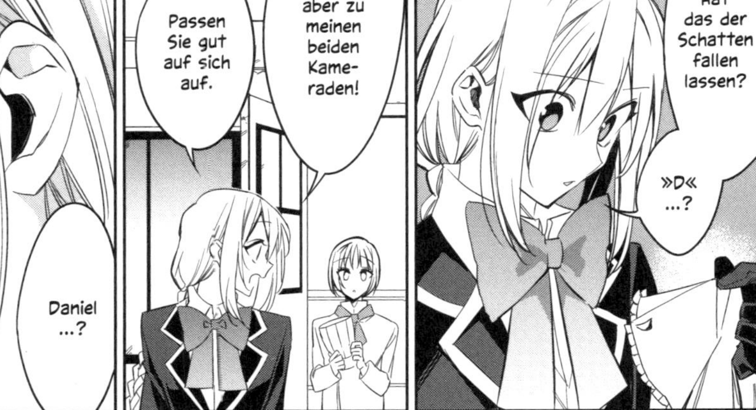

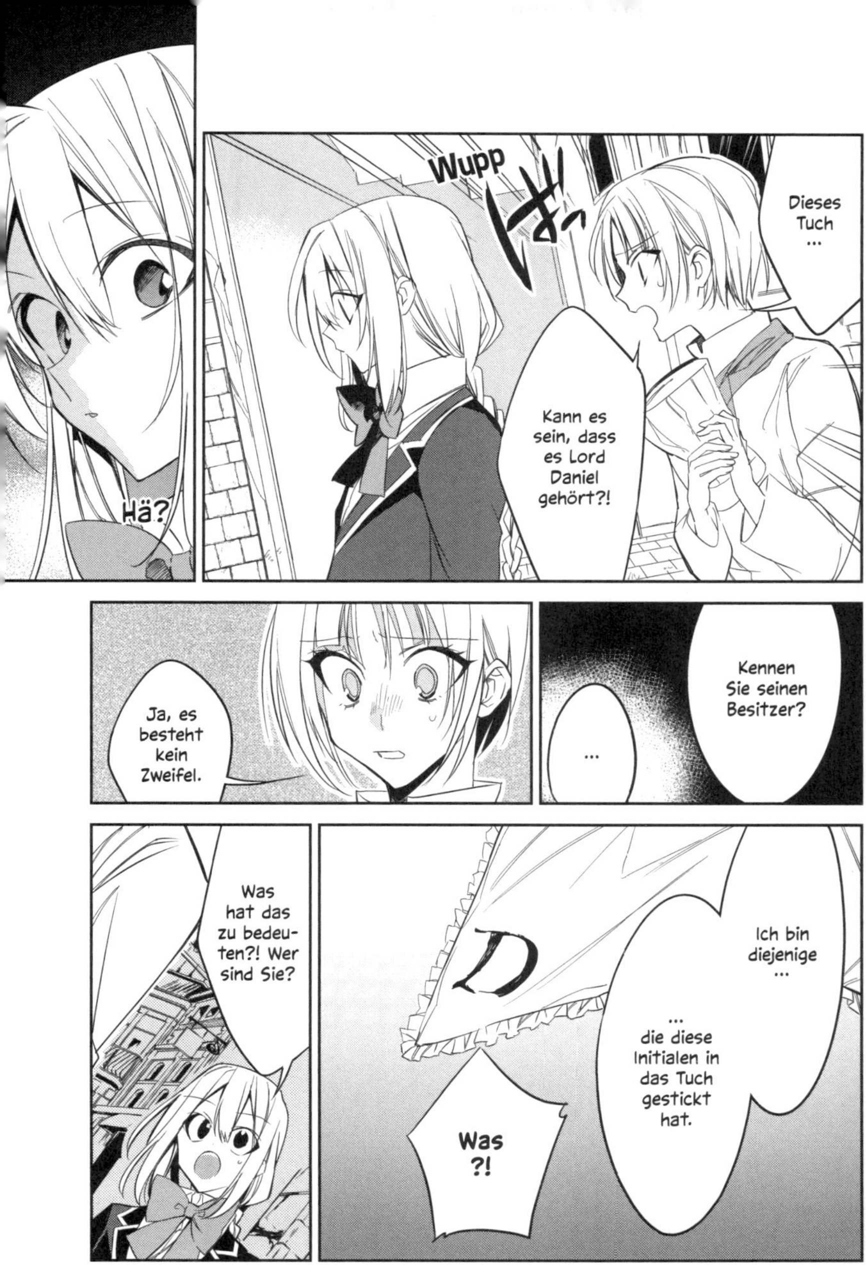

Dieses Tuch ...

Wupp

Kann es sein, dass es Lord Daniel gehört?!

Hä?

Kennen Sie seinen Besitzer?

...

Ja, es besteht kein Zweifel.

Ich bin diejenige ...

... die diese Initialen in das Tuch gestickt hat.

Was ?!

Was hat das zu bedeuten?! Wer sind Sie?

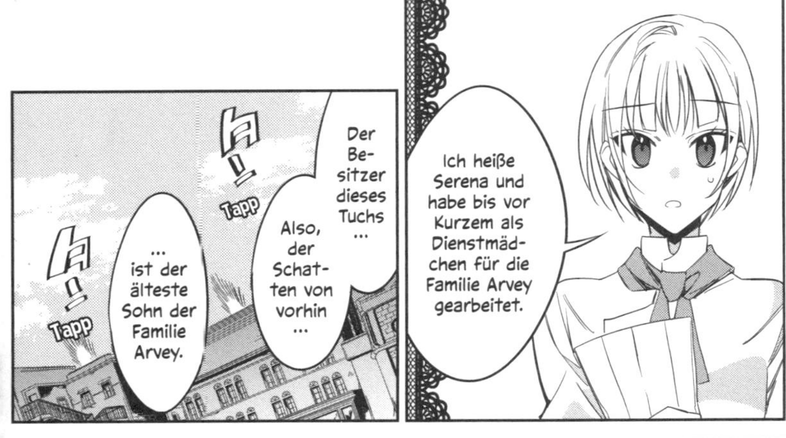

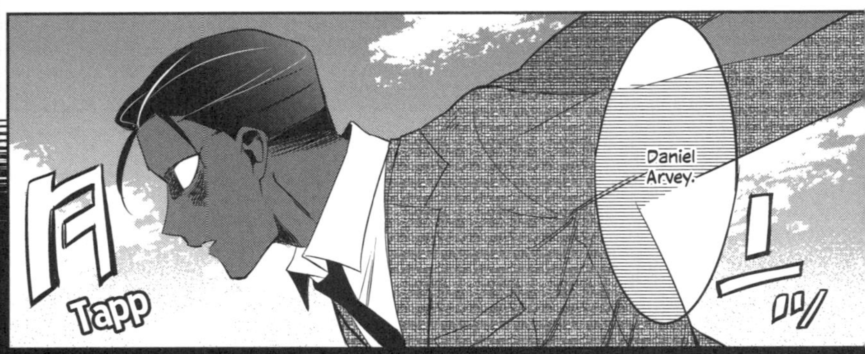

Bonus-Fall: Der junge Mann, der ein Niemand war

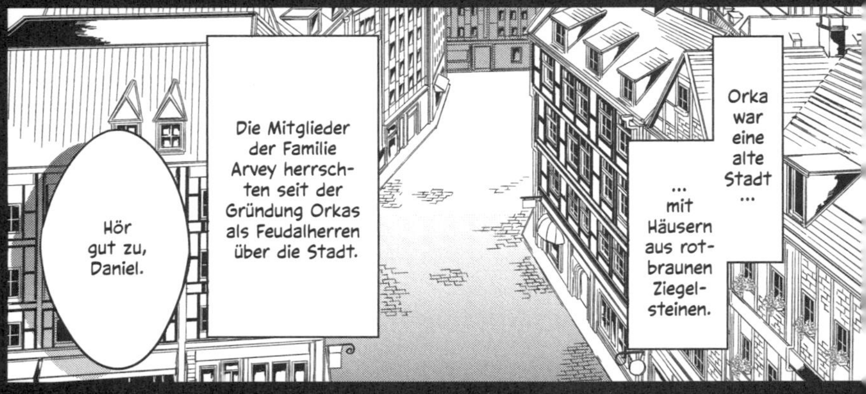

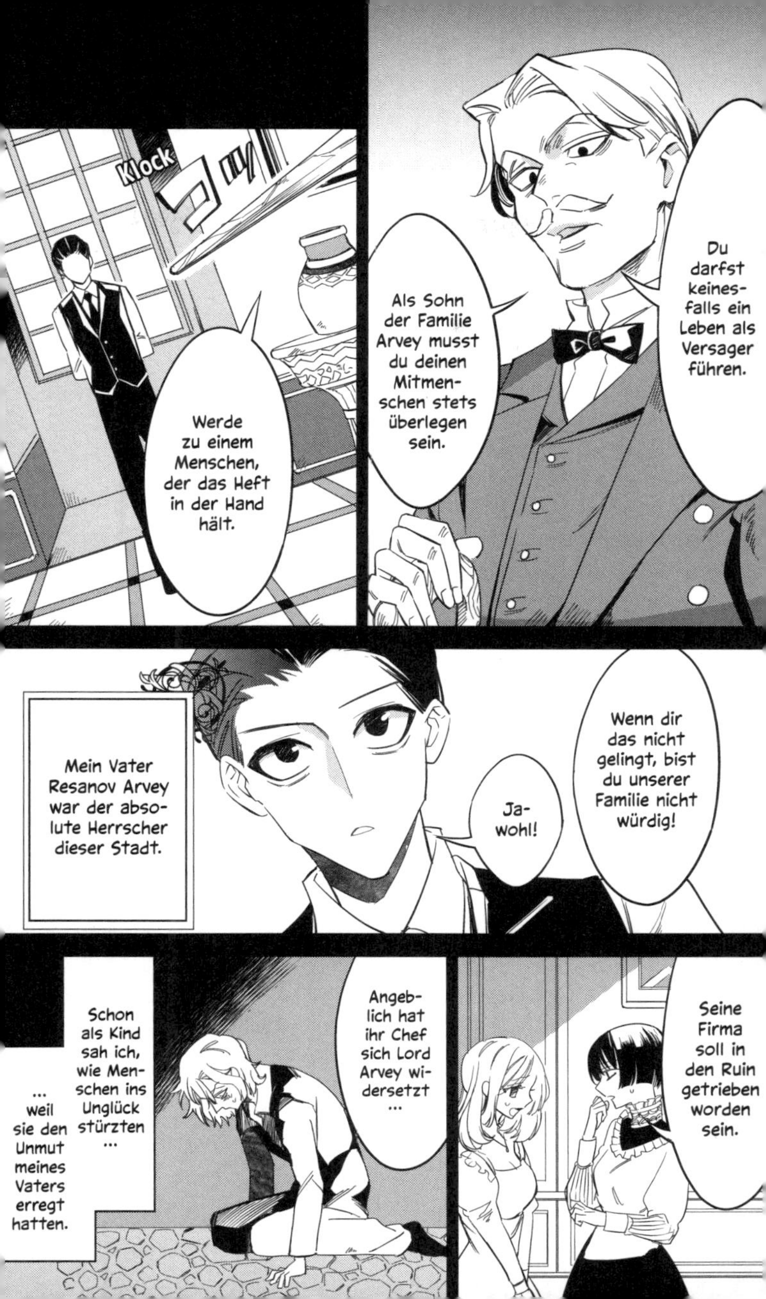
Du darfst keines-falls ein Leben als Versager führen.
Als Sohn der Familie Arvey musst du deinen Mitmen-schen stets überlegen sein.
Klock
Werde zu einem Menschen, der das Heft in der Hand hält.
Wenn dir das nicht gelingt, bist du unserer Familie nicht würdig!
Ja-wohl!
Mein Vater Resanov Arvey war der abso-lute Herrscher dieser Stadt.
Seine Firma soll in den Ruin getrieben worden sein.
Angeb-lich hat ihr Chef sich Lord Arvey wi-dersetzt ...
Schon als Kind sah ich, wie Men-schen ins Unglück stürzten ...
... weil sie den Unmut meines Vaters erregt hatten.

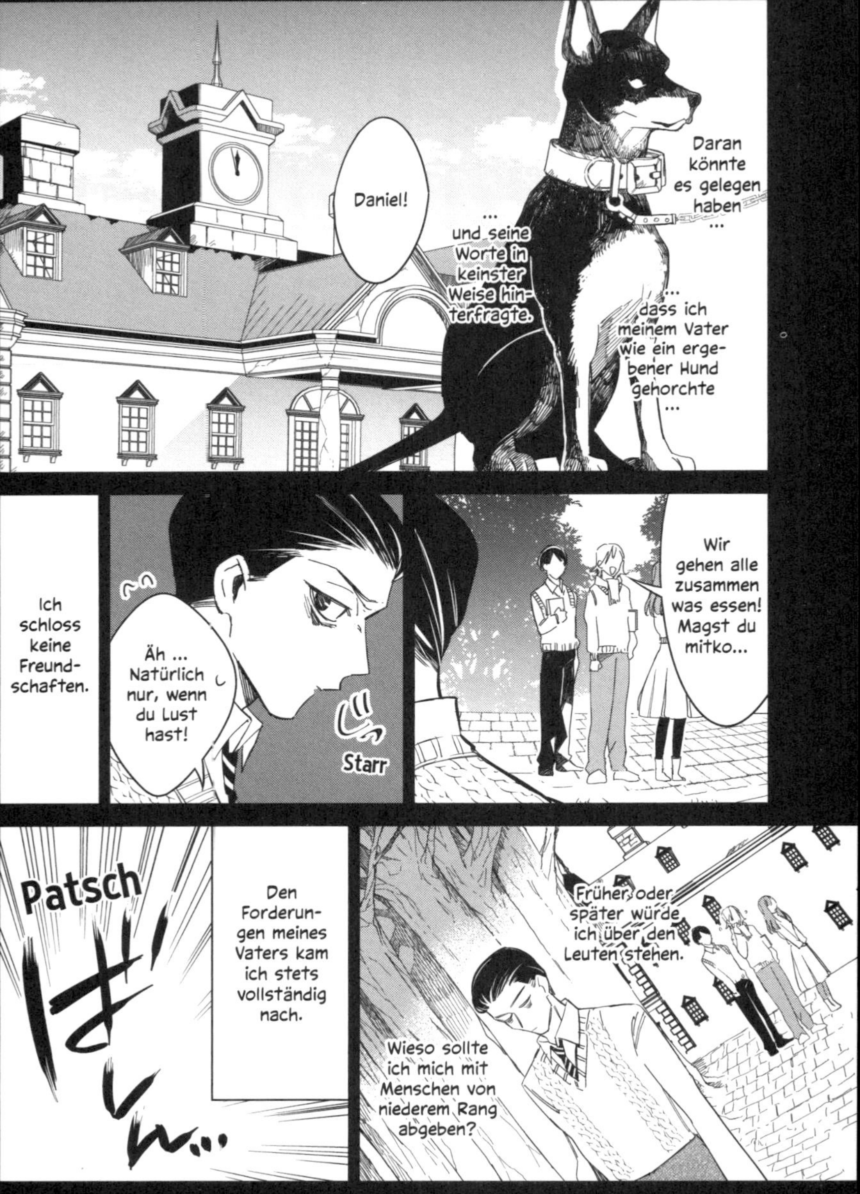

Daran könnte es gelegen haben ...

... dass ich meinem Vater wie ein ergebener Hund gehorchte ...

... und seine Worte in keinster Weise hinterfragte.

Daniel!

Wir gehen alle zusammen was essen! Magst du mitko...

Äh ... Natürlich nur, wenn du Lust hast!

Starr

Ich schloss keine Freundschaften.

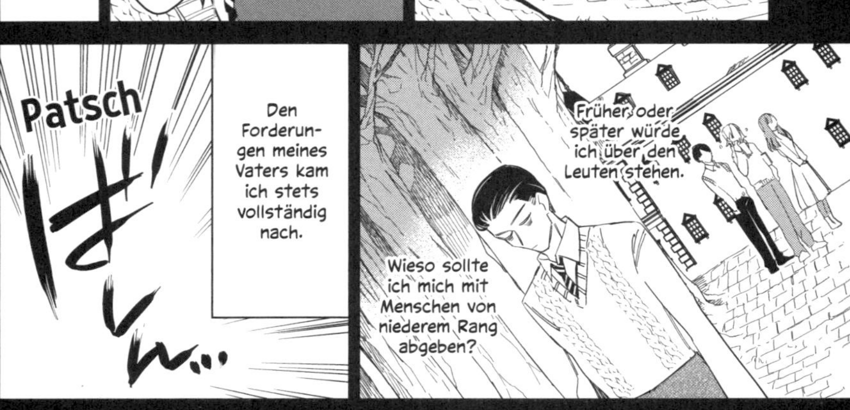

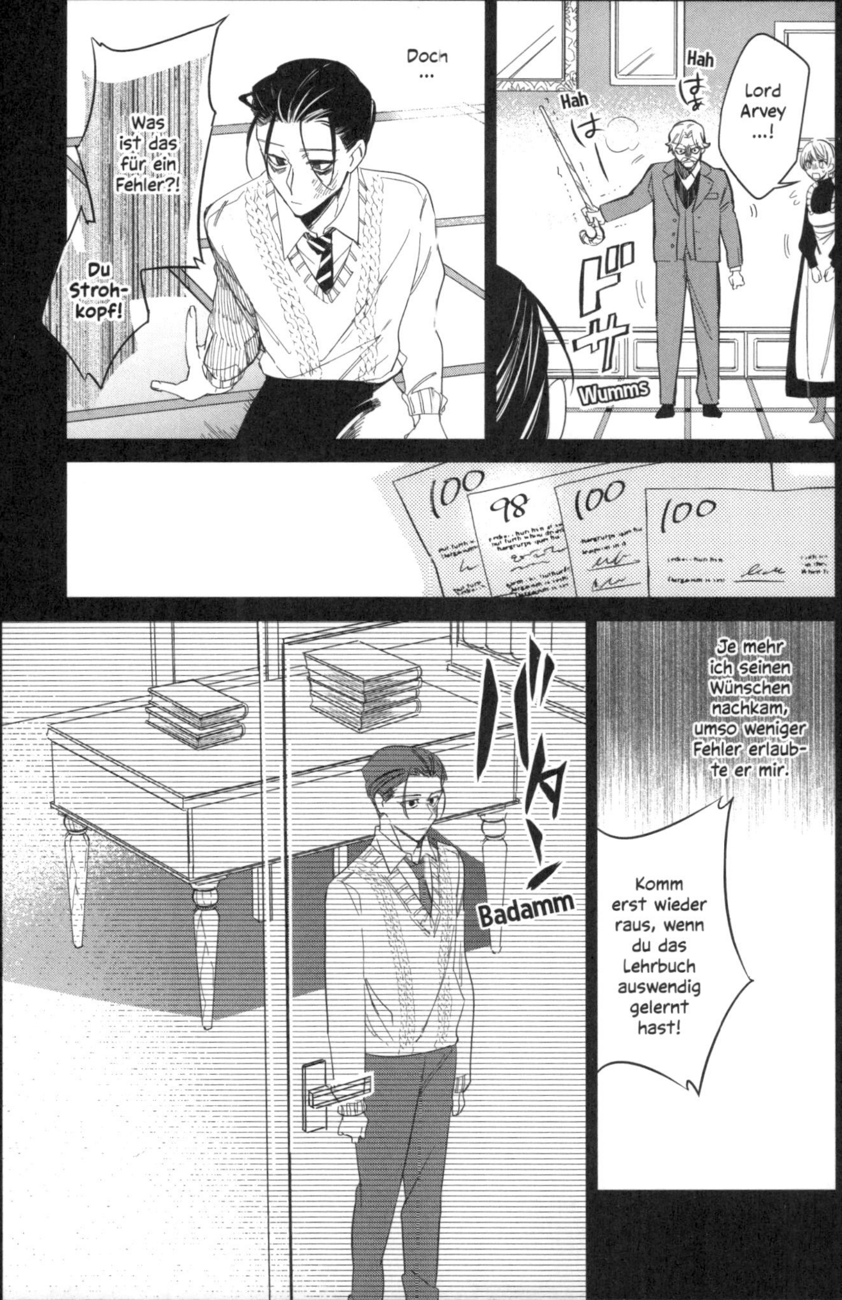

Hah
Hah
Lord Arvey ...!
Wumms
Doch ...
Was ist das für ein Fehler?!
Du Strohkopf!
100
98
100
100
Je mehr ich seinen Wünschen nachkam, umso weniger Fehler erlaubte er mir.
Komm erst wieder raus, wenn du das Lehrbuch auswendig gelernt hast!
Badamm

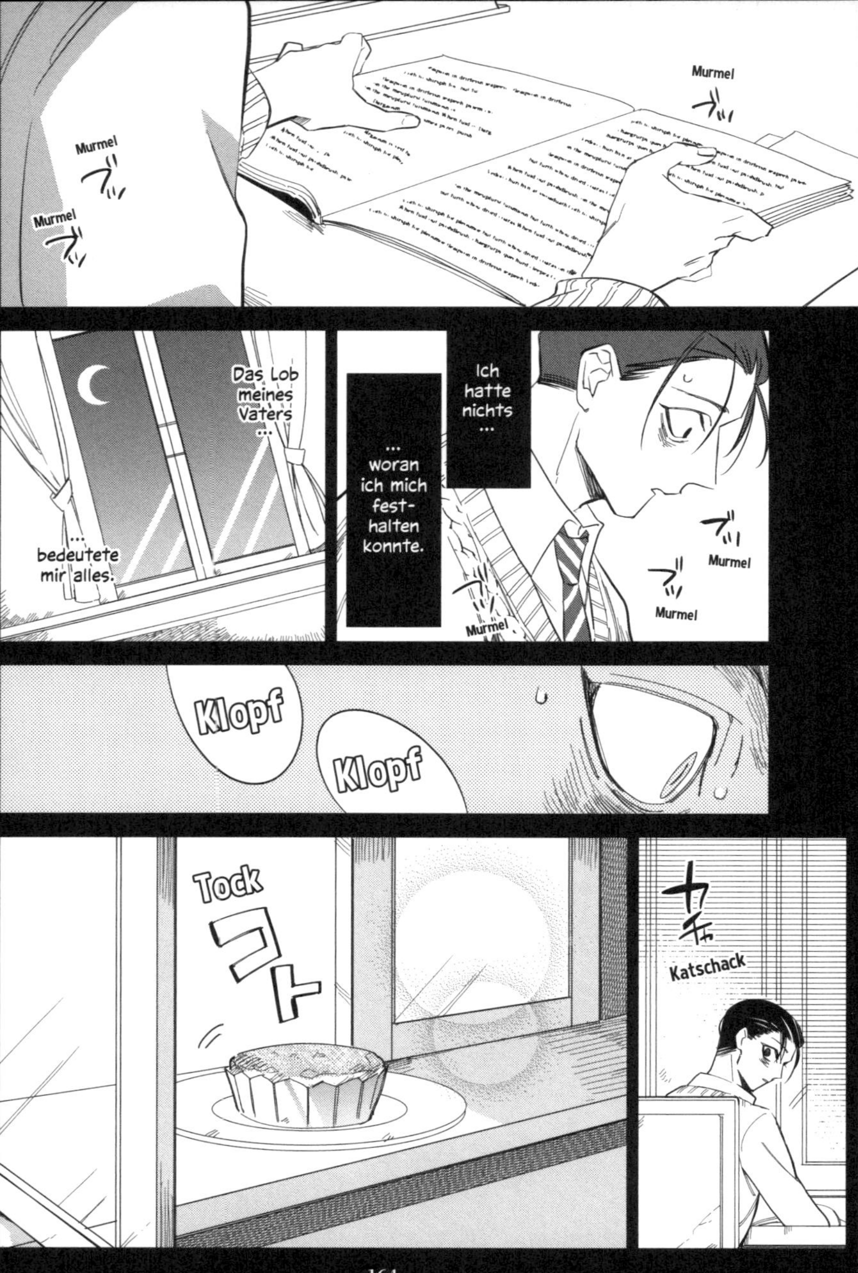
Murmel
Murmel
Murmel
Ich hatte nichts ...
... woran ich mich fest-halten konnte.
Das Lob meines Vaters ...
... bedeutete mir alles.
Murmel
Murmel
Murmel
Klopf
Klopf
Katschack
Tock

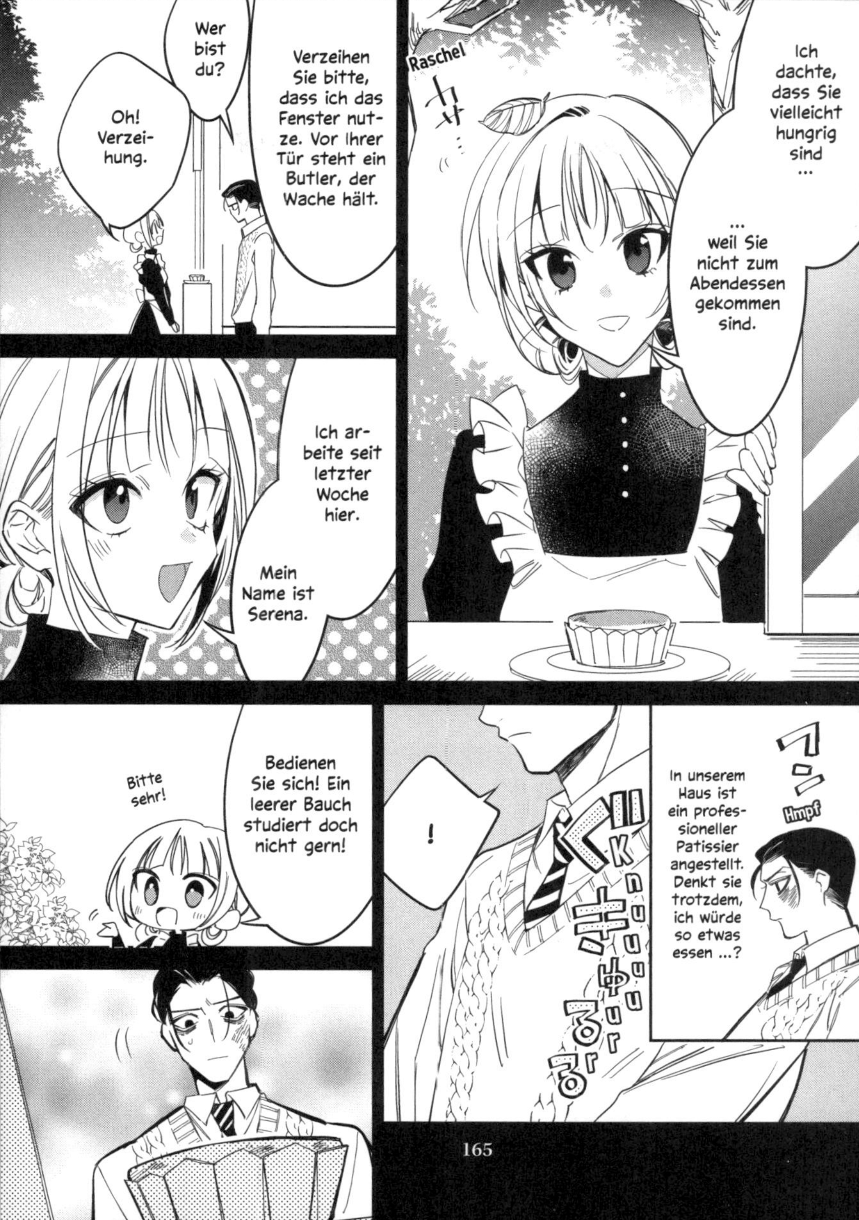
Raschel
Ich dachte, dass Sie vielleicht hungrig sind …
… weil Sie nicht zum Abendessen gekommen sind.
Wer bist du?
Verzeihen Sie bitte, dass ich das Fenster nutze. Vor Ihrer Tür steht ein Butler, der Wache hält.
Oh! Verzeihung.
Ich arbeite seit letzter Woche hier.
Mein Name ist Serena.
Hmpf
In unserem Haus ist ein professioneller Patissier angestellt. Denkt sie trotzdem, ich würde so etwas essen …?
!
Knuuuuurr
Bedienen Sie sich! Ein leerer Bauch studiert doch nicht gern!
Bitte sehr!

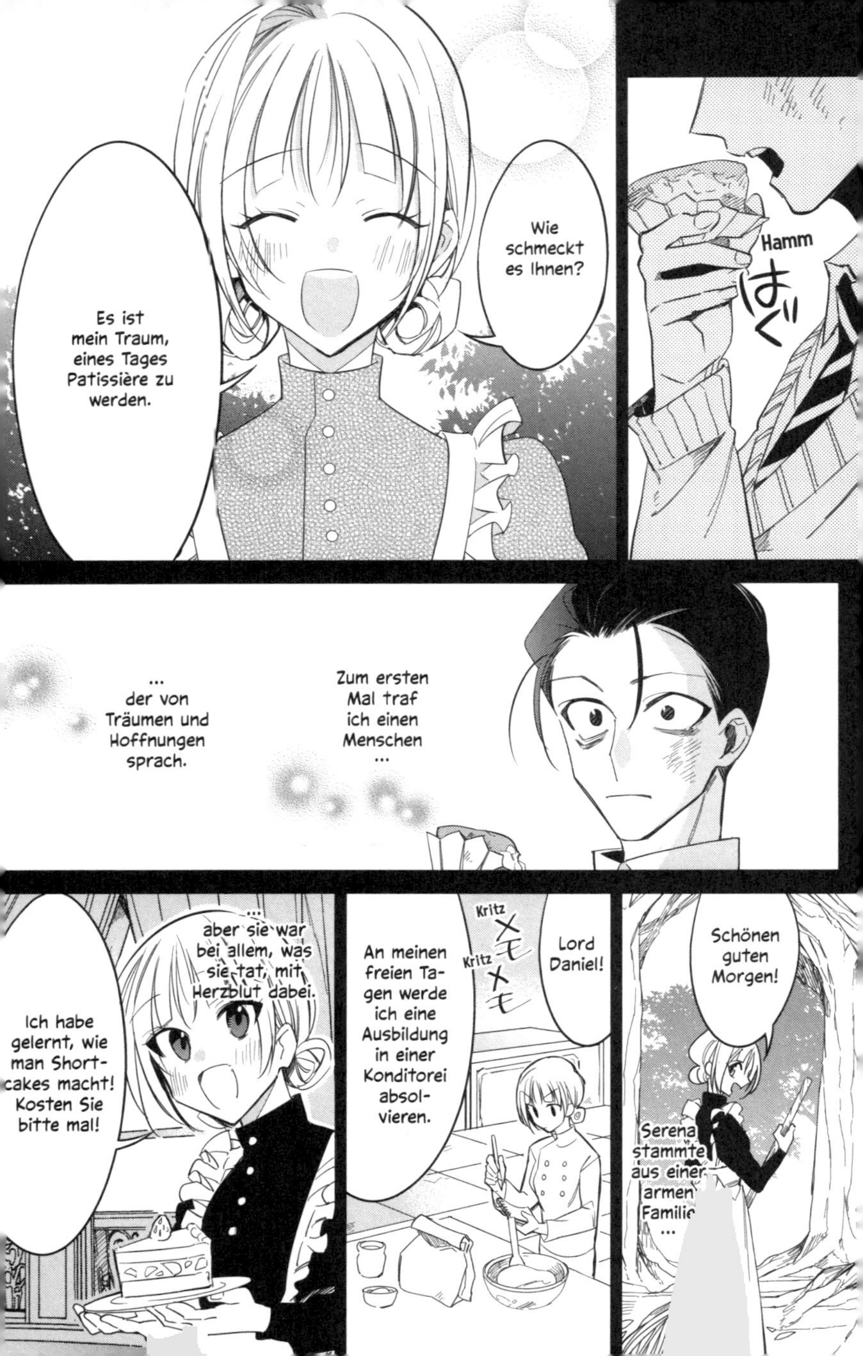
Hamm
はぐ
Wie schmeckt es Ihnen?
Es ist mein Traum, eines Tages Patissière zu werden.
Zum ersten Mal traf ich einen Menschen ...
... der von Träumen und Hoffnungen sprach.
Schönen guten Morgen!
Serena stammte aus einer armen Familie ...
Lord Daniel!
Kritz
Kritz
An meinen freien Tagen werde ich eine Ausbildung in einer Konditorei absolvieren.
... aber sie war bei allem, was sie tat, mit Herzblut dabei.
Ich habe gelernt, wie man Shortcakes macht! Kosten Sie bitte mal!

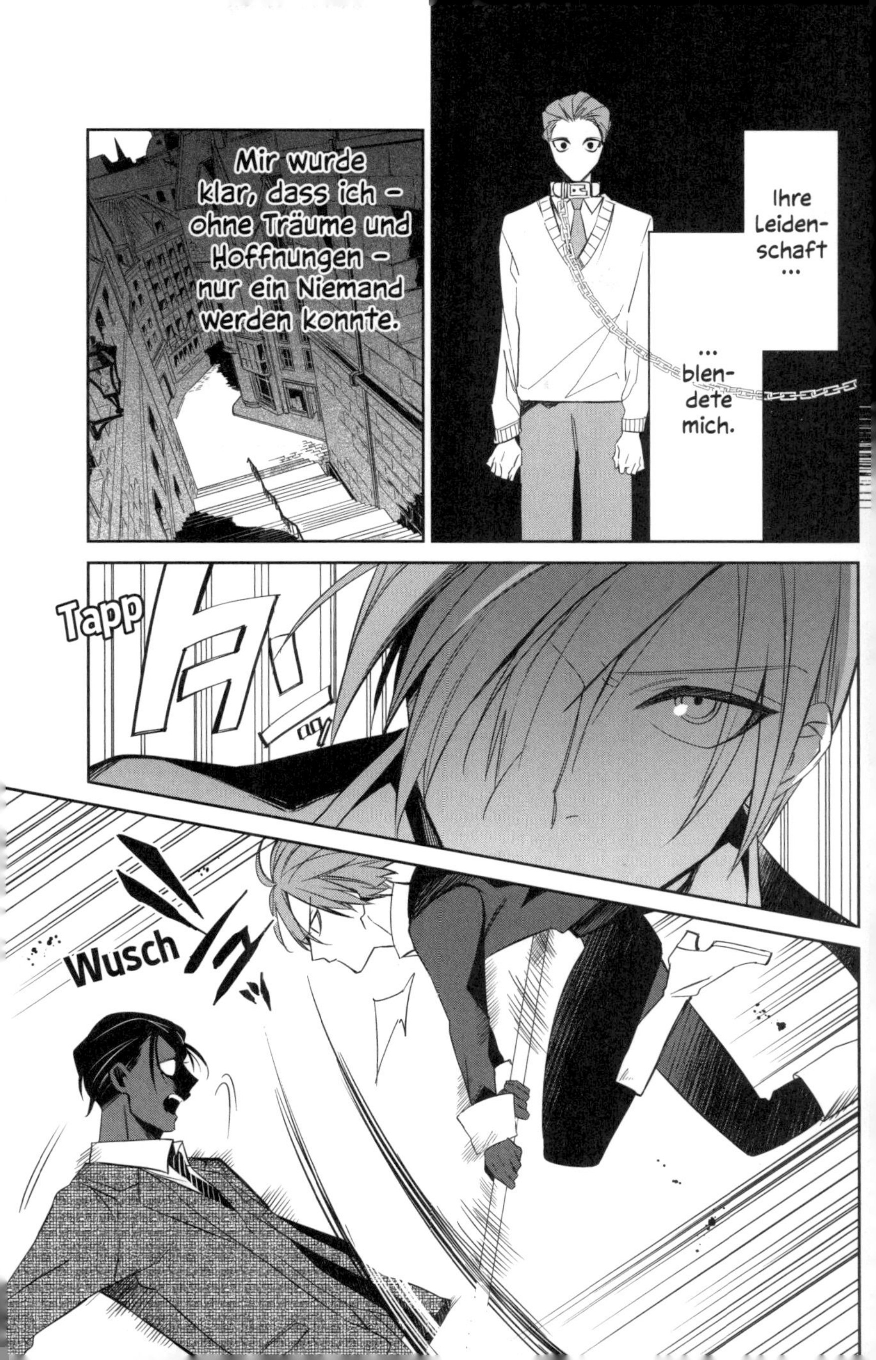

Ihre Leidenschaft ...

... blendete mich.

Mir wurde klar, dass ich – ohne Träume und Hoffnungen – nur ein Niemand werden konnte.

Tapp

Wusch

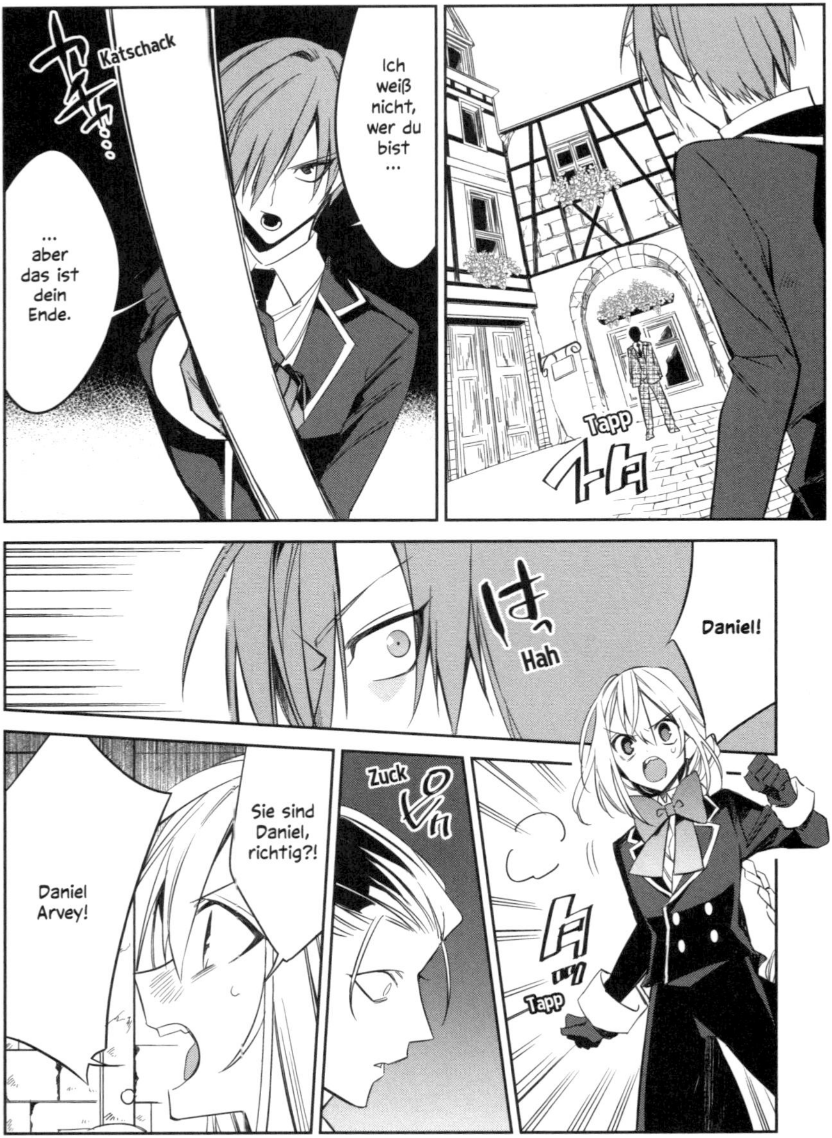

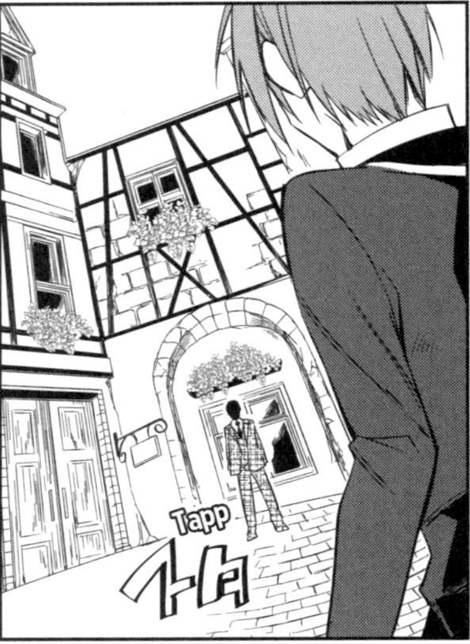

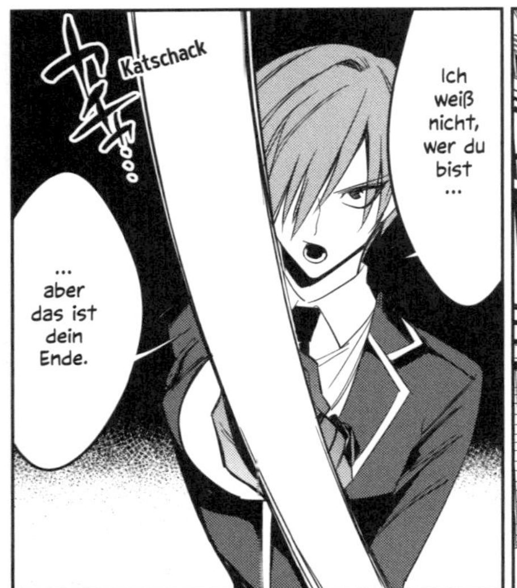

Hah

Daniel!

Tapp

Zuck

Sie sind Daniel, richtig?!

Daniel Arvey!

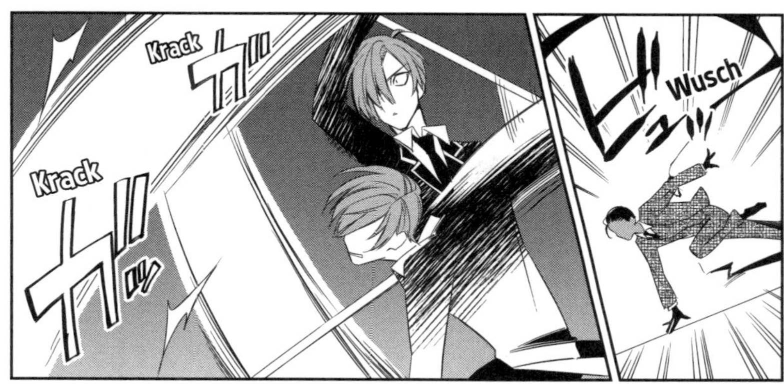

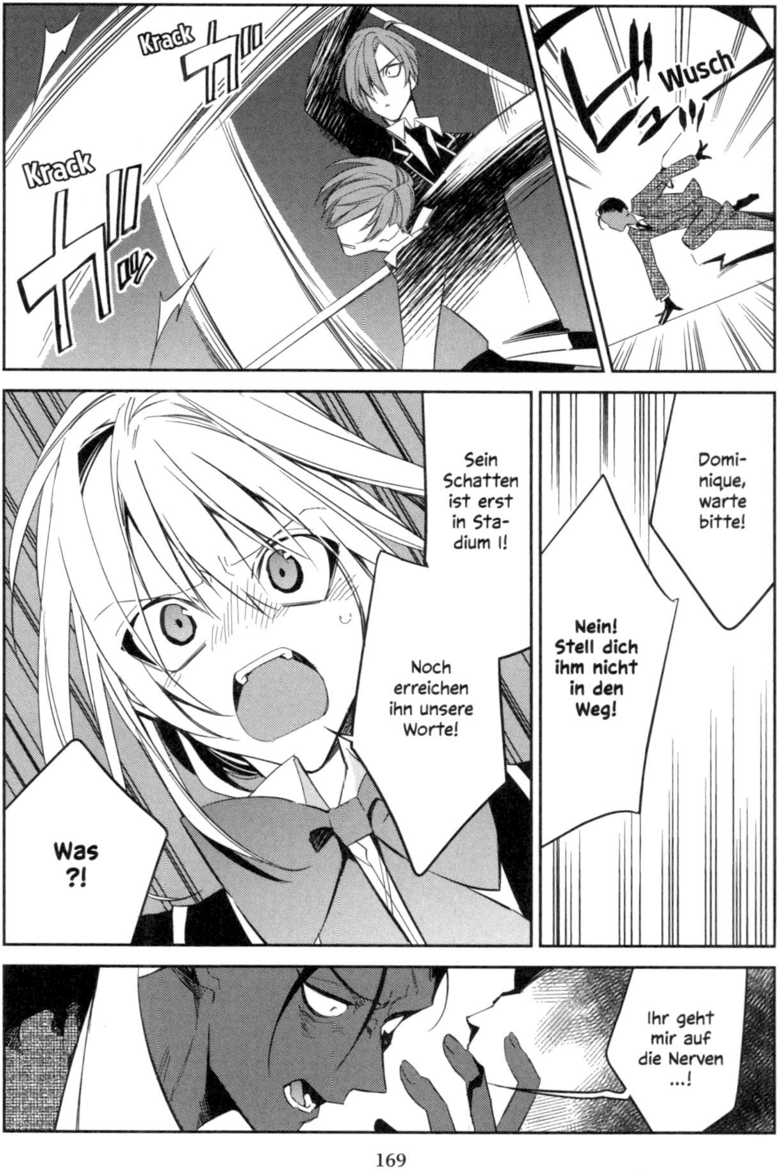

Domi-nique, warte bitte!

Nein! Stell dich ihm nicht in den Weg!

Sein Schatten ist erst in Stadium I!

Noch erreichen ihn unsere Worte!

Was ?!

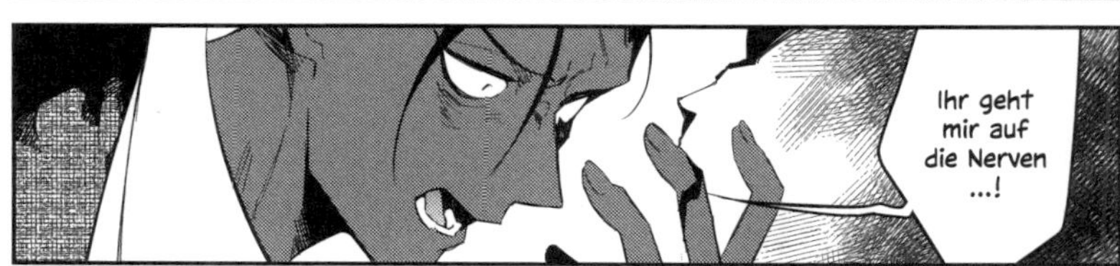

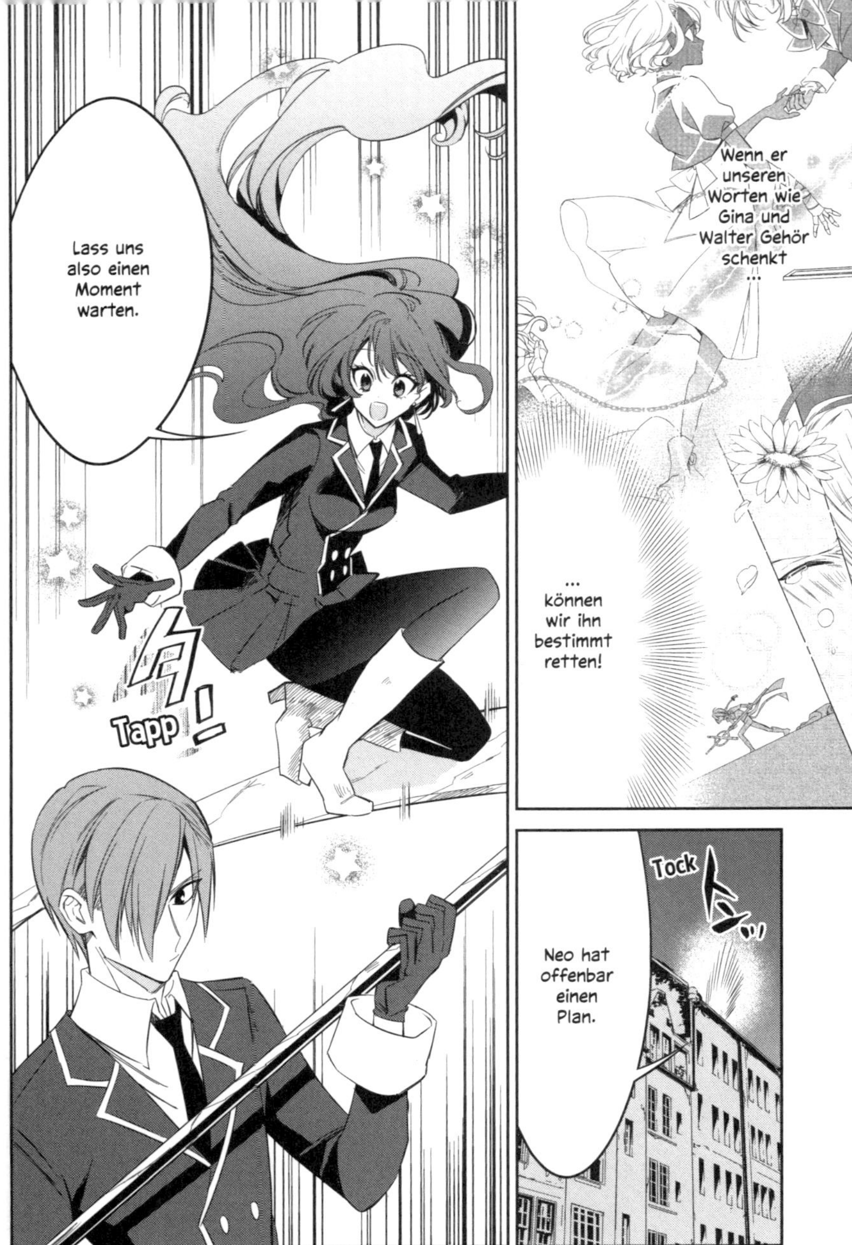
Wenn er unseren Worten wie Gina und Walter Gehör schenkt …
… können wir ihn bestimmt retten!
Tock
Neo hat offenbar einen Plan.
Lass uns also einen Moment warten.
Tapp

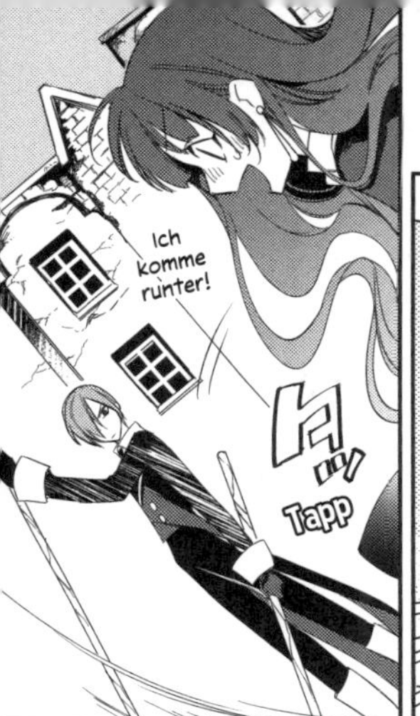
Ich komme runter!
Tapp

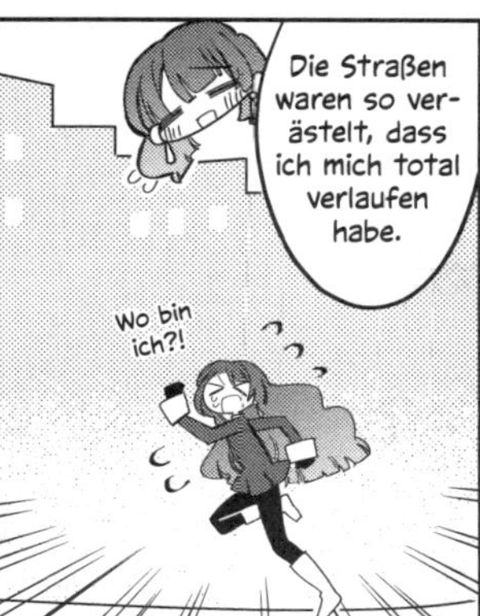
Die Straßen waren so verästelt, dass ich mich total verlaufen habe.
Wo bin ich?!

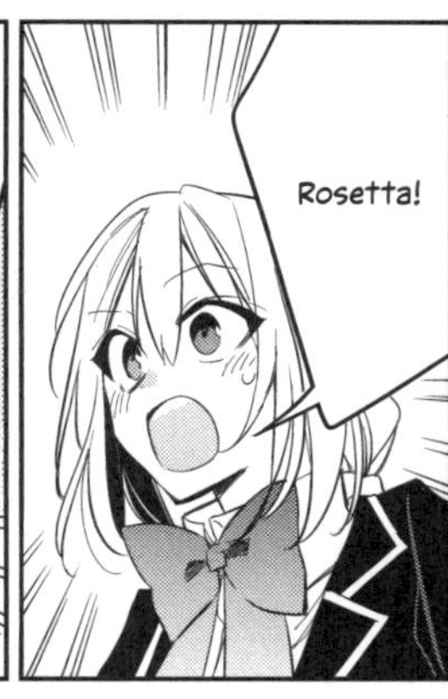
Rosetta!

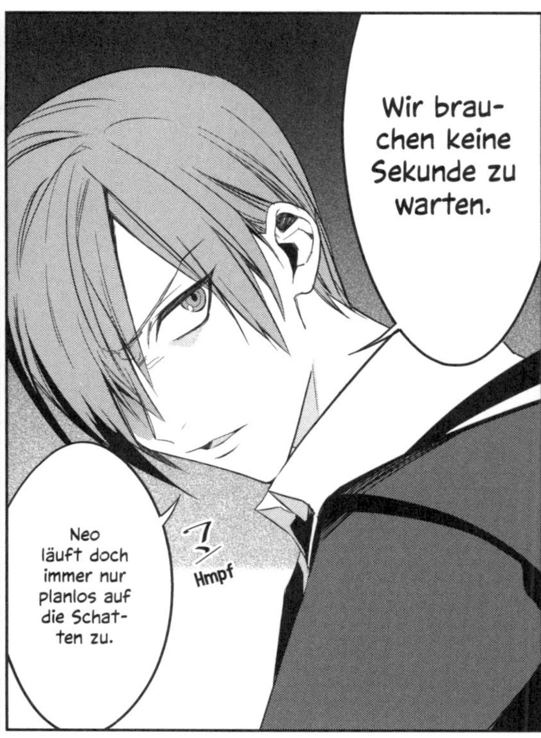
Wir brauchen keine Sekunde zu warten.
Hmpf
Neo läuft doch immer nur planlos auf die Schatten zu.

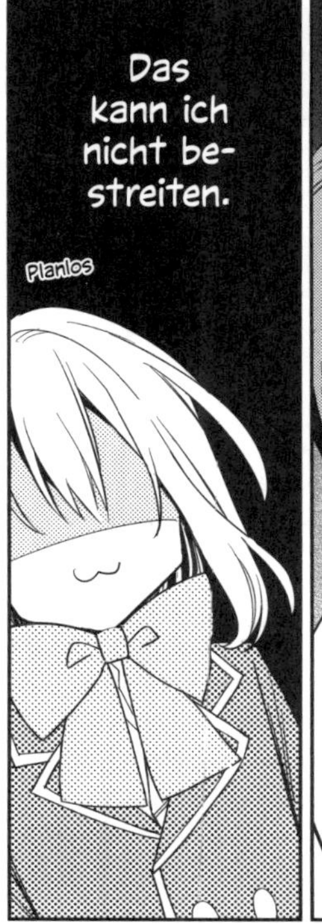
Das kann ich nicht bestreiten.
Planlos

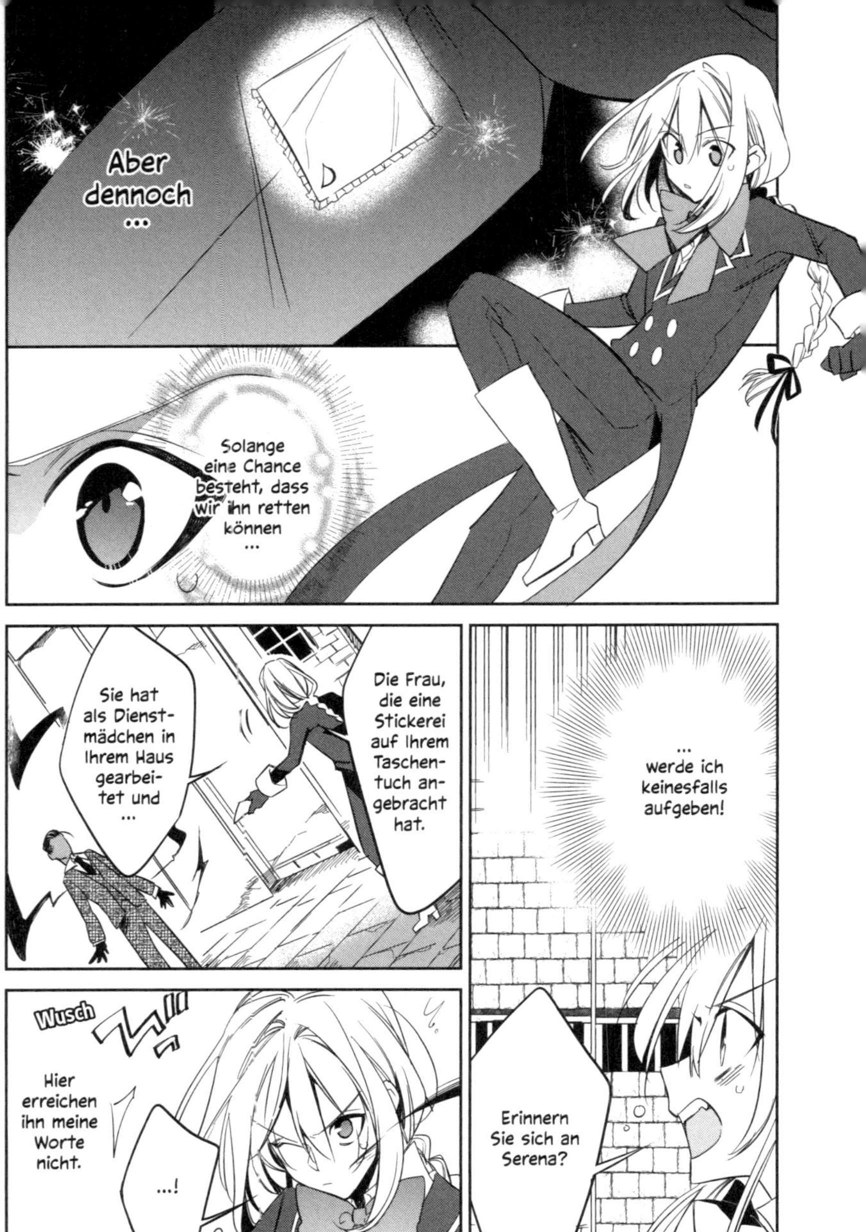

Aber dennoch ...

Solange eine Chance besteht, dass wir ihn retten können ...

... werde ich keinesfalls aufgeben!

Erinnern Sie sich an Serena?

Die Frau, die eine Stickerei auf Ihrem Taschentuch angebracht hat.

Sie hat als Dienstmädchen in Ihrem Haus gearbeitet und ...

Wusch

Hier erreichen ihn meine Worte nicht.

...!

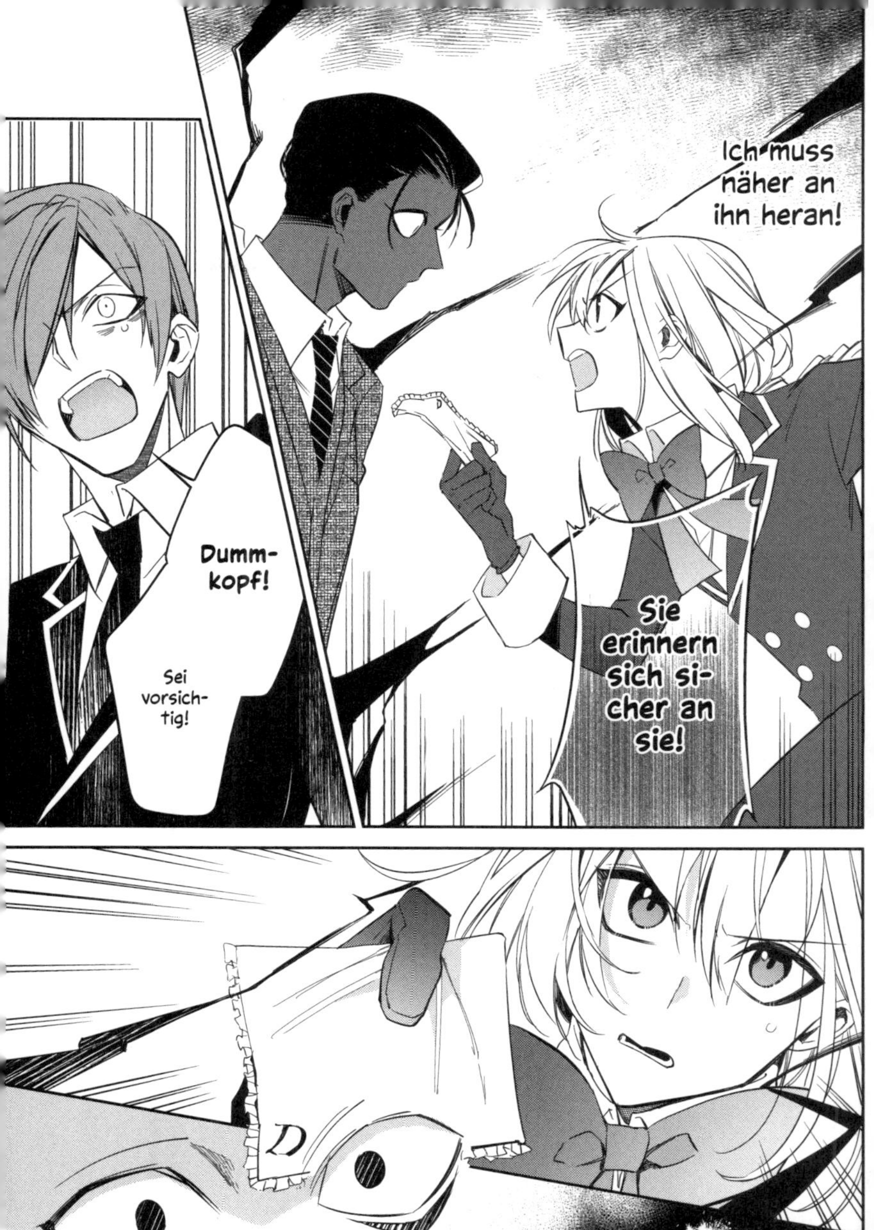
Ich muss näher an ihn heran!
Sie erinnern sich si-cher an sie!
Dumm-kopf!
Sei vorsich-tig!

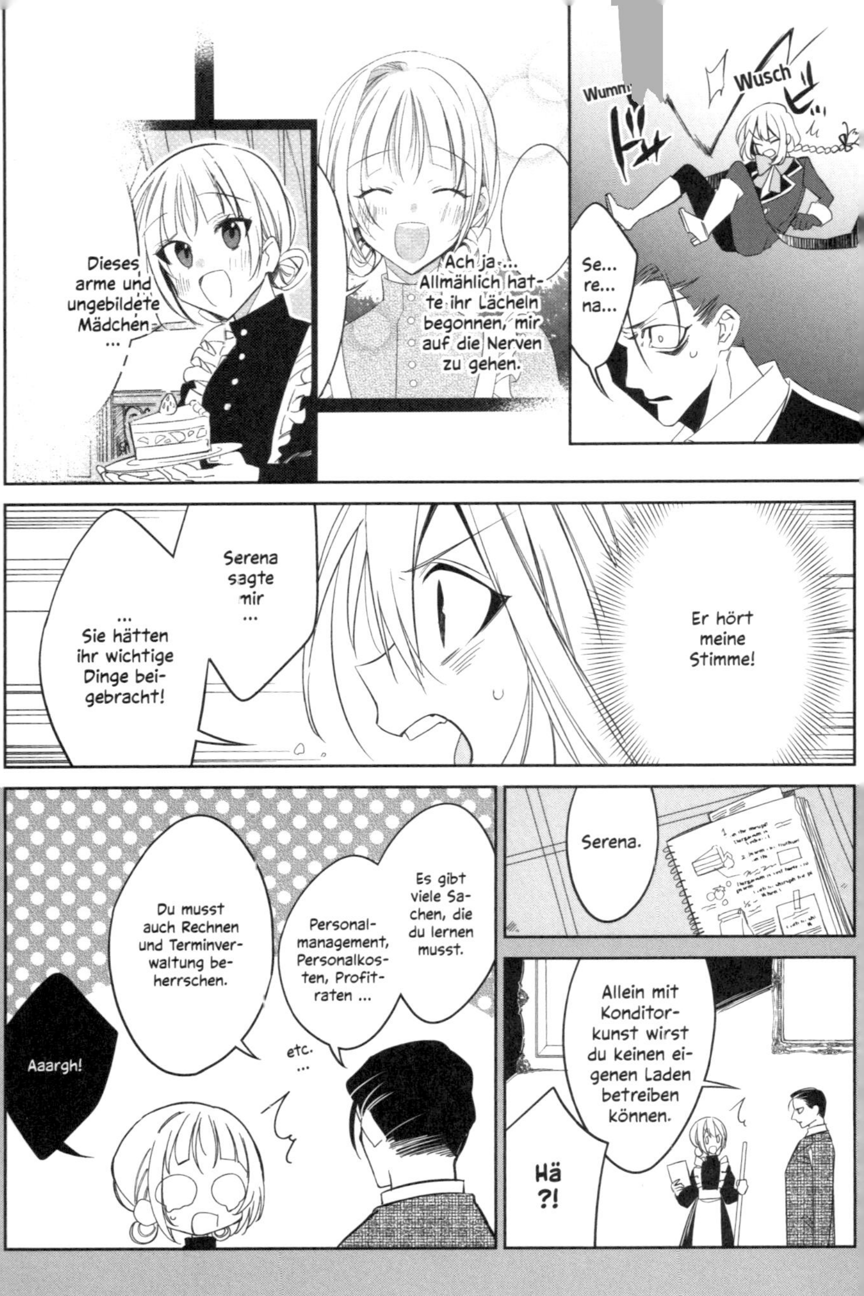

Wumm
Wusch
Se... re... na...

Ach ja ... Allmählich hatte ihr Lächeln begonnen, mir auf die Nerven zu gehen.

Dieses arme und ungebildete Mädchen ...

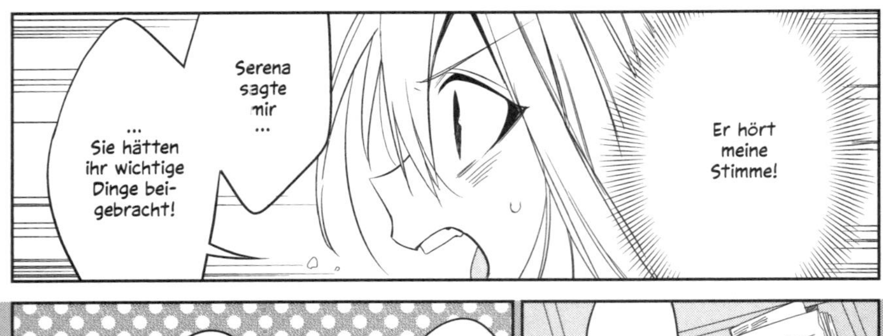

Serena.

Allein mit Konditorkunst wirst du keinen eigenen Laden betreiben können.

Hä ?!

Es gibt viele Sachen, die du lernen musst.

Personalmanagement, Personalkosten, Profitraten ...

Du musst auch Rechnen und Terminverwaltung beherrschen.

etc. ...

Aaargh!

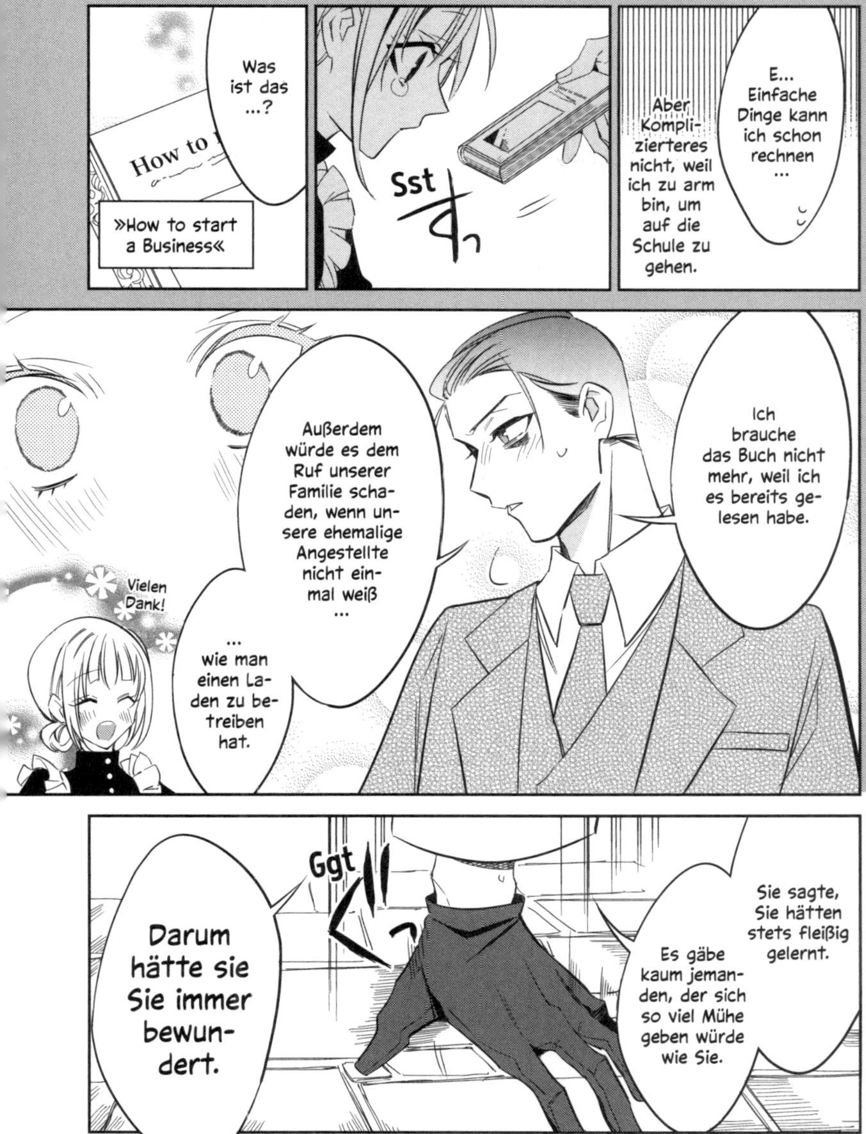

E... Einfache Dinge kann ich schon rechnen ...

Aber Kompliziertes nicht, weil ich zu arm bin, um auf die Schule zu gehen.

Sst

Was ist das ...?

»How to start a Business«

Ich brauche das Buch nicht mehr, weil ich es bereits gelesen habe.

Außerdem würde es dem Ruf unserer Familie schaden, wenn unsere ehemalige Angestellte nicht einmal weiß ...

... wie man einen Laden zu betreiben hat.

Vielen Dank!

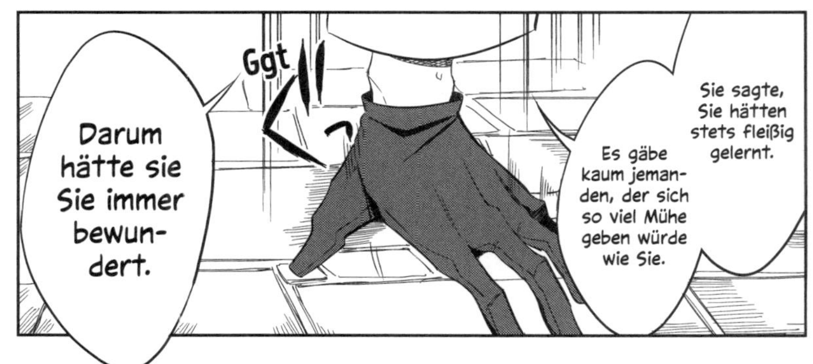

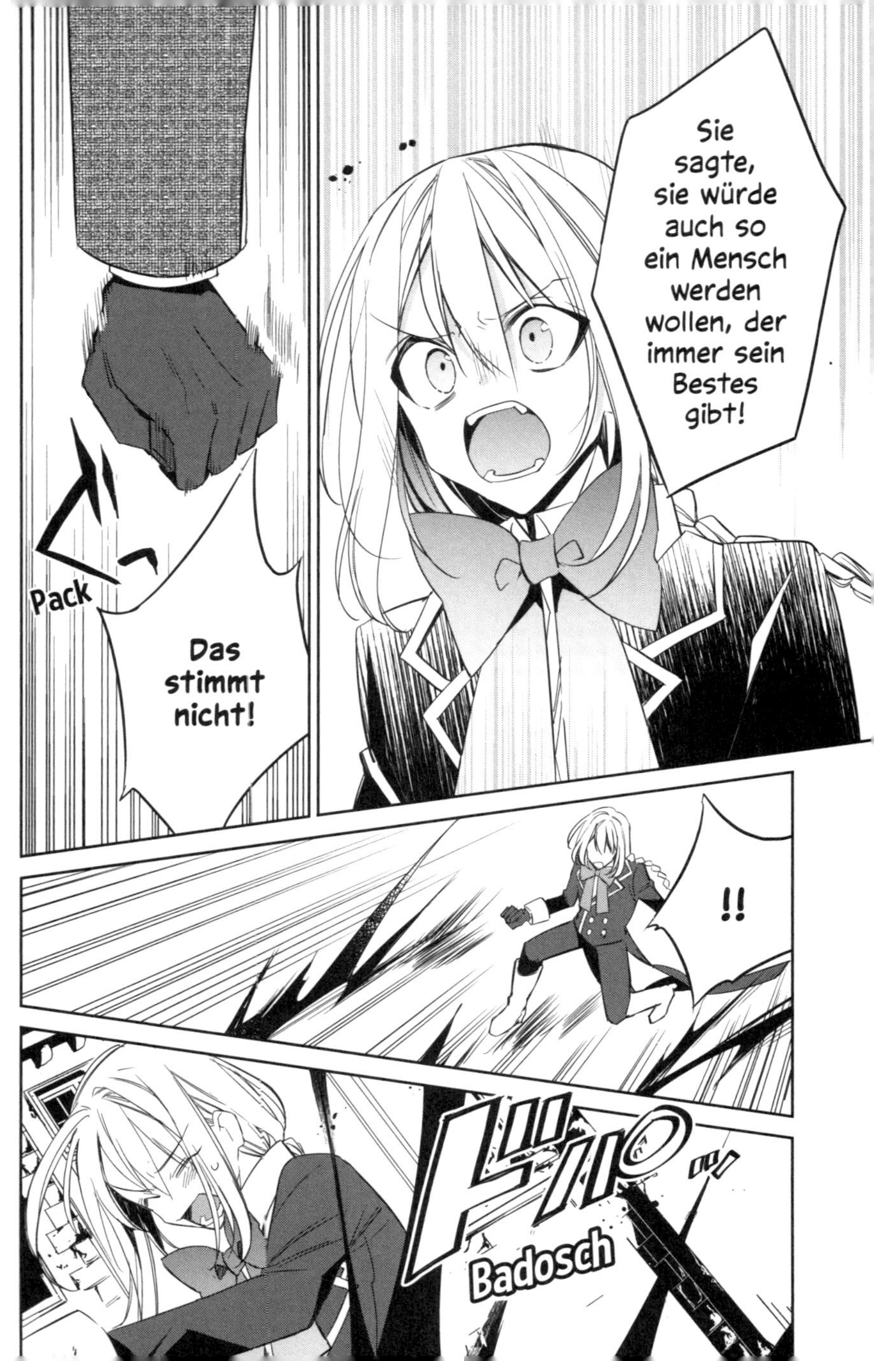
Sie sagte, sie würde auch so ein Mensch werden wollen, der immer sein Bestes gibt!
Pack
Das stimmt nicht!
!!
Badosch

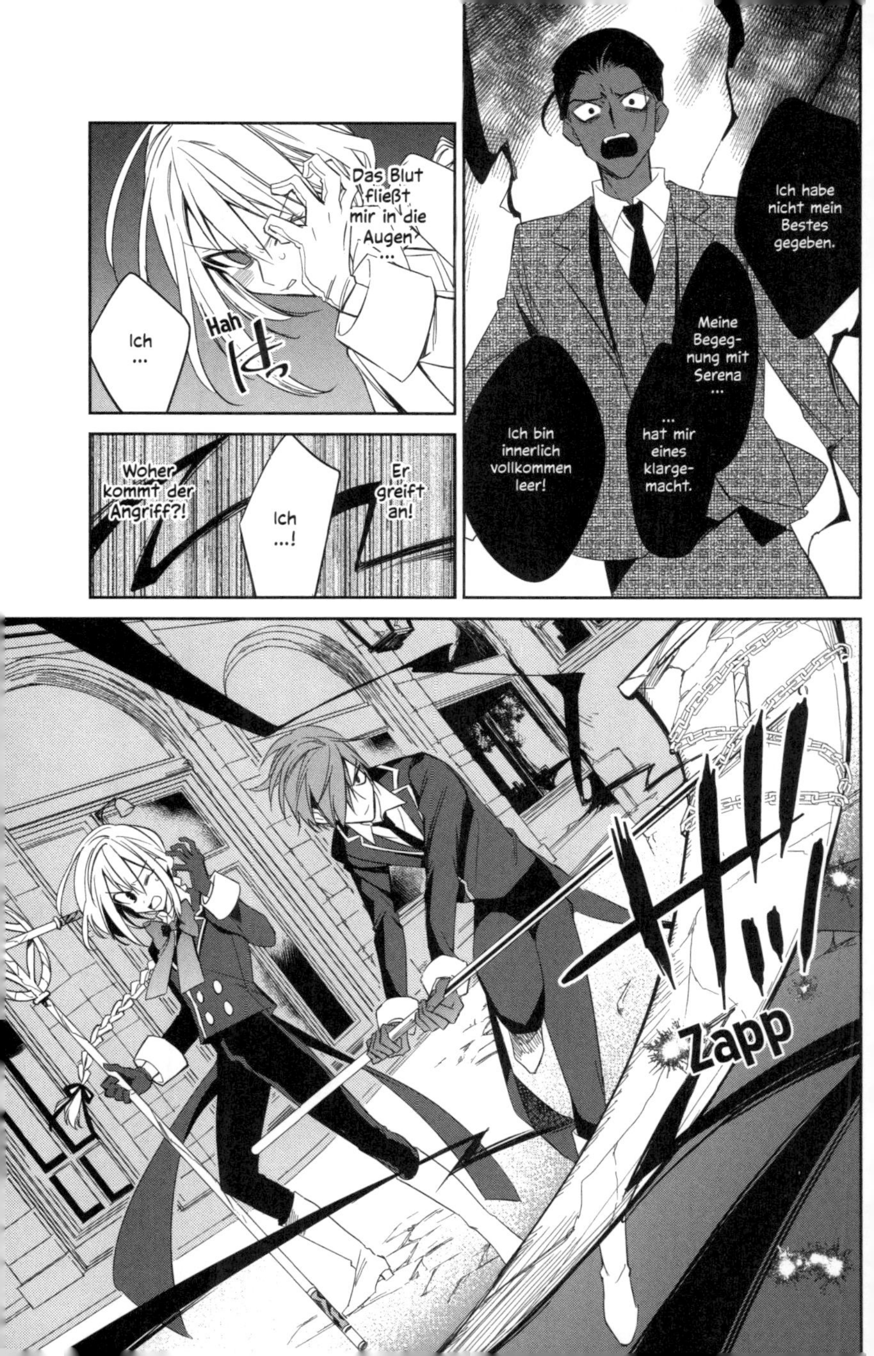

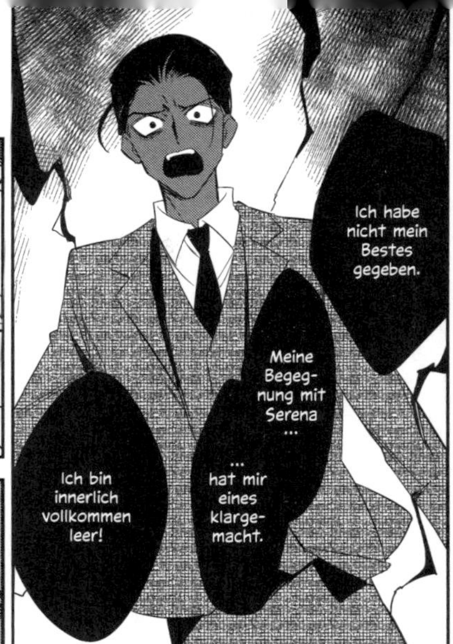
Ich habe nicht mein Bestes gegeben.
Meine Begeg-nung mit Serena ...
... hat mir eines klarge-macht.
Ich bin innerlich vollkommen leer!

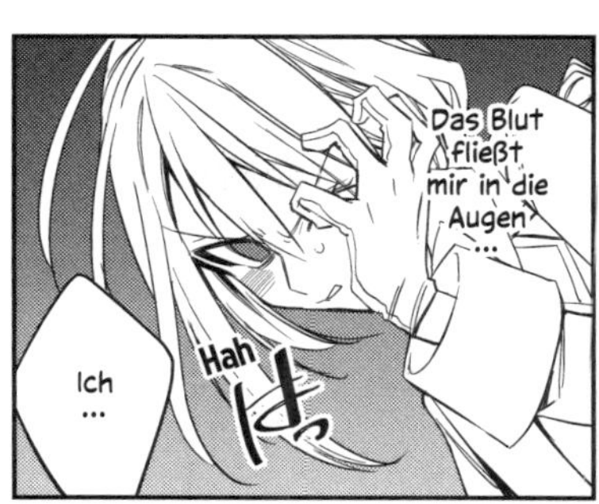
Das Blut fließt mir in die Augen ...
Hah
Ich ...

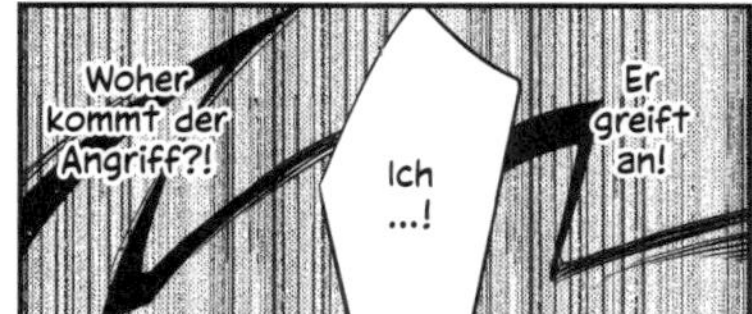
Er greift an!
Ich ...!
Woher kommt der Angriff?!

Zapp

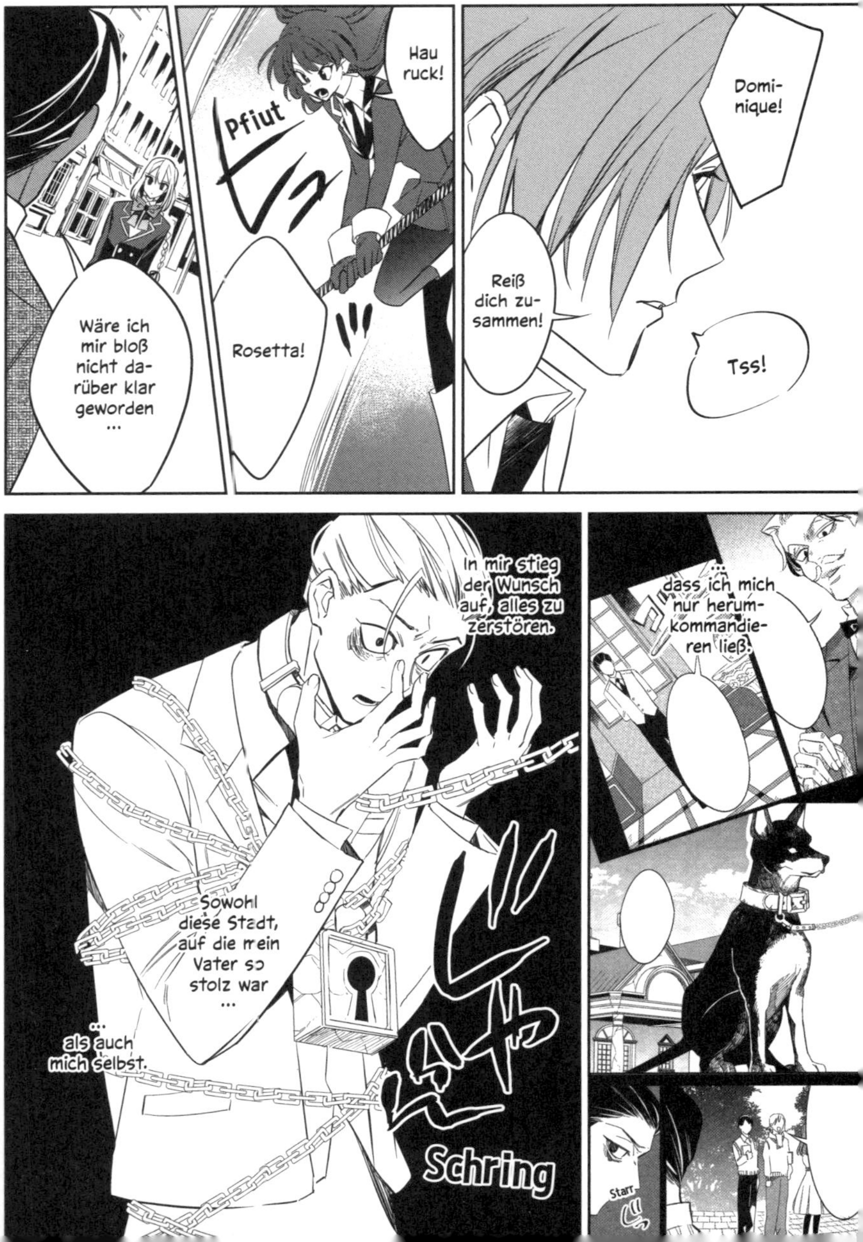

Dominique!
Tss!
Reiß dich zusammen!
Hau ruck!
Pfiut
Rosetta!
Wäre ich mir bloß nicht darüber klar geworden ...
... dass ich mich nur herumkommandieren ließ.
Starr
In mir stieg der Wunsch auf, alles zu zerstören.
Sowohl diese Stadt, auf die mein Vater so stolz war ...
... als auch mich selbst.
Schring

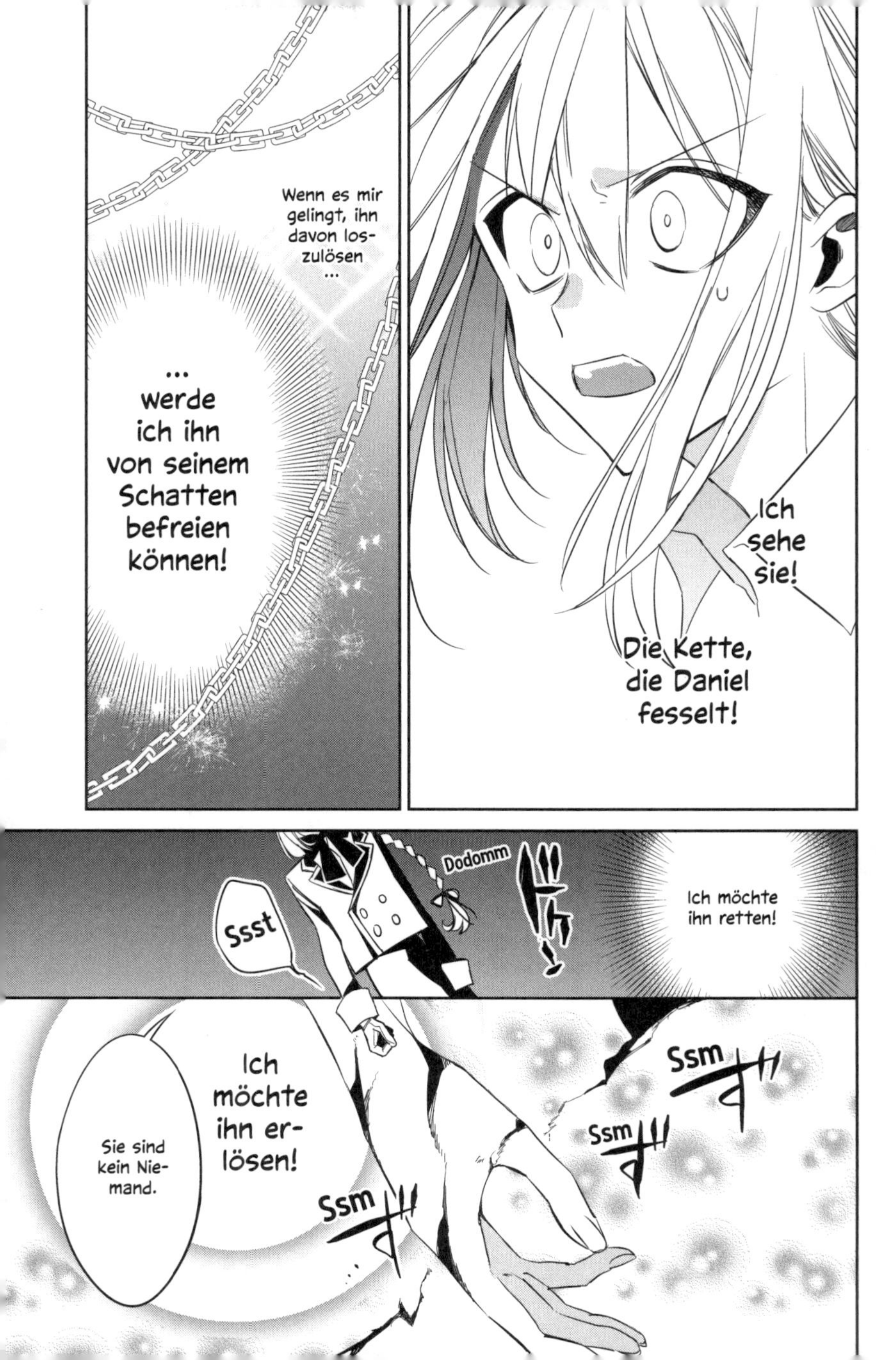

Ich sehe sie!
Die Kette, die Daniel fesselt!
Wenn es mir gelingt, ihn davon loszulösen ...
... werde ich ihn von seinem Schatten befreien können!
Ich möchte ihn retten!
Dodomm
Ssst
Ssm
Ssm
Ich möchte ihn erlösen!
Ssm
Sie sind kein Niemand.

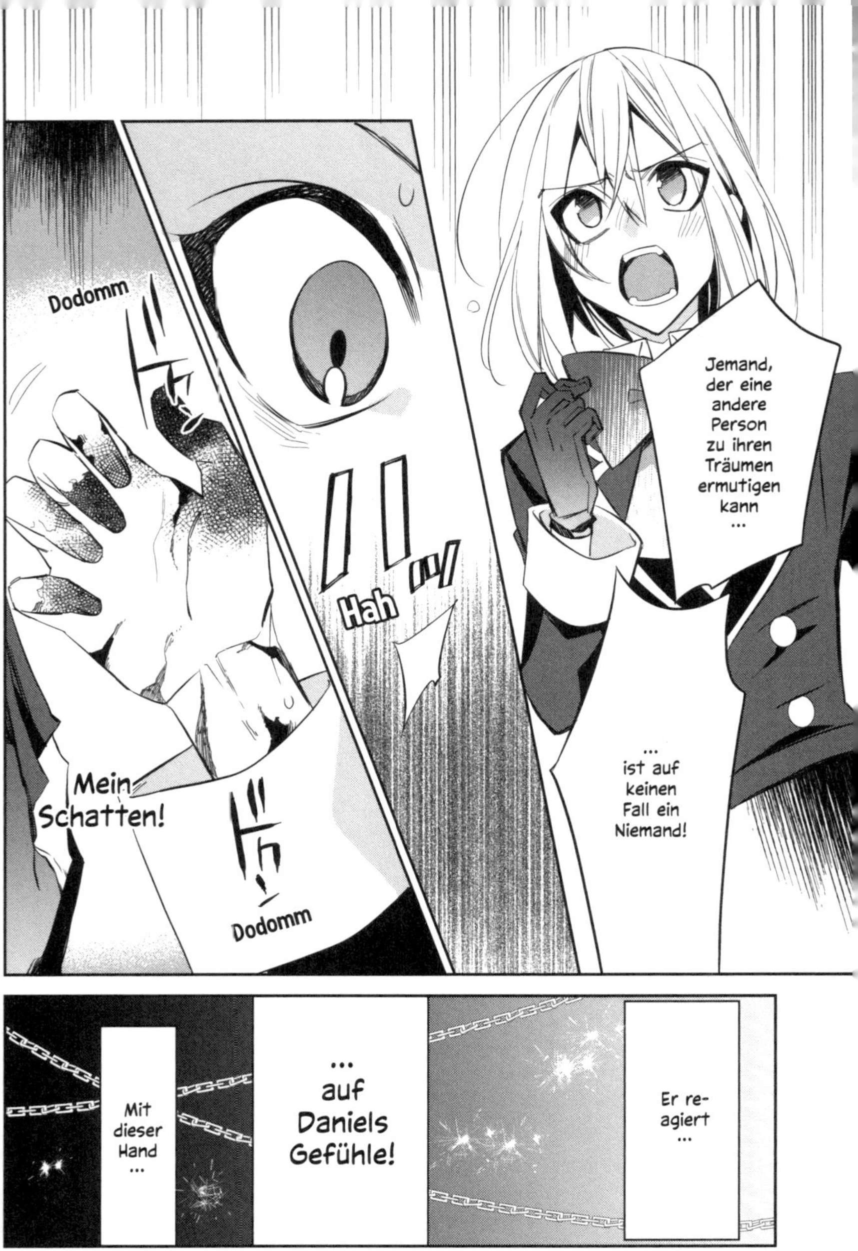

Jemand, der eine andere Person zu ihren Träumen ermutigen kann ...

... ist auf keinen Fall ein Niemand!

Hah

Dodomm

Mein Schatten!

Dodomm

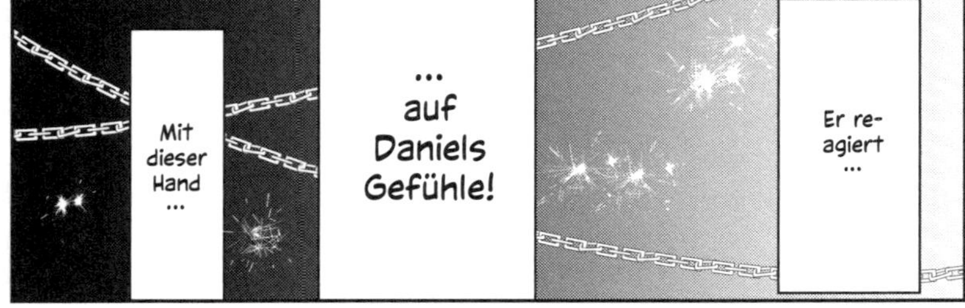

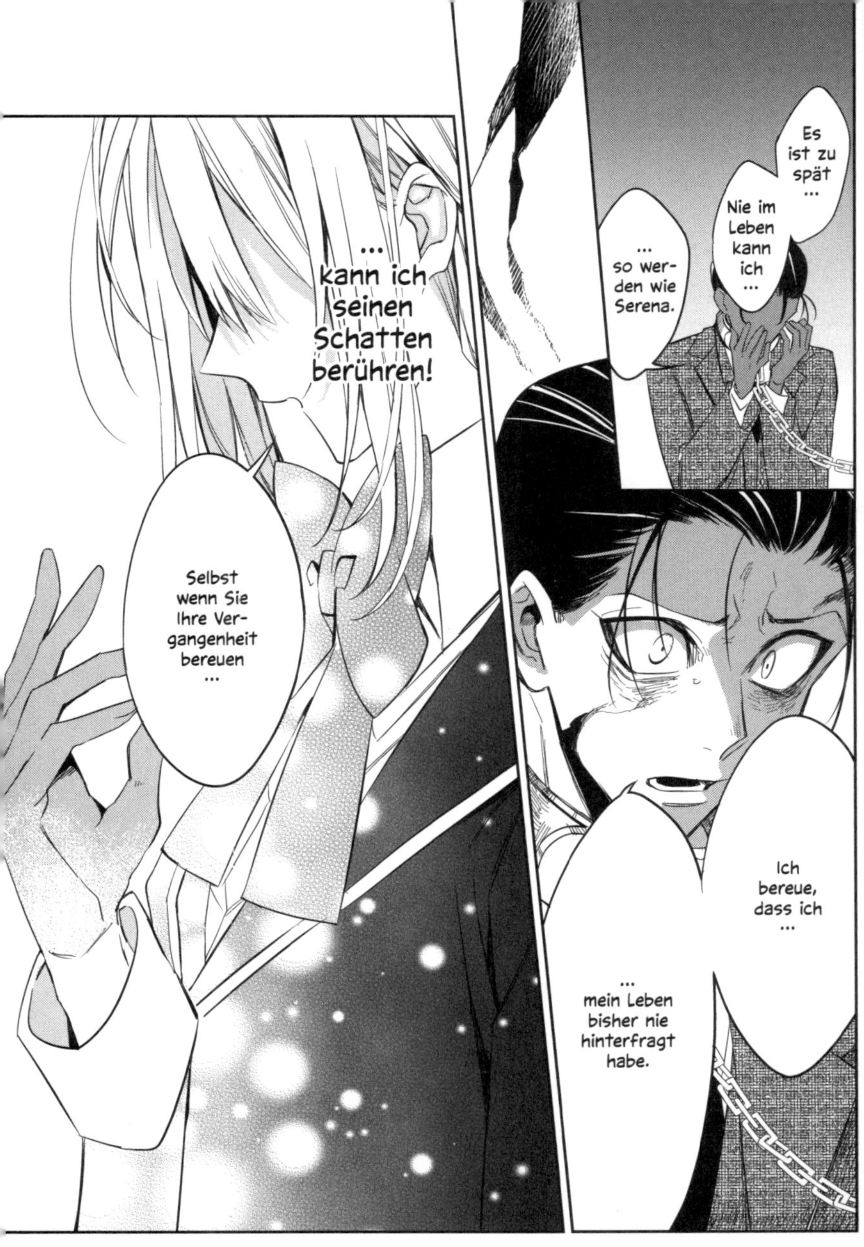
Es ist zu spät ...
Nie im Leben kann ich ...
... so werden wie Serena.
Ich bereue, dass ich ...
... mein Leben bisher nie hinterfragt habe.
Selbst wenn Sie Ihre Vergangenheit bereuen ...
... kann ich seinen Schatten berühren!

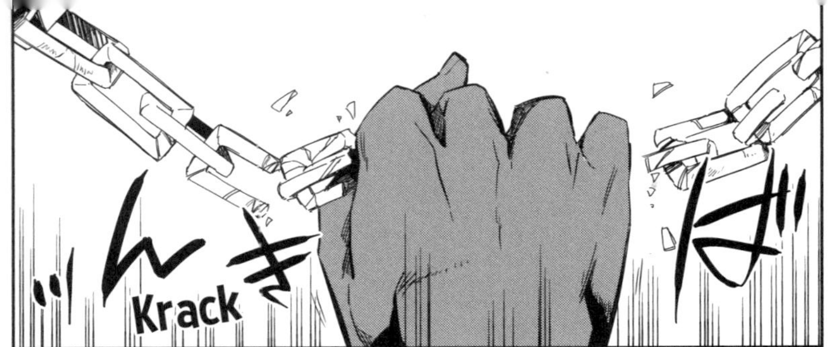

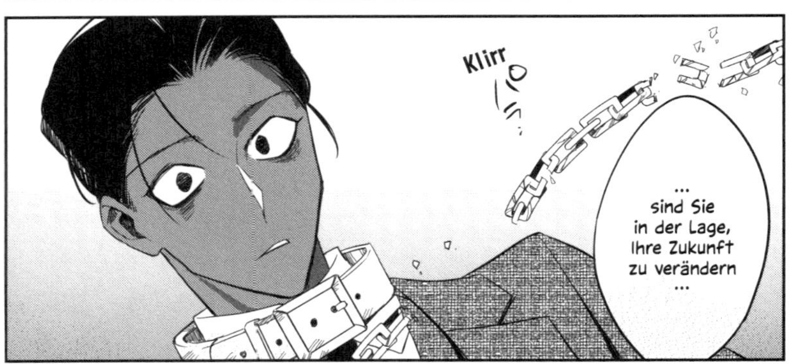

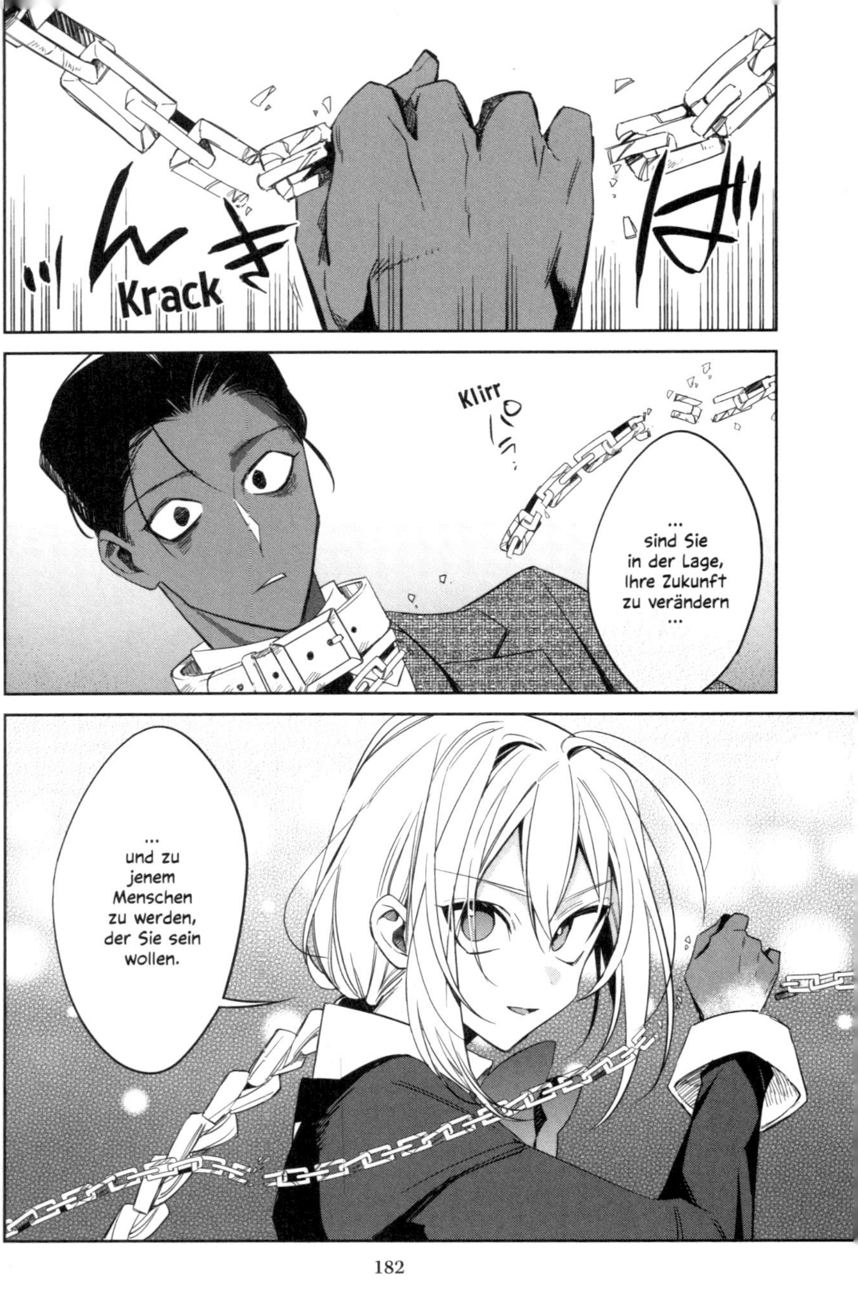

... und zu jenem Menschen zu werden, der Sie sein wollen.

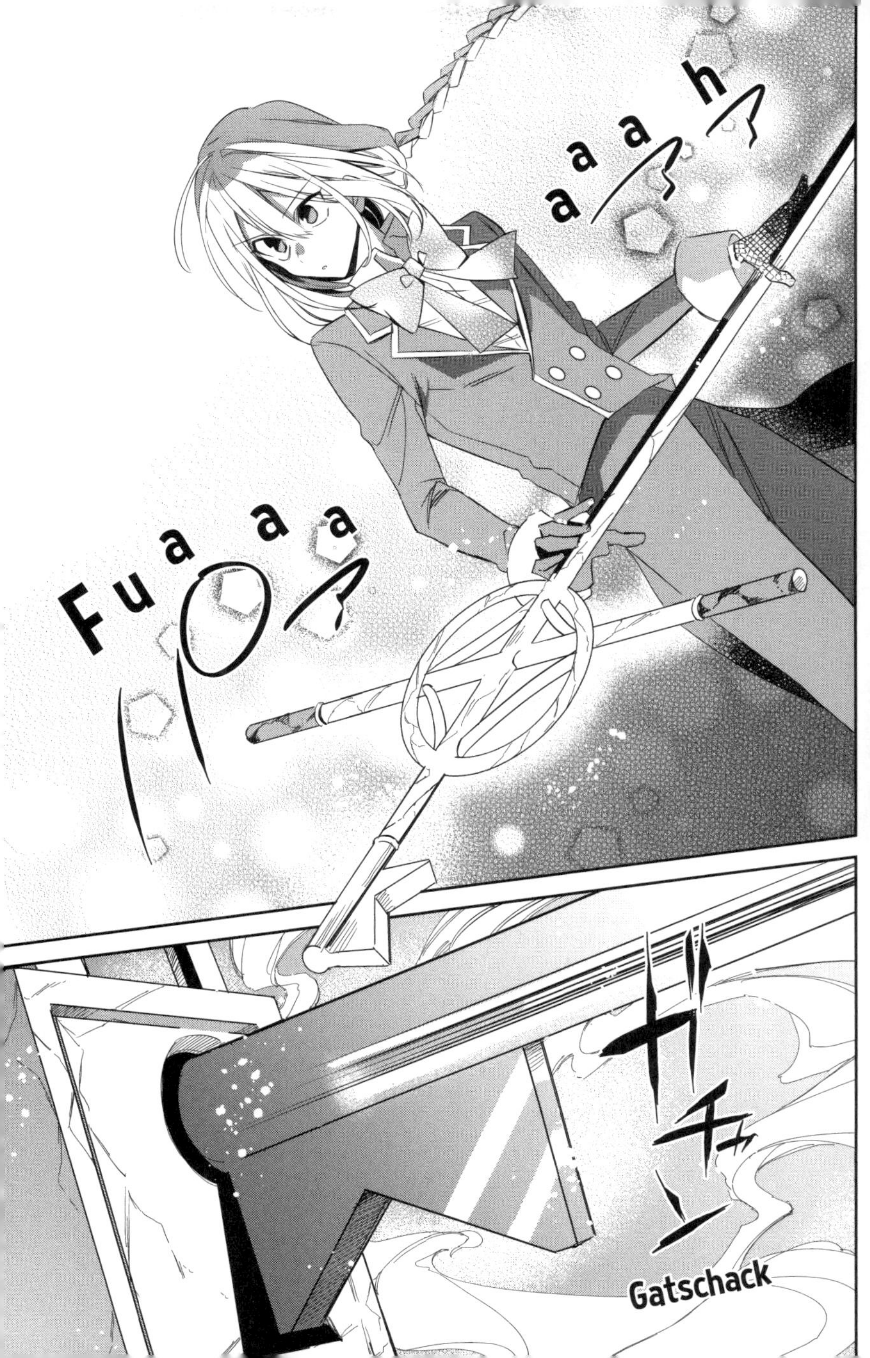

Fuaaa
aaah
Gatschack

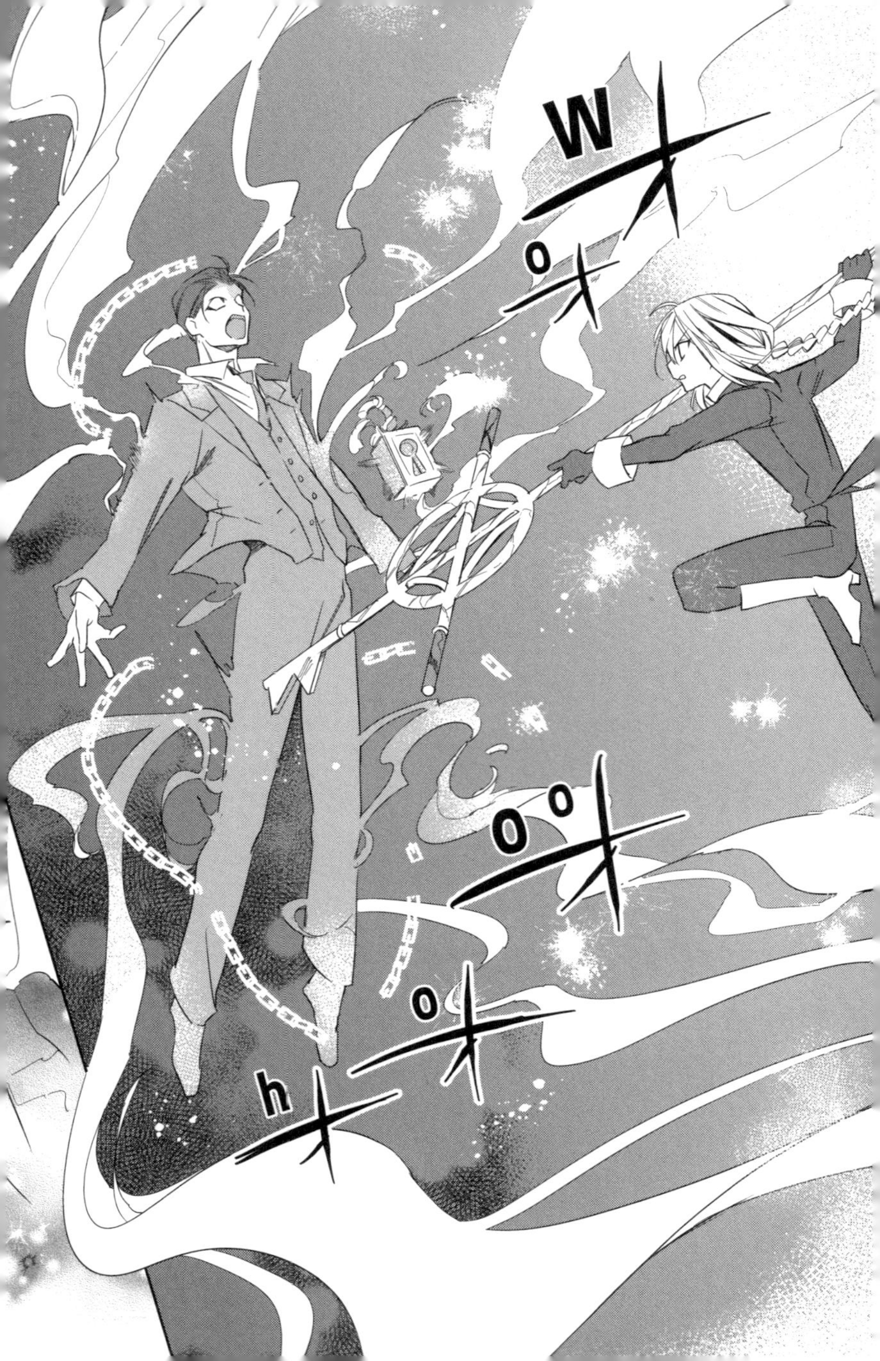
Wooooh

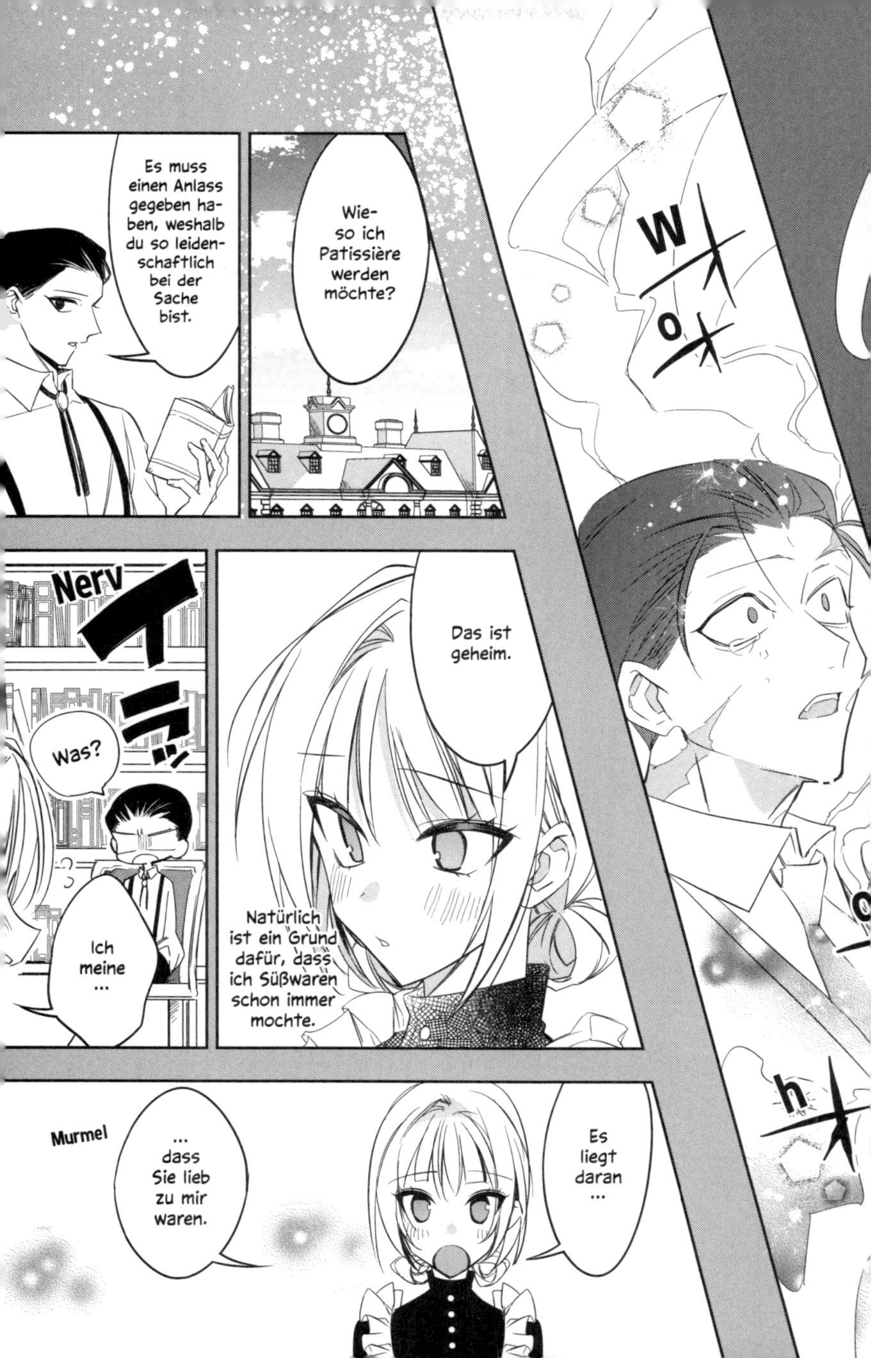
Wieso ich Patissière werden möchte?
Es muss einen Anlass gegeben haben, weshalb du so leidenschaftlich bei der Sache bist.
Das ist geheim.
Natürlich ist ein Grund dafür, dass ich Süßwaren schon immer mochte.
Nerv
Was?
Ich meine …
Es liegt daran …
… dass Sie lieb zu mir waren.
Murmel
W
o
h

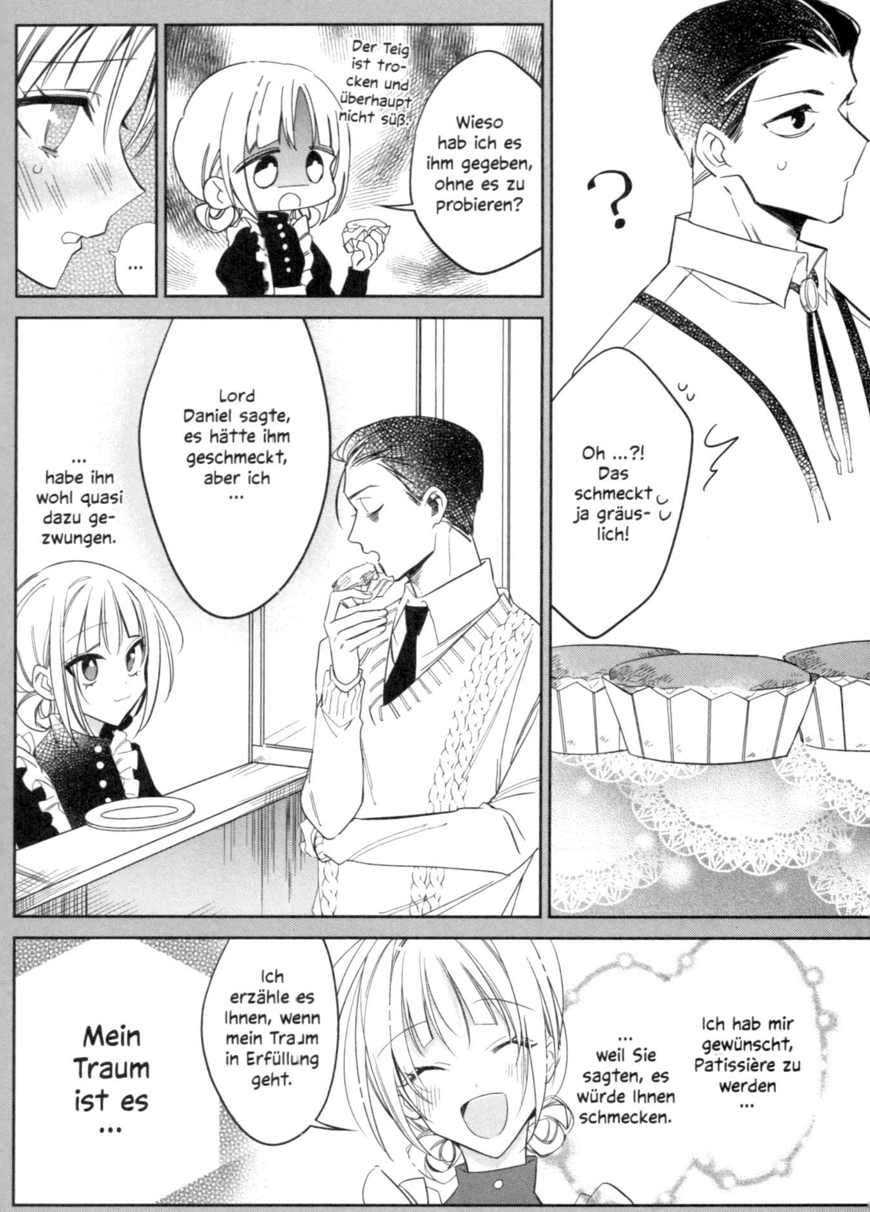
?
Oh ...?! Das schmeckt ja gräuslich!
Der Teig ist trocken und überhaupt nicht süß.
Wieso hab ich es ihm gegeben, ohne es zu probieren?
...
Lord Daniel sagte, es hätte ihm geschmeckt, aber ich ...
... habe ihn wohl quasi dazu gezwungen.
Ich hab mir gewünscht, Patissière zu werden ...
... weil Sie sagten, es würde Ihnen schmecken.
Ich erzähle es Ihnen, wenn mein Traum in Erfüllung geht.
Mein Traum ist es ...

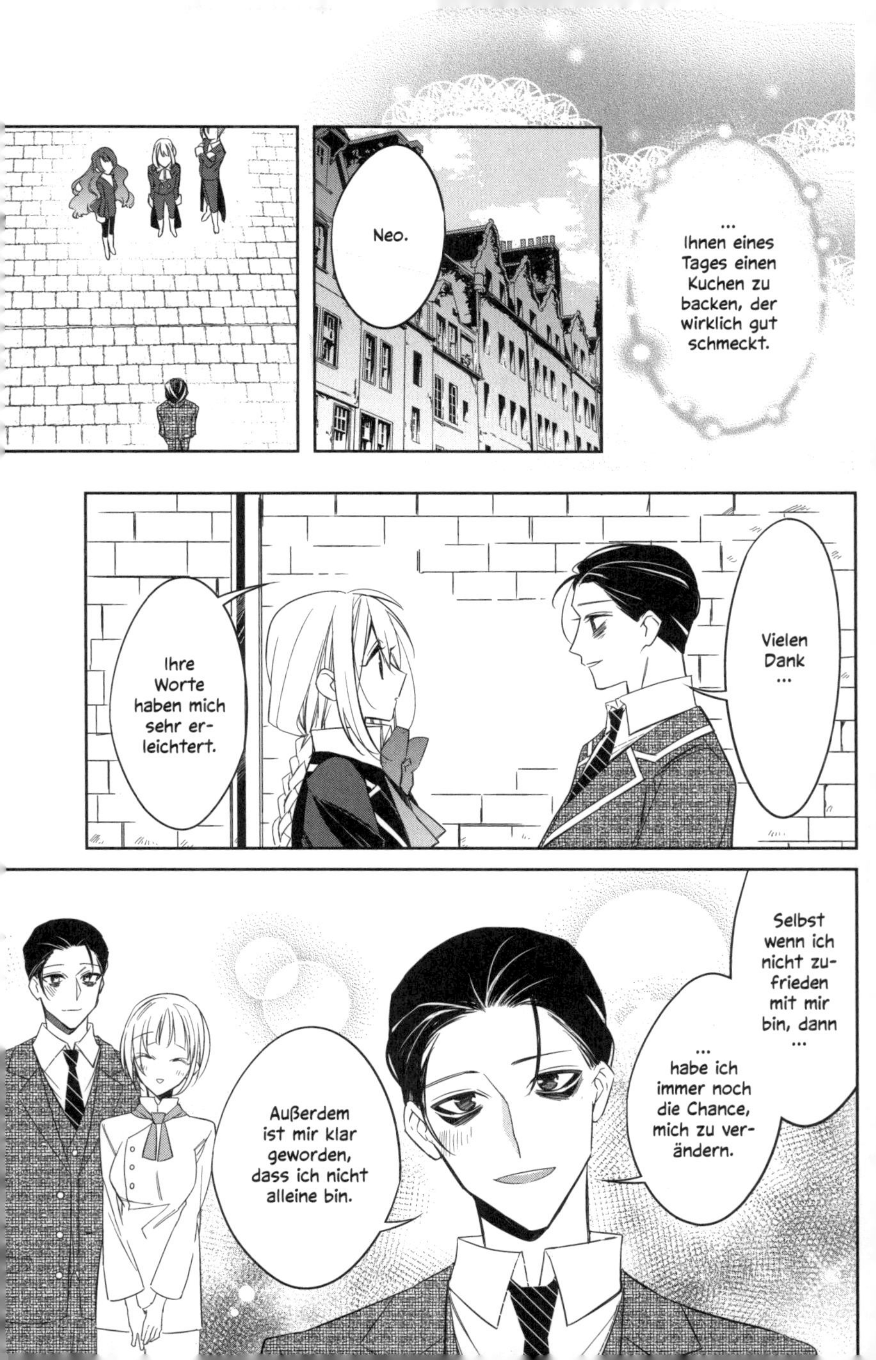

...
Ihnen eines Tages einen Kuchen zu backen, der wirklich gut schmeckt.

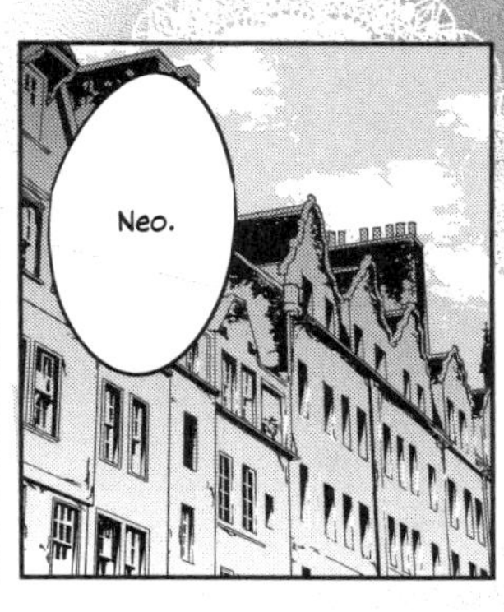

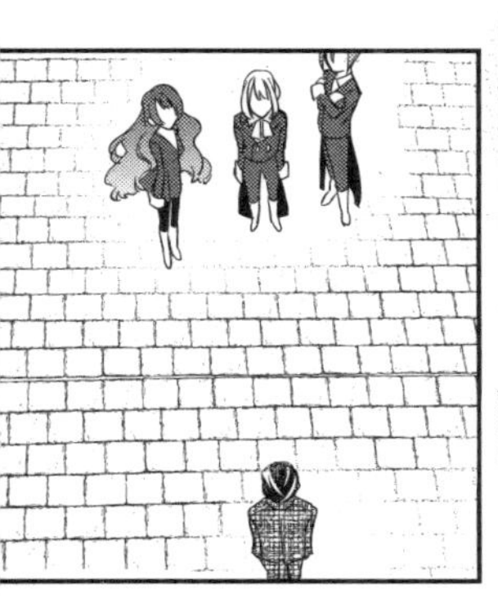

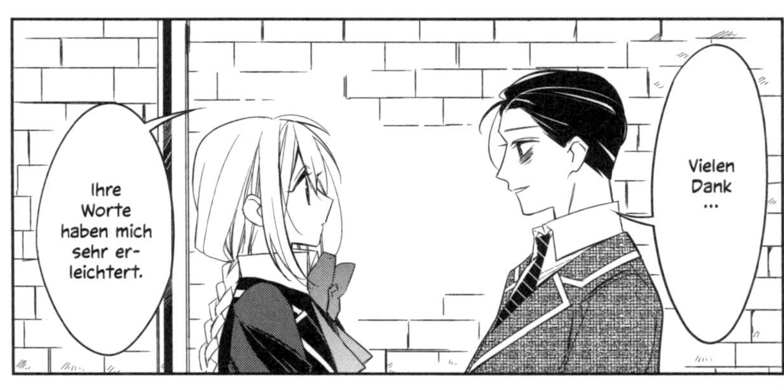

Selbst wenn ich nicht zufrieden mit mir bin, dann ...

... habe ich immer noch die Chance, mich zu verändern.

Außerdem ist mir klar geworden, dass ich nicht alleine bin.

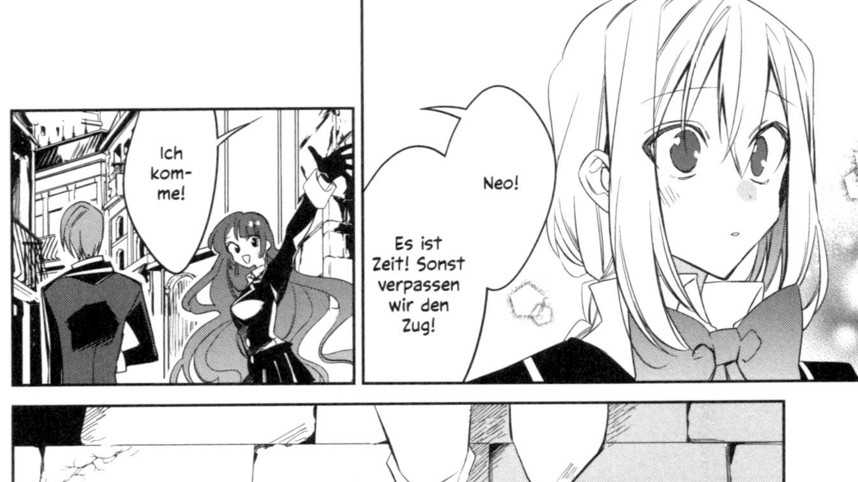

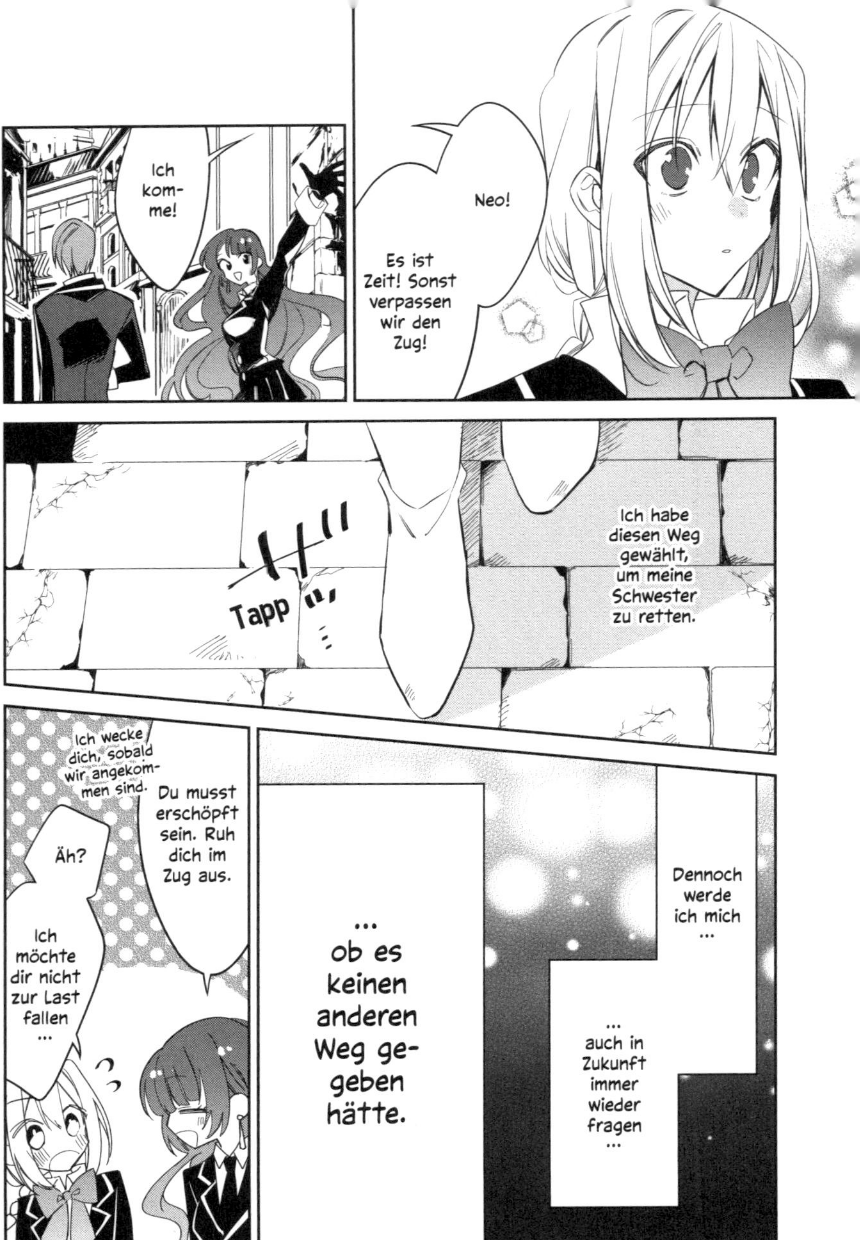

Tapp

Ich habe diesen Weg gewählt, um meine Schwester zu retten.

Dennoch werde ich mich ...

... auch in Zukunft immer wieder fragen ...

... ob es keinen anderen Weg ge-geben hätte.

Du musst erschöpft sein. Ruh dich im Zug aus.

Ich wecke dich, sobald wir angekom-men sind.

Äh?

Ich möchte dir nicht zur Last fallen ...

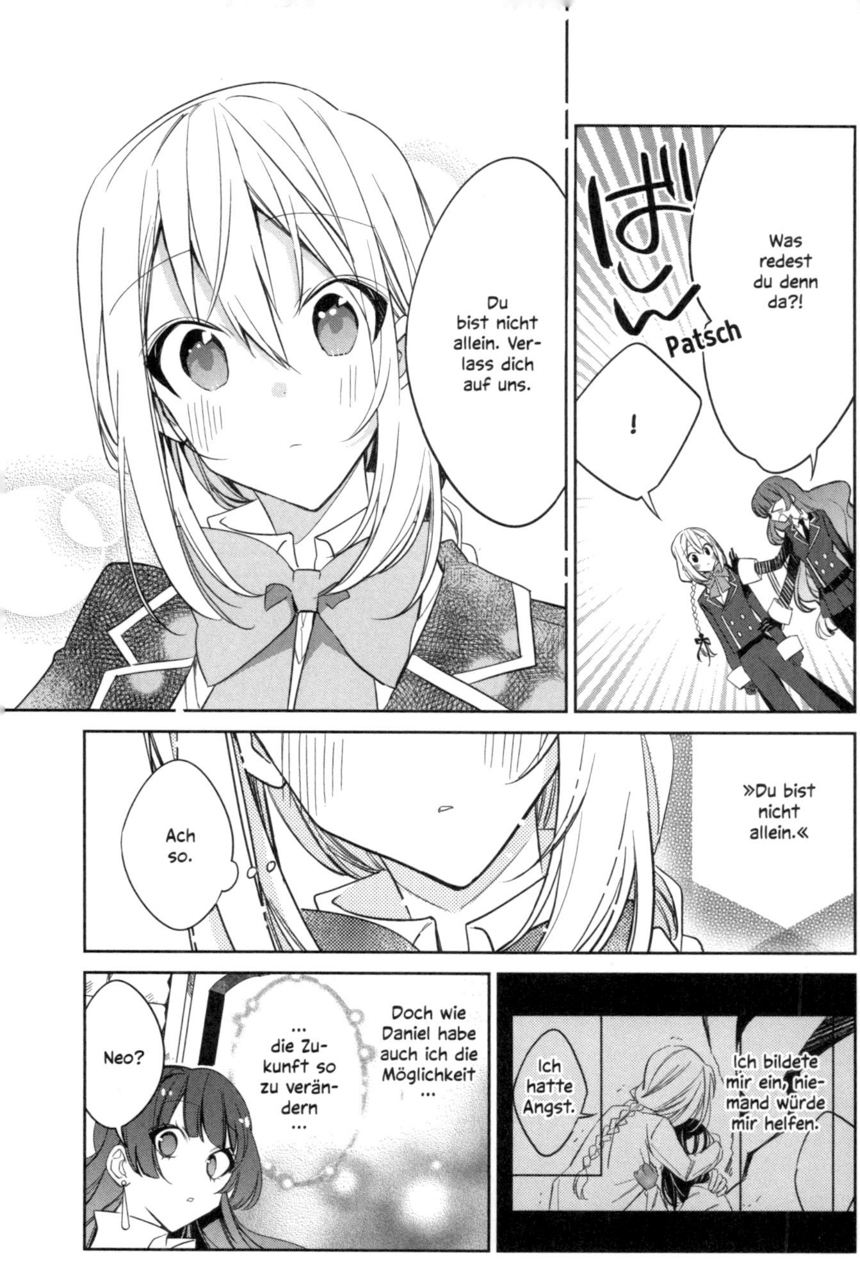

Was redest du denn da?!

ばん

Patsch

!

Du bist nicht allein. Verlass dich auf uns.

»Du bist nicht allein.«

Ach so.

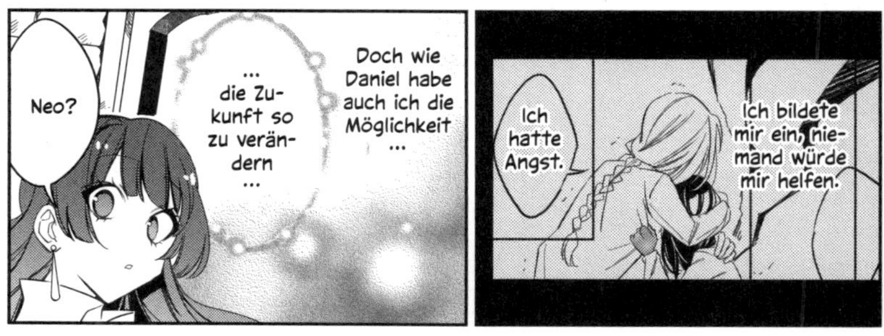

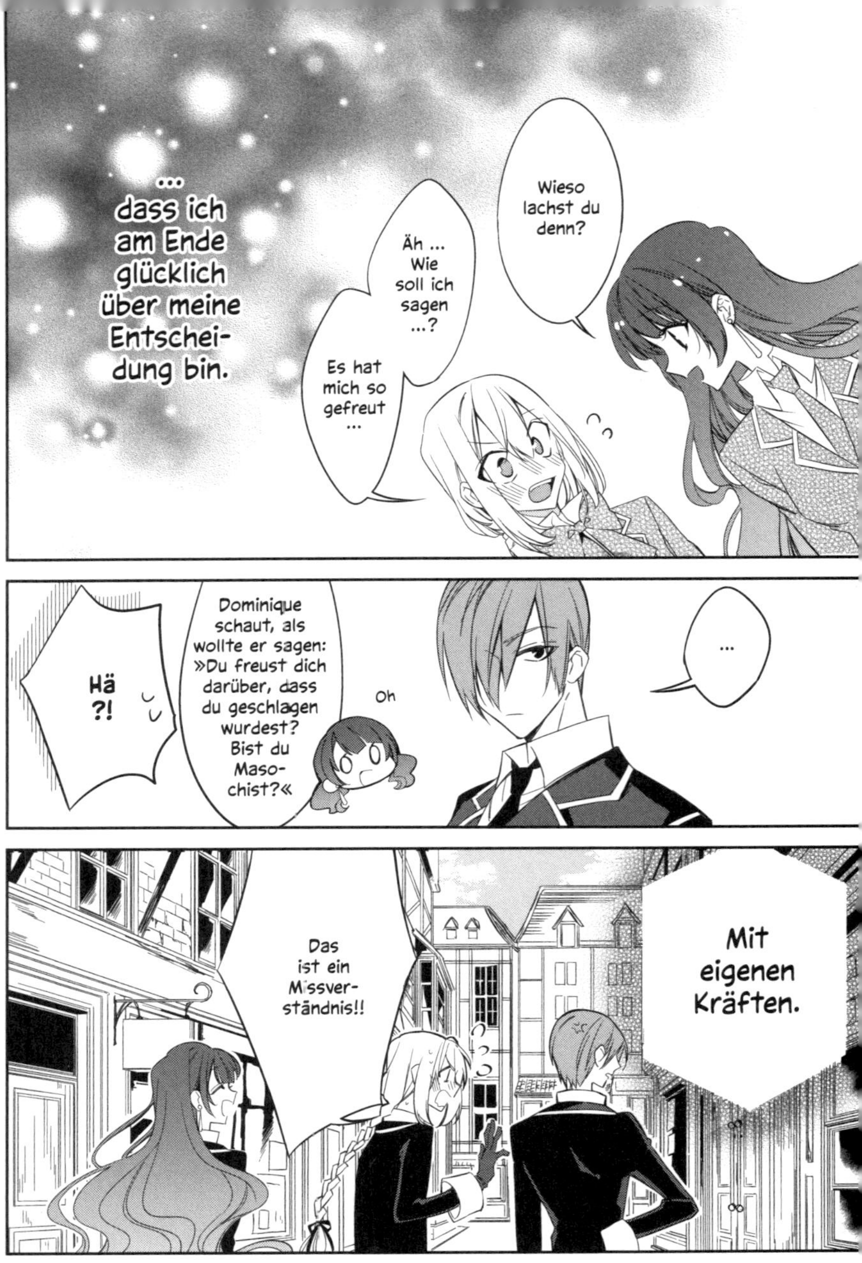

... dass ich am Ende glücklich über meine Entscheidung bin.

Wieso lachst du denn?

Äh ... Wie soll ich sagen ...?

Es hat mich so gefreut ...

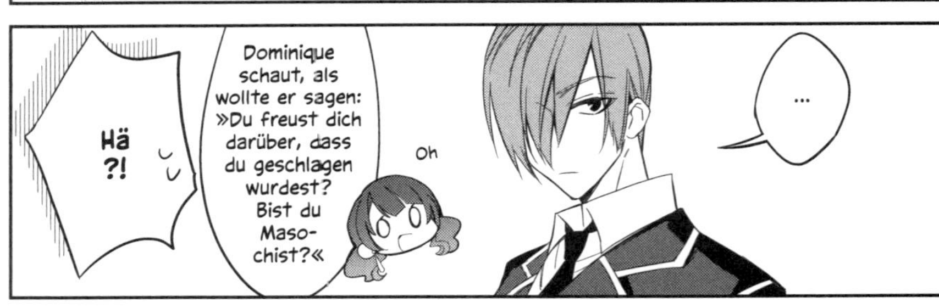

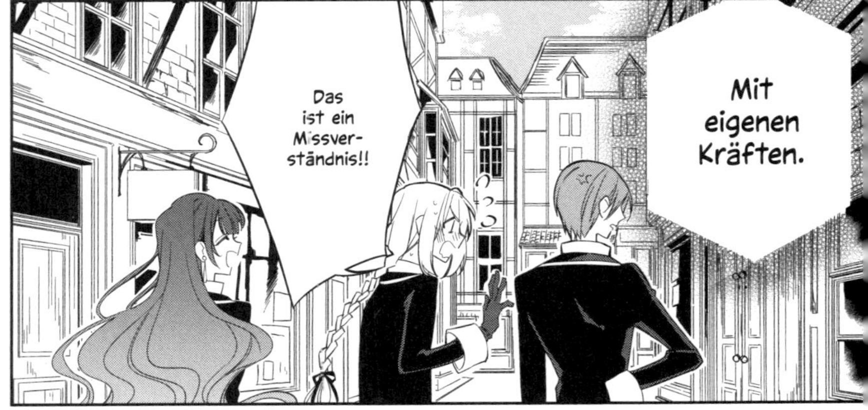

Die Reue der Kinder Gottes 2 / Ende

Vielen Dank, dass ihr den zweiten Band von *Die Reue der Kinder Gottes* zur Hand genommen habt! Die Geschichte von Neo und seinen Freunden geht zwar noch weiter, aber sie ist an dieser Stelle vorerst abgeschlossen. Ich würde mich freuen, bei einer anderen Gelegenheit ihre Fortsetzung zeichnen zu dürfen.

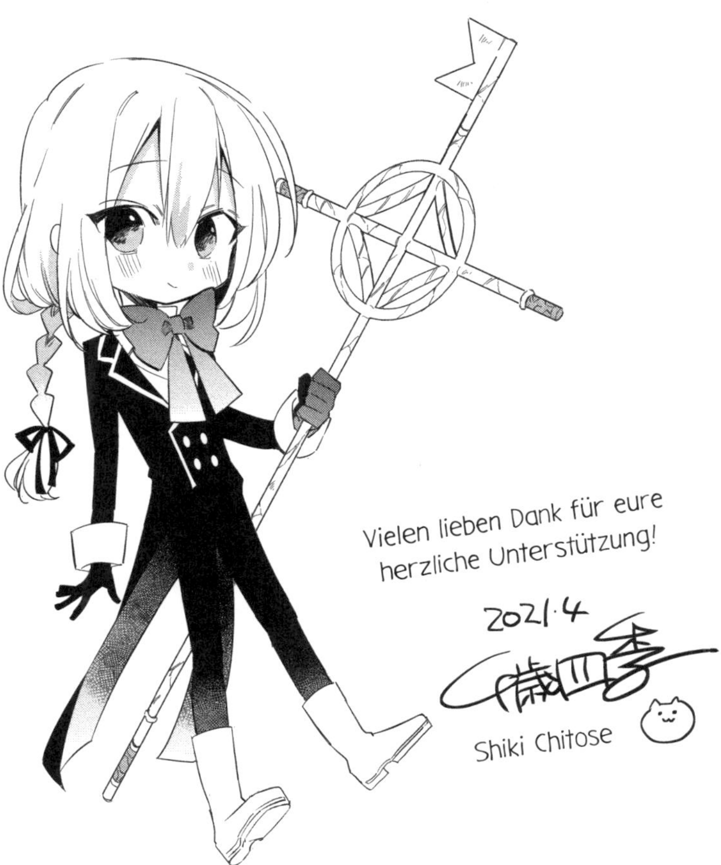

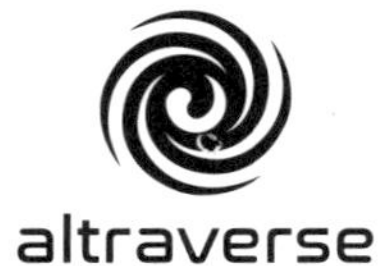

Deutsche Ausgabe / German Edition
Altraverse GmbH – Hamburg 2022
Aus dem Japanischen von Nana Umino

KAMI NO KORA NO REGRET by Shiki Chitose

First published in Japan in 2021 by HAKUSENSHA, Inc., Tokyo.
German language translation rights arranged with HAKUSENSHA, Inc., Tokyo
through Tuttle-Mori Agency, Inc.

Redaktion: Joachim Kaps
Herstellung: Cathrin Hamester
Lettering: Vibrant Publishing Studio

Druck: CPI books GmbH, Leck
Printed in Germany

MIX
Papier
FSC® C083411

ISBN 978-3-7539-0329-3
1. Auflage 2022

www.altraverse.de